新时代中国经验

本研究系国家社会科学基金重大招标课题“新型城镇化背景下的城乡关系研究”（批准号：15ZDA044）、国家社会科学基金项目重点课题“居住空间结构化与人口城镇化路径及策略研究”（批准号：15ASH007）阶段成果

社会调查过程与新升华

李　斌　张贵生　潘泽泉◉主编

·长沙·

图书在版编目（CIP）数据

社会调查过程与新升华 / 李斌，张贵生，潘泽泉主编.
—长沙：中南大学出版社，2019. 11
ISBN 978 - 7 - 5487 - 3636 - 3

Ⅰ. ①社… Ⅱ. ①李… ②张… ③潘… Ⅲ. ①社会调查—调查方法 Ⅳ. ①C915

中国版本图书馆 CIP 数据核字(2019)第 102549 号

社会调查过程与新升华

李 斌 张贵生 潘泽泉 主编

□**责任编辑** 郑 伟
□**责任印制** 易红卫
□**出版发行** 中南大学出版社
社址：长沙市麓山南路 邮编：410083
发行科电话：0731 - 88876770 传真：0731 - 88710482
□**印 装** 长沙雅鑫印务有限公司

□**开 本** 710 mm × 1000 mm 1/16 □**印张** 25.5 □**字数** 475 千字
□**版 次** 2019 年 11 月第 1 版 □2019 年 11 月第 1 次印刷
□**书 号** ISBN 978 - 7 - 5487 - 3636 - 3
□**定 价** 98.00 元

总序 Preface

一

中南大学社会学学科于 1999 年筹建，2000 年招收首届社会学本科生，同年获社会学硕士学位授予权并招收硕士研究生，2003 年获人类学硕士学位授予权，2005 年获社会学一级学科硕士点，2005 年增设人口学硕士点，2010 年获社会工作硕士学位点（MSW），2012 年自主设置“社会政策与社会管理”交叉学科博士点，2017 年获得社会学一级学科博士点。目前正在培养的学生类别有社会学本科生、社会学（一级学科）研究生、社会工作专业硕士生（MSW）、社会政策与社会管理博士生以及博士后。

截至 2017 年底，社会学学科授权点有教师 21 人，其中有教授 9 人（博士生导师 6 人），他们是：李斌、潘泽泉、胡彬彬、李桂平、车文辉、董海军、谷中原、吕鹏、刘灿姣；副教授 10 人，他们是：彭远春、米莉、杨成胜、谢新华、刘玉梅、马润生、陈立新、唐海波、尹碧昌、颜敏；讲师 2 人，他们是：黄娟、雍昕。另外，学科还相继聘请了国内外 17 名知名教授为客座教授。学科教师中有文化名家暨“四个一批”人才 1 名，哲学社会科学“万人计划”领军人才 1 人，入选教育部新世纪人才 2 人，全国一级学会（社会学）常务理事 1 名，全国高校教学指导委员会委员 1 名，中国调查方法委员会（全国二级学会）会长 1 名，中国社区研究委员会副会长 1 名，湖南省委“重大决策咨询智囊团”专家 1 人，中南大学升华特聘教授 1 人。

学科设置有社会学、人口学、人类学、社会工作 4 个研究所，拥有“中国村落文化研究中心”“中国农民工研究中心”“和谐社会研究基地”等 10 个研究基地，有“湖南省社会学会社会调查方法专业委员会”，建有 1 个社会调查资料统计分析中心、1 个计算机辅助电话调查系统、10 个校外社会调查基地。

学科致力于国内外学术交流，承担学科发展责任，践行学科使命。学科承担了以“经济新常态下的社会改革与社会治理”为主题的 2015 年中国社会学学术年会、2013 年的教育部社会学类专业教学指导委员会暨系主任联席会议、2012 年的中部地区社会工作人才队伍建设高端论坛第三届会议。中南大学社会学学科已经成为中南地区社会学研究与人才培养的重镇，在教育部第三轮学科评估中，中南大学排在第20名，在第四轮学科评估中被评为B－。

本授权点经过近20年的建设，形成了5个特色鲜明、相对稳定的培养方向：社会学理论与方法，社会政策与社会治理，城市化与城乡社区发展（应用社会学），人口健康、社会心理与经济行为（人口学）以及民间习俗与中国村落文化（民俗学与人类学）。(1)社会学理论与方法方向带头人潘泽泉：美国密歇根大学访问学者、教育部新世纪优秀人才、湖南省委省政府重大决策咨询智囊团专家、湖南省宣传文化系统“五个一批”优秀人才，主持教育部重大招标课题“有序推进流动人口市民化研究”，《国家调整农民工社会政策》入选国家哲学优秀成果文库，2次获高等学校科学研究优秀成果奖。(2)城市化与城乡社区发展研究方向带头人李斌：美国斯坦福大学访问学者、中国社会学会常务理事、中国社区研究二级学会副会长、教育部教指委委员、教育部新世纪优秀人才，主持国家社科基金重大课题“新型城镇化背景下的城乡关系研究”。(3)社会政策与社会治理方向带头人李桂平：出版学术著作6部，在《财政研究》《法学》等刊物上发表论文40多篇。(4)人口健康、社会心理与经济行为方向带头人董海军：美国德州农工大学（TAMU）社会学系访问学者、中南大学“升华育英计划”人选，获第六届高等学校科学研究优秀成果奖（人文社会科学）二等奖，其“舞龙舞狮”国家级精品资源共享课程获教育部第七届高校校园文化优秀成果一等奖，建有运动创伤与康复中心、健康理论教育功能实验室、体育保健实验室、运动生理实验室、运动与解剖实验室、体能训练实验室。(5)民间习俗与中国村落文化方向带头人胡彬彬：中国村落文化研究中心主任、博士生导师、文化名家暨“四个一批”人才、“万人计划”哲学社会科学领军人才、国家社科基金重大项目首席专家、湖南省政协常委。

二

迈克尔·曼（Mann，1986，1993）①的社会变迁理论基于其本体性论断：政治权力、军事权力、经济权力和意识形态权力是人类社会权力的四种基本表达形式。我们知道，中国经过30多年的转型，国家综合实力已经发生根本性变化，经济总量已经跃居全球第二，科技实力与军事实力也快速增长。总而言之，上述四种基本表达形式所指的对象与内容均发生了结构性变化。不过，变

① Mann Michael. The Sources of Social Power, vol. 1: A History of Power from the Beginning to A. D. 1760. Cambridge: Cambridge University Press. Mann Michael, 1993, The Sources of Social Power, vol. 2: The Rise of Classes and Nation－states, 1760－1914. Cambridge: Cambridge University Press.

化的逻辑与变迁的结果之间并没有很好地遵循人们的良好愿望。在国内，改革开放总设计师邓小平推动市场化改革的初衷是让一部分人先富裕起来，然后实现“先富带动后富，最终实现共同致富”；在世界格局层面，中国一直希望能够“和平崛起”。然而，权力运作的逻辑似乎并没有因为良好的愿望而变得“温驯”。国内不同权力阶层之间的“任性”，即所谓的“有所为，有所不为”现象大行其道。这样的逻辑致使优势地位群体的欲望非常容易成为“有所为”，而弱势群体的基本权利则沦为“有所不为”。这就导致处于弱势地位的个体、群体乃至阶层难以获得应有的发展，各种稀缺资源的分布日趋“极化”，群体之间的不合理差距扩大。因“权力”而来的亢奋、兴奋、郁闷、无奈、悲痛、愤怒与反击不仅填满了我们的影视作品、游戏作品与阅读材料，而且也在日益成为我们的基本生活习惯。中国经历 19 至 20 世纪的屈辱后，深刻体会到国家军事力量的重要性，进而急起直追，取得了长足发展。尽管如此，我们仍然希望能够和平崛起。正因为迈克尔·曼的四种权力表达形式具有很强的理论穿透力与解读能力，赵鼎新才称其为一个比较好的社会学理论范式。①

尽管历史与现实似乎一直在揭示权力逻辑作用下形成的“权力社会”的各种表现形态，然而对“权利社会”的追求一直是中国政府的目标：从毛泽东的“为人民服务”，到邓小平的“只要人民满意”，到江泽民的“代表最广大人民群众的利益”，到胡锦涛的“权为民所用，利为民所谋，情为民所系”，再到习近平的“人民对美好生活的向往，就是我们的奋斗目标”的新时代中国特色社会主义思想。老百姓要过好日子，更要过有尊严的日子，需要社会运行从“权力逻辑”变更到“权利逻辑”，即从“权力社会”过渡到“权利社会”。

三

屈原《离骚》云：“纷总总其离合兮，斑陆离其上下。”我们有幸处于这样一个伟大的时代，有幸经历人类历史上不曾有过的快速跳跃式的发展，感受到了周边人群在物质、精神与心态上从贫困到小康再到富足，远离自卑走向自尊与自强的过程。面对纷繁复杂的变迁，并从中整理出主线逻辑，是当代社会科学的基本使命。因此，社会科学不仅要增强理论能力，更要进入实践场域，阅读与体验社会现实，同时要保持将社会事实与宏大理论对接的冲动与实干精神。观社会原本之现象，发真实之疑问，询实用之解答，形成并拓展中国特色之理论。

---

① 赵鼎新. 从美国实用主义社会科学到中国特色社会科学——哲学和方法论基础探究[J]. 社会学研究，2018(1)：17－40.

中南大学社会学学科本着上述精神与当代使命，深刻领会“积跬步以致千里，积怠惰以致深渊”的古训，记录、总结、提炼与升华社会学师生的经验情感与理论知识。在中南大学双一流学科经费的支持下，推出本套“新时代中国经验”学术书系。本书系由三本书构成：《中国特色社会治理与变迁研究》《社会调查过程与新升华》以及《知识与模式：社会工作案例精选》。

《中国特色社会治理与变迁研究》收录了中南大学社会学学科教师的论文，一些论文已经发表在相关刊物上（文中做了注明），一些还没有发表，是相关老师的新近研究成果。《社会调查过程与新升华》记录了中南大学社会学的学生，尤其是本科生在收集数据、参与调研课题（主要是CGSS项目调查）中的各种经验、体会、困惑与兴奋。《知识与模式：社会工作案例精选》收录了中南大学社会工作专业硕士生，在完成研究生课程学习以后，在社会工作具体项目中自己设计并主导推行的相关案例，这些社会工作案例有很强的真实性与反思性。我们还会推出后续的案例集，本次命名为《知识与模式：社会工作案例精选》。

德谟克利特说过，智慧生出三种果实：善于思想、善于说话、善于行动。中南大学社会学学科致力于“三个善于”，担当使命，勇于发展。

李斌

目录 Contents

前言："立地"的学问：田野中的社会学实践 …… 1

一 调查预备篇 …… 13

前言 …… 15
调查动员：一场奇妙的旅行开始了 …… 18
抽样培训：实地绘图抽样法的掌握 …… 22
问卷培训：问卷调查不仅是一门技术活 …… 25
问卷设计：从文献阅读、变量操作化到试调查 …… 28

二 实地调查篇 …… 67

前言 …… 69
组长何为？实地调查中的任务分配与进度安排 …… 72
农村社区核图：再难走的山路也有尽头 …… 80
城市社区核图：慢工才能出细活 …… 83
"脱敏"行动：实地调查中的信任营造 …… 87
科学抽样：根据实际情况确定抽样方案 …… 90
变通之道：适当调整任务安排 …… 91
要站在"客位"上观察"他者" …… 94
专业伦理：实地调查不能图省事 …… 95
农村调查比城市调查更有"信任"基础 …… 97
"厚脸皮"：入户调查要克服胆怯心理 …… 101
入户调查要看准时机、地点和情境 …… 103
镶嵌：借助"引路人"的社会关系网络 …… 106
入户调查考验个人亲和力 …… 111

口语化：问问题不能过于死板 …… 112
“登门槛效应”：从小事中建立情感联结 …… 116
沟通的艺术：用同理心使用语言 …… 117
“磨刀不误砍柴工”：提前将问卷了然于胸 …… 118
“能说会道、软磨硬泡”：基本的问卷调查术 …… 120
如何应对突发事件？换位理解与平和心态 …… 122
与受访对象灵活地预约访问时间 …… 123
访谈交际要以问卷为中心：巧妙转换访谈话题 …… 128
熟能生巧：从调查经验中积累访谈技术 …… 130
安全第一：人身安全永远放在第一位 …… 132
问卷审核：站好实地调查的最后一班岗 …… 133
创建数据库、数据录入与数据清理 …… 136
数据分析与实习报告撰写 …… 143

三 社会发现篇 …… 151

前言 …… 153
城乡社会中的贫富差距与居民空间隔离 …… 155
农村社会中的饮水问题 …… 157
老人何为：城乡社会中的老年困境 …… 158
城市社区中的邻里信任危机 …… 164
得失之间：乡镇企业到底是福是祸？ …… 165
底线失守：弱势群体的社会保障与社会救助 …… 166
城市居民的环境意识 …… 168
城市社会的物业问题 …… 169
多重维度下“就地安置居民”的择业瓶颈 …… 170

四 调查感悟篇 …… 173

前言 …… 175
问卷调查是一种形式主义吗？ …… 177
我们的样本科学吗？一种选择性偏误 …… 180
拒访中的信任危机是一个大问题 …… 181
共克时艰：“团队”的意义 …… 186
何谈放弃？坚持就是胜利 …… 190
实践出真知：行动才是王道 …… 197

顺流逆流：积极面对生活 …… 200
在社会调查中体会公共责任 …… 205
“活着”：调研是一场灵魂旅行 …… 210
去体会和认知社会中的不美好 …… 211
超越课堂：实地调查扩充我们的知识视野 …… 213
将心比心：被人尊重是一种温暖 …… 216
表达感谢之情：一种情感回馈 …… 218
“我们”的惭愧：我们不是来解决问题的 …… 223
腹有诗书气自华 …… 226
生命的“沉”：实习磨砺了我们 …… 228
实习是宝贵的一课：从专业知识到情感体验 …… 230
我发现我越来越喜欢社会学了 …… 232
“关心他人”：社会学给予我们的人生财富 …… 233
暑期实习：不可替代的青春记忆 …… 234

五 调查报告篇 …… 235

前言 …… 237
中国公众环境素养的测评体系构建及影响机制研究
——基于 CGSS2010 的实证分析 …… 239
电话调查成功率的影响因素研究
——基于 10 个电话调查项目的数据分析 …… 287
性别意识与中国女性的主观阶层认同研究
——基于 CGSS2015 数据分析 …… 314
中国居民的阶层认同感与政府信任感研究
——基于 CGSS2010 的实证分析 …… 321
权利型性教育实践研究
——以 Z 大学 S 课堂为例 …… 362

前言:“立地”的学问:田野中的社会学实践

张贵生①

一、作为一门“立地”的学问的社会学:发端与扩展

自从奥古斯特·孔德(August Comte)在1838年的《实证哲学教程》(第四卷)中正式提出“社会学”这一名词,社会学作为一门学科就已经具备了鲜明的实证主义指向。尽管社会学在方法论和知识论等层面的完整知识体系是由其后的几位欧洲社会学家来接续完成的,但这并不妨碍孔德被授予“社会学之父”的荣誉称号,因为他率先举起了反对以往延续了上千年的思辨式哲学的大旗,即通过提出知识的“确证性”或“实证性”要求,尤其强调经验认识对于理解现实社会的重要价值,来反对以往的以虚构某类超自然主体或普遍抽象的规则体系去解释经验现象。也就是说,从“社会学”被正式提出的那一刻起,它就注定是一门“立地”的学问。

在经过近180年的学术发展和繁荣之后,作为一门基础性的社会科学,社会学在中西方的大学教育体系中均已取得了根深蒂固的地位,这一方面得益于社会学先驱和历代学术大师们的辛勤耕耘和杰出的智慧创造,他们为人类的求真之路和智识之林贡献了无数学术经典,构建出庞大的社会学学术体系;另一方面更得益于这个急遽变迁的时代对于社会良性运行所提出的强烈呼唤,这一呼唤早在19世纪中叶就已经如此强烈,到了20世纪中叶乃至于21世纪的今天仍然没有丝毫减弱的迹象。为了更好地回应和解释在由前工业化社会向工业化社会,以及工业化社会向后工业化社会转型的结构性变迁过程中所涌现出的各类“疑难杂症”,社会学学者们的研究焦点一直紧密集中于现实社会中的问

① 张贵生(1992—),湖南澧县人,现为中南大学社会学系2016级博士研究生,本科和硕士均就读于中南大学社会学系。本科期间,多次作为实习小组组长参与社会调查的暑期实习活动,硕士、博士期间,多次带队负责或指导本科生开展暑期实习工作。

题，尤其是那些独立于个体自由意志之外的具有一定外在约束性的社会事实议题。现代或后现代的社会学家们沿着经典社会学大师所开创的方法论路径，通过严谨的社会调查深入社会事实内部，以批判性视角剖析社会现象，并寻求理论建构。可以认为，社会学的持续生命力便来源于“立地”二字。

当然，从社会学在中国的导入背景和发展历史来看，社会学作为一门“立地”的学问，同时还具有诸多的与西方社会学不完全相同的学术旨趣。如果说西方社会学主要志在“求真”，即通过科学研究寻求有关社会运行的客观规律，以求对不同时空背景下的社会现象做出合理的解释，那么中国社会学还兼有“致用”的价值追求。这一追求首先受到传统中国“经世致用”这一价值导向的影响，尤其是在遭逢所谓“千古未有之大变局”的特殊历史背景时，社会学作为“舶来品”在近代中国的导入，深切地承载了一部分知识分子(如严复、康有为等)希望国人“开眼看世界”“师夷长技以制夷”“变法维新”“救亡图存”的急切呼唤。后来，随着更大范围的“西学东渐”，这一呼唤很快又与西方马克思主义有关“改造社会”的革命主义取向，以及美国杜威的实用主义哲学取得了价值目标上的叠合。在经过100多年的发展，尤其是改革开放以来40年的快速成长之后，中国的社会学研究一直肩负着“求真”与“致用”的双重使命，或许在某种程度上，中国社会学比西方社会学更加重视“致用”，甚至在许多学人眼中，社会学就是一门“致用”之学。

由此可见，作为一门“立地”的学问，在认识论上，社会学主张关注经验事实，认为人类所有的认知和知识构建都应该来源于对现实社会的探索；在方法论上，社会学主张深入社会系统内部去寻求经验证据，尤其注重通过实证研究的手段去获得经验认识，不做“无病之呻吟”或“循环之论证”，“实证的”研究一定是“真实的而非虚幻的、确定的而非犹豫的、有用的而非无用的、肯定的而非否定的、精确的而非模糊的”①；在价值导向上，社会学主张积极回应和解释社会问题，为构建和谐有序的生活秩序、创造良性的健康社会提供变革方案。正因如此，从事社会学研究的学者们大多反对做“闭门造车”或“皓首穷经”式的学问，而主张从事“接地气”和“上下贯通”式的学问，这既是社会学所固有的专业本色，更是一项严肃的学术使命。

二、到“田野”中去：中国社会学有关实证调查传统的塑造

既然社会学是一门“立地”的学问，那就意味着从事社会学研究的学者或师

① 周晓虹. 西方社会学历史与体系(第一卷)[M]. 上海：上海人民出版社，2002：40－41.

生不仅需要"读万卷书"，更要"行万里路"，几乎没有任何一个社会学院/系的师生不会强调实地调查对于社会学研究的重要价值。以国内长期从事村治研究的"华中乡土派"为例，著名社会学者贺雪峰教授所负责主持的华中科技大学中国乡村治理研究中心要求，该中心的每一位博士研究生每年至少要有 100 天的驻村调查经历，且要求每一位博士生在博士毕业论文开题之前，必须要在全国 8～10 个省(每个省 1～2 个村)的村庄开展驻村调研，每个村至少调研 15 天时间，这意味着该中心几乎所有的博士生在读博期间都要有 350 天左右的驻村调查经历。① 如此高密度的田野调查要求，被贺雪峰教授称为"饱和经验法"，即通过强调以饱和经验训练的方式，通过大量深入的驻村调查来形成经验质感，以培养"实际、实证、实验"的研究风格，由此可以初探当今中国社会学对于实证调查之重视。

当然，这种具有扎实实证风格的学术训练早在中华民国时期就已经成为中国社会学界所共同倡导的一大基本传统。例如梁漱溟先生于 1930 年带领一众师生在山东开展"乡村建设运动"，他们希望以乡村建设来改造中国社会，虽然这一目的在当时的历史情境下充满了理想主义的韵味，但仍然不失为中国早期实证主义研究的典型案例之一，其对于中国社会学之学术传统的塑造具有不可磨灭的基础性价值。与此同一时期的还有燕京大学的杨开道教授，他于 1928 年秋亲自主持并组织燕京大学社会学系的学生在北京德胜门外 18 里的清河镇开展了大量的社会调查，至 1930 年时，杨开道教授组织该校社会学系的学生在深入调查的基础上，于清河镇正式成立了农村社会实地调查和建设实践的"实验区"，并要求所有学生的毕业论文、调查报告等都必须取材于该"实验区"，这就是早期"清河实验"的由来。

此外，还有李景汉教授所主持的定县经济调查、对洋车夫的调查、对北京市的苦力及多种手艺工人的调查、对北京郊区乡村家庭的调查等，以及言心哲先生在南京市主持的人力车夫调查、贫儿调查、农村家庭调查、犯罪调查等。就当时的学术发展情境而言，此类社会调查可谓不胜枚举。有资料显示，1927 年至 1935 年之间的社会调查数量已经达到了 9027 次。② 更重要的是，在此期间，中国社会学界形成了以燕京大学社会学系为核心的社区研究派和以清华大学社会学系为核心的社会调查派。虽然两派之间或有攻讦，但都崇尚以实证调查作为社会学研究的不二法门。可以说，通过扎实的社会调查以训练社会学系

---

① 贺雪峰．饱和经验法——华中乡土派对经验研究方法的认识[J]．社会学评论，2014，2(1)：4－12.

② 吕文浩．民国社会学家视野中的"社会调查派"[A]//中国社会科学院近代史研究所青年学术论坛(2007 年卷)[C]．中国社会科学院近代史研究所，2007：23.

学生对于国家与社会、学术与政治、使命与道路等层面的了解和思考，在民国时代早已蔚然成风。

到“田野”中去接受社会学训练，在1979年中国社会学重建之后很快再一次得到了学界的肯定和大范围应用。沿着民国时期一众社会学人所开辟的社会调查派和社区研究派路径，改革开放后的中国社会学人在经验调查层面同样分化出了两大研究派别。社区研究派的核心代表人物是费孝通先生，费老于改革开放初期在江苏吴江开始了专题型的社会调查，并在此基础上于1983年提出了“小城镇，大问题”的关键命题，这一命题直接影响到后来的学人有关城镇化路径的研究。

在之后的学者中，较有学术影响的是清华大学社会学系的李强教授，他所负责和主导的社区干预课题组与北京市基层政府合作，于2014年2月开启了“新清河实验”(以此区别于杨开道先生在1928年开始的老清河实验)，将北京市清河街道作为课题组开展社区干预与社区建设的研究场域。“新清河实验”主要从社会再组织和社区空间提升两个层面广泛开展社区调查、专家干预和行动改造，先后让清华大学社会学系、建筑学系的大批教师、博士后、博士生、硕士生，甚至本科生等投入“新清河实验”的社会学干预之中。这不仅有力推动了北京市的社区治理和公共改革进程，还发表了大量学术成果。可以说，该“实验”通过“行动干预”的方式，在中国社会学界开启了新时代社区研究的新思路。

而改革开放后社会调查派的开端人物，应该是中国社会科学院社会学研究所的陆学艺先生。他于1999年便主导了“当代中国社会结构变迁研究”这一大型研究项目，通过开展大规模社会调查，他们获得了11000多个样本，以及近千份各类成员的访谈记录，此后又于2001年6月开始进行全国规模的抽样问卷调查，在全国12个省、直辖市、自治区，72个市、县、区进行了6000份问卷调查，并在此基础上完成了《当代中国社会阶层研究报告》等一系列重要的学术作品，产生了广泛的社会影响。

值得注意的是，改革开放初期的社会学研究主要以老一辈社会学家开辟的中国社区研究范式为根基，在研究方法上更加强调“解剖麻雀”式的区域调查，而不太重视面向全国范围的问卷调查。只有到了20世纪90年代末期，中国本土的社会学家们才开始重新重视大规模社会调查。在此之前的20世纪80年代至90年代中期，有一大批国外的学术研究机构或单独、或与国内科研院所合作，在中国开展了一系列社会调查。这些调查所获得的数据成为国内外学者研究改革开放初期中国的宝贵资料。

例如，1985年，由美国加州大学圣芭芭拉分校和厦门大学联合承办了“福建农村调查项目”;1990 年,美国哥伦比亚大学史天健博士在中国所做的“人的现代化”调查,以及 1993 年至 1994 年,杜克大学的史天健和哥伦比亚大学的安德鲁·J. 内森(Andrew J. Nathan)在中国进行的“社会变迁与社会意识”调查。这两次调查在同一个抽样框内选样,共涉及中国的 29 个省、自治区、直辖市,140 个县、市、区,280 个乡、街道,560 个村、社区,前者获得了 2896 份有效问卷,后者获得了 3287 份有效问卷。以该数据为基础,中国社会科学院社会学研究所的许欣欣博士于 2000 年出版了《当代中国社会结构变迁与流动》,该书后来成为研究中国在改革开放早期有关社会流动和地位获得的经典文献。

与此同时,在美国国家科学基金(NSF)的拨款资助下,一部分中美社会学者也于 1993 年至 1994 年合作开展了一次大规模的社会调查,其中涉及中国 6 个省中的 18 个城市和 2 个直辖市,最终获得了 5512 份有效问卷。以此为基础,亦形成了一批较有影响力的学术著作,例如周雪光教授于 2004 年出版的《国家与生活机遇:中国城市中的再分派与分层 1949—1994》,该书的出版在西方社会曾引起强烈关注,成为国外学者了解改革开放前后中国社会分层机制变迁的基础性文献。综合而言,此类社会调查不胜枚举。我们有理由相信,社会调查派在改革开放之后的复兴,受到了来自美国实证主义社会学的影响,尤其是一批美国学术机构在华支持的大型社会调查项目,极大地刺激了中国本土的全国性社会调查的兴起。

进入 21 世纪以来,随着量化研究对社会调查样本数据科学性和真实性的要求越来越高,大部分小区域范围内的非随机性社会调查所得的数据越来越难以满足学术研究的需要,建立一种基于科学抽样和严谨调查基础上的全国性社会调查数据库日益成为中国社会学界的急切呼唤。因此,在中国社会科学院社会学研究所、中国人民大学、北京大学、清华大学、中山大学等一批国内高端科研院所的有力推动和主持下,一系列大型社会调查数据库得以逐步建立,并随之对公众开放,这无疑为中国社会科学的发展和繁荣奠定了坚实的数据基础。

这些大型数据库包括中国社会科学院社会学研究所主持的“中国社会状况综合调查”(CSS)、中国人民大学社会学系主持的“中国综合社会调查”(CGSS)、中国人民大学中国调查与数据中心主持的“中国教育追踪调查”(CEPS)、北京大学中国社会科学调查中心主持的“中国家庭追踪调查”(CFPS)、中山大学社会科学调查中心主持的“中国劳动力动态调查”(CLDS)等。上述大型数据库的建立极大地推动了中国社会学在实证研究领域的历史进程,也让中国的实证调查传统从“没有调查就没有发言权”向“没有正确的调查,同样没有发言权”转变,对高质量数据的重视和使用日渐成为中国社会学界的共识，但与此同时，学者们在数据剖析的过程中也面临着“削足适履”的困境。

当然，大型社会调查的兴起并没有否定传统社区研究路径的学术价值，除了上文提到的“华中乡土派”在农村社区研究领域所做出的卓越贡献外，还有长江三角洲、珠江三角洲等地区高校所开展的持续性的社区研究，相关的学术成果同样异彩纷呈，这里不再赘述。

三、事件－过程训练：数据爆炸时代自主性社会调查的意义建构

毫无疑问，我们正生活在一个数据爆炸的时代。站在定量研究的角度看，随着国内诸多大型社会调查数据库的建立，越来越多的学术著作更加倾向于采用这些数据开展量化研究。这有助于全面提升中国社会科学研究的科学性和研究成果的可信度、有效度，尤其是提升不同学术成果之间的对话能力。但与此同时，大型社会调查数据库的兴起和广泛应用，也对区域性社会调查(小范围区域内的社会调查)的存在意义提出了严峻挑战，甚至有可能带来学者们自己主导的自主性社会调查的萎缩。一方面，越来越多的学术杂志不再轻易认同区域性社会调查数据的科学价值，包括其所调查区域的代表性、数据抽样的科学性、数据采集的真实性和有效性、数据结论的可推广性等。这在源头上直接压缩了区域性社会调查数据的学术应用空间。另一方面，区域性社会调查的经济成本亦越来越高，出于一种预算约束的考虑，区域性社会调查正面临越来越大的阻力。一般而言，以严格的科学抽样法(如绘图抽样法)获得 500 个调查样本，其经济成本在 10 万元左右。也就是说，获得 1 个高质量样本的成本最少需要 200 元。这对于那些财力有限的科研院所来说，无疑具有一定难度，即使强制性地压缩经济成本，也必然会对问卷数据的质量产生影响。

此外，随着学界对问卷调查程序的严谨性要求越来越高，一般的区域调查机构难以有足够的团体能力为此提供智力支持，尤其是对访问员开展系统的能力培训、过程督导以及质量检测，稍有不慎，便难以达到预定目标。最后，问卷调查的社会成本随着时代的发展也正在普遍升高。随着商品房社会的骤然来临，城市社区异质性急遽增加，导致社区邻里之间的社会联结愈加疏离，社会信任感普遍低下，其带来的直接结果是问卷调查拒访率的骤增。此外，随着城市居住空间阶层化、碎片化和隔离化的加剧，越来越多的城市小区逐步走向封闭小区的行列，从小区大门到楼栋大门，再到单元楼大门、电梯、住户门禁卡等，构成一道道严密的“封锁线”，这极大地增加了入户调查的难度。

不难发现，一方面是大型数据库越来越多，而且最近有关网络大数据开发的学术争论甚嚣尘上，好像在这个数据爆炸的时代，既有的数据已经能够满足实证研究的需要，学界不再需要那种"自导自演"式的区域社会调查了。另一方面，即便仍然需要这种自主性的社会调查，但由于区域性社会调查的经济、社会成本越来越高，且调查数据的应用空间越来越受限，其整体性的存在价值正不断受到质疑。上述背景带给我们的直接困惑是，我们还需要自己做社会调查吗？我们还能够自己做调查吗？我们自己做的调查还有意义吗？我们认为，即便身处这个数据爆炸的时代，我们仍然需要自己做社会调查，尤其是对于社会学系的学生而言，更需要亲自参与和体验社会调查，主要理由如下：

首先，作为一种事件－过程的自主性社会调查有助于调查者更加清晰地"认识自己"。"认识你自己"相传是刻在德尔斐的阿波罗神庙上的三句箴言之一，或出自泰勒斯，或出自苏格拉底。尼采亦在《道德的系谱》的前言中说道，"对于我们自己，我们不是'知者'"，中国的先贤们也常常训诫道："人贵有自知之明"。对社会学专业的学生而言，社会调查的最终目的是获得一份高质量的问卷数据，但从生命历程理论的视角来看，社会调查也是一件能够对学生未来的个体发展和生命轨迹产生重要影响的独特事件。通过参与社会调查，学生们能够认知到自己所拥有却又未注意到的长处或优势，更会在调查受挫时认识和反思自己的短处或不足。这不仅关乎一项专业技能的掌握，更关乎一种特定人格的塑造，以及对自我的准确定位和认知。作为独立的个体，他们能够在社会调查的行动过程中训练自己的调查技能，磨砺自己的品行，增长自己的才识，扩宽自己的眼界。作为集体中的一员，他们能够在团队合作中体会自己的责任和担当，明白合作、协调和妥协的群体艺术，更会共享一份集体的荣誉和成就感。一个完整的社会调查一定伴随着无数个极具考验性的小型事件，这些事业串联在一起，共同构成了调研员开展自我规训和价值重塑的意义过程。

其次，作为一种事件－过程的自主性社会调查有利于调查者更加深刻地观察和理解现实社会，开展社会调查是了解现实社会最直接的途径，也是最佳的途径。随着中国经济社会转型的加速推进，中国社会已经由传统计划经济时代的"整体性社会"或"单位社会"转向20世纪90年代末期的"断裂社会"，而当前正在向"碎片化社会"或"个体化社会"转化。人们虽然生活在同一个时代，但生活在不同的地理空间和社会空间的不同社会群体之间正慢慢地趋向社会隔离，不同阶层和文化属性的居民之间的社会距离日益扩大，跨群体的社会认知变得越来越困难。普通居民大多通过媒体宣传或报刊书籍等二手资料来认知社会的某一部分。而对于社会学专业的学生而言，接受社会学教育的第一步便是要全面地了解一个真实的社会，其中最有效的渠道自然是深入居民家庭内部开展的入户调查。通过这种“面对面”式的调查，来自农村地区的学生对于城市空间中的个体行为与社会结构将有更为细致的了解；而来自城市的学生亦将对农村社会具有更为深切的观察和思考。与此相似，来自富裕家庭的学生将会更有机会了解到贫困家庭的艰辛；而来自贫穷家庭的学生将会更加了解富裕家庭的生活方式，以及相伴随的经济、社会问题。总之，社会调查有助于更加直观地丰富学生的知识图景，促进不同学生之间的社会理解，提升群体团结，尤其是有助于使学生对社会发展中的现实问题有更加全面和深刻的了解和思考。

最后，作为一种事件－过程的自主性社会调查，有利于系统地提升调查者的学术研究能力。一是有利于培育学生对于学术问题的研究兴趣，尤其是对于社会问题的学术敏感度，这主要通过发现和提出问题来进行。对于刚进入社会学大门的学生而言，一般很难从既有的学术文献中提出一个明确的研究性问题，但在社会调查的过程中却很容易发现问题。这些问题大多属于现实性问题，有的直接来自被调查对象自身提出的问题，有的来源于调查者对于调查对象和调查所得资料的初步思考，还有的来源于调查者与被调查者之间的社会互动、身份比照以及同理心等。二是有利于提升学生对于研究方法和调查技术的掌握能力。准确地说，社会调查应该是一门艺术。要掌握一门艺术，只能在不断的试错过程中去心领神会，却永远无法明言。社会调查的过程虽然可以分解为若干明晰的方法或操作步骤，但对于这种文本知识的掌握并不能转化为直接的调查能力。就像骑自行车一样，虽然人们可以将骑自行车的具体过程细分为几条详细步骤，但对于一个新骑手而言，学会骑自行车的过程仍免不了是一个不断试错、改错、再试错、再改错……重复式的经验积累过程。在此意义上，学生们第一次开始的社会调查，就像是学骑自行车，看上去简单，但实际操作起来一定是颇有难度的。三是有利于获得更多的经验性资料。这些资料不仅包括问卷调查所得的数据，还包括问卷调查过程中的所见、所听、所闻、所感……这些资料无疑都会成为学生们开展学术研究（如课程论文、毕业论文、学术沙龙、专题讲座等）的重要基石。调查所得资料越翔实，便越有针对性，越有利于学生开展研究工作。四是有利于提升学生的批判性思维能力。通过现实中的经验资料来比照书籍中的理论命题，是培养批判性思维最为直接有效的方式。虽然学生们掌握了很多书本知识，但“实践是检验真理的唯一标准”，是否应该批判性地看待一个理论命题，关键看该理论对于所针对的社会事实是否有充分的解释力。就社会科学而言，原本就没有放之四海而皆准的客观真理，一切理论命题都存在诸多的基本理论预设或前提，这意味着所有的社会理论都必定是具体的和有条件的，不可能没有历史情境或其他预设条件的限制，而批判性思维的训练大多从对理论前提的检视和批判开始，而这自然离不开批判者对于经验事实的准确掌握。

四、在"田野"中成长：社会学本科生的实习安排与学术训练

前文着重讲述了作为"立地"的学问的社会学在西方社会的学术起源、拓展以及在近现代中国的传播和发展，尤其是讲到了中国社会学在社会调查和实证研究领域的优良学术传统，以及这一传统在当前的新发展，并论及自主性社会调查在大数据时代对于社会学专业的学生培养所仍然具有的独特价值。当然，社会学绝不仅限于是一门"立地"的学问。中南大学社会学系的李斌教授是我的博士生导师，在我刚刚踏入社会学的大门得以初窥门径之时，他就对我说过，社会学应该是一门"顶天立地"的学问。"顶天"的目的在于"立地"，但与此同时，"顶天"也是"立地"的前提，只有在学生真正理解和掌握了社会学专业的基本理论框架、基本研究范式、基本研究方法和调查技术，以及基本的社会问题意识之后，"立地"才得以成为可能，否则"盲人摸象"式的社会调查并不能达到社会学教育的真正目的。为了将新时期大学社会学教育中的"顶天"和"立地"更好地联结起来，使学生在接受一定的专业理论教育之后，让他们在"田野"中成长便成为一种必要的教育安排。

中南大学社会学学科创建于 1999 年，从 2000 年 9 月开始招收第一届社会学本科生。以此算之，从 2000 年 9 月到 2018 年 9 月，中南大学的社会学本科生教育已经走过了整整 18 个年头。回顾这 18 年来的社会学教育之路，中南大学社会学系的老师们越发意识到让学生到"田野"中去接受实证训练的重要价值。一直以来，中南大学在对社会学本科生的培养方案中都设定了一项重要的培养环节：暑期实习。但社会学专业的"实习"与其他专业存在很大的区别，对其他专业的学生而言，本科生的暑期实习大多直接奔向对学生未来就业更为有利的单位组织，例如大型国有企业、私营企业、事业单位、政府组织等，以便在未来的求职简历上能够拥有更加丰富的工作履历，增加职业获得的概率。虽然我们难以简单地评判这一安排是否妥当，但不可否认的是，一直以来，那种过于功利的教育安排确实正在得到更广泛意义上的反思和批判。哈佛大学政治哲学教授桑德尔（Michael J. Sandel）也认为，我们正生活在一个市场价值观对公共领域疯狂侵蚀的时代，市场的道德界限正在变得越来越模糊。① 当然这一观点也必然涉及市场的逻辑对于公共教育领域的过度侵蚀问题，本文在此不做过多展开。

---

① 桑德尔. 金钱不能买什么：金钱与公正的正面交锋[M]. 邓正来，译. 北京：中信出版社，2012.

核心的要点在于，中南大学社会学系做出了另外一种安排，而且我们认为这种安排更适合社会学专业的学生。在本科生培养方案中，他们的实习任务被定位于对更加广阔的城乡社会的认知和了解，以及对学术研究方法和技术能力的训练。每一届中南大学社会学系的本科生，在大学二年级和大学三年级结束后，都要分别参加两次集体实习活动，或在农村实习，或在城市实习，且不同批次的实习任务安排和学生的自主性空间存在一定差异。第一次实习，要求学生们以小组为单位，到农村社区或城市社区去完成一次最严谨、最科学、最复杂的问卷调查项目，在实习中会依次涉及“调查技能培训、问卷培训、社区绘图（或核图）技术培训、住户清单列举（即确定抽样框）、入户调查（包括户内抽样和访问）、问卷清理、数据录入、报告撰写、实习汇报”等环节。这种实习一般以完成全国性社会调查项目（例如中国人民大学社会学系主导的“中国综合社会调查”项目）在湖南地区的分项目为依托，因此实习过程中，项目主导机构会进行严格的技术培训、实地督导和质量检验。第二次实习，没有任何专门的社会调查项目为依托，要求学生在本专业教师的指导下，以小组为单位自主开展一项实证研究，依次涉及“研究主题确定、文献检索、文献综述、研究设计、问卷设计、试调查、问卷定稿、抽样、入户调查、问卷清理、数据录入、报告撰写、实习汇报”等环节。第二次实习比第一次实习多了“研究主题确定、文献检索、文献综述、研究设计、问卷设计、试调查、问卷定稿、抽样”等环节。不难发现，第二次实习更加强调对学生开展社会研究的自主性、系统性以及专业性的考察，这无疑属于一次更为彻底的“顶天立地”的研究。

五、实习日“迹”：社会学本科生的田野记录与学术体验

到“田野”中去，这对于大部分社会学本科生而言都是一件较为困难的事情，因为这件事情既无法逃避，且难以通过搭便车的方式轻松完成，因而从任何角度出发，这都有较高的难度。可以说，实习调查极度考验每一个学生在各个层面的综合能力。写至此处，笔者想起自己在2012年7月所经历的那次暑期实习活动，虽已时隔六年之久，但当时的每一朝、每一幕、每一人、每一物，着实都让人铭记于心，仿如昨日。当然，更重要的是，我也深切地感受到自己的学术研究能力在那次实习调查中所得到的锤炼，这无疑为我后来选择继续攻读博士学位而奠定了必要的基础。不仅是我，应该说每一位参加了暑期社会调查实习的学生，都有其自身独特的观察和感受。

最难能可贵的是，在学校的严格要求下，这些实习观感都详实地记录在了各自的“实习日记”里。我们认为，这些略带一点苦涩味道的“实习日记”不应

该仅仅被当成一种任务式的活动记录，更不应该随着实习活动的结束而束之高阁，或被简单损毁掉。因为从这一篇一篇的田野记录中，我们可以深切地感受到这些初出茅庐的青年学子在实习活动中所经历的一事一物，所走过的心路历程，以及在实地调查、社会认知、精神洗礼等层面成长、成才和成功的过程。

当然，这些不一定规范的田野记录或许远远比不上专家学者们的田野记述，自然也谈不上所谓理论化的深刻思考，甚至有的记录更类似于"流水账"，从中可以轻易读出一些"极不情愿"的味道。这些都很容易理解，毕竟在经历完一整天极度充实的入户调查之后，身困体乏的他们还要在深夜里继续完成当天的笔述，确实有点难为他们了。可喜的是，绝大部分学生都非常认真地完成了实习日记的撰写工作。有的学生详细地讲述了自己在实地调查之前做所的准备工作，以及在未正式调查前的矛盾心态；有的学生记录了自己在实地调查中所遇到的各类阻碍，以及自己或团队在面对这些阻碍时所想出的破解之道；有的学生深情脉脉地记录了自己在社会调查过程中所发生的情感体验，以及这些体验为自己所带来的人生感悟；有的学生记录了自己在农村或城市社区的入户调查过程中所发现的社会问题，以及自己对这些问题的初步思考；还有的学生记录了自己在这些实习活动中所获得的宝贵收益，甚至是通过这些收益对自己发出了新的人生定位；等等。所有这一切，都在真实地表达着学生们在中南大学社会学系安排的暑期实习期间所获得的学术体验，不论这些体验和感悟或甜或苦，或酸或辣，无疑都值得被珍视。

有鉴于此，我们决定将这些看似无用的"实习日记"在稍加分类后详细地展示出来，这不仅对于那些已经经历过社会学暑期实习的学生而言可以形成一份恒久的生命记忆，也必将对未来的学生在面对这种相似的实习训练时给予一种潜在的激励。作为一名已经在中南大学社会学系接受了 8 年多社会学教育的青年学生，我非常乐见这一实习日"迹"的出版，我相信我的那些同学、学长、学姐、学弟、学妹们也都会对此感到欣慰，因为在这些实习日"迹"里不仅记录着他们在最渴望知识的大学岁月里所亲身撰写的田野故事和所接受到的学术训练，还有那终身难以忘却的宝贵的青春记忆！他们的青春也值得被保存和记录下来！

2018 年 9 月 27 日

中南大学南校区第二教学楼

调查预备篇

前言

对于不同年级的社会学本科生而言，在正式开始实地调查之前所需要完成的预备工作往往存在明显的差异。那些刚刚读完大学二年级的学生即将面对的是一场充满了科学主义范式和技术理性要求的严肃的问卷调查之旅。就像第一次申请考驾照的学员一样，他们对于实地调查中的各项操作步骤的认知大多是空白的，但这也意味着他们具有很强的可塑性和规制性。现实经验也告诉我们，那些从来不会开车的学员，往往更容易考取驾照，反而是那些自认为车技一流的人却更可能因为自身已经养成的某些不良习惯而逾越规矩。因此，对于那些初出茅庐的大二学生而言，他们在实地调查前需要完成的最重要的预备工作，便是接受最为严格的系统性的技能培训。“良好的开端，等于成功的一半。”学生们在多大程度上能够内化专业培训所传授的知识，将直接决定此次暑期实习活动(尤其是问卷数据)的质量高低。

一般而言，技能培训的核心要点在于让学生们认识到此次调查的意义，准确掌握地图抽样法的绘图/核图技巧和具体要求(包括抽样地图的绘制、住户清单列表的编制、调查样本清单的编制、识图流程)，熟练掌握入户访问(包括实地入户、户抽样/户内抽样)的流程，以及熟练使用问卷和示卡(包括问卷的基本结构、问卷填写要求、问卷内容详解)等。通过上述技能培训，我们不仅希望学生们能够理解问卷调查的各个知识要点，更希望他们能够严格地使用科学的问卷调查程序和方法去获得高质量的数据。

除此之外，我们还希望能够让学生们更加深切地理解这种最为严谨和科学的调查设计的内在原理，要求学生们既知其然，更知其所以然。由于此类实习过程中不涉及问卷设计的部分，因而调查员的实地工作流程主要集中于社区空间地图绘制、住房清单列表和调查样本清单的编制、获取分配的样本地址、实地入户、户抽样/户内抽样、问卷访问、检查错漏、告别受访者、提交问卷、补访等。可以发现，这是一个相对完整的社会调查工作链，对这一完整工作链的熟悉和掌握，不仅可以弥补一般教材上的知识空白，更有助于提升学生们对于科学研究的理性认知，这对于培养学生的科学主义素养具有重要意义。

对于社会学系大三的学生而言，由于他们已经在前一年的暑期实习经历中熟练地掌握了问卷调查的基本程序，这意味着他们在社会调查方法及技术应用层面已经拥有了较为丰富的操作经验。也就是说，他们已然具备了独立自主地开展一项完整的社会研究的潜力。因此，大三学生的暑期实习被定位为以小组为单位，独立自主地开展一项专题型社会研究。毫无疑问，这项研究工作只能从确定研究主题开始。此后，围绕某一研究主题开始进行文献检索，并撰写文献综述，开展研究设计，确定研究框架，进行变量操作化、问卷设计、抽样、入户调查、数据录入、数据清理、论文撰写等流程。因此，大三的学生在实地入户前需要完成的工作相对于大二的学生而言明显更多，多出了研究主题确定、研究设计与研究框架确定、问卷设计等环节。

本篇主要展示了学生们在开展实地调查之前所做的各项预备工作，以及在此过程中对这些预备工作的感受。有的学生从一开始便情不自禁地感叹道，社会学实习是一场“奇妙的旅行”。从社会学习论的角度出发，这种类型的专业实习不仅是本科生培训体系中的必修课，更是人生的必须课，其收获所得已经全然超出了数据收集。在实习日志中，有的同学表达了自己在学习“实地绘图抽样法”过程中的紧张感和成就感，大量的新概念和操作方法让他们在实践层面对社会调查有了更深刻的认知，也对自己所担任的“社会调查员”这一专业角色有了更加直观的反思。有的学生强调了空间想象力和认真负责的态度对于做好绘图和核图工作的重要性，还有的学生在问卷培训中感受到，问卷调查不仅仅是一门技术活，而且是一门大学问。社会调查究竟意味着什么？社会调查员的专业伦理有哪些？什么样的社会调查才是符合科学规范和专业要求的社会调查？……所有对这些问题的回答都意味着，技能培训不仅是一个知识传授和操作规训的过程，更是一个有关社会科学的知识反思和学术认同的意义构建过程。在这一过程中，我们希望学生明白，究竟是哪些因素共同构成了“社会学”，以及“社会学”对他们来说意味着什么。

当然，对大三学生而言，更多的感慨体现在“问卷设计”的复杂过程中。与大二学生所接受的问卷培训一样，问卷设计也可以说是一门“大学问”。在这部分，我们详细展示了10名本科生在“问卷设计”环节连续性的心路历程和心得体会。从确定一个核心的研究主题，到提出一个明确的研究问题，再从围绕这一问题开展文献检索和梳理，到提出研究框架，确定问卷结构，再到具体的变量操作化、题型设计、选项设计，再到讨论修改，实地“踩点”和试调查，返工修改问卷，讨论完善，到最终的问卷确定……总体而言，完成这一部分所需要的时间大概占了整个实习时长的三分之一。从这一次实习开始，学生们需要思考的问题已经从前一年的“什么是社会调查”上升为“什么是社会研究”，以及“什么样的社会研究是符合科学规范的社会研究？开展一项完整的社会研究需要从哪里着手，最终到哪里结束？要遵从哪些规范、完成哪些程序？甚至于要有什么样的问题意识、理论视角以及分析维度”等。著有《中国社会各阶级的分析》(1925 年)、《湖南农民运动考察报告》(1927 年)等大量实证主义调查作品的毛泽东早在 1937 年的《实践论》中便提出，“你要知道梨子的滋味，你就得变革梨子，亲口吃一吃……一切真知都是从直接经验发源的”。虽然少部分对社会学研究感兴趣的学生可能在这次实习之前便已通过主持或参与“大学生创新训练课题项目”了解到了这些环节的方方面面，但对于绝大部分本科生而言，开展一项完整的社会研究是一件必不可少且难能可贵的事情。他们平时没有太多的机会参与到社会研究的实践过程之中，过度依赖于书本知识，因而可能有“浅尝辄止”或“本本主义”的问题。

可幸的是，从下面这些实习日志的文本中我们可以明显地感受到学生们对于这种社会研究取向的实习安排所表现出的积极心态，以及在此过程中得到的知识收获。这对于指导他们实习的老师而言自然也是十分欣慰的。

调查动员：一场奇妙的旅行开始了

【凌声萌　社会学1201班　2015年6月25日】

城市实习的动员——开启奇妙之旅。

当前正是2015年的6月，仲夏之日。都说长沙的夏热情似火，在此生活了三年的我也确实深有体会。那炎热的酷夏，只叫人心神不宁，在心神不宁的同时，开启了我大学生涯中的最后一次专业实习。与其说实习是本科生的必修课，不如说它也是人生中的必修课，有苦有乐，酸甜交加。经历了农村实习的我，对实习的流程已然颇为熟悉，但面对这最后一次体验，心中竟不知是悲还是喜。

同样，实习之前，还是由带队老师负责召开"实习动员大会"。我个人觉得，思想动员这一环节对我们而言其实已经没有什么必要了，我们只想知道在这次实习中我们的研究主题、我们的实习进度安排以及我们的主要任务。其实，这也说明了正处于大三的我们在即将开启最后一年大学生活前的现实感与焦虑感，时间与经验让我们不得不接受这个事实。

最终，我们的实习主题是：失地新市民的社会融入与社会适应调查研究。这次由潘泽泉老师、黄娟老师和雍昕老师全程负责我们的实习指导工作。一场奇妙的旅行开始了。

【李晨阳　社会学1201班　2015年6月25日】

今天是大家结束课程考试后的第二天，班长负责任地召集大家，一起研究此次实习的具体安排。与此同时，老师们也从紧锣密鼓的"2015年中国社会学年会"[①]的筹备工作中抽出时间，参加了实习动员大会。潘泽泉老师、黄娟老师、雍昕老师分别就实习的内容、实习的具体环境、实习过程的安排这三个方面进行了说明。

首先，潘老师确定了本次城市实习的主题——有关城市新市民(安置民)市民化过程中的城市融入问题研究，并对问卷设计提出了几点要求：

第一点，要求大家在问卷设计前要阅读一定数量的文献，对于问卷设计中的指标变量要有明确的概念界定。此外，除了需要阅读理论和实证研究的一般性文献，还要阅读国内外有关"市民化"的专题型文献，要全面了解所研究的主题。

第二点，潘老师对于问卷设计需要涉及的主体内容大致提出以下几点：

1. 经济因素(就业、住房、收入水平)；

2. 制度因素(权益保障、公共服务)；

3. 行为适应(社会交往、人际适应)；

4. 文化心理(自我认同、群体认同)；

5. 社会融入。

这五点大致包含了新市民在城市融入过程中所面临的主要问题，老师也给我们指出了一个大致的方向，让我们从这五点着手设计。

第三点，潘老师强调，大家在进行问卷调查的过程中一定要注意安全，要两两相伴而行，不可单独行动，遇到危险要及时求救，我们也体会到了老师对我们满满的关心。

其次，黄娟老师就我们这次实习的地点——梅溪湖就地安置小区的具体情况进行了说明。黄娟老师为了提前打好基础，连续两个月扎根在小区，和小区的住户、居委会等都建立了稳定的关系，这给我们的实习提供了很大方便。黄老师主要介绍了"家和苑小区"的大体状况、居民构成以及我们在进行问卷调查过程中要注意的细节，从黄老师的介绍中，我们也体会到了人类学的魅力所在。

最后，雍昕老师主要从问卷设计和样本抽样这两个方面提出了一些建议。雍昕老师建议我们所有成员分为几个小组，合理分工，具体操作，在抽样过程中要注意合理、科学、有效安排。

---

① 注：此次暑期实习期间，中国社会学会第25次学术年会(即2015年学术年会)在中南大学举行，有来自全国各地社会学界的近1600人参加会议，年会所办分论坛也有59个之多。这是中南大学自成立以来首次举办如此规模庞大的学术性会议。由于会议的规模达到历届之最，这对筹备年会的志愿服务人员的能力、素质提出了很高要求，因此绝大部分中南大学社会学系的师生都投入到了会议的筹备工作之中，其中也包括2015年需要开展城市实习的大三年级本科生。

这次动员大会和任务安排的工作差不多就结束了，特别令人佩服的就是我们社会学系老师和同学们的效率。会议结束后，我们很快就选好了小组的组长，组长分别是李晨阳、梁辰、杜婷婷、庄馨茹、王顺，并很快分配好了队员。

【杜婷婷　社会学1202班　2015年6月25日】

城市实习如期而至。下午三点，由潘泽泉、黄娟、雍昕三位老师为我们召开城市实习动员大会，拉开了城市实习的序幕。

潘老师介绍，本次城市实习的调查地点是梅溪湖社区，实习主题是关于“就地安置的新市民的城市融入问题”的调查，并为我们提供了四个参考维度，分别是：经济整合、制度（身份接纳）、行为适应/生活适应、文化心理调查。参考这四个维度，我们要自己设计调查问卷。老师告诉了我们本次实习的时间安排：

6月20日至7月4日，进行文献收集、问卷设计。

7月5日至7月17日，开展实地调研。在此期间，7月8日至7月12日暂停调研，去为在我校举办的“2015年中国社会学年会”提供志愿服务。

7月18日至7月25日，进行数据录入与整合分析工作。

7月26日，展开调研报告的撰写工作。

黄娟老师为我们介绍了她这两天在梅溪湖社区的“踩点”情况。梅溪湖社区辖有多个城市商业小区，我们需要去调查的主要是“家和苑小区”。据黄娟老师了解，这个小区仍然是一个熟人社会型小区，小区中除了征地拆迁的村民外，还有外来人员在这里租房子。小区中的风俗承接于之前的农村风俗，居民仍喜欢大张旗鼓地在小区内办“红白喜事”，同时小区居民较为重视子女教育，小区中随处可见学习培训班及其广告。

接下来雍昕老师又为我们强调了一下调查要准备的相关内容，包括抽样方法、调查时两人一组、调研方案、调研手册的设计等。经过三位老师的介绍，我们心里对本次调查有了大致的了解。有三位老师带队，我们有信心完成任务。在班上同学分组时，我主动担任了一个小组的组长一职，希望能顺利完成任务，并在调查中有所收获。

【马小捷　社会学1202班　2015年6月25日】

今天举行了本专业大三城市实习的动员大会。在场老师有潘泽泉老师、黄娟老师和雍昕老师，主要就城市实习的四个板块进行了讲述。

第一板块是简单规划城市实习的时间安排，一共分为四个阶段：第一阶段是6月26日至7月4日，主要进行文献收集和问卷设计的工作；第二阶段是7月5日至7月17日，进行问卷的实地调查；第三阶段是7月18日至7月25日，进行问卷数据的录入和分析；第四阶段是写调研报告，对整个城市实习做一个总结。

第二板块是具体讨论城市实习的施行办法。本次城市实习的地点是梅溪湖社区，主题为"就地安置居民的市民化研究"，此次调查群体的身份是城市居民。在选题方面，我们探讨了几大方面：第一，城市融入(社会融入问题)。①经济方面：劳动力就业、住房、经济收入、生活水平等。②制度方面：权益保障、公共政策、社会保障、社会服务等。③行为适应：人际社会交往、社会认同、社会参与、生活习惯。④文化心理：文化接纳、身份认同、价值观、消费心理、角色适应等。第二，市民化认同。第三，现代性的适应(城市生活方面的适应)。第四，市民化的路径、政策。

第三板块，黄娟老师讲述了梅溪湖社区居民生活的一些特色，让我们对梅溪湖社区有了一个初步的认识。

第四板块由雍昕老师进行补充，将工作做了细化，分配到小组及个人。

由此，城市实习正式开始了。

抽样培训：实地绘图抽样法的掌握

【贾莉　社会学1301班　2015年6月26日】

今天是培训的第一天，感触颇多，收获也颇多。

培训从早上八点持续到下午五点半，中午只休息了一个半小时。说实话，以前从来没有参与过这样严格、规范的培训，说不累、不紧张、不忐忑，可能显得有点假。

因为昨天上午才考完试，下午又是实习动员大会，第一天便开始这么紧凑的学习，会让人有些吃不消。再加上培训的内容都是全新的知识，更是有点让人应接不暇。但这只是当时的一部分感触，通过这一天认真的学习，我也掌握了很多新的、非常重要的知识点，从而让人有一种超越了疲惫和紧张的成就感。

经过一天的学习，我接触了一些新概念、新的实践方法，比如对“中国综合社会调查(CGSS)”有了一定的认识；对其中调查设计的知识点也有了较为深入的了解，包括将在接下来的暑期实习中涉及的非常重要的社区绘图；了解到了社区绘图的规则、要求、技术规范等全新的知识，还有绘图过程中建筑物的编号、绘图的复核、住户清单列表的填写和复核，还有抽取样本等。我感觉其中比较困惑和麻烦的是绘图过程中建筑物的编号、最优行走路线规则、住户清单列表的填写，但经过培训老师细心的讲解，以及最后的小测试和老师对测试问卷的讲解，自己的困惑得到了解决，对于今天所学的内容有了全面、深刻的认识。我相信一定可以将学到的知识运用到即将到来的社会调研实践当中。

虽然这只是开头，虽然在今后实习的日子里可能会更辛苦，但我依然坚信自己可以做好属于自己的工作，做一名合格的、优秀的社会调查员。

【薛景　社会学1102班　2013年6月26日】

今天早晨我们在升华楼开会，李老师（中国人民大学社会学系的李路路教授）为我们郑重介绍了两位负责调研培训的老师，但他们在年龄上其实并没有比我们大多少，所以叫学长可能会更亲切些。两位学长似乎不太适应湖南的炎热，汗水不一会儿便打湿了衣服，在经过简单的自我介绍后，他们就带领我们正式“开工”。

我们在学长们的带领下，认识了绘图的各种图形和标志，以及各种操作步骤，例如怎样添加一幢楼房，怎样删掉一处空宅，怎样标出一座小楼的用途的改变，怎样为这些建筑物一一编号……在图纸上涂涂画画，别说还真像是工程队在绘制未来的城市规划呢！

在绘图和核图的过程中，我们主要学习和运用的一个原则便是“右手原则”，听起来蛮有趣的，跟我读初中的时候学物理电磁感应线的原则一样，可实际上用起来却没有想象中的简单。所谓“右手原则”，即在一个有几幢连排、并排的公寓楼的小区里，当确定起点后，必须在指定的路线靠右手边行走，按一定间隔，抽取右手边的住户，楼层里也按一定间隔抽取靠右手的样本。用“右手原则”来绘图、核图，好像能把人给转晕。两位学长在教室里演示了一番，穿梭在桌子之间，不断地右拐……最后愣是把两位学长也拐晕了，当然也把我们看晕了。绘图、核图是访问开始的前奏，也是保证进度的关键。带领我们的学长、学姐也和我们一起做着笔记、提出疑问，那我们更不能马虎怠慢了。虽然从早晨到下午都沉浸在各种图形线路中，头脑都要罢工了，但坚持就是胜利，撑着点吧。

没想到的是，培训快结束时，学长竟然发了几张图纸，说是要小小地测试一下。虽然我们都是在各种考试中成长起来的，但突然面对这种临场“袭击”，还是感觉有些手足无措，尤其是那张模模糊糊却密密麻麻的某社区图。我硬着头皮在图上的大楼之间右拐、右拐、再右拐……好吧，我承认我迷路了。再一次，又再一次……最后，我的成品图便是眼前这张惨不忍睹的社区手绘图，上面夹杂着铅笔、黑笔、蓝笔、红笔留下的线条和箭头，它们在大楼、商铺、停车场之间交错纵横地“混战”在一起，你中有我，我中有你，我想这样的路线图也就只有自己才能看懂吧。我忐忑地交完图纸，只能安慰自己，就当是自己的处女作，永久保存吧。

好在紧张的任务终于完成了。听说明天就要结束培训了，还真是快呀。虽然身心都很疲惫，但还算充实，我也学到了很多新东西，总算不虚此行。明天上午就是实战演习了，想想今天一整天的状态，不免对明天的自己有些担心，希望可以把学到的知识真正运用到实践中去。

【王晨辉　社会学1202班　2014年6月27日】

今天是培训的第二天，收获颇丰。

今天主要接受了两个方面的培训：一是实地绘图找方向；二是基本的问卷结构和内容。我遇到了不辨方向、绘图不精等问题。可能是因为我的空间想象力已经经久不用，我已难以清晰地辨明方向，如果没有学长的带领，我可能还要好一会儿才能从实地中绕出来。

空间想象力不足的另一方面表现在无法构图，没有整体性思维。如果我们到社区开展社区绘图的话，势必要花费许久的时间，不过好在我们做的是“核图”，这是在前人的基础上核实，工作量虽不少，却也简单了许多。不过在具体核图的时候，我也要警醒自己，务必认真、精确，要“把访员当作完全不懂看图的机器”，必须得提高核图的客观性。

问卷培训：问卷调查不仅是一门技术活

【黄玲辉　社会学1302班　2015年6月28日】

培训第三天，我得知调查问卷的中间四部分是随机分配而非全部访问，心里那颗大石头啊，可终于放下了。也正因如此，原本可怕的四个小时的访问时间，被压缩为一个多小时，可以说这真是除了我的心头大患。

今天的主要任务是进行电脑系统的安装，以及与学姐学长们进行经验交流。从他们“过来人”的角度来看，总结成几句话就是：

第一，态度决定一切；

第二，学会苦中作乐；

第三，珍惜实习生活。

我知道，在实习过程中，突如其来的情况肯定会有很多，但只要我们咬牙坚持，灵活应对，再大的困难都不是问题。实习培训的知识很重要，有了好基础和好开头，万事都简单。

至于安装问卷填写系统，那可以说是今天的重头大戏了。培训的中途出现了一点问题，由于当时在场的人中没有一个可以解决问题的专业技术人员，导致大家一整个下午都只能干坐在教室里，等待后续支持。这里又要提一下督导老师的辛苦了，我们干着急，他们的头可就更大了，不得不联系技术人员想尽办法解决。由于下午没成功，于是便有了今晚的那一幕。他们吃过晚饭后就来到我们20栋寝室楼的楼下，对问卷填写系统进行调试。由于天气燥热，桌上摆满了电风扇，我们在宿管阿姨那里借用了插线板，简直把宿舍一楼弄成了电脑修理摊。

在技术人员耐心、细心地给每位同学解决问题，并确认系统安装无误后，大家脸上的疲惫和着急也一点一点地随着成功率的提高而消解。在这一过程中，不仅天气、环境对他们是一种考验，焦急的心态更是一种考验。很庆幸，我们的老师从始至终都很有耐心，并一直用一种温和的态度与我们交流。看到这一幕，路过的其他同学相信也都被惊讶到了吧。这一幕，真的很令人感动，与其说老师，不如称呼他们一声学姐学长吧，你们真是辛苦了！

最后，还想到了一点，今天我们在空余时间进行了同学间的模拟访问，收获很多，调查问卷并不仅仅是一门技术活，里面深藏着大学问！至于什么大学问，待真正实地调查之后再一一道来。

【孙思琪　社会学1302班　2015年6月27日】

培训的第二天，我们领到了问卷以及调查手册。通过调查手册，我们明确了自己作为一名访问员所担负的工作使命。首先，我们要认同并充分地肯定社会科学调查的独特意义；其次，这是一种正常的且有益的社会服务活动，既为政府、学术机构服务，也为广大民众服务。在此意义上，我们的访问归根到底是为公众服务，也就是为受访者服务。因此，我们应秉承职业道德与基本的行为规范，认真负责地做好此次调查工作，在保持客观中立态度的同时，尊重并保护受访者。

与此同时，我们也要掌握一些必要的访问技巧，特别是入户技巧。在敲开受访者的家门后，除了需要注意前面所说的“访员须知”以外，自信、专业、面带微笑地介绍自己也非常重要。例如下面这段介绍：

“您好！我叫×××，是来自中南大学的访问员。我们正在进行一项社会调研，目的是了解民众的生活、就业和工作情况，以及对当前一些社会问题的看法，正好我们抽中您家，下面我希望了解一下您家的一些情况，谢谢您的支持！”

访问员的工作流程主要有以下几项：(1)参加培训；(2)下载样本；(3)联系入户；(4)户抽样；(5)受访者抽样；(6)问卷访问；(7)告别受访者；(8)上传问卷。在联系入户的过程中，又分为以下几个小部分，主要有：在输入样本编码后，我们需要核实系统提供的住户地址，并敲门介绍自己此行的目的，在联系记录之后进行户抽样，然后进行家庭成员登记，最后进行受访者的抽样，并记录受访者的信息，预约并开始访问。

最后，老师带着我们开始逐题地分析此次的调查问卷。在这个过程中，我感受到做社会调查是一项艰难但却很有意义的工作。很明显，调查问卷中的各个题项都带有很强的客观性、中立性，并且题项之间有着极强的逻辑关系。我们要善于把握蕴含其中的科学逻辑，保持严谨、客观、中立的态度，高质量地完成每一份问卷！

【王晨辉　社会学1202班　2014年6月27日】

今天培训的重点在于问卷部分，我们逐题讲了问卷上的访问要点。本次培训给我的印象有以下三点：

第一，题量空前大。题量如此大，而且我们的访问对象都是老人，我十分怀疑访问的成功率能有多高。访谈是需要语言艺术的，这也是我们接受培训的理由之一。我提出此怀疑只是初步的印象而已，我也明白我得有自信，不能在事情开始之前就把自己否定了。客观地说，大题量的确是一大挑战，就像今天学到的，也许可以通过详细劝说、找有可信力的人帮忙、劝说等多步骤、多阶段地完成，这就像之前在课堂上学到过的中国乡土社会中的关系社会、差序格局一样，要想让访问持续开展下去，要努力去找互动和关系的结点。

第二，问卷层次分明、题目全面、结构复杂。本次调查的问卷设计，在我看来相当具有科学性。本次问卷，上至老年人的社会状况，下至老年人的认知能力，将老年人群体的方方面面都调查了个遍。另外，题目有分类，突显出问卷分明的层次结构。最大的困难，我想应该是要记录老年人及其亲友的联系方式，毕竟这涉及隐私，大多数居民可能会拒绝透露。我想，可能有必要在问卷中多次清楚地声明自己的身份和来意，这样可能更有利于下面工作的开展。

第三，问卷语言口语化，题目灵活。问卷语言口语化，其实不仅是让受访对象更容易听懂，对访员来说也能减负。题目相对灵活，可以让访员根据实际选择要不要读出选项、以何种语言组织形式表达题目意思等。

问卷设计：从文献阅读、变量操作化到试调查

【梁辰　社会学1202班　2015年6月25日—7月8日】

【2015/6/25】在参加完昨天的实习动员会后，今天算是我们今年暑假城市实习正式开始的第一天。这次的实习有点特殊，老师为我们制定了一个大题目后，可以说是全权放手让我们自己设计调查过程。我有幸被选为六个组长之一，所以要先做好策划工作。今天一大早，我们几名组长和副组长就相约进行了一次简短的会议，主要是针对调查的第一个部分及问卷设计的内容进行商讨。昨天，潘老师在动员会上对问卷设计做出了基本的分类，在此基础上，我们又对每个部分做了更加详细的划分，最终我们确定了问卷的六个组成部分：

1. 基本资料；
2. 经济方面(就业、住房、收入、消费等)；
3. 制度方面(户籍、权益保障、社会保障、公共服务)；
4. 行为适应(社会交往、社会认同、社会参与、社会资本、生活方式)；
5. 文化习俗(文化接纳、文化变迁、习俗、文化价值观、卫生习惯)；
6. 心理融入(自我认同、价值观、角色意识、消费心理)。

经过商议，我们组分配到了“经济部分”的问卷设计。经过与组员的沟通，我们组决定采取先阅读文献，再进行问卷设计的方案。下午，我和副组长方志磊在网络上查阅了诸多文献之后，选择了10篇我们认为比较具有代表性的文章与我们的组员共享。

【2015/6/26】今天，我们小组的任务是阅读文献，并各自思考问卷的具体内容。在阅读文献的过程中，我对“就地安置居民”这个概念第一次有了比较清晰的认识。简单来说，这个群体中的成员都是农民，但由于城市化进程或城区改造的需要，他们原先居住的土地或他们赖以谋生的田地要被官方征收，为了使这些农民不至于无家可归，政府就地安置他们，即在原来的土地上建设安置小区，以低于市场价的价格向他们出售。

所以可以说，这个特殊群体的产生是城市化的大背景推动的，这些“由农

转居”的“新市民”其实是被迫进入城市化进程的。因此，在这个过程中就不可避免地产生了诸多问题，如新市民的就业问题。当农民失去了他们的土地之后，他们还能做什么？农民群体的文化素质和教育水平普遍偏低，很多人也没有其他的一技之长，加上这批人中很多都是人到中年，年龄也对他们的重新就业构成了巨大的障碍；还有一部分的适龄青壮年劳动力能找到工作，却不愿意去找工作，原因很简单，有数额巨大的拆迁款，为什么还要去工作？

当然，就业问题只是就地安置居民群体遇到的问题中的一个很小的部分，还有很多问题尚未被发现，我想也许这就是我们此次调研的目的。

【2015/6/27】昨天一整天，我和小组成员都阅读了一定数量的文献以及资料，对“就地安置居民”这个群体有了一个初步的认识。因此，我们决定今天商议一下问卷“经济部分”的内容。

首先，我们进行了“头脑风暴”，商议出“经济部分”应该要有哪些二级指标。由于阅读了文献，我们很快就讨论出来结果，我们设定了“收入来源、收入数目、(拆迁前后)收入变化、月均支出、支出方面、住房情况、职业结构、就业心理、职业培训”这些二级指标。

接着，我们针对这些二级指标进行扩展，商议用什么样的题目，以及什么样的形式才能更好地表达我们的意图。经过争论，我们最后暂时确定的是4个题目，其中对“收入数目”的测量还存在比较大的争议，我们无法确定选项中的档次间隔。另外，在“就业心理”那一部分，有些组员认为这部分应该归纳到“心理”部分，但有一部分组员认为问完“职业结构”之后，接着问“就业心理”比较具有逻辑性。

由于没有争论出结果，我们决定把这些有争议的题目暂且搁置，等大家在查阅相关资料之后再行商议。

【2015/6/28】今天早上我们起了个大早，利用手边的资料，针对昨天讨论中留下的问题进行了解，并且督促小组的其他成员进行文献阅读和资料收集。

下午，我们几个人又聚在一起继续讨论昨天没有完成的问卷，我们还是决定把涉及“心理”的调查放在我们负责的这一部分，毕竟行为是心理的反映，回答完这个问题，我们才好引出下一个问题。如果实在是与后面“心理部分”的问卷内容重复，我们再进行删改。另外，考虑到“就地安置市民”过去曾是农民，收入水平可能不会太高，因此我们把500元设为一档，希望这是一个合理的设置。之后，我们又新增了一些问题，使“经济部分”的内容更完整。

晚上，我们把问卷稍微整理了一下，副组长方志磊为我们这部分的问题撰写了调查手册，对其中一些可能引起误会的问题和选项进行了解释。都完成之后，我把这个问卷发给了杜婷婷组，所有部分将会由她们进行最后的整合。

【2015/6/30】今天的天气非常炎热，班长们商量过后，决定找几个男生一起去梅溪湖“踩点”，我们组委托刘志豪同学去进行调研。从他们发来的照片和刘志豪同学的反馈来看，我们进行调研的社区面积还是比较大的，但是受访对象应该是集中居住在其中的几栋居民楼里，据说每栋居民楼有20多层高，由此我能想象到，到时候我们“扫楼”会有多辛苦了。

根据他们从居委会和驻扎在当地的社区社工组织所了解的情况来看，就地安置的农民主要居住在“润龙社区”和“家和苑”两个社区，两个社区共有居民1425户，人口共4344人，其中，常住1024户，常住人口为3400人左右，但是小区现在的入住率只有64.4%左右，如果全部回迁，会有9000人左右。

同学们从实地为我们带回的这些数据和资料将对我们的问卷调整、调查方式的选取、调查对象的选择提供了非常大的帮助，我想有了他们的辛勤付出，我们的调查之路，应该会走得更顺利吧。

【2015/7/1】今天，我们收到了潘老师对我们问卷初稿的修改意见，从密密麻麻的字迹中就可以看出潘老师认真负责的态度。有一些题目被删去或被替换，更多的则是潘老师从更专业的角度增加了新题。我们看了之后，虽然有些题目乍一看不太理解，但经过深思，会发现这些题目非常有深度，可以测量出许多我们之前没有考虑到的东西。

修改完的问卷有些乱，于是各个组的负责人就负责整理自己那一部分的问卷。整理完之后经过汇总，我们惊讶地发现修改后的问卷初稿一共有14页，面对如此多的题项，受访者的配合度会高吗？我们能够完整地做完一份问卷吗？会不会很容易被拒访呢？这些疑问在我们脑海里挥之不去，毕竟考虑到现代人普遍没有耐心，且警惕性较高，这么长的问卷，恐怕对调查的顺利完成不利，但是又考虑到调查的全面性和深入性，势必要求我们从方方面面加以考虑。

【2015/7/3】今天，所有成员都被集中到升华后楼813教室，我们召开了第二次全体大会，三位老师也都参加了。这次会议主要是讨论问卷的内容，对问卷中有疑问的部分进行解释，并且进行修改。

首先，每个组的代表上台向大家解释每一个问题的意图，然后大家针对不太理解或有歧义的问题进行讨论。雍昕老师和黄娟老师也进行了相应的解释，大家都踊跃发言，说出自己的看法。可以看出，大多数同学都做了大量的工作。当然，由于我们还只是学生，还处在初学者的阶段，对一些问题还缺乏专业的认识和领悟。不过，多亏了两位老师的耐心指导，我觉得通过这次讨论，我也学会了很多问卷的出题技巧，也加深了对这次调查的认识。

在讨论完问卷的基本内容后，我们与老师商议下一步的计划。多数同学想抓紧时间尽早完成问卷，所以希望明天就能着手开展实地调查。但是潘老师的意见是，我们先休整一两天，下周一再开始调研。同学们虽然有些不乐意，但还是接受了这个建议。因为潘老师需要时间与当地的居委会和相关部门进行沟通，周末也的确不是一个合适的时机。于是，我们决定放慢脚步，养精蓄锐。

最后，大家讨论了一下买礼物的事情，大家都同意从实习经费里拿出一部分钱来购买礼物作为给受访者的回报。于是开完会以后，班长就带着几个男生去挑选礼品了，晚上得知礼品为洗衣粉，大家都对礼物的价格比较满意。

【2015/7/5】今天，我又仔仔细细把问卷看了一遍。

问卷一共有 15 页，共六个部分，分别为：个人基本情况、经济收入、劳动就业与住房、福利制度、权益保障与公共服务、文化、习俗与环境、人际交往、社会支持与社会参与、身份认同、精神生活与社会心理。可以说，问卷囊括了“就地安置居民”在生活、心理层面的方方面面，尤其是他们在征地前和安置后的对比、变化情况，由此可以比较全面地了解这个群体。

但是，我觉得有些问题还是比较复杂、难以理解。比如说在“人际交往、社会支持与社会参与”的部分，其中的第 2 道题，我想这道题的目的应该是测量“就地安置居民”的社会资本，但是其中的内容事无巨细，感觉有些重复，而且只适合外出打工的人。但根据我在前期了解的情况，安置居民中有许多人找不到工作，或没有工作，感觉这道题的适用范围可能不是太广。另外，有的题目中把“家人”和“亲戚”两个选项截然分开，也让我很不解。我还发现，有一些问题的选项不够严密，没有把所有的可能性列出来。可惜，当我提出这些问题时，500 多份问卷已经都打印出来了，我们只能各自修改手中的问卷。

晚上，组长们碰头，商议明天的实地调查安排，并且从班长那里领取了调研经费。因为我们还要和居委会进行交接，几位老师也会和我们一同前往。由于居委会九点钟上班，我们必须在八点半左右赶到。但是听说我们乘坐的那辆公交车半个小时才来一趟，我们决定七点集合，看能否赶上七点半的那趟车。我们还决定，就先由几位组长前去“踩点”，等到确定能够进行调查后，再让组员都过去。

商议完毕，我们各自回去与组员交接注意事项。

【2015/7/6】今天起了个大早，因为昨天和一位在“家和苑社区”工作的研究生学长约好了，由他带领我们几位组长去和居民交接。昨天晚上可能因为有点激动，我没有睡好，但这并不影响我今天以饱满的精神面貌前去梅溪湖。就在快要到达公交站的时候，我们看见一辆 207 公交车缓缓开出公交站，这就是我们要乘坐的那辆车，可是这时候已经太晚了，我们只能眼睁睁地看着公交车远去而无能为力。没办法，只能乖乖地等下一趟了。我们等了十几分钟都不见一辆 207 公交车的影子。因为老师们是开车去的，我们担心再等一下，去迟了

就不好了。于是我们决定让学长带上两位班长乘坐出租车先走，在他们走后不久，我们也等到了公交车。

在颠簸了近40分钟之后，我们终于到达了梅溪湖的“家和苑小区”。可以很明显地看出，这个小区新建不久，不过入住率还是挺高的，但是我从来没有见过一个小区里会有这么多的培训学校，总体来说小区的环境尚可。

经过与几位老师的接洽，居委会的工作人员表示他们会尽全力配合我们的调查，让我们悬着的心终于放下了。有了居委会的配合，相信我们的工作会顺利很多，随后我们几位组长在小区里转了一圈，大致了解了这个小区的情况，我们对接下来几天的调查充满了信心。

【2015/7/7】昨天，由于几位老师忽然决定要扩展一个新的调查点，我们就没有在“家和苑小区”进行试调查。昨天晚上得到消息，将有一半的同学要去“天马”那里的“黄鹤村社区”进行调研，而我带领的小组将和另外两个组的同学一起留在“梅溪湖”继续调查。所以，今天我们到梅溪湖的“家和苑社区”进行试调查。

经过一番搜寻，我找到了“家和苑社区”的文化活动中心。许多居民闲来无事就会到这里打打麻将、打打牌、和邻居聊聊天、锻炼锻炼身体等。迈出第一步，总是困难的，我看着他们热火朝天打麻将的样子，犹犹豫豫，不知向谁询问。

好在这时黄娟老师出现了，她对社区的居民来说已经不陌生了，这都归功于黄老师长期来这里进行田野调查，她和这里的居民相聊甚欢，很快就说服了一个人帮我完成问卷。没想到这个叔叔在我说明了来意之后，豪爽地接过问卷自己填答了起来，我又不好意思拿回来，只能由他去。这下问题可来了，大概是由于叔叔的文化水平有限，并不能很好地理解题目的意思，回答得有些缓慢，并且他会选择性地跳过一些比较复杂的题目，我就只能不断地提醒他，到后来我只能一题一题地解释给他听。我发现这样做既耗时又费力，在正式调查中一定要采取访谈式的方法。

后来，我们又找到了几个居民进行试调查，但越到后面发现的问题越多，不得已，我们只得暂且收兵，打道回府，先把试调查中遇到的问题解决了，再进行正式调查。

【2015/7/8】昨天，在试调查的过程中我们遇到了一些问题，我们决定今天暂且休息调整，把正式调查往后延一延。早上，我们几个组长先开了一个小会，总结了各组在试调查过程中遇到的问题：

首先，有一部分同学对问卷还十分陌生。因为问卷中有很多跳转题，如果对问卷不熟悉的话，遇到跳转题会手足无措，这导致了昨天试调查进度缓慢，还出现了一些无效问卷。

其次，问卷中有一些题目还存在错误。有一些跳转题也存在着逻辑连接问题，还有一些选项界定不清，给同学和受访者造成了困惑。我们针对问题进行了讨论，在经过无数次的推敲和琢磨之后，我们终于把逻辑问题解决了。最后，针对一些比较难表述的问题，我们优化了表达方法，使之更为易懂、简单。

下午，我召集了组员开了一次组内会议，主要传达了早上会议的内容，并且再三强调了熟悉问卷内容的重要性，并要求组员之间进行互访，以此来提高对问卷的熟悉程度。

期待明日的正式调查！

【凌声萌　社会学1201班　2015年6月27日—7月9日】

【2015/6/27】小组会议——任务分配

在昨天的小组会议上，我们整个班级实习大队共分为六个小组，我很荣幸地当选为第五组的副组长。既然被选为了副组长，这就意味着我要比其他组员承担更大的责任，意味着要协助组长完成本职工作，于是我也很荣幸地和组长一起参加了今天的工作会议。

本次会议主要是将主题进一步细分。经过讨论，我们把主题分为经济适应、制度适应、社会行为适应、文化适应、心理适应等五个次级主题，由每一组的成员负责一块主题，开始收集资料。为保证选题分配的公正性，采用抽签法，我们组选择的是“行为适应”部分。当我们抽到这个签的时候也着实蒙了，这不是一个陌生的主题，但却是一个难以测量的主题，在概念操作化的过程中着实要费很大工夫。

开完会议，我们便在自己的小组内开始布置任务，以进一步分工。最后决定，让每个人去看两篇及以上的学术文献，基于对既有文献的研究，每个人设计相应的问题，问题不要多，而要精，因此，我便查找了相应的文献，分发给组员，总体进度挺好。

【2015/6/28】文献整理——设计问卷

在翻阅了一些文献资料之后，终于，今天我们小组把“行为适应”组的问卷给设计出来了。在设计问卷的时候，我们也考虑过哪些因素会影响行为适应，以及哪些方面体现了社会行为的适应。

因此，在此分析的基础上，我们把“社会行为适应”分为了几个不同的板块，分别为社会交往方式、消费行为、生活方式、娱乐方式、社区参与等维度，我们希望从这些维度上探讨新市民的社会融入状况。

在确立维度后便是真正确定问题的时候了。针对“社会适应”，我们总共预计设计了15个问题，针对每一个维度进行概念操作化。经过与组长的一下午的讨论，终于把问题设计出来了。虽然中间会产生一些分歧，但这都是可以理解的，因为每个人的意见都有它自己的出发点，只要最终的结果是好的，那也是可以的。由于在此次设计问卷中不同的学生有不同的意见，于是各自都对每个问题进行了细致的说明，以期能够更好地完成问卷设计工作。

【2015/6/29】整理问卷

在各小组经过近三天时间的文献整理，以及对各个板块的问卷设计之后，今天，我们将各个小组所设计的问卷做了进一步的归纳与整理，主要是各组之间对自己所设计的问卷进行说明和备注，然后大家一起讨论每一个问题的合理性。对每一个问题，我们都要严格审议，不合理的问题要删除，不合理的选项要修改，大半天的时间就花在这上面了。

今天长沙的天气还是很热，因此我们只能躲在屋子里避暑。由于实在是无聊，我来到了图书馆，在翻阅书籍的闲暇之间，我发现了一本名叫《生活的暗面：日常生活的社会学透视》的书，内容通俗易懂，适合我们阅读。

晚上，我们终于把问卷整理成了一篇有60多道题的问卷，把问卷发给了潘老师审阅。

【2015/6/30】实地“踩点”

今天，我们各组的学生代表去“梅溪湖”进行实地“踩点”，以了解情况。下面我把今天了解到的情况介绍一下：

首先，我们总共勘查了三个小区，分别是家和苑小区、家兴苑小区以及骑龙村小区，接下来的入户调查也将在这三个小区开展。在家和苑，总共有16个单元楼，每个单元楼32层高，入住2000多户，基本上是由原来附近的七个村庄的住户合并的，其中有500多户是租房户，入住率有64%左右。在家兴苑，总共有8个单元楼，每个单元楼32层高，实际入住1000多户，楼房空置率较高。在骑龙村，总共有9个单元楼，楼层比较矮，实际入住率较高。

在行政划分上，家兴苑与家和苑属于“润龙社区居委会”管辖，而骑龙村属于另外的社区管辖；家兴苑和家和苑两个小区都有自己的物业管理，只不过是同一个居委会。其中，“润龙社区居委会”是我们工作的据点，里面有很多工作人员是我们的学长，湖南省至善社会工作服务中心①也在里面，那边的人特别好，我们可以在那边休息。家和苑小区的居民看起来多一点，问卷调查进行得好一些；而家兴苑小区看起来整体比较冷清，人比较少，这可能会给调查带来难度。骑龙村则不一样，因为小区的一楼商铺较多，什么都有，另外两个小区则比较少。

【2015/7/1】二次修改问卷

经过昨天的实地“踩点”，我对梅溪湖那边的实际情况有了一个大致的了解。经过组长会议商定，大致确定了目前每个组的调查区域，对每个组该做的任务也已经有了一个明确的规划。

今天，指导老师终于把我们呈交的问卷修改了，并发放给我们继续修改。当我看到这份修改了的问卷之后，头脑已经发热了。主要原因是，老师修改之后的问卷已经完全扰乱了我的思路与逻辑，老师在我们的问卷上加了很多涉及就业的问题，而且令人头疼的是，这些问题貌似与我们所调查的主题不相关联。这一点让我觉得很苦恼，可是老师“命令”不能把他所添加的问题删除，我们只能自己再仔细考虑老师的用意与逻辑。后来才明白，原来老师是有深意的。对于我们组而言，考虑到老师添加的问题多，我也只能删除我们自己所设计的问题，并将之融入问卷当中，一天就这样过去了。

【2015/7/3】集体开会，讨论问卷

今天召开第二次集体会议，进行问卷第一次修改之后的讨论与修改。所有的负责老师全部到齐，为我们的问卷做最后的设计与指导。讨论很激烈，所有人都积极地投入，发现问卷中的每一个问题，并且积极提出修改意见，台下的老师也及时做出指导，这给我们很大的鼓舞。

首先，由总负责人潘泽泉老师对我们所设计的问卷进行一个总体的评价，并指出我们的不足。老师一再告诉我们，作为社会学人，时刻不能忘记的是“社会学的素养”。每一份问卷、每一道题，以及问题的设计都要有目的性，对于每一道题都必须知道自己在调查什么，这样才能得到合格、有效的数据。这一点给了我们很大的启发。

接下来，各个小组的组长上台解释，对自己本组设计的问题进行解释，包

---

① 注：“湖南至善社会工作服务中心”是中南大学社会学系李斌教授主导成立的一个社会工作服务机构，主要借用中南大学社会学的师资力量，尤其是社会工作硕士研究生的力量，以公益组织的方式在社区开展社会服务。当时该中心的服务地点主要是长沙市梅溪湖地区的“润龙社区”。该社区属于失地农民安置社区，社区居民大多处于由农民向市民的过渡转变之中。最为严重的是，其中大部分社区居民处于失业状况。于是该中心与社区合作成立了“新市民加油站”，通过社会工作专业服务提升社区居民的就业技能和就业意愿，以帮助其找到合适工作，从而拥有可持续的收入来源。

括要调查什么，对自己所设置的选项统一进行概念界定，这样有利于每一组方便理解。一下午的会议在激烈的讨论中很快便过去了。

【2015/7/4】购置访谈礼品

在进行完昨天的问卷讨论之后，我们成功地融合了老师设计的问题和我们设计的问题，最终做出了一份较为完善的社会调查问卷。因此，接来下需要考虑的一件事就是如何更加有效、保质保量地完成这一问卷。今天，我们只执行了第一项工作——购买礼品。之所以要购买礼品，主要基于以下理由：

第一，位于梅溪湖安置区的小区居民对政府的情绪比较复杂，很多人不愿意接受外界来的调查，他们当中大多数人认为我们是政府派来的“说客”，而不是帮助他们的，买一点小礼物是为了表示我们的诚意。

第二，我们的问卷内容比较多，要完成这一份问卷，需要花费一定的时间和精力，如果没有一点点礼品表示诚意的话，很难保证我们的问卷能够做好。

经过一天的选购，我们联系了商家，买了 500 包洗衣粉，作为礼品表示感谢。由于经费有限，我们也只能买这种小礼品以表示我们的诚意与感激。

【2015/7/5】打印问卷，做好准备工作

调查前的工作已经做好了一大半，今天是周日，也就是实地调查前的最后一天，我们要做的事就是如何抓住最后一天，去准备好一切工作。

第一件事便是拿着已经修改好的问卷去打印店里打印。我们的原计划是每个人平均做 10 份问卷，因此我们本次共打印 500 份问卷。这不是一个小工作，因此，我们召集各组长商量如何更加快速地将问卷打印好。由于我们的样本有 500 份，有组员提议多打 20 份，这样可以避免无效样本，也能保质保量地完成工作。

第二件事便是选择抽样方法。有的人提出用偶遇抽样法，有的人建议用随机抽样法。采用偶遇抽样法是因为那里的调查难度比较大，有些人不一定会配合做调查，因此做出这个选择。随机抽样有利于保证数据的可靠性，但是我们却没有随机抽样的数据。因此，双方争执不下，最后决定，周一到实地查看能否得到居委会的资料，再做定夺。

【2015/7/6】试调查

拿着已经打印好的问卷，今天我们准备从各组中抽调两名组员，前往调查地点进行试调查。试调查可以发现很多问题，比如受访对象的接纳程度，以及问卷中的一些细节问题等。鉴于以上问题，我们进行了今天的试调查，在调查中不出意料地出现了很多问题。

第一，问卷仍然存在一些漏洞。在试调查的过程中，我们发现了问卷中仍然存在的一些问题。首先是逻辑不合理，有一些问题前后自相矛盾，但我们却

没有发现；其次，一些问题是敏感性问题，受访者往往在遇到这些问题的时候，不愿意回答这些问题。这让我们深刻认识到，以后在设计问题的过程中要考虑到这些方面。

第二，受访对象接受访问存在一定困难。由于梅溪湖地区的受访对象是安置民，安置民对于外界的访问，经常持不待见的态度，虽然我们有小礼物作为回馈，但愿意接受采访的人还是不多。我们的任务是平均每个人10份，总体来说进展不是很顺利。

【2015/7/7】转战麓枫社区

考虑到昨天在进行试调查时困难重重，我们只能考虑转换地点。在老师的指引下，我们一部分人来到了“麓枫社区”。这个社区是2010年搬迁并且建设成功的。初到这个社区一看，这里比较和谐，人与人之间有说有笑的。社区内部有29栋居民楼，每层楼的人都相处较为和谐，在社区内部还有一条主要的商业街，看起来算是一个传统的农村社区。

进入社区之后，我们前往了“社区居委会”，接待我们的是社区居委会主任，他很热情，表示很欢迎中南大学的老师以及学生前来指导工作。对此我们感到很欣喜，因为对我们工作的支持将会对我们实际工作的开展带来极大的便利。我们向他说明了原委，他也表示很高兴我们能够对社区的工作带来一定的帮助。总之今天的行程是比较顺利的。

此外，我们还从居委会那里得到了社区住户名单，这将有利于抽样工作的开展。

【2015/7/8】社区抽样

昨天，我们很顺利地拿到了社区住户名单，这为我们开展社区工作打下了良好的基础。如果没有拿到这些最新的详细的数据，可能我们就会像去年一样，首先要核户，但是这将花费至少两天的时间，有了这些数据我们就方便多了。

在抽样之前，我们首先开了一个会议，商量如何抽样、抽多少样等问题，在激烈地争论之后，总算是达成了一致的意见，那就是采用“随机数表抽样法”：

第一步是筛选。在社区居住的居民不全是搬迁安置民，有大量的外来租户，而这些租户不是我们所要调查的对象，因此就必须把符合条件的常住人口筛选出来。

第二步是进行随机抽样。考虑到受访对象可能会拒绝，我们打算抽270户做240份问卷，这样会有30个补充样本。这一次的抽样是严格按照随机数表的抽样来做的，具有一定的科学性。

【2015/7/9】前往社区踩点

经过昨晚的抽样工作，我们几个男生熬夜到深夜，总算是把抽样的工作完成了。这一工作的完成之所以历经艰辛，主要是因为我们对抽样流程不够熟悉。这次的抽样过程也让我明白，凡事不能纸上谈兵，只有亲力亲为，我们才能体会到过程的艰辛。

今天的主要任务是拿着我们所做的抽样表前往调查地点“麓枫社区”。“麓枫社区”和其他社区相比，有一个很大的优势，就是每个楼栋都有楼栋长，楼栋长的设置是为了方便社区居委会的管理，但是无形之中也给我们带来了便利。我们到达社区后，委员会主任直接把我们带到了每个楼栋，我们与楼栋长见面后，便向楼栋长了解各楼栋的情况，每位同学只负责一个楼栋，这样的分工也是比较合理的。今天的踩点是比较顺利的，这样我们的工作便能很快进行了。

【李晨阳　社会学1201班　2015年6月25日—7月5日】

【2015/6/25】昨天，大家已经分好了组，我是我们组的组长，其他成员有李怡雯、任禹凝、徐春娅、陈建、张锦玉、吴江伟、蒋彦鹏。今天早上，我就把大家召集起来，主要是为了学习实习调查期间的安全条例，详细地说了一些实习中应注意的问题，并收集大家的建议。安全条例如下：

1. 未经实习队或实习单位的允许，不得擅自调换工作。

2. 要注意交通安全，遵守交通规则。

3. 实习人员离队时必须及时向实习队负责教师(队长)请假；实习期间，学生不允许离队住宿，女生在夜间不得单独外出活动。

4. 要注意饮食卫生，防止食物中毒。严格执行作息时间，注意防火、防中毒、防盗等。

大家认真学习了安全条例，也都承诺会遵守。在实习中主要应该注意的问题集中在“入户做问卷”这一块。我们初步商定的是两两一组，尽可能男女搭配。至于“问卷设计”这一部分，等明天组长开会确定基本的问卷内容后再商定，为此我们还建立了微信群和QQ群，方便大家及时交流沟通。

希望我们这一组的小伙伴合作愉快，默契配合，顺利完成实习任务。

【2015/6/26】今天的主要工作就是各组组长开会，确定问卷的几大板块，并具体分配任务到组，每组负责一个版块的设计，最后汇总完成。

首先我们商讨确定了几大版块的主题：

A. 个人基本情况

B. 经济收入、劳动就业与住房

C. 福利制度/权益保障与公共服务

D. 文化、习俗与环境

E. 人际交往、社会支持与社会参与

F. 身份认同、精神生活与社会心理

根据六个组的构成，以及老师的意见，我们最终确定了以上六个板块的内容。

接下来就是具体任务到组了。我们采用了比较公平的方式——抽签，最后的结果为：杜婷婷组负责 A 部分及最后的汇总；梁辰组负责 B 部分；王顺组负责 C 部分；李晨阳组负责 D 部分；庄馨茹组负责 E 部分；田啸林组负责 F 部分。为了提高大家的做事效率，我们限定在 6 月 29 日前将各组设计好的内容统一发到杜婷婷组，由他们汇总整理后交由老师审查。

总的来说，我们组抽到的"文化"这一部分偏人类学方向，我们决定先从文献查找入手，从而对这一板块有更全面的了解。

【2015/6/27】根据我们组负责的"文化、习俗与环境"这一主题，我们又结合就地安置居民这一特点，在"中国知网"上进行了文献查找。由我和任禹凝负责检索一些相关性较强的文献共享到群组内，每个人都要阅读并思考问卷设计中的变量应该有哪些内容，这一天的主题就是：文献阅读，以及自我归纳与整理。

我通过阅读文献发现，新市民(就地安置民)变化的时间维度主要为拆迁前和拆迁后的纵向层面，而横向层面的变化主要是文化观念、过节风俗、生活环境的变化这三个大的方面，所以我设想从这三个方面入手，以时间前后为变化点进行这一板块的问题设计，不知道这样做的可行性如何。

万事开头难，大家看文献看得既认真又头大，毕竟第一次比较系统规范地参与问卷设计，肯定会有经验不足与失误的地方。不过，这也是一种学习的过程，有一便有二，一来二去就熟悉了，相信自己吧！

【2015/6/28】昨天，大家都认真阅读了文献，明显感觉今天在讨论的时候都有底气了，果然知识就是力量的源泉。大家根据归纳和总结，大致提出了自己认为有意义的问题，由我进行初步的汇总，大体涉及的方面有：

一是传统节日风俗与婚丧嫁娶拆迁前后的比较；

二是就地安置居民对城市文明生活行为的认可程度；

三是对于社区组织的文娱活动他们的参与意愿；

四是对长沙市文明公约的了解程度。

因为这一部分的问题相对比较独立，所牵涉的方面相对较少，所以我们最后定稿的问题为十个，这也是综合考虑了问卷的可填性和各部分所占的比重之后的结果。汇总整理好的问卷内容再次经过组员们的推敲和修改，最终确定，在6月28日晚上十一点发给了杜婷婷组，由他们进行六个部分的汇总整理。

在问卷设计的初步阶段，大家都做到了各司其职，态度认真，但是团队合作氛围略显稀缺，希望在实地调查过程中能有所改善。

【2015/6/29】问卷已经在汇总了，杜婷婷组在整理汇总过程中也发现了一些问题，很负责任地和每个组长联系、讨论内容的变更，也让我感受了团队合作的精神，做好后备工作才是最重要的。

问卷的整理是一项十分烦琐的工作，需要细心和耐心。我们组负责的“文化部分”变动较小，主要是把指标进一步规范化，把概念界定进一步细化，大问题不多，小问题不少。

今天的整理我虽未全程参与，但一些细节上的商讨，也让我发现了自身存在的一些问题。我认为，问卷设计者要站在填问卷人的角度去思考，然后再设计，这样的问卷才有最大的可行性。

一句话，细节决定成败，细节决定效率，前期准备充足是为后期顺利进行的预热。

【2015/6/30】各组问卷都已汇总完毕，整理好发到老师的邮箱，由老师进行二次审查，想来必是一场大改。为了迎接这场“大改革”，今天，我们要来做些准备工作。

首先，我组织每位组员对问卷存在的问题进行“挑刺”。先从自己这一部分开始，再挑其他五个板块。果不其然，又发现了一堆问题，在做好记录的同时，也要从其他组的角度进行思考，看我们发现的这些问题，是否带有个人主义色彩。经过一番评判，我们归纳总结了几个大方面：

1. 问卷有些过于烦琐，主题不够突出；

2. 有些问题的指标设计有待考量；

3. 有的问题不够全面，需要再补充。

问题大致就集中在了这三个方面，总结完了，要再去翻找一下文献，把一些具体问题再落实，争取在得到老师的修改意见后尽快修改完成。

【2015/7/1】老师的修改意见还没有出来，但是我们不能游手好闲，于是我们每个组派出一个代表前去“侦察”地形，他们是跟着黄娟老师一起去的。要感谢黄娟老师一直跟我们在一起，这么热的天也和我们队员们亲自去，队员们回来之后和小组其他成员分享了今天的情报。

梅溪湖社区主要由三个小区组成：家和苑、家兴苑、骑龙小区。其中，家兴苑和家和苑属于同一个居委会。家兴苑有8幢楼，入住率较低；家和苑有14栋楼，大概有1000户居民，相对较集中。所以之后的问卷调查，可能会集中在家和苑进行，希望我们的问卷尽快出来，可以赶紧去做。

【2015/7/2】老师的修改意见终于出来了，果然和之前预料的一样，一顿大改，老师加了很多问题进来。看了修改过的问卷，我们也发现自己的确存在着很多问题，很多细节都没有考虑到。老师加的问题中有很多表格，有些和我们之前设计的问题有冲突，大家要对问卷重新审查。所以，我们今天的主要问题就是把问卷重新进行编排，重复的要删除。

与之前的安排一样，还是每个组负责自己的板块。根据老师的修改意见进行调整，然后理解每部分老师新加的内容。在熟悉问卷后，把自己总结出来应该注意的要点列明，然后等明天确定好之后，在开会时再一一说明。

今天的任务还是很重要的，不仅要理解自己的，还要对全部问题有一个把控，任务艰巨。闲话少说，加油去咯。

【2015/7/3】今天，我们下午开了有关问卷设计的最终确定大会。昨天，大家都已经把问卷的问题进行了汇总和整理，每个组的组长分别为大家解释了问卷的详细内容，对问卷进行了最终的修改，老师也提出了宝贵的意见。我们经过讨论之后，每个部分都有改动，有删减的、增加的，完成了对问卷的最终修改，这让我们对问卷的各个部分有了更深刻的认识和了解。

此外，我们还确定了做问卷时要送给群众访谈的礼品，每年都有礼品作为受访者的一点赠品，所以今年也不例外。最后就是确定大家在明天、后天、大后天进行休整，在此期间，各自加深对问卷和调研主题的认知，6 号或 7 号开始入户，加油！

【2015/7/4】问卷已经初步确定完成了，我们组负责的“文化、习俗与环境部分”共有八题，其中有两个表、六个题目，主要内容有：

现在清明节还有没有集体祭祀的活动？

现在春节会在社区放鞭炮吗？

现在春节的拜年方式有没有很大变化？

更喜欢现在的过年方式还是以前的过年方式？

现在的传统节日社区有慰问老人的活动吗？

此外，还对他们的一些文化观念进行了对比调查。介绍完我们这一板块，然后就是大家对问卷熟悉、熟悉、再熟悉，最后每一个小组进行两两互访，理清问卷的逻辑体系，让自己对问题了然于心，尽量缩短问问题的时间，但也要保质保量。

明天，我们决定让各个组长先去梅溪湖社区进行试调查、了解情况，待组长回来后再和组员相互交流。入户调查就要开始了，加油！

【2015/7/5】今天，为了更熟悉调查地域的情况，我们决定让各组的组长先

去探路，了解一些实际情况，也方便和组员沟通。一大早，我们一行七八个人就出发了。张作俊学长带队，我们还带了一定数量的问卷和洗衣粉作为礼品，进行试调查。

到了家兴苑社区后，我们先去了这里的居委会。在潘泽泉、黄娟、雍昕老师的带领下，和社区居委会的陈主任、杨主任做了接洽工作，并说明了来意。我们了解到，“梅溪湖小区”是就地安置居民的聚居地，非常符合我们对于新市民的调查要求。同样，我们也说明了这次调查和数据分析得出的结论对于日后进行社区建设有很大的帮助，这是一件双赢的事情。

听了我们的话，陈主任给了很大的支持，不仅向我们详细介绍了“家兴苑小区”“家和苑小区”的情况，还告诉我们，从明天开始，社区居委会要对社区居民进行摸底工作，可以带上我们。真是把我们高兴坏了，这可是解决了我们最大的难题啊！有了入户保证，就可以大大降低拒访率，提高工作效率，真是好事一桩！回校之后和小组成员说了这件事，大家都表示对完成问卷有很大的信心。

【胡静瑶　社会学1202班　2015年6月26日—7月6日】

【2015/6/26】今天是实习的第一个阶段——查阅文献阶段。

在潘老师对“就地安置市民市民化”这一研究主题进行深入分析之后，我们决定从“经济支持、制度支持(社会认同)、行为适应(角色认同)、文化融入”等方面对新市民这一群体进行研究，设计调查问卷。在初步明确了问卷的设计方向后，我们小组进行了讨论，我们组负责“制度支持”这一部分。进行了初步的任务分配后，我开始查阅相关文献，通过对于相关文献的研究明确：制度支持应包括的内容、设计指标的类别，以及操作化指标等问题。

通过阅读一系列相关文献，例如《论城市化进程中失地农民经济社会权益的保障》《失地新市民群体的城市融入问题研究》《城郊征地拆迁中的新市民生活问题研究》《城市新市民市民化与制度阀效应——一个制度分析的视角》等，我们发现，绝大部分的调查研究对于“新市民”这一群体所面临的制度支持问题并没有详细或专门的研究，大多只是宽泛地讲到了新市民在户籍制度和社会保障制度上存在一定的阻碍，并没有进行详细的说明和分析。

新市民这一群体在“城市融入”的过程中，往往由于政府拆迁而不得不失去原有的土地。虽然在经济和住房上有一定程度的补偿，但由于这一拆迁的特殊性和突发性，政府并没有完善的一系列的制度保障工作。虽然失地农民的户口转为城市户口，但城镇的社会保障和公共服务并没有完全覆盖至他们身上。因此，研究新市民群体在市民化过程中的制度支持，以及面临哪些问题，具有十分重要的意义。

【2015/6/27】今天是实习开始的第二天，今天的任务依然是看文献，主要的目的是通过文献中的相关研究和调查报告，分析新市民这一群体在制度支持方面具体应研究哪些内容，并结合这些要点设计调查问卷。通过对文献的查阅，我认为新市民这一群体在制度支持方面有两大方面：

第一是户籍制度。在中国社会城乡二元体制结构这一背景下，户籍制度跟权益的享有和保障挂钩，城镇与乡村在权益方面的待遇具有很大的差别。

第二是社会保障。社会保障作为我国保障人民基本生活的防线，在就业、教育、住房、医疗、养老等方面都发挥着巨大作用，保障着民生的方方面面。

而至于政治权益方面，新市民实际是失地农民得到政府补偿后迅速城市化的一个群体；就地安置后往往会建立社区，对这些村民进行统一的管理，参与基层民主事务。因此在政治权益方面，新市民群体和普通城市居民存在着很大的共性，并没有特殊性。

结合以上的分析，我从户籍和社会保障层面进一步思考了新市民群体在市民化过程中的制度安排问题，并结合这两点分析了这一群体在日常生活中面临的制度障碍。晚上，我们小组在科北的教室开了简短的小会，组长田啸林在他思考和研究的基础上，综合我们组员的意见和发现，最终决定从“户籍制度、社会保险、社会救助、社会福利、社区服务”这些方面来设计问卷，并初步拟定了满意程度、保障程度等指标操作化的方案。在进行讨论后，小组成员对自己感兴趣或要深入研究的方面进行了分工设计。

【2015/6/28】今天，我们小组要正式开始问卷设计的任务了，在重新温故文献和查阅新问卷的基础上，我开始了关于“社会保险”这一方面的设计工作。

社会保险是我国社会保障制度重要的组成部分，主要内容有养老保险、医疗保险、工伤保险、失业保险和生育保险等。考虑到整体问卷的题量设置和重点突出的原则，以及新市民这一群体的特性——新市民因征地拆迁政策成了就地安置居民，其户口性质也往往由农村改为了城市，参与养老保险、医疗保险等，但这一群体本质依然还是农民，在文化教育程度、风俗习惯、行为方式等方面依然与城市居民存在很大差别，这导致这一群体在就业等方面或多或少地受到排挤与歧视，我将分析重点放在养老保险、医疗保险等方面，并设计了如下问题：

1. 你参加养老保险吗？

2. 你未参加养老保险的原因是什么？

3. 你每月交纳的养老金额度？

4. 你对养老金发放的金额满意程度如何?

在医疗保险方面，也主要依照上述问题进行发问。在初步拟定了社会保险方面的问题设计后，我将设计的问卷发给了组长。晚些时候，我们小组再一次开会，这次开会的主要目的是筛选与整合，也就是对大家设计的问题进行筛选、修改、整合，形成一份完整的问卷。在这个过程中、我听取了组长和其他成员的意见，并提出了自己的想法，我们一起将问卷的整体布局确定了下来。

问卷经过完善后，我们组员各自对整合后的问卷进行了检查，争取不放过任何问题，并进一步提出修改意见。在大家的共同努力下，我们组关于制度支持这一部分的问卷初步确定了下来。

【2015/6/29】今天是所有组的问卷进行整合的日子，我并没有参与其中，而是有专门的一组对大家的问卷进行筛选和修改，因此今天并没有繁重的任务。我给自己定的任务和计划是学习理论和继续查阅文献。早上在自习室度过，下午开始继续阅读关于新市民市民化过程的相关文献与研究。

我们的问卷仅仅是自己的想法的产物，依旧有不完善和不成熟的地方，仍需进行进一步的修改。所以，在问卷交由老师审阅的时间段内，也不能放松对这些问题进一步进行了解和研究，不断发现新的研究点和自己忽略的地方，这也是学习和进步的过程。

一天的时间过去了，但是我的效率并不高，依然需要提高自己的学习效率和学习主动性，更加认真和仔细地对待这次实习。

【2015/7/3】经过这一段时间的问卷设计及准备工作，今天下午在潘老师的组织下，我们召开了关于“就地安置居民市民化的城市融入问题研究”调查问卷的修改大会。每组成员都拿有一份打印好的问卷初稿，保证每位同学都能参与到讨论中来。

在会议开始前，潘老师向我们大致介绍了具体的流程，首先各组组长代表小组讲解自己设计部分的问卷；其次，老师点评大家设计的问卷并提出修改意见；最后的互动环节中，每个人都可以就有疑问的地方提出自己的建议。

在组长上台讲解这一环节中，我们小组的组长田啸林向大家介绍了我们组设计问卷时的设计角度，并分析了同学们和潘老师之间的不同分析视角，指出我们更多的是从一种结构性、静态性的角度分析制度支持，潘老师则是从动态的视角出发，由此所设计的问题存在很大不同。介绍完之后，雍昕老师和黄娟老师对我们设计的问题提出了几点建议。

首先，我们所调查的对象都是安置户，经过“村改居”后，他们的户籍均已转为城镇户籍，由此可去掉题目 C2。

其次，问卷的合并问题。在社会保险这一方面，我们具体设置了医疗保险和养老保险，但询问方式存在不一致性和重复性：C7 和 C11 询问的是未参保原因，C6 和 C10 询问是否参保，C8 询问的是参保类型。结合潘老师的修改意见，雍昕老师建议我们将是否参保和参保类型合并，这样可以使问卷更为简洁。另外，针对社会医疗保险类型的选项设置的科学性，雍昕老师提出，目前长沙市已将新型农村合作医疗保险与城镇居民医疗保险合并，所以对于选项还需再斟酌。

这次交流会无疑使我们都获益匪浅，在反思和学习中有了进步。

【2015/7/6】修改问卷，改变调研地点。

今天下午，各组的组长们奔赴梅溪湖社区进行踩点工作，并开展试调查，经过下午的准备工作，我发现目前的调研工作存在以下问题。

1. 样本问题

在组长们开展试调查工作时，发现梅溪湖社区的入住率并不如之前想象的高，在开展偶遇调查时，居民和住户很少，这十分影响我们问卷调查工作的开展。另一方面，居民的配合度也并不高。梅溪湖社区是一个典型的“农转非社区”，居民对于拆迁这一问题十分敏感，拒访率也比较高。

2. 问卷问题

问卷问题包含以下两个方面：一是熟悉程度；二是问卷本身存在的问题。由于问卷是各组分别设计的，这就导致大多数同学对问卷整体的结构设置和设计思路并不熟悉。在试调查过程中这些问题明显暴露出来，很多同学在问问题时磕磕绊绊，访问难以正常继续下去。另一方面，问卷虽然经过了几轮审核和查错，但仍然存在很大的问题，很多需要跳转的选项也没有标志出来，十分混乱。

在分析了以上问题后，潘老师和雍老师决定临时增加样本社区——麓枫小区，这样能提升我们的访问效率。针对问卷问题，各组员们不仅要在有限的时间内熟悉问卷，做到烂熟于心，同时还要纠正问卷的不合理问题。

这次的会议具有重要作用，不仅指出了目前的问题，也为我们提供了另一思路和途径。

【杜婷婷　社会学 1202 班　2015 年 6 月 26 日—7 月 5 日】

【2015/6/26】根据昨天老师开会时的安排，今天早上，我们六个小组的组长和副组长在一起召开了一个分配各小组负责内容的会议，我们将潘老师提出的四个维度又进一步细化为“经济方面、制度方面、文化习俗方面、行为适应方面、心理方面”这五大方面，另将“基本情况”作为一个方面的内容，并将这六

项任务分别安排给六个小组。

我们小组所分配到的任务内容为“基本情况”，以及对最终的问卷进行整合，这需要等别的小组在任务完成后再开展工作。考虑到整合问卷时还要对各部分的问题设计进行检查，而且根据老师要求需要做好文献综述，于是我们便先将上午组长会议的内容告知组员，并对组员提出阅读文献的要求。

我所在小组的成员在以前的实习或课堂讨论中没有合作过，而且大部分是社会学1班的同学，所以还是很感谢有这么一个机会能与他们一起合作。虽然这意味着要付出更多的时间和努力，但也有了一个机会去认识和了解其他同学。而我自己也第一次在实习中担任小组组长，有很多不足，缺乏经验，这些都给我造成了压力，但是有压力才会有动力，相信在之后的合作中，大家会增进认识，加强了解，共同完成任务。

正式开始进行调查准备的第一天，一切都还好，希望班上同学能够齐心协力，一起顺利完成实习。

【2015/6/27】在查阅文献的同时，我也开始了对问卷的卷首语、基本情况的设计，根据多份已有问卷的相同部分做参考，又结合我们本次的调查主题，确定了基本情况中应包含的内容：性别、年龄、婚姻状况、民族、宗教信仰、教育程度、文化水平、子女数量、子女基本情况(年龄、性别、受教育阶段、婚姻状况)等八项，并分别将这八项内容展开，形成具体问题。

在基本内容确定后，我又与组员们共同讨论，确定里面是否有可删减项或者可增加题项。鉴于本次调查对象的特殊性，又增加了户籍所在地的问题，其余题项设置基本合理，保留即可。调整各个题目的格式之后，“基本情况”部分的问卷也一并设置好了。为了之后在合并问卷时能够判别其他组在设计题目中存在的问题，在我们组的任务完成后，我们又查看了与其他部分相关的文献与问题设置，从文献中也了解到学者们在调查中所发现的问题与情况，这对我们有很大的借鉴意义。

这次的城市实习是第一次从问卷设计，到后来的调查、录入数据、撰写报告等所有环节都需要我们独立完成的实习。与去年暑假的农村实习相比，增加了问卷设计的挑战，但其实这一系列的任务也正是我们社会学的学生所应该具备的能力。这次的城市实习给了我们这么一个锻炼与学习的机会，不单单让我们把所学内容全面应用于实践，更让我们从实践中发现和克服困难，这么好的机会，我们一定要合理利用！

【2015/6/28】关于新市民的城市融入的文献，其实也不少，其中的调查思路与方法都有类似的地方。今天主要查阅的文献中，我认为有借鉴意义的主要有《城乡统筹进程中新市民城市适应性研究——以成都市龙泉驿区怡和新城为

例》和《“城中村”原住居民城市融入的现状分析与实现路径——基于山东省日照市的调查研究》这两篇。在第一篇文章中，作者以成都市龙泉驿区怡和新城为研究样本，通过城市适应性理论维度分析，调查研究新市民城市适应性问题，并提出相应的对策建议，以促进新市民尽快融入城市，尽快真正实现市民化，也为政府、社区创新社会管理提供了一定参考。在第二篇文章中，作者借鉴西方学者对移民问题的分析范式，基于在山东省日照市的实地调研，从经济融入、社会融入、制度融入、文化心理融入等维度确定了“城中村”原住居民城市融入的分析框架，得出结论：必须提供更多的非农就业机会，积极推动社区文化建设，完善社会保障制度，同时居民自身需要积极主动改变原有的生活方式，才能更好地融入城市的生活。

在这两篇文章中，特别是第二篇所列维度，与我们本次调查所列维度契合度较高，我们的调查基本上也可以看作是经济融入、社会融入、制度融入、文化心理融入这几个方面的调查。因而对第二篇文献的学习与借鉴更有直接的意义，但仅仅这两篇文献还不够，还应该认真多看一些其他文献。

【2015/6/29】根据之前所商量的结果，我们组于今天将其他组发过来的各部分问卷进行整合，包括问卷题目的设置是否合适、题目是否在不同部分中有重合、题目所给予的选项是否完备与匹配等问题。

为了方便大家讨论，我提前将各组发回来的问卷打印出来，并在科教南楼借到了一个教室，于上午九点跟小组成员汇合，并对问卷进行讨论。在大家到齐之后，先给了大家十五分钟的时间，自己看各部分的问卷，接下来由我领头将问卷的题目逐一审核。大家在对每一个题目进行审核时，都可以随时提出自己的意见，在共同的讨论中决定每道题目的修改情况。大多数问题我们都找出来了，并想到了修改方法。但还是存在一些比较有争议的问题，我们并不能了解该组设置该问题的出发点与意图，于是把所有遇到的问题都分别做了标记。在问卷的题目全部查看结束后，由我跟各组组长就遇到的问题进行沟通。

在与组长们沟通中，我们对每道可能存在问题的题目进行了适当的修改，而对于一些难以达成共识，讨论后仍然存在争议的问题选择了保留，打算由导师定夺。确定之后，我们小组对整个问卷的格式与排版方式进行了调整。最后，由我对问卷从前到后又进行了一次全面检查，修改其中仍存在问题的部分，确定无误后，交由班长发送给老师。

在把问卷发送给老师后，一整天的工作终于算是告一段落了。今天对问卷进行讨论算是我们小组合作完成的第一个任务，这个任务的顺利完成让我对我们小组以后开展工作充满了信心。每位同学都能参与其中，并对其中的问题提出自己的想法，这种状态真是一个小组应有的状态，希望能够继续保持，顺利完成本次实习。

【2015/6/30】在等待老师修改问卷的一天里又查阅了一下文献,《失地新市民群体的城市融入问题研究——以兰州市安宁区刘家庄社区为例》这篇文献不但在分析维度方面与我们相似,而且其整个研究分析过程都比较完善。这篇文章在有关新市民相关文献研究的基础上,以刘家庄新市民为研究对象,运用调查法、文献法和定量分析法等社会学研究方法,将社会融入理论和角色理论作为理论基础,对当前新市民的社会融入问题进行了实证研究。

新市民城市生活融入的影响因素包括新市民自身方面和社会制度方面:受传统观念的影响,对于长期以土地为生的新市民来说,失地后必然割舍不了对土地的感情,内心充满了矛盾,尽管失地后在身份和居住空间上发生了转变,但他们仍然觉得自己是不种地的农民。另外,农民受自身文化知识水平和技能的制约,增加了就业压力,他们难以适应新环境。此外,社会就业制度方面的缺陷,社会保障体系的缺失影响其城市融入和市民角色的转变。该文章主要通过对经济整合方面(就业收支、居住环境、社会保障)、行为适应方面(人际交往、生活习惯、社区参与)、文化接纳方面(价值观念、人文理念)和身份认同方面(社会心理认同感)这四个指标进行了一系列的相关分析,验证了所提出的两大研究假设,具体度量了新市民在社会融入中的现状。

研究表明,新市民在生活、工作方式和价值观念等方面仍保留着农村传统生活的特点,正处于向市民转变的过程中。新市民为城市的发展做出了应有的贡献,但由于自身内部因素及社会环境因素的制约和限制,他们虽按国家的政策获得了城市户口、居住地以及城市社保,但在城市生活中没有真正享受到城市市民应该享有的待遇,因而难以融入城市。

【2015/7/1】在把我们自己设计的问卷发给老师审阅的一天后,老师将修改的问卷反馈给了我们。打开文档发现问卷上增加了很多蓝色字体的题目,分布在不同的部分中,不同部分的标题也有了修改和完善。最初的"基本情况、经济部分、制度部分、文化风俗部分、行为部分、心理部分",被修改和完善为"个人基本情况,经济收入、劳动就业与住房,福利制度、权益保障与公共服务,文化、习俗与环境,人际交往、社会支持与社会参与,身份认同、精神生活与社会心理"这六个标题。不能不说,这一修改凸显了标题的重要性,比起之前我们自己所设计的标题,现在的标题更为具体,使人一看便大致了解该部分所包含的调查内容,更有代表性和设置意义。

在问卷的题目方面,增加了许多具体的内容,而且多为表格形式,比较清晰明确,问题的深度也增加了,补充了我们所没有涉及的方面,更加完备。

根据老师要求,每组将自己所设计的题目与老师所增加的题目进行查重与适当合并。我们在此基础上，延续问卷设计时的分工，还是由各部分自行修改，由我们组统一合并。在大家的分工合作下，顺利完成了自己组的任务，我们组通过对其他组修改内容的检查，完善了一些细节，整理好之后，由班长发送给了老师，等待进一步的修改意见。

【2015/7/2】接到老师的通知，明天下午全体同学开会讨论问卷的设计与修改，由每个组的代表讲解自己组负责部分的问题及自己为什么要设计这个问题，调查的方面是什么。

就我们小组负责的这部分而言，需要详细说明的题目并不多，设置的问题都是一些较为常规、简单的问题。但是对于老师修改时所增加的题目实在不知该如何把握，特别是“您属于哪一种安置类型?”——“1. 就地安置，2. 异地集中安置，3. 本地分散安置，4. 分散安置，5. 集中迁入安置”这一问题。因为自己并不了解这一方面的知识，对五个选项无法区分，便上网搜索，试图找到相关的说明，只可惜尝试了很多的搜索方式，却依然找不到相关的说明，无奈之下只得作罢。

除了这一题，别的问题都较为易懂，于是我便又查看了一下问卷中其他部分的问题，想对难以理解的题目做出标记，在明天讨论时重点注意一下。主要找到了一些关于名词解释方面的问题，如经济业务人员、工程技术人员、行政办事人员、企事业单位中层人员、党政机关负责人、企事业单位负责人等职业区分词语的理解界限，希望在明天讨论时能够统一问清楚这些词的理解，从而方便调查的顺利进行。

问卷是问卷调查的核心要素，是后续工作开展的关键因素，对于问卷中问题的设置与完善实在应该多花点时间，多讨论，多筛选与完善，反复的讨论不仅有益于问卷的完善，而且有助于我们对问卷内容的把握与理解。

【2015/7/3】根据老师的安排，今天下午全体同学到达指定地点，开始对问卷的内容进行讨论。潘老师先肯定了我们在设计问卷时的付出与努力，又说明了一下今天下午会议的主要流程：先由每个组的代表发言，讲解自己组所负责部分的问题，重点说明自己设计问题的原因，以及通过这个问题想要调查了解的方面;再由雍昕老师和黄娟老师对每一部分提出意见与建议，从而进一步完善问卷。在此过程中，同学们可以就问卷的内容提出自己的疑问与理解，共同学习。

按照既定流程，根据同学们和老师的意见汇总，主要在问卷的题目设置上发现了七个方面的问题，并给予了相应的修改意见。

第一，在子女的基本情况中只给了四个子女的信息填写，建议在子女数量超过四个时填写排行前三的子女和最小的子女的信息。

第二，在父母情况的询问中，如果父母亲友有过世的情况，相应信息也要按过世前的情况填写。

第三，在家庭收入的询问中应明确“家庭”所包含的成员范围。

第四，消费支出的前三项排序会给调查对象带来较大的工作量，建议改为表格形式填写消费金额。

第五，应避免类似于“增加知识积累，提高技能”这样两个考察维度在同一陈述中出现的情况，这样会增加调查对象的处理难度。

第六，对传统节日的习俗考察应细化为多项。

第七，题目中应避免类似于“为增加邻里关系，促进社区凝聚力”这样的目的性语句或“不文明、不道德行为”这样的定性语句，避免诱导调查对象。

除了这七个方面之外，我们还在细节、题目删减上进行了调整，进一步完善了问卷。

【2015/7/4】昨天下午对问卷内容进行了讨论，对问卷提出了一些修改要求与建议，在“基本情况”这一块，主要的修改有：删除户口所在地、安置类型、参加组织这三个题目。在子女排行中第四个子女信息处做了“子女若超过四个，此处填写老幺的信息”的说明。在子女性别中增加了“1 男 2 女”的选项。做好这些删减与增补后，调整好题目的格式即可。其他部分则由其他组的同学负责修改，各部分修改好之后再由我们小组统一整合。

与此同时，我们本次调查的另一项准备工作也要着手进行了，即纪念品的购买。由于这次资金有限，在纪念品的购买上既得考虑价格，也得考虑实用。纪念品的购买与分发，本意就在于让调查对象能够配合我们调查，同时在配合我们调查之后，获得一些物质上的回报。深思熟虑之后，在同学们的建议下，最终选择购买 260 克的小袋装汰渍洗衣粉，价格在我们的承受范围内，而且袋子方便携带，洗衣粉为生活用品，应该都能用得着。

确定了纪念品的购买，也按照老师要求修改好了问卷，接下来需要打印问卷，分发给各个小组实习经费，这些工作按照整体计划在明天进行。想到从实习动员大会，到现在我们按部就班完成的工作，心里颇有一些成就感，但是也要知道，更关键更重要的任务还在后面等着我们去完成，必须打起精神认真面对。

【2015/7/5】在老师审查过问卷之后，按照计划，今天将问卷打印出来发到同学们手中，同时将实习经费发放到每个小组的组长手中，方便后面问卷调查工作的开展。在看到打印出来的问卷之后，我才发现我们小组在问卷整合环节的问卷审核工作做得不细致。

首先，最明显的错误在于，本来为了方便老师审查问卷，在问卷最后加上的一句话“注：在本次修改中，黑色为初稿，蓝色为老师修改内容，棕色为本次修改内容，红色为本次修改中有争议内容”，在最终的问卷中忘记删掉。除此之外，在A部分中A11的选项应跳转为A12；C部分中，C9的备注中的(5)可忽略或删除。这些错误虽然是不影响整体理解的细节，但正是细节中的错误最能显现出我们组工作的不认真、不仔细。

反思这些问题出现的原因，关键还在于我没有把工作分配好，在自己大致整理后交由副组长审查，而没有让他检查完之后再由我检查，也没有发挥小组其他成员的作用，多一些人检查肯定就会多一分认真与仔细，也许就不至于在打印好的问卷上还存在这么多的问题。

但是无论如何，问卷已经打印出来了，只能通过各组组长将需要修改的细节与修改方法传达给各自组员，将需要修改的地方进行改正，从而方便后面的调查。

问卷只是一个开始，后面需要负责的任务还有很多，希望自己吸取这次的教训，在之后的工作中更加认真负责，带领组员完成这次实习。

【董雯婷　社会学1202班　2015年6月26日—7月5日】

【2015/6/26】今天是实习第一天，主要任务是明确实习的主题，以及这近一个月实习的具体任务。

在昨天的动员大会上，带队老师给我们明确了实习的安排与主题，本次实习的主题是：就地安置的社区居民市民化研究。时间安排为：文献收集/问卷设计：9～10天；调研：7月8日—7月17日，约10天；最后进行数据的录入与分析。这次的主题，经过今天的查找资料，可以从“城市融入”这个角度来看。在经济上，可以从“劳动力就业、收入水平”等方面进行研究；从制度上，可从“权益保障、社会保障”等方面来研究；行为适应方面，可以从“人际关系、社会认同与社会参与”等方面来研究；文化角度上，从“身份接纳、身份认同以及价值观”角度来研究。

明确了研究主题和方向后，我们全系进行了小组分配与任务安排，我们组需要调研的是“制度排斥”这块内容，需进行大量的资料查阅和研究，待明天再做研究与组内讨论。晚上回到宿舍，我自己提前查阅了一下相关的资料，翻阅了一些相关的文献和期刊，有了一个初步的了解。

【2015/6/27】在今天大量的资料查阅和文献研究后，晚上我们进行了组内的讨论与分析。

我们需分析的是“制度”这一块的内容，大致为下列情况：

制度分为户籍制度和社会保障制度，社会保障制度包含社会求助、社会保险、社会福利、补充保障(社区服务)等方面。

我们组内分配了每个人负责的部分，在查阅资料后提出了五个左右与自己研究方面有关的问题。我们的计划是，每个人先粗略地提出问题，最后再进行统一的整合和操作化。明确了每一个人的研究内容与具体任务后，我们就散会了，大家回到宿舍进行查阅资料与分析，每个人都要在明天之前做出自己的答卷，并进行统一的整合与讨论。

回到宿舍，我把昨天的资料又整理了一下，归纳出了最有价值和功用的几篇文献，并简略做了一些笔记，简单总结出几个有特点的地方，明天再仔细研究。

【2015/6/28】今天，我早早地起床查阅资料，翻阅了大量的文献及政策方针，得出了一些粗略的结论。我在网上阅读了《长沙市常住户口管理办法》，归纳出一些较突出的改变和与我们所要调查的社区相关联的几点问题，做出了一个操作化的过程，我简单地留下了五个较为容易回答的问题：

第一，你的原户籍属于哪里？

第二，你的现户籍属于哪里？

第三，你有没有办理过暂住证？

第四，你觉得户籍对你的发展有影响吗？

第五，在你看来农村和城市哪里的户口好？

晚上，我们进行了小组内部的一次讨论。大家将自己所查找的文献和问题都一一陈述了出来，基本上每个人都有一点问题和许多值得发扬的优点。我自己准备的五个问题也被刷掉两个，因为与别人的问题类似以及不方便作答。我觉得这样变得更加简洁明了，也方便社区里的居民回答。

我们的会进行到了晚上十点左右，终于讨论出来一个大体的问卷，我们手写之后统一交给了组长，让他回去输入到电子稿中。就这样，我们统一交到了负责整合的小组那里，以便进行最后的整合。

【2015/6/29】今天，由第一小组对大家的问题进行统一汇总，他们需要将这几天整理出的各项问题全部输入电子文档中，并做出一个完整的问卷，明确地标明各项具体回答的顺序，并仔细考虑这些问题对于受访居民的难度，以及问题的提问方式是否容易被受访者接受。这一系列既实际又烦琐的问题都是第一小组所应当探讨和明确的。

我们组所需要做的除了等待第一组的整合结果以外，还需要反复地查阅一些有价值的研究文献，在前人的经验和教训当中寻找出我们自己的方法和窍门，比如：如何与受访者沟通，怎样的仪表和言语有助于更好地入户，如何在入户时仔细观察、避免危险……这些问题都较为现实，都是我们所要面临的实际问题，所以在我们的闲暇时候，这些都是我们要完成的工作任务。

明天我们的男生代表要去“梅溪湖社区”做一个实地的踩点调查，我们将得到一些更加具体的信息，并有时间去考虑相应的对策。

【2015/6/30】今天，我们组的男生进行了实地考察，虽然天气十分酷热，但丝毫没有打击到男生们的热情与信心。

而与此同时，女生们则在宿舍查找资料，我查找了一些“村改居”的相关资料。“村改居”是我国城市化或城镇化的路径之一，该项工作自启动以来，村委会转变成居委会的建设取得了积极的进展，但也存在着“转变不到位，行政化色彩浓重，自治功能不足”等问题。“村改居”社区居委会所应发挥的独特作用，主要是社区人口再组织化，它扮演着居民自治重要的组织平台、城市化进程中社区公共服务的生产者和供应者、原住村民和进城农民工融入城市并转变为新市民的重要组织平台等角色。“村改居”社区委员会的工作创新应从拓展管理服务对象，新老居民参与社区活动、公共生活，全面落实新老居民的民主权利，规范民主议事和决策程序等方面着手。

我们此次要调研的梅溪湖社区也和“村改居”有相应的关系，这是我国城市化、城镇化过程中的独特现象，梅溪湖社区即是“村改居”的具体体现之一。当地村民的农业户籍转改为非农业户籍，即“农转非”，这一地区往往有着“亦城亦村”的过渡特色，生活习惯、集体习俗与原来的共同传统都并没有完全改变，他们与城里的居民有许多的不同。针对这些问题，我们该如何做才能更好地调研呢？我陷入了思考之中。

【2015/7/1】今天，我又看了几篇报告与论文，其中我注意到了失地农民的城市化还只是“不完整的城市化”，还有许多因素阻碍着农民城市化的步伐，主要表现有：

第一，失地农民对新的“社会联结”——城镇社区缺乏认同，没有归属感。失地农民，无论是被拆迁安置，还是就地安置进入城市的，新的城镇社区成为他们的“第一社会组织”和基本单位。失地农民的人际交往还在沿袭以往的传统，与有血缘、地缘关系的家人、亲属、朋友交往较多，而心理上对城镇陌生的邻居、居住的社区有隔膜。他们只把城镇社区看作是一个服务机构和活动的场所，并没有在心理情感上依赖它和认同它。

第二，社区权益不完善，市民角色模糊。失地农民户籍的变革并没有给他们带来与城镇户口相匹配的各项社会福利，居民普遍缺乏身份认同，这已经变成了他们一个较普遍的心理困境。

第三，思想观念陈旧，生活方式单一，一时之间难以融入城市生活。长期的农业生产方式决定了失地农民的思想观念和行为方式有许多方面与城市的生活格格不入，特别是无法适应城市生活的异质性、流动性、多样性和功能上的相互依赖性。

第四，学历层次低，缺乏技术，难以适应城市竞争。

第五，素质较低，进入城市的农村居民普遍存在社会公德、集体意识、法律意识淡薄的特点。

晚上开会时我将今天所查的资料跟组长进行了汇报和交流，我们要根据这些情况来制定相应的调研计划，方便调研更顺利地进行。

【2015/7/2】今天，还是如同以往的几天，我们上午都在仔细阅读和查找文献。我今天查找了一些有关社会保障的资料，因为梅溪湖"农转非"社区也可能会有与社会保障相关的问题出现。

首先，社会保障体系是国家依法建立起来的保障国民生活、维护社会稳定、促进社会和谐的系统，它是由社会保险、社会救助、社会福利、军人保障以及各种具有互助共济功能的社会化保障机制共同编织成的"社会安全网"。社会保障体系建设的目标：一，完整性。总共包括社会救助、社会保险、社会福利、物质保障、服务保障、精神保障等六个方面。二，协调性。首先是在水平上相互协调，其次是功能上的相互补充，最后是地区间相互协调。三，层次性。有需求层次和社会分层两个层次。

而我们要去调研的梅溪湖社区，也属于社会保障的应用范围。我国的社会保障体系已经由面向贫困人口和一般劳动者的阶级，过渡到了面向全体国民的阶段了，所以每个居民都有权享受。社会保障主要有社会保险模式、福利国家模式、强制储蓄型模式、国家保险型模式四种。城乡居民较为普遍地享受着社会保险型模式，它具有以劳动者为核心，责任分担，权利与义务相结合，互助共济，现收现付等特征，继德国、美国、日本之后，中国也开始效仿这种模式，并且在中国有了较为完善全面的立法与管理体系。

但是，在我们即将调查的梅溪湖"农转居"社区，社会保障具体的实行情况如何呢？这就需要我们去考察了。

【2015/7/3】今天下午三点，我们在升华后楼813办公室与潘泽泉老师、黄娟老师、雍昕老师一起讨论问卷。

首先，由潘老师做一个总体的发言，说明了本次开会的目的与意义，并为下一步的实习做了安排。然后，每个组的组长依次上台，对自己组所负责的部分进行讲解，在组长详解的过程当中，同学们对问卷的问题进行了讨论与修改。在讨论的过程中，雍昕老师和黄娟老师与大家积极讨论，认真思考，仔细地解答大家的疑问。每一组都有很多的问题，问卷里的每一题都要经过仔细推敲，大家对有争议的问题反复斟酌，对题目的去留认真考虑，在经历了一个半小时左右的讨论之后，问卷已经有了初步的讨论结果。

其次，雍昕老师在讨论结束后对这次讨论做了一次总结，也提出了一些修改问题的建议：

第一，要注意题目的出题方式清晰明了，不要过于繁杂；

第二，要注意选项的设置恰当，要考虑到受访者的实际情况；

第三，要进行沟通，无论是组员内部，还是组长之间，还有组长与老师之间，面对问题和疑问都应及时与老师沟通。

最后，黄娟老师做了最后的总结，大家就散会了。

回到宿舍我们小组又一起开了一个小会，商讨如何修改我们组所负责的部分，统一了大家的意见之后就交给组长，由组长统一修改并交给班长。

【2015/7/4】今天我们的任务是修改问卷。我为了更好地修改问卷，翻阅了董海军老师主编的《社会调查与统计》，查阅了设计问卷的原则与步骤，以及如何更好地设计问卷的方法。

首先，一份问卷需要在开头设计一个封面信，问卷的封面信是一封写给被调查者的信，由于它常放在问卷的封面上，故叫作封面信，也称为卷首语。封面信包括以下内容：

一，介绍调查者的身份即说明“我是谁”。

二，介绍调查的大致内容，即问卷调查什么，既要做到篇幅适中，也不能含含糊糊，又不能过于详细，通常一两句话概括，笼统地指出其内容的大致范围就可以了。

三，说明调查的目的，即为什么要进行这项调查。

四，保密措施。

封面信是十分重要的，但我们一直在研究问题如何设问如何作答，而忽略了封面信的重要作用。在封面信中最重要又最容易被忽略的是第四项，调查对象的选取办法及保密措施。

在进行社会调查的过程中，被调查者对于突如其来的陌生的来访和调查出现戒心和疑惑是不可避免的。为了消除被调查对象的戒心和疑惑，研究者应该在封面信中简明扼要地做点说明。如果研究者在问卷的封面信中对填答问卷的匿名性、抽取样本的随机性、所得资料的保密性等解释不够，那么被调查者会从稳妥的角度出发，以不会影响到自己的利益为标准来对待问卷中的问题，这样易形成虚假资料，因此封面信十分重要。

【2015/7/5】明天就要去做实地的问卷研究了，我既兴奋又紧张。上午，我们小组在群里讨论了调查的时候应注意的问题，组长更是把去年学长学姐的许

多经验告诉了我们，例如：应该怎样跟农民们交流，注意讲话的方式、方法，不要给人家一种被歧视或看不起的感觉，让他们产生自卑心理或激怒他们。

在做问卷的时候有两种基本的定量研究方法，首先是自填问卷法，其次是结构访问法。在自填问卷中又分个别发送法、集中填答法、邮寄填答法、报刊问卷法四种，结构访问法又包括当面访问法、电话访问法两种。

在这次调研中，我们主要采取当面访问法与个别发送法相结合的方式进行调研，遇到年龄较大的或文化水平较低的居民时，必须要采取当面访问的方法，清楚地问他们相关的问题。当面访问则有回答率较高、调查资料的质量较好、对象的适用范围广等优点，并且还能获得很多自填问卷法中无法获得的许多非语言信息，但这种方式也有费用高、时间长、代价大的缺点，而且这种方式对调查员的要求更高，访问法易带来某些有失偏颇的答案。

因此只有两种相结合，才是最合适的方式。

【胡超　社会学1202班　2015年6月26日—7月5日】

【2015/6/26】今天是我们城市实习的第一天。在昨天的实习动员会上，带队老师给我们明确了实习的安排和主题，我们这次实习的主题是“就地安置的社区居民市民化的研究”，潘老师给我们介绍此次主题的几个主要方面：

1. 个人的基本情况；
2. 经济收入、劳动收入与住房；
3. 福利制度、权益保障与公共服务；
4. 文化、习俗与环境；
5. 人际交往、社会支持与社会参与；
6. 身份认同、精神生活与社会心理。

经过一夜的思考，我们小组对此次实习的主题进行了讨论，并就我们所负责的部分“制度”交换了意见，大家表示要相互帮助，共同努力。

制度，指一种稳固化的社会关系，或可称为一种社会结构。制度包含许多的内容，但此次城市实习，我们的调查对象是安置民，所以我们把制度限定在户籍制度、社会保险制度等方面。

【2015/6/27】今天，在文献查阅和综述之后，晚上，我们小组讨论了一下我们所负责的制度方面的内容。以下是对制度这一概念的大致分析：

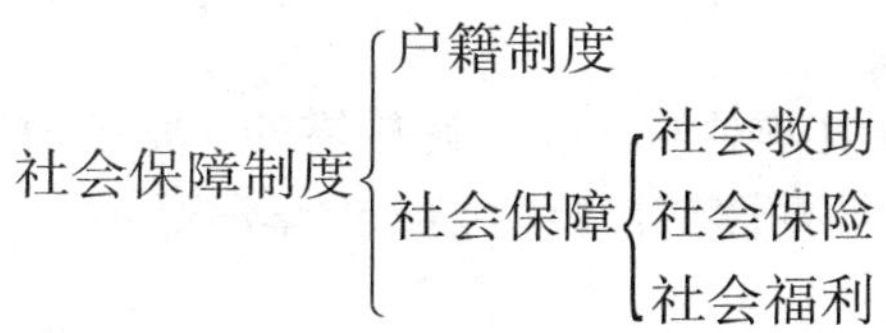

对制度的这一大致的分析，可能并不是特别的准确，但我们小组认为这是适合安置民问题的。

随后，我们小组提出了组员的各自任务，每个人提出自己想研究的问题，最后大家进行汇总，看有没有要修改的地方，如果没有问题，就综合起来交上去。

一件事的完成不是容易的，但也不是特别困难，事情的完成必须要有计划，在计划的指引下，一步一步地来，就可以很好地完成。除此之外，小组的合作也特别重要，需要小组的通诚合作，共同面对，才能克服困难，把事情做好。

【2015/6/28】今天，主要是回顾文献，提出自己的问题，晚上大家再一起讨论。

大家提出的问题主要有两类：

一是我们所关心的各种社会制度是否在安置社区存在；

二是对已经具备的社会制度以及安置民的满意度评估问题。

晚上，小组成员提出了各自的问题，我们对有些问题进行了些许的修改，有的则保留了下来，另外有一些则直接被放弃了。选择的标准主要是问题的可操作性以及与我们研究主题的契合度。

问题的提出是不容易的，提出的问题必须与我们研究的主题密切相关。问题是围绕研究主题展开的，那些与主题无关的问题就要适时、大胆地摒弃。问题的提出是对研究主题的操作化，虽然操作的好坏很难控制，但能对主题进行操作，其实就是一种质的飞跃，使理论与实践可以结合起来。

【2015/6/30】今天，我们男生派出了一个代表团奔赴“梅溪湖社区”进行踩点，虽然今天中午天气十分炎热，但我们男生还是克服困难，积极进取，成功地完成了任务，并且获得了许多重要的一手资料。

由于身体不是很舒服，我没有跟着大家一起去调查，而是在学校里查阅文献，通过这些天对文献的阅读，我对制度有了更深刻的理解，也确定了自己要研究的问题。

一篇好的研究报告，在我看来，必须是理论指导下的经验研究，根据理论演绎出假设，再用经验事实去验证理论。但是这里面有一个很大的问题，那便是有时理论并不能很好地解释这个世界，会出现许多错误，这时候我们应该如何应对？

在我看来，对理论不能迷信，对的就是对的，错的就是错的，要勇敢地批判性地看待理论，而不是一味地迎合，批判性是社会学必要的学科品质。

【2015/7/2】对经验研究的看法

由于实际情况有变，今天我们不能去实地调研，只能等待带队老师的另外安排，所以今天我想谈谈自己对经验研究的看法。

首先我想提出以下问题：

1. 社会调查是科学吗？

2. 社会调查的特殊性？

3. 理论为导向的研究与政策研究哪个更好？

针对以上问题，我做出以下回答：

1. 什么是科学？科学也是一种知识，这种知识有两种来源，一种由逻辑推演而出，一种通过经验事实的验证而得出。社会调查讲究基于事实的证明，所以社会调查是一种科学，从另一方面来看，在社会调查中，社会学者遵循严格的科学程序。

2. 社会调查的特殊性体现在调查对象的特殊性，它的调查对象是人，而人有自己的情感、意志，不同的人对同一问题有着不同感受。

3. 与政策研究相比，我更看重理论研究，但现存的理论研究缺乏经验事实的基础，更多的是由一些一流的思想家根据自己的经历提出的看法。

【2015/7/3】今天完成的事情主要包括：

1. 问卷修改讨论交流：

2. 各组代表讲解各部分问卷；

3. 老师点评大家的问卷；

4. 个人提问的互动环节。

我的主要感受：

1. 问卷定稿不容易。

2. 问卷的整合不容易。问卷的问题必须与要研究的主题密切相关，并且每个问题都需要仔细思考。每个同学在介绍自己小组负责的部分时，可以明显地看出准备得不是很充分，在讲自己为什么提出这些问题时，逻辑性不是很强，当然自然而然受到老师的批评，但同学们都虚心接受了老师的建议，表示一定会好好修改。

3. 互相借鉴、讨论才能提高。一份好的问卷被设计出来，需要集体的智慧，而不能靠某一个人的单打独斗，好的问题需要大家相互交流才能有所提高。

【2015/7/4】昨天经过各个小组的讨论以及大家熬夜修改之后，我们终于整理出了问卷初稿。下一步开始调查，但在正式的调查之前，必须遵循一个调查的程序，那便是试调查，发现问题，使问卷变得更加的完善，从而为正式调查打好基础。

问卷的试调查是由几个组长亲自去调查的，他们实地调查后发现问卷存在的问题非常多。访问员问到许多地方都无法再问下去，受访者有时也觉得奇怪。有些问题是重复的，有的问题根本就是无中生有。听到这些消息，我的心情是沮丧的。大家辛辛苦苦做出这么一份完整的问卷，竟会有这么多的错误，但幸好这是试调查，还有挽回的余地，要是真的开始调查，那问题就非常大了。

我自己的感受：

做任何事都应该遵循程序，尤其是在科学研究中更应按照科学程序，这样不仅减少了许多麻烦也使得出的知识更加准确，使更多的人信服。

【2015/7/5】明天，就是去实地进行问卷访问的日子。想到这我就兴奋，记得去年的这个时候我们还在农村实习。那次我们小组在一起度过了一个愉快而难忘的实习过程，虽然在实习过程中也碰到了困难，但最终大家相互体谅相互帮助，等实习结束之后大家相互之间特别融洽。有去年的实习作为参考，所以我对这次实习抱有许多的期待。融入团队之中，大家一起工作真的是令人十分有劲。平时大家上课之后就各自离去，相互之间的交流很少。借此机会，加强彼此的感情联络也是挺好的。

做问卷有两种方式：

一种是自填问卷，即将问卷发放到受访者手里让他们自己填。

一种是结构访问法，即访问者亲自到实地，一个问题一个问题地去问受访者。

【马小捷　社会学1202班　2015年6月26日—7月5日】

【2015/6/26】大学三年级的城市实习，是继大二农村实习后的又一大暑期实习。这一实习不仅将我们学习的理论运用到实践，也算是对大学实践的一次总结。

今天是实习开始的第一天，正式进入第一阶段。

我们共分成了六个小组，确定调查主题为城市新市民（安置民）市民化过程中的城市融入问题，分配到组的板块分别为基本情况与问卷整合，经济收入、劳动就业与住房，福利制度、权益保障与公共服务，文化习俗与环境，人际交往、社会支持与社会参与以及身份认同、精神生活与社会心理等六个板块。

我所在的小组分配到的部分是经济收入、劳动就业与住房这一部分。首先我们要就这个方面收集文献并进行分析，为之后的问卷设计做准备。我们每人通过中国知网等渠道进行文献的收集，通过输入关键词搜寻学术性高的文献作为参考，从中提炼出问卷中二级指标的设定以及提问方法、选项建立。关于经济方面，针对城市融入问题可探讨征地拆迁的相关问题，如征地面积、国家赔偿数目、安置户住宅情况、家庭收入和支出的细则，以及安置户的就业问题。

我们经过一番查找，在傍晚时分聚集在一起开会讨论，研讨出了我们这部分的成果，经济部分的二级指标大致确定了下来，接下来的任务就是进行文献综述，将二级指标作深层次分析思考，以便于之后的问卷设计。

【2015/6/27】今天进行文献综述。关于问卷主题和我们负责的经济部分，通过"中国知网"平台，我们搜寻到了十篇适合的文献，分别是：

1.《失地农民生活方式变化指标体系与实证分析》；

2.《东中西部失地农民生活生存状况的对比分析研究——以十六省、市、自治区农调队公布的调查报告为例》；

3.《中国失地农民经济适应现状与对策——基于沈阳市两个失地农民社区的调查》；

4.《安置社区失地农民的就业问题研究——以苏南地区为例》；

5.《城市化进程中失地农民生活消费问题研究》；

6.《城镇化进程中失地农民再就业问题研究》；

7.《国内外失地农民城市融合及保障制度综述》；

8.《黑龙江失地农民生活质量满意度的影响因素》；

9.《兰州市安宁区失地农民经济生活状况调查研究》；

10.《失地农民家庭收支状况及对策建议》。

经过逐一分析，我们发现这些文献主要在经济方面，关注了就业问题、收入类型与收入来源、心理态度、工作满意度、工作需求、住房条件与类型，还细分到个人与家庭、子女父母的代际问题等，以及住户与社区、政府之间的关系。

在我们问卷主题的背后，涉及的是征迁问题，征迁的利益主体有政府、开发商、村庄、灰黑势力等。核心矛盾是政府统一的补偿政策与被征迁户多样化的利益诉求之间存在难以逾越的鸿沟。其中市场化的运作、政府延长行政链条、开发商的具体操盘都推移了矛盾。

在城市融入问题上，相应制度不完善、相关部门监管不力、社会价值观不确定造成饮食安全问题，从而导致人们产生了对饮食的不信任感，加之现代人离开土地，用钱购买商品，实物与人之间的关系疏远了，人与人之间的沟通都发生了异变。信任不再，融入更成问题。

通过文献综述，我对问卷主题有了更深的认识。

【2015/6/29】在进行详细的文献综述后，我们开始设计分配给自己组的那部分的问卷。

大的方面，将经济分为经济收入、劳动就业和住房三部分。考虑到征地拆迁会带来政府补贴性收入，先对被调查者进行征收土地的面积和政府赔偿数目的询问，再询问调查对象的收入来源、月收入和月支出，并对食品、衣着、娱乐、家庭设备、交通通信、医疗保健、学习教育、水电物业、人情往来、投资等方面全面地做一个详细的调查，关于收入支出方面都做出了拆迁前后的对比。

关于住房的类型，住房面积、满意程度都做了详细的问卷设计。就业方面考虑到有工作和没有工作的人，有工作的人也要做出职业上以及工作意愿上的划分。

关于就业，还涉及培训问题，培训经历的设计以及调查对象所需要的培训类型等都做出了设计，至此问卷的设计就做好了。

【2015/6/30】今天，每个组的问卷都设计好了，需要将各部分进行汇总整理。

有一个组对问卷进行汇总整理，需要仔细审查每一个问题，并审核题目之间是否协调，尤其是经济收入、金钱数额的范围要准确，要符合当地安置居民的情况，还有问卷格式要协调，引语及最后的感谢语要妥当。

最主要的是在其他组的部分前面加上个人基本信息，主要有性别、出生年月、民族、政治面貌、宗教信仰、受教育程度、婚姻状况、所获荣誉情况、务农经历、子女数及子女的基本情况，还有父母的基本情况，这便于对代际情况进行分析。

最终问卷分成了六个部分，主要有个人基本情况、经济收入就业与住房、福利制度、文化习俗环境、人际交往与社会参与、身份社会认同与社会心理等方面。形式上有问题直答、答案选择、表格打钩等，可以减轻问卷调查对象因为烦琐而烦躁的心情。

至此，问卷整合完毕。

【2015/7/2】经过一天的时间，老师就将审核后的问卷发给我们了，修改了很多，添加了很多部分，问题增多了，表格也增多了，使得一份四到五页的问卷增加到了十五页之多。我们仔细研究了修改后的问卷，发现了许多我们不曾想到的问题，如加入的组织类型有同乡会、非政府组织、基督教会等，还有问题询问的方式也要注意，问题要明确简洁。

总体来说，在看了十五页之多的问卷后，心中备感压力。这让我想起去年暑期的农村实习，当时问卷有二十六页之多，厚厚的问卷给调查对象带来明显的压力，再加上表格太多、形式复杂，极易增加拒访率，这些都是我们要考虑到的。因此对问卷的设置还需仔细斟酌，所以要依据去年 CGSS 的问卷，对问卷进行再次修改整合。

不仅要考虑问卷的准确度和可测性，还要考虑调查对象的调查心理状态、调查对象的急躁心理、当地居民素质来安排问题。

因此，对问卷的设计还要进行整改。

【2015/7/3】经过对问卷的重新整合，我们所有实习同学和老师再次聚集在一起开会，对问卷进行详细探讨。

首先老师提出调查问卷要从理论、现实意义出发，要有精确的把握。在探究调查对象身份时，主题设定其身份为长沙市的就地安置民。在提及子女情况时，四个以上子女的情况中会涉及子女排序问题，在众多子女中，老幺的调查意义更大，因此在调查子女情况时要在四个以上子女中选前三个子女加上老幺进行调查。

在考查代际效应时，对于父母均去世的情况要注意跳题，要关注家庭概念的界定，还要注意在设置问题时要设置一个维度，不可出现模棱两可的问题，特别要注意的是选项的设定要按照一定的逻辑顺序。文化习俗方面，传统节日、习俗要加以细化，要具体到一些代表性的节日及习俗进行调查。类似于“九要”“九不要”，还有一些专业术语都要加以备注，使问卷整体通俗易懂。一起讨论的好处是每个人都能提出不一样的观点，使问卷逐步完善，减少错误。

再将问卷整理一下，就可以投入使用了。

【2015/7/4】我们入户进行调查需要梅溪湖社区居委会的协调与配合，居委会双休日不上班，我们今天还不能去调查，需要在寝室待命。

通过之前的文献综述，加上老师学长学姐的传授经验，我已经能多少进入梅溪湖社区“村转居”居民的状态了。设身处地去想，如果我被迫离开家乡，收入来源纯靠务农该怎么办？没有了土地，又限于年纪以及自身的素质，今后该如何生活？这是一个很大的问题，政府补贴只是一种偿还，一种强制性的交易，对改善失地农民生活起不到大的帮助，也帮助不了一辈子，而且，这给在外打工的子女以更大的生活压力。

经济上已然这般，文化习俗方面因受城市的同化，“村转居”居民被迫进行调整和改变。就算他们能接受，逐渐放弃以前的风俗习惯，但从大的方面来说，这给传统民俗文化带来了一个大的缺失与遗憾，实在是太可悲了。

在心理情感方面，自我的认同与社会认同、现代性的适应、市民化的被迫转变，一切都不适应。对于这些调查对象，我不禁心生伤感，希望他们尽快寻得出路。

【2015/7/5】今天是周日，明天就能入户调查了。我们要做500份调查问卷，于是派人将我们的问卷打印出来。考虑到调查对象的配合问题，我们打算依据自身的经济情况给调查对象每人赠送一袋洗衣粉，作为礼物。

以前的多次调查经历已使我们学会了提前接洽。无论是农村还是城市，人与人之间都有隔阂、猜疑，彼此缺乏热情，冷漠、虚假相待，这些都让我们的调查难上加难。

由于经济实力薄弱，而且出于实用性的考虑，我们最终决定送经济实惠的洗衣粉。我们在做调查时身上要背洗衣粉，做一份问卷发一袋洗衣粉。

希望我们此次调查圆满成功，希望一切都会很好。

【董力闻　社会学1202班　2015年6月26日—7月8日】

【2015/6/26】今天是我们实习的第一天。经过昨天的实习动员大会，我们明确了本次实习的地点——长沙市梅溪湖。本次实习的主题是“就地安置居民市民化研究”。本次调查主要以发放问卷的形式，从经济、社会、行为、文化心理因素等几个方面了解这些城市中的“新市民”的市民化认同等情况。实习时间大概从6月26日起到7月25日结束，面对长沙的炎炎夏日，我知道这次实习相对于去年的农村实习来说，会是更大的挑战。

在实习小组分好之后，我们组在组长的组织下开了一次讨论会，这次讨论会的主要目的是明确问卷内容。我们组负责的部分为“制度”，就我个人的理解，制度对于这次新市民调查的问卷整体来说，起到了骨干的作用。个人从农村融入城市之中，他们最先感受到的便是制度的变化。与自己生活息息相关的制度如户籍制度、公共政策等发生了相关的变化，可以说通过制度方面的调查，通过这些新市民对城市社区的文化、公共保障制度的适应和认可程度可以看出新市民在经历“村改居”后对城市的融入程度以及自身的文化认同。

在明确了我们组具体负责的内容之后，组长将具体任务分配给个人，由个人负责查阅各部分的文献，想出问题，完善问卷。

【2015/6/27】昨天，组长下达具体任务之后，我们组的每个组员都认真查阅了大量资料，在经过研究讨论后，总结出以下思路框架和具体问题：

1. 制度：包括户籍制度和公共政策；

2. 公共政策：公共福利、公共服务(社区救助)、社会保险、社区服务。

在具体的操作化上，我们组大概在三方面展开：有无、满意度、类别。在阅读了一系列文献，如《失地农民社会保障制度研究》《石景山区政协追踪调研农转居》《失地新市民群体的城市融入问题研究》等之后，我们发现绝大部分的调查研究对于新市民这一群体所面临的制度支持问题并没有详细或专门的研究，大多只是在新市民户籍制度和社会保障制度上进行了泛泛的研究，并且在许多方面存在问题。

因此，研究新市民群体在市民化过程中的制度支持及面临的问题，具有十分重要的意义。

【2015/6/28】与大三暑假的实习不同的是，这次实习给定主题，自由设计调研，具体安排时间如下：

1. 文献收集、问卷设计（指标、变量、操作化）（6.25—7.4）

围绕“就地安置的农村居民市民化”主题自行查找资料，设计问卷。

2. 实地调研（7.5—7.16）

深入梅溪湖社区实地入户调查，预计有十日左右工作安排。

3. 数据录入、数据分析与调研报告（7.25 截止）

将调查结果以书面形式呈现，以调研报告或学术论文的形式上交。

研究主题：就地安置的农村居民市民化研究。

一、城市融入（社会融入）：经济/经济整合、制度、行为、文化心理；

二、市民化认同影响因素；

三、现代性适应/城市化适应；

四、市民化路径建议、对策。

实习：发挥团队精神、提高安全意识，按实际工作要求完成任务，科学化设计与安排。

【2015/6/29】今天是实习的第四天，任务依旧是看文献，设计问卷。在前三天的准备之下，我们组负责的制度部分的问卷已经初显雏形。

户籍部分：

1. 您在搬进安置房之前的户籍是？

2. 您现在的户籍是否已转为城镇户籍？

3. 您更希望自己只有哪一户籍？

社会保险：

1. 您是否正在享受最低生活保障？

2. 您认为目前的最低生活保障制度对改善居民生活是否有实质性帮助？

3. 您是否参加了社会医疗保险？

4. 您没有参加社会医疗保险的原因是？

5. 您参加社会医疗保险的类型？

6. 您对社会医疗保险的报销待遇满意程度如何？

7. 您是否参加了社会养老保险?

8. 您没有参加社会养老保险的原因是?

9. 您所参加的社会养老保险的类型是?

10. 您对养老金发放标准的满意度如何?

社会服务:

主要询问一些政府或社区提供的相关服务的问题，例如：您对目前政府或社区提供服务的状况满意吗?

【2015/6/30】今天是六月的最后一天，记得自己读大一时的这天，当时我在长沙的四十度高温里迎来了我大学的第一个暑假。作为一个东北人，我深深地被长沙昼夜无差的高温震撼了！在大二的暑假，我在高温来袭时开始农村实习。本以为农村美丽的风景和自然的森林会带给这个夏天一丝不同，但事实证明我的想法还是太幼稚，农村并没有凉快到哪去，并且我也失去了在城市的现代化便利条件。

但莫泊桑说过"生活并没有想象的那么糟"。在经过十几天和同学们朝夕相处、并肩作战的日子后，我的想法发生了变化。在农村，我看见了山清水秀的风景，也看见了隐藏在工厂后污染严重的暗河；看见了幸福的三世同堂，也看见了住在没有太多阳光照射的房子里的老人；我也终于看见了儿歌里唱的"门前大桥下，游过一群鸭"的真实版本，也听到同组的队员讲述看见蛇时的惊恐。

任何事情都不会只有一面。比如，我们虽然因为没钱，只能两个人挤一张床，但我们有一个超大的浴室；虽然经常在农村吃不上饭，但起码早上我们可以去楼下花三块钱吃一碗特别好吃的粉。

实习很苦，但好在我的队友都很有爱，我们互相鼓励、互相扶持，我们曾在烈日下奔走，也曾在深夜里奋斗在复杂的绘图工作里。现在回想，当时的一切辛苦仿佛都化作任务完成的那一声欢呼的喜悦，也许我们不会再去，但那离别的车站，我却依然记得，也会永远记得。

【2015/7/3】今天下午三点，全体同学在升华后楼813开问卷具体讨论会，敲定最后的问卷。首先由潘老师为大家讲解了调查时的具体流程。

本次讨论会具体流程为:

1. 各组代表讲解;

2. 老师点评设计;

3. 互动环节、个人提问。

老师强调，在调查访问时要讲求策略，要有问题意识，做出潜在假设。具体任务为每个人做10份问卷，加上1~2份访谈资料(可自选主题)，不可以违背“实证精神”，不论是文字题还是表格题都应穷尽选项。

在各组代表讲解讨论环节，大家就一些问题是否需要删改进行了激烈的讨论，在同学们的讲述和老师的建议下，我们分别删掉了A部分下的A1、A2、A10；B部分的B19.1、B19.2；C部分的C2、C7的其他选项，C18.2.1、C18.2.2；E部分的E10“1.说不清楚”选项。这样的问题设计不但有利于访问者向被访者传递问卷内容，也会使被访者更加愿意配合我们的访谈。

会后，各组同学讨论了访问时的各项访问技巧，并由男生去购买发放给被调查者的小礼品。

通过这次讨论并结合老师给我们的指导，我们知道在本次访问中需要注意的几点是：

1. 注意题目的出题方式要清晰明了，不要过于繁杂；

2. 选项的设置要恰当，要考虑到受访者的实际情况；

3. 要进行沟通，无论是组员内部还是组长之间抑或是组员与老师之间，有好的沟通才会促进任务的顺利开展。

【2015/7/8】初探麓枫和苑

下午一点半，我们三个小组的同学结伴到达本次城市实习的目的地——麓枫和苑社区。此次前往的目的是与当地居委会接触，并各自与每人负责的楼栋长沟通好具体调研时间。

麓枫和苑农民安置小区项目位于岳麓街道的黄鹤村和靳江村内，东到潇湘南路，南到湖大支路，西到麻园路，北到天马路，总用地面积261亩，仅净用地面积235亩，是岳麓山风景名胜区综合整治工程的配套工程，目前部分楼栋正在建设过程中。

三点左右，我们参加了当地居委会的日常会议，主要由居委会黄主任和谢书记发言并主持，各楼栋的楼栋长都参加了此次会议。根据提前分配好的工作内容，我负责的是本社区三十栋和三十一栋，楼栋长与我约定了明、后两天的调查时间，根据抽样结果，楼栋长会协助我们敲门并代我们说明来意。相信在此次调查中，我们组员之间也会相互学习，互相督促，共同进步。

夜幕降临，在组长的带领下我们吃过晚饭，离开社区。

夜已深，期待明天的工作。

二

实地调查篇

前言

一般来说，从确证性的知识建构层面解读社会调查的步骤是比较容易的，而且这也是绝大部分有关社会研究方法类书籍所采用的核心叙述策略。翻开那本在西方社会学界广为流传的研究方法类教科书——艾尔·巴比(Earl Babbie)的《社会研究方法》(第10版)，我们就更容易体会到这一点。它从研究设计，概念化、操作化与测量，抽样法，再到问卷建构，实地调查，最后到资料分析，撰写报告，一条类似于福特生产线式的知识符码和程序便清晰地展现在读者面前。当然，从知识传授的角度看这原本是一件无可厚非的事，但艾尔·巴比自己也在该书中讨论到了这种“食谱式”陈述方法所存在的问题，毕竟只要我们站在实践过程的角度稍微审视这些“菜谱”时就会发现，其实“炒菜”并不是一件这么容易的事。

不仅是社会调查，其实世间所有的以行动过程为基础的实践，都无法被分解为明晰的操作步骤，烧菜是这样，骑自行车是这样，做学问更是这样。学者们能够言明该言明的，剩下的就是行动者自身的实践和体悟。一项社会学研究究竟应该如何从“顶天”到“立地”，只有自己亲身实践过才会有更深切的认知和体会。因此，有哲学家将这种不能言明只能体会的知识概称为艺术，这当然首先表现为一种生活的艺术，毕竟我们每个人每一天都在不自觉地践行着这门艺术，只是我们懒得去反思和确证它而已。社会调查也是一门艺术，教科书能够传授的东西永远只是知识的基本架构，其余的变通式应用就得考验每个人的综合能力了，这既包括许多先天性的个人特质，也包括很多后天性的知识积累或经验的获得。从这个意义上说，对于第一次参加实地调查的社会学本科生而言，毫无疑问只有一部分人能够成为一名合格的调查员。当然，我们无法确定这一部分的具体比例能占到多少，但我们能够确定的是，大部分学生在实地调查过程中确实得到了许多难能可贵的经验和教训，从接下来所展示的“实习日记”中能够很直观地感知到这一点。

总的来说，这一篇章主要记述了学生们暑期实习时开展各类社会调查实践的过程，尤其是记录了他们在遇到一系列复杂情境式阻碍时所采取的应变行动策略。当然，不可否认的是，这些行动策略均带有一定的个体适应性和时空特性，即便是针对同一个田野情境，不同学生采取的行动策略也肯定会存在明显的差异。但这并不妨碍我们去尽情地讲述这些或许只针对自身有实用价值的策略，因为只要将这些策略尽可能拼接到一起，我们便极有可能摸出一只完整的“大象”。我们希望这些像故事一样的田野记录，能够让读者在阅读时感受到他们在“此情此景”下的真实心态，然后通过在头脑中换位思考式的过程体验，去感知学生们对于“社会调查”这门艺术的掌握程度，如果读者还能从中得到一两点对自身有价值的启发，我们便会备觉欣慰了。

值得一提的是，随着以城市为中心的现代社会的加速来临，实地调查的难度系数也在呈指数级增加。当然，这一判断或许有主观夸大的嫌疑，但从现实经验来看，城市社会所特有的社会结构与人情特质正在使得入户调查变得极为艰难。一方面，这体现在不同水泥森林景观类型下呈现出的物理空间隔离上，另一方面体现在整个社会心态的急遽转变上，尤其是社会信任感的普遍降低。当然，这不是中国社会所特有的时空情境，在西方国家，甚至是广大发展中国家，亦已呈现出这些城市社会的特征，只不过在当下的中国社会表现尤甚。对中国而言，传统的“单位制社会”本质上是一个熟人社会，社会信任的基础是集体主义背景下的体制信任或单位信任，单位社会下人与人之间的行为互动往往是可预测的，甚至是可控的，自然也是可信任的。但经过市场化改革之后，中国社会正在转向“个体化社会”，这个社会是流动的、不确定的、不可知的，因而也是不可控的。随着社会转型的加速，这一社会特征必然更加显著，或如鲍曼所言，一种流动的现代性正在来临，当然，欧美国家早就已经处于这一现代性特征之下了。可以这样认为，传统的社会调查方式正在面临一系列的时代挑战，在还没有找到更佳的成熟的调查方式之前，我们仍然采用这种入户式的问卷调查方式，因此有必要强调一下，我们的学生是在这一大背景下开展实地调查的，这无疑更加考验他们个人的调查技艺。

如果细读这些来源于真实体验的记叙文本便会发现，学生们已经在调查实践中形成了很多细致的调查技艺。例如，作为一名实习调查小组的组长，应该如何从宏观层面把握整体的调查进程和任务分配，又怎样在微观行动层面起到很好的行为引领和积极向上的角色效应；社会调查员应该如何尽可能降低实地调查中的各类情境阻碍，获得更多助力；社区绘图员应该如何把握城乡社区复杂空间内所有建筑的分布，将其完整有序地陈列在图纸上，应该如何应对广袤农村地区的弯曲盘旋的山路，如何跑遍城市社区那一栋栋高耸入云的居民楼，抑或是如贫民窟一般幽黑破旧的棚户区或城中村；问卷访问员应该如何降低受访对象对自身身份的敏感性，增加调查双方的信任度，以提高问卷访谈的成功率……此类感受不一而足。从某种意义上说，这些真切的田野感受可能比获得一份高质量问卷要更为重要，因为这些技艺的获得可能会影响学生们今后的人生道路或生命轨迹，作为一个重大事件，我们亦能够从下面的这些文本中直接感受到这一调查对他们自身的影响。

组长何为？实地调查中的任务分配与进度安排

【张贵生　社会学1001班　2012年6月30日】

今日上午，同学们在大厅开会，全面总结今后的工作任务和进度安排，今后的主要工作任务有：

1. 走边界。根据之前清华大学滕老师给我们的培训，走社区边界是我们要完成的第一件事。具体到我们娄底组，就是要将旁山冲社区和市场社区的各自行政边界弄清楚。我们首先利用卫星地图软件从网上了解了这两个社区及其周围的建筑物、道路分布图。在此初步了解的基础上，结合对当地居民群众的询问，或居民带领，寻找社区边界。将两个社区的行政边界最终确定下来，以方便接下来的后续工作。

2. 拜访有关行政部门及领导。在此之前，李斌老师已经为我们联系了娄星区民政局的一位负责同志赵勃。我们应先联系赵勃，再由此联系到黄泥塘街道办事处民政室的负责同志，最后由此联系旁山冲社区和市场社区两个社区的负责人。此项沟通任务相当重要，要是能得到这些部门及相关同志的帮助，我们的实习工作将会减少很多阻碍。

3. 画总图。边界确定下来之后，应画出两个社区的总图，以及确定是否需要接着单独画分图。总图中应有行政边界、标志性的建筑物、主体道路以及大致的房屋分布。确定东西南北的方位，明确社区居委会在总图中的位置以及相应的行走路线。若需要另外单独划分图则应在总图中规划出大致的几块，标名为分图一、二、三……

4. 画分图。堆在总图中被具体规划好的各分图应画出分图内的建筑物分布、楼栋单元数、层数、单元门朝向、楼栋层数以及每层的户数，最后将具体的最优行走路线画出。这些工作做完后，最终才能为每个建筑物进行编号，确定编号顺序，根据最优行走路线和右手原则，确定下来的建筑物编号将不能随便改动，否则分图要重新画一遍。为避免重复工作带来的麻烦，最好一气呵成。

5. 填列举表。列举工作在此次工作实习中有极其重要的作用，直接关乎此次调研的成效。在列举中应该对所有住户进行单独的、详细的询问，每户都要弄清是否有流动人口和0～15岁儿童居住。将会有清华大学特派核图员过来同大家一同搞好列举工作，完成后的列举表将以电脑扫描或快递原件的方式送往清华大学，之后再由清华大学课题组的相关负责老师对其进行样本抽样，所抽样本将尽快返回到我们手里，以便抓紧时间进行问卷工作。

6. 问卷调研。问卷调研是前面一切工作的最终目的，应以最大的努力做好问卷工作。此次问卷调研不同以往一般课题问卷，问卷中的问题、模块以及复杂度都远超以前，因而同学们在问卷调研之前应仔细阅读访谈手册，认真研究问卷中的问题结构。此次问卷访谈的量比较大，时间比较长，希望大家可以相互鼓励，毫不气馁，坚持到底，遇到不太配合的对象，应及时向组长和督导报告，以最大的努力做好问卷调查，保质保量完成工作任务。

7. 日常生活。此次实习时间长久，工作难度大，地域陌生，日常生活中要始终坚持安全第一，各位组员不能擅自行动，外出应结伴而行。夏天天气炎热，注意防暑、防蚊虫叮咬，同学们按需购买物资，实事求是，之后到组长那里报销，在节俭优先下满足基本物质需求，禁止乱花销、乱报销现象。此次实习经费实行组长统一管理、统一使用，但组长会每隔三天公布经费使用情况，做到公开透明，同学们尽管放心。

以上七大工作任务是现今为止所能考虑到的所有任务，若不出意外，工作任务的安排不会改变，希望大家团结一心，克服困难，大胆细心，以优异的问卷质量回报系里各位恩师的关心，回报清华大学的培训和关照。

下午的具体任务分工：将七个人分成两批，一批四人，另一批三人。四人小组到旁山冲社区，三人小组到市场社区，分别开始踏寻社区边界的工作。每位同学都要带好身份证、学生证、调研工作证、中南大学介绍信以及相应的作图工具。此次踏寻社区边界的任务也是一次初步熟悉社区的过程，同学们要细心留意社区里的道路分布，标志性的建筑物以及各居民楼栋的大致布局。此次工作今天不急于全部完成，不能心急，今天完成不了明天继续。再次提醒大家应注意安全，无论什么事，安全始终第一。

【李杨　社会学1202班　2014年6月27日】

我想，随着社会调查的普遍应用，我们不仅要知道什么是社会调查，还要了解社会调查的功能和程序，这样才有助于我们进行有序、高效的社会调查。而我认为社会调查应该有如下步骤：

首先，要确定范围；

其次，弄清楚调查范围内的户数；

再次，进行抽样，确定我们要调查的样本；

最后，入户成功，进行室内抽样，确定我们具体要调查的人。

做社会调查，不仅要从感性入手，了解社会真实情况，也要客观地描述社会现象的一般状况、过程和特点。主客观相结合，才能解释社会现象的产生、发展和变化，揭示社会现象的本质和发展规律。

【韦杨平　社会学1601班　2018年7月6日】

今日，我们全体11个人动身前往中方县接龙乡（因为事先打听到干田垄村无宾馆，村委会的人告诉我们，附近最近的酒店在距其5公里外的接龙乡）。如果不能把握当地的交通和路况，往往会对实习造成困扰，通过对今日行程的总结，作为带队小组长，我总结了以下经验：

事件概述：

首先，早上7点我们从升华公寓集体出发前往长沙南站，遇上了堵车，但是我们预留了两个小时，因此顺利赶上前往怀化的高铁。紧接着，我们于将近11点到达怀化南站。然后在准备前往公交站时，有人向我们前来推销包车，可以直接到达乡村。经过比较，我们确认包车方案更为合适，但是一定要记住，一般车站包车都是可以讲价的，应该多询问几位不同的师傅。但是在多人竞价过程中，他们之间产了冲突，争吵激烈，而这时候我们只能焦急等待。这个时候，一方面一定要安抚大家的情绪，另一方要积极和师傅进行协商，以免耽误行程，但是千万不要参与矛盾，要以保证自身安全为首要任务。经过一番折腾之后，我们于下午两点多到达接龙乡，并且顺利入住宾馆。由于大家舟车劳顿，所以让大家适当休息。而我们趁着休息时间，便跟着给我们做饭的阿姨一起来到当地跳广场舞的地方。夜晚的村庄格外凉爽，在结束一天的劳作之后，村民们都到小广场乘凉，小广场变得格外热闹，而我们也非常顺利地和当地的村民们熟悉了起来。在阿姨的帮助下，我也顺利联系到明天接送我们前往干田垄村的师傅。

今天是曲折与幸运的一天，非常期待明天进行第一个地点的核图，加油！

总结经验：

1. 前期准备：(1)集体出发前必须确认团队成员是否有身份证过期的情况；(2)如果出门早，一定要反复提醒组内成员睡前把行李打包好，不要早上才打包；(3)确认好乘车地点，时间一定要预留充足；(4)提醒成员调好闹钟，预留好可以联系到自己的其他人的联系方式。

2. 行程之中：(1)要提前计划好所有线路，准备好零钱；(2)包车时记得拍下车牌号码并上传至群里，留下联系方式；(3)在人生地不熟的地方，遇到不了解行业规则，要适当压制一下自己的情绪，不要参与冲突；(4)可以多与司机交流，我们不确定的信息和在当地需要的信息可以多向他们询问。

3. 小窍门：(1)私家车和家庭宾馆基本都能砍价；(2)进入当地村子，在住宾馆和吃饭的时候可以和阿姨叔叔打打招呼，并向他们了解信息；(3)吃完晚饭后，可以集体去人多的聚集地，尤其是广场舞场地，和村民聊聊天，能够很快融入大家，方便调查。

联系“守门人”：社区居委会的角色定位和功能发挥

【周婧　社会学1001班　2012年6月29日】

今天依然是个阳光灿烂的天气，一早从升华学生公寓乘坐立珊线公交车到达火车站，稍等片刻，便坐上了09：36开往娄底的k9037次列车。列车上的两个多小时过得飞快，在小组成员的欢笑打闹中飞快流逝。就这样，怀着紧张、兴奋、期待、忐忑的复杂心情，我们踏上了实习之路。

抵达娄底火车站时已经是中午了。烈日炎炎似火烧，热浪逼人也是一种挑战。我在列车上便从邻座一位家住娄底的旅客那里稍微了解了下实习社区的公交路线。于是我们一组七人便坐上了2路公交车，大概40分钟后，我们成功抵达娄底市娄星区黄泥塘街道办事处，其中坎坷便不再细表了。不幸的是，此时不是上班时间，办事处没有工作人员。询问知情人士后，我们打算先找住宿地安顿下来，下午再来。

通过一路询问，终于抵达“市场社区”。为了调查方便，我们决定在这附近找到住宿地居住。货比多家之后，终于找到了一间性价比高且相对方便舒适的小宾馆。我们稍做整理就集体外出就餐了。此时已是下午两点多，吃完这顿午餐，我们便出发去往第一个目标点：市场社区居委会。

意外的是，无论我们怎么敲门，都没有人回应，无奈之下只能选择放弃。幸好路过的一位老爷爷告诉我们，另一目标“旁山冲社区居委会”就在后面不远处。出于善良与热情，他一直带领我们到达了居委会门口。到了居委会，由于没有介绍信，所以居委会的黄主任一直对我们将信将疑。和大家讨论之后，决定赶在下班之前去黄泥塘街道办事处了解一下具体情况。

来到街道办，原以为又要因为没有介绍信而费尽口舌，没想到李斌老师联系过的民政局的赵勃，已经交代过街道办事处的邹主任了。稍做交流之后，邹主任决定亲自开车带我们前往两个社区的居委会。

在旁山冲社区，虽没有拿到行政区划图，但有一幅卫生区域分配图。据此图我们可以知道社区的分界线。这样让我们省了很多事。此外，我们也了解到旁山冲社区基本没有什么流动人口。虽有散户，但散户只是户口落在此处，在此处并不存在其住房。

之后来到市场社区居委会，因为是周五，下午只有一人值班，大部分工作人员并不在，要到周一才上班。值班的周主任专门负责计划生育，所以对市场社区的情况并不太了解。但她告诉我们，大市场流动人口众多，所以无法对其进行全面及时的把握。所以流动人口有多少、集中在哪些住户楼栋，根本无法统计。听到这里我感觉心都凉了半截，要知道我们调查的就是流动人口啊！

告别周主任与邹主任，我们又和居委会警务室的李科长聊了一阵，了解到市场社区有近30栋住户楼栋，其中还包括许多自建楼及自建市场混杂楼，情况很复杂。

实习第一天，安顿好了住宿，对实习社区也有了基本了解。明天又是充满未知挑战的新一天，加油！

【廖国涛　社会学1401班　2017年6月29日】

实习第一天，小组一行六个成员早早地在出发点集合，准备前往昨天确定的调研社区，进行绘图工作前的初次探访。

以前从未接触过绘图调查，充满期待也满心担忧的我们，经过一个多小时的车程到了位于雨花区黎托街道的合丰社区。偏远人少，是这个地方给我们留下的第一印象。还有多少未知在等待着我们，无从揣测。

靠定位找寻社区居委会确实不容易，不曾想到他们社区的居委会不在社区内，而是在原有村的旧址，被很多破旧坍塌的旧楼和荒草包围的办公楼，终于在我们反复的定位和问路后呈现在眼前。

联系的居委会负责人热心接待我们，给我们提供了尽量多且尽量详尽的社区布局和入住资料。但很可惜，他也没有完全符合实际情况的社区居民入住登记表，得不到详尽的住户情况，我们只能到社区清查空户了。

到了社区，我们都没有想到的事情出现了。这片靠近火车南站和机场高速的拆迁安置社区，几乎就是一个巨大的物流集散中心。虽然楼栋分布特别规整，但空户实在太多。我们小组分成三路人马，一组画小区布局图，其余两组清理空户，经过几个小时的走访工作，已完成了合丰社区大片安置小区的绘图和空户清理工作。下午又到合丰龙凤小区，完成了一整个社区的前期绘图和清查工作。

疲惫，是这一天最好的形容词。每个组员都腿酸脚痛、口干舌燥，但每个人又收获颇丰、感慨良多。大家团结协作，集思广益，互相帮助，这是一天工作的保证，想必也是收获之一。

【胡超　社会学1202班　2015年7月6日】

按照本来的计划，我们今天就应该去实地进行访问了。但计划赶不上变化，经过带队老师潘老师的实地查看，发现梅溪湖社区的居民楼数量远远不够我们的问卷数量，无法展开。另外也发现，梅溪湖社区情况比较复杂，不适合做调查，并且梅溪湖距学校也很远，花费在路上的时间很多，中午也不能回学校休息。这会导致大家十分疲惫，无法有效地展开访问。最终，老师决定再增加一个社区来供我们访问，并且这个社区离学校相对较近，我们可以更从容地去访问。

另一方面，新的社区离学校较近是优势，但也有不足。潘老师答应了社区主任，帮他们做一份问卷，来交换他们对我们访问的帮助。

我的感受：

彼得·布劳在社会交换理论中提出人与人之间的交往行为是一种交换行为。确实，与他人交往，别人与你交往，特别是陌生人提供帮助，都是为了满足各自的需要。

【董雯婷　社会学1202班　2015年7月7日】

今天上午，我们一大早起来，在组长的指导下进行抽样结果的录入工作。虽然后来在处理“流动居民”的问题时出了一点问题，抽样的结果并没有什么作用，但我们也基本熟悉和了解了每栋楼的抽样过程以及抽样情况。

下午，我们三个负责麓枫和苑社区的小组在校本部门口准时搭车去麓枫和苑社区。到达以后，我们一行人跟随雍昕老师一起到了社区的居委会，我们都不约而同地被居委会的“正规”和“气派”震惊了。可能是新建的社区的缘故，社区的居委会功能齐全，每个部门都井井有条，工作人员也都知书达礼。在居委会工作人员的组织下，我们三个组的成员与各楼的楼栋长一起开了一个会。在雍昕老师和居委会夏主任的主持下，大会明确了楼栋长的责任，并阐明了我们做这个调研的意义，发放了各栋的居民抽样结果，以及住户的联系方式，楼栋长们听后都表示，虽然工作有难度，但也愿意配合帮忙。

随后，楼栋长们陆续地离开了，我们小组内部又就地开了一个简短的会，组长跟我们说明了每个人负责的楼栋，并教我们应如何与自己的楼栋长沟通，要在自我介绍后礼貌地提出申请帮助的请求，并帮助我们初步确定被抽到的住户是否常住在家。在交代清楚了之后，我们又一起搭车回到了学校。

农村社区核图：再难走的山路也有尽头

【刘雪晴　社会学1102班　2013年6月29日】

因为下一个调查点(马家溪)离市区较远，为了节省时间，提高效率，我们退了房之后便立即前往马家溪。咨询了上一届来过的团队成员，我们被告知到了马家溪之后，可以住在当地的“土地主农庄”。结果去了才知道，农庄最近正在装修，于是住的地方便成了问题。我们拖着行李，请了当地的村主任帮忙，找了一个农户暂住。

这件事花了不少时间。等一切安顿好，分好任务后，正式出发时已经是下午两点。马家溪有六个分图需要核图，分图一区域广，分图二与分图四接近，分图五与分图六接近，分图三可谓一枝独秀，沿着图示一条路单独成图。根据这种情况，我们暂定今天分成三组，一组负责分图一；二组负责分图二、四；三组负责分图五、六；至于分图三，则放到第二天核实。

定好任务，大家迅速行动起来。分图一小组(包括我在内)有五个人。当时下着雨，马家溪村民有很大一部分散居在半山腰上，路很不好走，又因为语言不通，与村民沟通很是困难，给我们的核图工作带来很大阻力。上山的路要么是村民踩出来的泥土小径，要么是大石板台阶，而这两种路都长满苔藓和青苔，一下雨就变得滑溜溜的，不小心的话就有滑倒的危险，我们都小心翼翼。经过大概三个小时的核图，需要核查的地区边界基本上算是走完了。虽然很不容易，但大家的热情没有丝毫的消退。趁天色还早，我们商量片刻，决定为了提高速度，今天就去完成分图三的任务。事后证明，分图三远比我们想的困难。

分图一和分图三原本就是马家溪村的两端，从分图一走到分图三入口就已花了半个小时，然而这才刚刚开始。分图三实际是在山顶上，我们从入口开始上山，一路上山，不知道何时才能到达目的地。走了一个多小时后，连房子的影子都没看见一个，因为中途没有休息，大家都有些疲惫。后来大家每人都找了一根路上折损的竹竿，支撑着继续往山上走。

又走了一个多小时，天色渐渐暗了下来，我们有些惶惑了。有队员试着用GPS定了位，发现我们已经在海拔600多米的地方了，但仍然没有见到人烟。一路上经过的，除了山还是山，除了树还是树。我们走啊走啊，终于遇见了一个骑摩托车的人从山上下来，赶紧拦住他询问了一下路程，得到的答案是至少还得再走半个小时。这时我们已经累极，但人有了目标就有了动力，村民的回答支撑着我们继续前进。

还好夏天的太阳下山比较迟，暮色一直持续着，我们又走了十分钟，到了一个岔路口，一条路是继续上山，而另一条路却是通往山下，而地图上完全没有标示。踟蹰片刻，继续GPS定位，又联系了分图六的队员，得知他们就在山下，于是我们选择继续上山那条路。终于，半个多小时后，我们看到了环山而建的村居，村民对我们的到来十分惊讶。简单交流后，我们终于找到了他们的负责人——一位老大爷了解了情况，此行终于圆满成功。

因山上情况复杂，不便久留，我们连夜下山。完成任务后大家都很高兴。打着手电下山的路也变得不是那么难走。大概过了三个小时，我们终于回到了村民家与队友们汇合。他们做了饭，到这个时候虽然凉了，但饥饿疲乏交加的我们也不挑，就这样解决了晚饭。

我们简单地交流了各队的情况，回房倒头就睡，蚊子依然凶猛，一夜无梦。

【徐铭遥　社会学1601班　2018年7月7日】

今天是正式实习的第一天，一大早，我们在“接龙乡”吃完早饭便包车前往了“甘田垅村”，村委会的杨会计热情地接待了我们，并不辞辛苦地带我们开始走村庄的边界。我们先来到西北角，开始走边界。村庄依山傍水、山清水秀，地上铺着石子路，清晨凉爽的温度令人心旷神怡，心情愉悦。这个村庄很大，我们拿到的共有6张分图，走边界大概就走了一上午的时间。经过一年的时间，村里的变化很大，很多之前在建的房屋现在早已入住了人，很多原来有人住的屋子如今也已人去屋空。不过总的来说，看起来村民们的生活是越来越好了，房子也建得越来越精致美观。道路两旁有很多李子树，是没有人家的，可以随便吃，我们每人摘了几个，小李子酸甜可口，很有农家韵味。

从分图1走到分图6，将边界走完后，我和搭档可欣中午留在了分图6-6的位置，在附近仅有的一个小商店吃了泡面，紧接着就抓紧时间开始核图了。无论是商店主动给我们泡面吃的老板娘、附近坐着乘凉的奶奶，还是给李子的老乡，都让我感受到了乡村人民的淳朴，真的令人十分感动，使疲累的我感到了深深的慰藉。

分图6有两个区域，两区域用桥相连。这两区域都有一个特点，那就是空屋、老龄化。此处为扶贫区域，很多村民通过扶贫政策迁去了怀化居住，也有很多年轻人到怀化打工，常年不回家一趟，村里剩下的都是些妇女、幼童和老人。老人们成天地在外面坐着，从清晨坐到傍晚，颇有一种等待死亡的感觉，令人很是心酸。

由于去年画的图并不准确，加上有很多房屋空了，无法对应人家，我们的工作难以正常进行。可幸运的是我们遇到了一位好心的大叔，他带着我们挨个房屋走了一遍，帮我们捋清了户主姓名与现在的居住情况，效率翻倍提高。核图过程中，我们还遭到了恶犬的追赶，据邻居阿姨讲，这条黑犬咬过好几个人，真的令人心惊胆战。

总的来说，今天一天大家的工作都非常认真努力，全组用了一天时间便核完了这个村子，晚上大家一起熬夜重新画图和登记住户信息，一起为目标努力奋斗的感觉真的很棒！

今日实习经验：

①村落的地形和房屋排列真的非常复杂，只走一次很难全部走完所有房屋并完成最优路线，需要反复走并确认；

②最好可以找到一个当地的人带着走，这样会大大加快工作效率；

③“内有恶犬”这四个字真的不是说着玩的，之前没有将这个当回事，只有亲身经历过后才知道有多可怕；

④村落里剩下的大多是老人，普通话很差，很难交流，如果确实沟通有障碍，或者耳聋，就要尽量避免将其写入样本，以免过后使样本作废；

⑤备注不要写住户门上的对联！去年留下的住户清单列表中有很多的备注写的是对联，可是家家户户对联一年换一个，今年的对联早就不是去年登记的那个了，根本起不到提示的作用；

⑥不要把人都想得太坏、太防备，其实绝大部分人还都是好的，善良的，传递温暖的；

⑦填写问卷时，家中常住的18岁以上的成员信息，一定要确认填写的是近两天会在家的，如果填了近期不在家的又恰好抽中，我们便会损失一个样本。

城市社区核图：慢工才能出细活

【孙思琪　社会学1302班　2015年7月2日】

今天，我们进行了一项任务量十分庞大的工作。因为我们第一天核对的社区（豹子垅社区）是四个社区中人数最多、范围最大的城市社区，有近2000户的居民，以及较混乱陌生的地形，这给我们的工作造成了极大的困难。

我们先是以小组为单位，重新誊写了一遍我们昨天“跑楼”时记录的草图。然后，在住户清单列表上详细地记录下每一栋建筑物中增减的住户。对于搬走的住户，在备注上写明“已搬走”，然后划掉那一整行；对于增加的住户，我们要在草纸上先记录下来增加的住户信息，最后在全部的序号之后添加新的序号，再将其连续地记录下来。在分图1、2、3、4中，我们要先找到拆掉的建筑物有几栋，它们的序号分别是什么，然后将新建的建筑物的数量确定下来，把删掉的建筑物的序号给这些新建的建筑物，直到把序号全部分配好，然后再接着最后的序号，把剩下的新建建筑物同样分配好。

另有一份较重要的工作，就是用红笔将分图和住户清单列表中变化了的信息全部校订好，包括分图中删掉的建筑物、新建的建筑物，还有每栋建筑物变化的户数，以及其他新建的平房、非住宅类建筑物，都要全部改好。对于住户清单列表，我们需要做的是，将备注信息变化的部分全部改好，包括对联的变化、门口标志的建筑物等，都要改好。这些信息全部改好之后，我们另外需要做的就是填好各种列表信息，做好一些细节上的工作。比如在加上10页的住户清单列表之后，豹子垅社区的住户清单列表由原来的190页变为200页，所以我们要把原来的“共190页”改为“共200页”，然后在每页填上“制表人签名”。

最后拍照，制作成压缩包之后上传给北京的核图员，等待审核。通过审核，北京的核图员发给我们100个样本地址信息，我们根据抽中的编号将其信息补全，核对清楚之后，等待最后的抽样清单，再做访问。

这几天的天气情况十分恶劣，因此我们也要更加注意安全，圆满完成自己的任务！

【柴莉娜　社会学1002　2012年7月7日】

前两天画完社区地图，在旅店里做了一些整理方面的工作，也调休了一下。昨晚，核图员终于来到了沙田镇，并和我们会面。我的心情稍显忐忑，因为担心我们的工作做得不是很好，怕他们挑出一些毛病，但心里又自我安慰说这几天我们都一步步地去做了，尽力做了。

早上得到他们的消息，我们在绘图材料中的“住户列举”部分有不足之处，备注写得不是很详细。这意味着我们要返工了，得把每家每户重新走一遍。虽然工作量有点大，但我们决心将工作做好，毕竟这是我们的失误，是我们的工作大意。关于返工的细节便不多提了，清华大学的核图员陪着我们上下楼梯，整整一天也毫无怨言，很感谢他们。

经过这次，我们小组仔细地讨论、总结了返工的原因：

第一，工作不够务实和仔细。第一次认真、详细地把列举工作弄好要比第二次返工节约人力物力。

第二，沟通不够畅通。组内其实有人想到了这一点，沟通渠道不畅通，成员意见未能得到表达，导致工作中有小问题出现。

第三，和组外协调、讨论不够。应互相补短取长，让工作做得更好。

一次的失误不要紧，让我们学到了很多做事的道理，我想这也是实习的最大意义所在。明天继续努力，一定要出色地完成任务！

【刘艺涵　社会学1601班　2018年7月7日】

今天的任务是去“佘田桥”核图，早上八点集合去车站，之后坐车到达“佘田桥”。到了“佘田桥”，我们一起去了居委会填写社区问卷，督导主要负责社区问卷的访问，居委会的主任非常配合和热情，对问题都认真做了回答。之后，团队十个人以2-2-3-3形式分小组进行分图的核图工作。在核图过程中，实际情况比较复杂。村镇大多为独立小楼，下层为商用，上面层数为住房，但是有的商铺只做商用不算住户。地图住户建筑不完整，商铺名称改变，图上信息很多，笔记不够清晰，图示太小，空间不足，加之我们经验不足，尚未摸索出高效清晰的方法，这些情况都给核图工作带来一些不便。

改进方法：

1. 对与地图相差较大的地方，要拍照并用手机简单备注，方便回忆。

2. 在图上做笔记简要清晰，统一颜色和表示方法。图的内容小改动多，修改内容尽量标记箭头，写在空白的地方，不要在一个地方挤。避免出现连写标记的同学都难以辨认地图标记的情况。

3. 住户清单和地图修改同时进行。今天的住户清单修改在额外的纸张上，在原清单上很少标记，在进行最后整理核对时有一些麻烦，以后可以在清单列表简要标记增减住户情况，这样可以更为清晰地看出修改的地方。

在核图过程中我们发现，虽然地图抽样法以住宅类建筑为载体，将各类建筑物绘制在图纸上并对实际住户进行编号形成抽样框，是目前世界上公认的较为精确的抽样方法。但由于这个方法直接从国外移植过来，有些情况并不完全适合我国复杂的各地实情，加上绘图人员的绘图抽样水平参差不齐，因而在实际操作过程中也遇到了一些新的问题：

第一，虽然这种抽样方法对于地图绘制的要求低于专业性地图绘制，可是，对于非专业的绘图员来讲，识别、确认并在图纸上准确地画出村（居）各种住宅类建筑物，难度依然较大。加上实际中经常会出现边界交错混杂的社区以及结构较为复杂的四合院、碉堡楼、土楼等建筑物，使得现有的绘图培训在实际绘图过程中难以真正发挥功效。

第二，样本难以确认。地图抽样法以住宅类建筑物为抽样载体，必须确定好二级抽样单元即村（居）委会的行政区域。然而，个别村（居）委会规划不完善，社区行政边界难以确认。有的居委会与近十个村（居）委会交界，不同村（居）委会人员混住现象非常普遍，甚至连社区工作人员也难以准确界定其辖区边界。这样，以绘图确定样本框就会受到很大的限制。另外，一些城市的临街建筑物在三层以下均没有住户，三层以上属于单元楼。不仅如此，个别结构复杂的单元楼通常要逐层核实才能确定具体单元数及住户数，因为同一栋楼中不同单元住宅结构会有所不同，甚至同一个单元不同楼层的住户数也不尽相同。这都会给样本的确定带来困难。不仅如此，地图抽样法依据抽样图寻找被访者，因此，它除了要确认住户的准确地址之外，还必须排除住宅类建筑中的空户。但是，确认城市社区的空户相对较为复杂，有的新建住宅区内空户十分普遍，而且分布较为广泛，绘图员很难一一准确甄别。部分农村地区或者存在着类似于土楼的建筑物，或者在一些年代久远的老宅中建有新宅，连成一片的住宅很难准确划分各个住户所属区域，也难以在图中标示出住户所处位置。此外，农村还普遍性地存在着一些周期性外出的住户，如陪读、进城务工人员等。这些都增加了确认空户的困难。

今天的天气不算很热，阳光也不是很强烈，对于我们来说是一个好天气。本来以为今天只进行一个地点的核图，工作量不算很大，可以很快结束，但是可能由于我们不熟练、地图标记有些混乱、现实的住户情况变动较大等原因，工作并不是很顺利，最后的整理也花费了较长时间，需要吸取教训总结经验。同时，在实习中我也充分体会到了团结合作的重要性，队伍中每个环节的分工，负责人的积极领导以及督导学姐的耐心教导，都让我感受到团队的活力，虽然身体有些疲累，但是和大家在一起非常开心。

“脱敏”行动：实地调查中的信任营造

【赵盼　社会学0902班　2012年6月22日】

言归正传，谈谈今日的工作情况吧。各组都在昨天开展访问的村落接着调查，我们组对“界市村”的调查也将中心辐射点换了位置。我的工作方式也发生了大的转变，不再是一味要求与被访者面对面坐着，为了最大可能地争取到高素质的访问对象接受调查，我放低了入户条件。

在屋外，在田间，在被访对象干活时，只要他们愿意接受调查，我便陪他们一起蹲着、站着、坐在田里……如此亲近的调查方式，让我感到气氛也缓和了许多，我们开展社会实践的意义也出来了。农民感觉不到跟大学生的距离感，特有的敏感度降低了，问卷也更有质量，可谓益处多多。

【封新娜　社会学1301班　2015年7月9日】

实地调查第九天——入户访问之城市社区

生活，就像编织的故事，只是编织者不是我们。从故事的开始到结束，其中的剧情跌宕起伏，不是我们自己可以控制的。我们可以控制的只是自己的状态。

好像昨天的“悲惨现状”不足以显示“悲惨”似的，今天入户访问更加不顺利。今天上午访问到一户老人家，爷爷告诉我们，他曾在某中学任职校长30年，如果不是他对学生有深厚的感情，断不会为我们开门，接受访问。问及原因时，他讲到：“一听你们一口普通话，这边的人就不会给你们开门。”他说现在骗子太多，可见他认为现代社会可信度较低。

阴雨绵绵，入户之难，心情低落是必然。走在大街上，经过我身边的每一个人好像都投来异样的目光，充斥着不信任感。不过只是一次被拒访，“我们不需要做这个访问”并不能阻止我们入户的脚步。我继续微笑耐心解释，出示证件，证明真实身份。九塘江社区是入户访问的最后一个社区，行百里者半九十，此时千万不能懈怠。

【张贵生　社会学1001班　2013年7月2日】

唐朝著名诗人王毂曾作一首《苦热行》诗：“祝融南来鞭火龙，火旗焰焰烧天红。日轮当午凝不去，万国如在洪炉中。”而长沙乃火炉之一，今日仍然烈日高照，让人焦躁难安。

今天我们的调研地点选在河东橘子洲大桥以北的湘江风光带上。上午很多市民出来乘凉，人流攒动，来往不息，我们也便抓住时机，一鼓作气，一时间连做了几份问卷。有人说，天气这么炎热，你们还出来搞调研，你们学生真了不起。可他们哪里知道，正所谓吃得苦中苦，方为人上人啊。

还遇到某些市民朋友说道，问卷这么长且烦琐，你们为什么不自己填了算了。我们说，如果每个搞实地调研的人都这样做，那我们永远不可能获得百姓真正的心声，学术研究或政治决策永远都是假数据，最后还不是害了大家。天气如此炎热，我们依旧出来调研，所以衷心地希望得到大家的配合，真实地反映客观情况。通常只要我们如此回应，都会得到大家的谅解，并且很乐意完成问卷的访谈工作。

通过几天的锻炼，大家也都成熟了不少。

【沈宁然　社会学1301班 2015年7月5日】

今天的天气不错，清凉舒爽，可是我居然有些感冒了……好悲伤……

今天的成果是跟昨天一样，我和淑雅又完成了三份问卷。总的来说，就是我俩十分稳定地每天三份，两天共六份，但是距离之后的任务量还差得远。而且身体、大脑、心理都很疲惫，负荷很大。

值得一提的是，为了争取到一户人家的访问，我俩都快磨破嘴皮了。最后是淑雅抱着电脑，我背着电脑，抱着手册，在门外同一位叔叔做了近一个小时问卷，才被允许进家，真的很累……所以，我一定不会忘记这门外一个小时的负重访问，以及之前近半个小时的争取过程。

另外两份是昨天和今天上午多次提出“外出”或“不懂”等理由拒访的两户，最后被我们努力争取到了。在这一天的访问中，我总结了以下几点：

首先，要注意观察细节，千万不能脸盲。今天，我们来到小区，准备进楼之前，看到园子里或楼下聚在一起的居民们中间好像有目标访问对象，然后上前询问、劝说，最后成功做成问卷。万一没有认出被访者，只去敲门的话，就只能发现被访家中无人了。

其次，也许在户外访问反而更容易。上门访问，人们大多会有戒心。如果在楼下，以聊天的形式引到调查上，也不表现出对他家感兴趣等信号，被访者会放心许多。如门外一小时那户的叔叔就提到，他母亲在家时就经历过敲门入户死赖着要钱的骗子，所以他没法信任我们。

最后，一定要和当地政府、居委会有效联系。我们调查的时间、形式等都使居委会很难做到随时派人陪访，那就需要同当地居委会申请一些很有力地可以证明我们身份的材料。那样的话，打消住户顾虑的可能性便又增加了一些，单是证件不一定有可信度。

【南娟明　社会学0901　2012年6月19日】

“达水村”在这个时段都没什么青壮年在家，留守在家的只有“老弱病残”。一路走过，一路问过，发现有许多房子门窗紧掩，或是一片狼藉，丝毫没有人烟的迹象，但是适合我们的调查对象还是有的。在妇女主任的引领下，我们找到了我们的第一个调查对象。虽已是四五十岁的中年人，但是不管我们怎么解释，他们依然会钻进自己设置的牛角尖里出不来，只有少数文化程度高、见识广泛的人才可以理解，能够很好地配合我们。

以前老师也跟我们提过，我们去下乡调查的时候，那些被调查者有可能将我们当成是“钦差大臣”，然后抱怨、诉苦。从今天的访问情况来看，还真是这样。许多人见到我们，开始会怀疑我们是坑蒙拐骗的骗子，很是提防。无论我们说什么，他们都说不知道，不要问我。但是，了解我们的基本情况，问明我们的来意后，便很是合作，甚至开始滔滔不绝地跟我们反映各种困难。其中，有一位受访者是单身，40多岁，至今没有工作，家中有70多岁的老母亲，他还特意带我们去参观他家的房子，一路上还跟我们反映自己有困难。

由于我是北方人，对于南方的方言不是很理解，所以，一般都会在被访者接受访问的时候补充一句，如果你会说普通话的话请跟我说普通话。被访者很配合，都尽量用普通话跟我们交谈，这就降低了难度，同时有利于提高效率和准确率。

科学抽样：根据实际情况确定抽样方案

【董雯婷 社会学1202班 2015年7月8日】

今天要对居民开展抽样工作，为了更好地进行抽样工作，我查阅了一些基本的概念和抽样的方法。

第一，“元素”是搜集信息的单位和进行分析的基础，是构成与确定总体的基本单位。“总体”是理论上研究要素的特定集合体，可以分为研究总体与调查总体。

第二，抽样是分很多类型的。一般来说，主要有两大类，一类是根据研究任务的要求和对调查对象的分析，主观地、有意识地在研究对象的总体中进行选择，它不考虑抽样中的等概率原则，因而往往产生较大的误差。另一类则是根据概率理论，按照随机的原则选择样本，不带调查者的主观色彩，因而能够避免抽样过程中的人为误差，保证样本的代表性。前者称为非概率抽样，后者称为概率抽样。

第三，在抽样方案设计时应遵循目的性原则、可行性原则、经济性原则、可测性原则。目的性原则是指在进行抽样方案设计时要以课题研究的总体方案和研究的目标为依据。可行性原则是指研究者的设计要与研究的可得资源相适应。经济性原则是指研究者在设计抽样方案时，应充分注意成本与效益的关系，考虑研究成本等因素，争取用比较少的成本取得比较好的抽样效果。

因此，在抽样过程中，我们组完全遵循着以上几个原则，进行了抽样，并经大家的努力整理出了名单，准备明天去找楼栋长进行协调。

变通之道：适当调整任务安排

【赵盼　社会学0902 班　2012 年6 月22 日】

前天晚上听到一位随同陈姐来敬老院探望我们的研究生学长说，老虎岩村（即我们调查的第三个村）人烟稀少，很难接触。鉴于此，组长汪行决定临时修改各村组的问卷配额。

“界市村”人口密集，村民贫富差距大，典型性较高，所以加大问卷量。今天，每个人都得多完成两份。大家都不再隔户抽样，对于规划整齐、住户多的街，我、汪行、谢然一人一家，挨家挨户访问。除了得到应得到的问卷数据之外，还发现了一些很奇妙的现象：我若被拒访，另外两位组员再去询问是否愿意接受调查时，常会得到被访者的允许。

【黄静　社会学1401 班　2016 年7 月6 日】

实习第九天。

我们去了“凳桥小区”，然后去物业那里了解情况：这个小区是 2008 年建成的，属于拆迁安置小区，居民都是湘潭本地的，以农业户口居多，有些甚至是整村搬迁。小区有 360 多户人家，空户率为 10% 左右。小区内的公共场所也挺大的，小区楼栋中间有一个池塘，池塘中间有一座假山，环绕着池塘的是绿树和小凉亭。平时居民可以环绕着池塘散散步，也可以在小凉亭里拉拉家常。

今天，我在“凳桥小区”访问了十几户人家，有 9 户是农村户口，他们基本上都是被政府征收了土地之后安置在这个小区的。大约有 3 个人是司机，平时可以去跑运输，但这个工作的时间很不稳定，收入波动也很大。大部分失地农民没有了赖以生存的土地之后只能去打打零工，从事一些简单的工作，工资也很低，大多为 1000 ~ 2000 元，拖家带口，生活也很艰辛。

我们问了许多乘凉的中年妇女，虽然她们操着一口浓重的湘潭口音，但是依稀可以听得出来她们对于文明社区建设的态度不是很积极，愿意填问卷的人也少，加之我们听不懂湘潭话，所以今天就没有怎么问中年妇女，都尽量找年轻人。

小组的成员们今天都很积极，大家的进度也不错。但是途中有成员过来告诉我们，说这个小区不在这次社区调查的范围之内，这个消息真是犹如晴天霹雳，让人措手不及。所以我们先打电话问了一下组长张静文，她又与张贵生学长联系了。与学长说明情况之后，学长说既然做了，那就把这个小区扩进这次的调查范围之内吧，也可以填补其他小区的不足。真是万幸，要不今天就做了一天的无效问卷了。

在社区调查的过程中，会碰很多壁，会有走错路的情况，也会有很多让人心头一暖的动人瞬间，就像一次未知的长途旅行，山重水复疑无路，柳暗花明又一村。

【梁辰　社会学1202班　2015年7月15日】

今天，终于完成了所有的问卷！经历了那么多天的努力，今天终于圆满完成了任务。

不过，我想这还要归功于今天我们发现了一个新的安置居民点。其实也不能说是新发现的，因为调查的第一天老师就告诉我们，在家和苑小区的对面是骑龙村安置小区，只是入住率很低，所以我们一直没有涉足那里。直到今天，在家和苑实在找不到合适的受访对象了，我们才第一次踏入了骑龙村的安置点。

没想到这个地方给了我们一个结结实实的惊喜。这里的居民都比较有倾诉的欲望，有许多符合条件的居民都愿意接受我们的访问，所以寻找受访对象的工作还算十分顺利。不过直到今天我还是没能完全理解长沙方言，听不懂就只能笑笑，有的甚至只能不懂装懂，这么多天了还是一点长进都没有，真令人沮丧啊。不过好在重点基本能理解，完成问卷也是没有问题的。

晚上，大家十分疲惫地回到学校，我才发现，原来今天是三伏天的最后一天。为了完成问卷，大家也都很拼命，给自己的小组点赞！

【李晨阳　社会学1201班　2015年7月8日】

一早，我们乘902路公交去了梅溪湖小区，开始做问卷。902路车还真是慢，我们七点半出发，将近九点才到，明天果断换乘207路！

到了“家和苑居委会”，他们已经开始分组，我们每个组跟了一个“居委会入户摸底小组”。由于家和苑小区的户数少，500 个样本不能全在这里完成，所以我们兵分两路完成任务，王顺等三个组去了天马山那里的麓枫小区，所以这边就是三个小组。

我们组因为共有八个人，所以也不可能全部都跟着入户摸底。于是，陈建和吴江伟同学先去社区街上寻访，其他人按照两两一组的顺序依次入户访问。黎夏和李怡雯一组，她们先进了第一户，居委会的工作人员和我们至善社会工作站的学长学姐也陪着他们一起访问了很长时间，我仍在外边等。等得太久，我隐约觉得这样做不妥，一是耽误了居委会的正常工作，二是我们自身的进度也有些慢了。

于是，居委会人员出来后，我和他们商量，让他们完成入户摸底工作后，与户主说明情况后，可以留我们自己做问卷，不用等我们，这样下一个小分队的组员也可以跟着他们去下一家。居委会的“帅哥哥”听了表示同意，笑眯眯的，还夸我们会考虑。这样一来，速度就相对快了一些。但是，由于问卷数量较多，为了保证问卷质量，我们进行的速度还是比较慢的，今天我们每个人都基本完成了四五份问卷。

总的来说，我觉得入户访问效果会更好一些，我认为这和被访者在自己家里更有安全感有很大关系。在聊天的过程中，我们也更加熟悉了社区的基本情况。

【马小捷　社会学 1202 班　2015 年 7 月 6 日】

今天第一次进入梅溪湖社区，在老师的带领下，班长、各组长一起进入社区做试调查，其他人等候消息。

经过一早上的等待，不好的消息传来：梅溪湖社区只有“家和苑小区”配合调查，但其户数不足。我们的调查遇到了阻力，许多人都认为既然阻力这么大，就不要再继续下去了。

等到老师、班长及组长回来，我们以组为单位开会，决定分成两批：一批人按原定计划去梅溪湖社区做调查，另一批人到大学城附近的天马小区做调查。天马小区还需派人去与楼栋长联系，以便调查顺利进行。最后，我们组按原定计划去梅溪湖社区做调查。考虑到成本问题，我们坐公交车去梅溪湖，预计每人做十份问卷，顺利情况下两天就可以完成任务，对此我们充满信心，希望明天能够一切顺利。

要站在“客位”上观察“他者”

【班克武　社会学1001班　2012年7月5日】

绘图工作告一段落，昨日的奔波已经暂时成为回忆，是时候对前几日的工作坐下来做一个总结了。

从根据社会网络关系开展住户清查，到后来入村后的挨家挨户询问户数，再到在街上或村里同乡亲们打招呼，在这片土地上，我们留下了太多的汗水和脚印。说实话，我对自己家乡的了解都没有对这四个社区的了解透彻。也许这是因为人类学所谓的“主位和客位”的出发点不同，导致我身在“庐山”而不识其面目，可以说是对很多事都见怪不怪了。而在这里，我站在“客位”上观察着“他者”，即湖南乡镇，于是满眼充满了好奇。而正是这种好奇，才成就了社会学的想象力，于是才有了前几日在绘图中，我总会多接触当地人，很多的风土人情便被记录下来。

与此同时，在与基层工作人员的接触中，我也获得了有关基层政府行政执法情况的宝贵资料。这比那些通过媒体获得的过于具有爆炸性的信息更客观、更中肯。

专业伦理：实地调查不能图省事

【贺菁菁 社会学1002班 2013年7月4日】

最近在看美国社会学家艾尔·巴比的《社会研究方法》一书，刚好看到“评估研究”一章。作者介绍道，评估研究有许多“变异”形式：需求评估研究、成本－收益研究、检测研究、项目评估/结果评估。我关注了需求评估研究，这与我们此次实习的关于高校空巢老人生活状况有一定的关联性。需求评估是力求确定问题的存在和其存在程度，在一部分人口中，比如老年人口中尤其明显。我们这次调研的对象即生活在高校的空巢老人，这些人大多属于高级知识分子，我国的空巢现象和空巢老人的悲惨生活是否存在于这些高级知识分子中间呢？

个人觉得，他们退休后仍然生活在学校的体制内，享受了体制的强有力的保障。我大胆猜测，他们作为体制内的人，问题存在的程度是比较低的，这也继而提出了一个问题：此次调查的意义显著吗？但我依然记得费孝通先生在《江村经济》中有言：“调查图省事，其后患更多更大。”

【董雯婷 社会学1202班 2015年7月6日】

今天本以为是要去做调研的，但是上午在宿舍的时候得知，我们有三个小组将去调查天马附近的小区。由于梅溪湖社区的常住居民较少，所以访问的难度也较高。组长与老师们又走访了阳光壹百小区和天马附近的小区，经过多次沟通和与居委会的协调，最终决定了在天马附近的小区开展调查。

我们都还不了解这个小区的具体情况，因此也没有办法进行分析，于是我查找了一些影响效度与信度的因素：

1. 测量工具。测量工具是根据概念操作化建立的一套测量指标，数量越多，测量的信度越高。

2. 测量的时间、环境。要选择一个零干扰的环境，保证被测量者独自完成测量。

3. 测量工作人员和被测量者。要求测量工作人员严格遵守职业道德，对抽出的样本进行专业的操作，不能偷工减料，被测量样本的差异性越大，越能充分地检测测量的信度和效度。

4. 毫无疑问，测量中的差错也会影响到测量的信度与效度。

可想而知，调查员的作用是不容小觑的。我们要有专业的操作，对每一份问卷、每一位受访者都要认真对待，不能因为问题多而自填、漏填或者干脆敷衍了事。作为工作人员的我们，担负着这样一个重大而艰巨的责任。

今天晚上，我们要去天马小区的三个小组一起在升华后楼 813 开了一个会议，雍昕老师也到场为我们讲解了情况，并布置了任务。我们又进行了互相访问的工作，熟悉了问卷，为以后的工作做了铺垫。

农村调查比城市调查更有“信任”基础

【蒋彦鹏　社会学1201班　2014年7月4日】

今天开始做朝阳社区和九塘江社区两个点的问卷，先是九塘江社区。

相对而言，我们小组比较顺利，但也还是有两份问卷由于住户无人或者老人长期在外而做不成。遇到这些问题就比较耗费耐心，比如所抽到的住户，我们去敲门时没人在家，就只好楼上楼下地敲门打听。其中有一户住在一楼，由于没人响应，我一直敲门到八楼，才有人告诉我没有老人住。这样的情况虽然少见，但爬个三四楼去打听那是常有的事。其余的基本上都沟通顺利，问卷也是一气呵成。但听说有的小组就没那么幸运了，拒访的样本比较多，因此不得不借助居委会的力量上门拜访。

无论是核图还是做问卷，这两个过程都给人一种城乡居民结构性特征差异明显的感受。城市社区居民的异质化程度高、匿名性强，因而人与人之间的隔阂比较大，城市居民的警惕性也相当高。这当然不是什么坏事，但没想到我们奋力追求的城市化、工业化和现代化，带来的是人与人的隔阂与疏远，总觉得有些不妥。我在情感上对这种冷漠与隔阂有着比较负面的体验，但愿这只是个别的现象吧。农村则完全不同，有自己的社会规则和逻辑，那便是费孝通先生早就研究得比较通透的，以差序格局为核心的熟人社会的逻辑，在这次核图和确定抽样时，我也深有体会。

【欧阳宁　社会学1601班　2018年7月14日】

今天的任务是完成最后一个社区的入户访问工作。昨天晚上，接到储老师通知，朝阳社区的住户清单存在严重的问题，所以样本需要延迟一天下发。原本计划16号下午5点前完成的工作，现在看来成了一个非常困难的挑战。在我和乐乐姐的“死缠烂打”下，储老师终于答应上午给我们抽样样本，悬了一晚的心终于舒缓下来，希望最后一个社区的访问能够顺利。但事实上，我们还是一次次地被拒访。居民们给出的原因都如出一辙，或者以扰民为由直接甩门，或者认为我们是诈骗、推销人员，甚至扬言打电话报警。我暗自思忖，这个社会是有多冷漠，尤其是城市社区的居民们，他们的行动和言语足够验证“冷漠”二字。在农村进行访问时，村民给予我们的是真诚的相待，完全地将真实的自己展示给我们，没有戴上社会舞台的种种的面具。我喜欢与他们交谈，没有虚假的包装，也没有“莫管他人瓦上霜”的冷漠。

城市人的文化素质普遍比农村人高，在一定程度上是“文明人”的代表。对于高素质人才，我们普遍认为他们会更支持大学生的社会调查工作，可就是精致包装的城市人却总是冷漠地拒绝我们。平心而论，拒访的行为情有可原，社会的阴险狡诈早使他们习惯自我保护，对陌生人的突然走访，出自本能地认为来者不善。我害怕这种刻板印象，这将在某种程度上导致认知失调的产生，然而最绝望的莫过于直接关门拒绝，连对话的机会都不给予。说实话，这几天的被拒访数都可抵上一年的数量了，真是被拒访到怀疑人生。

今天中饭和晚饭都没有吃，饱尝人间冷暖啊。虽然被拒绝，但还是有善解人意的人存在，还是要相信社会是温暖的，这便足够让自己重拾信心。在访问中遇到了德高望重的罗爷爷、知识渊博的何叔叔，以及热情待人的范阿姨，还是有可爱的人值得我们用行动回报。我真希望社会能多丝温情，放下高傲冷漠的姿态，以一颗善良平和之心去对待他人。我们都说文明(现代化)是从农村向城市的过渡，但淳朴的乡情乡风不能被现代性污染，因为这是民族的根。今天最大的感受莫过于“人情”二字，世上最难完成的事就是与人沟通交流。一个渴望与之进行沟通的对象却总是将你拒之门外，我们最远的距离不是路程的遥远，而是双方心与心的距离。当今社会普遍存在“各人自扫门前雪，莫管他人瓦上霜”的现象，我不禁反思这现象的背后是否与中国传统人情社会背道而驰呢?

深究现今社会的矛盾，在于有机团结和机械团结二者难以协调。有机团结用于描述一种依靠相互依赖的集体意识，建立在社会分工和个人异质性基础上的一种社会联系。而机械团结则存在于社会分工较低的传统村落里，大多数的社会成员享有共同的经验和信念。现代社会正是有机团结向机械团结的否定和超越，其中维系社会成员关系的纽带正是机械团结中被泯灭的个性。但实际上，现代社会却是有机团结与机械团结共同作用的结果，它仍然需要具有集体意识的道德进行约束。

晚上 7 点，汝城小组顺利完成了朝阳社区的入户访问工作，明天中午即可乘坐大巴返校了，心情既激动又开心，还是学校最能给我亲切感。以后一定记得按时吃饭，才不至于像现在这般饿肚子。今晚早睡，明早还得早起收拾行李。晚安汝城，与你共度的最后一个夜晚，祝自己好梦。

【牛思恒　社会学1602班　2018年7月13日】

与其说实习是我大学学习生涯必不可少的一部分，我更愿意把它当作是一次旅程。我喜欢旅途中的风景，更愿意体会那些不可多得的经历。

今天，我们的主要任务是去一个叫“浪溪冲”的农村社区进行入户访问。“冲”在当地是一种对地名的普遍定义，正如很多地方的“垅”，如“左家垅”。浪溪冲位于洪江市深渡苗族乡的大山深处，我们乘坐的大巴只能到达山脚下，而这并不是我们的最终目的地。顶着似火骄阳，我们一行人走在山间的小路上。之前在城市社区入户的时候，遇到了很多拒访的户主，因此我们在路上讨论了如何降低拒访率。村子面积很大，而且受访住户在不同的山头上，有的在山腰，有的在山顶。我们又分成了不同的小组。督导安排了集合时间和地点，各个小组便分散开来。我要一直爬到山顶去入户访问。

我到达住户家中的时候已经气喘吁吁，还在担心户主会不会拒访。后来发生的事情证明是我多虑了。我的第一个访问对象是一位70岁的老爷爷。在此我不想再赘述老先生有多么热情好客，在这里对他说声谢谢也显得苍白无力。他很愿意接受访问，每一个问题都会认真地“竭尽全力”回答我。老先生说他已经70岁了，一生都生活在这片大山里，他爱这里，哪里都不想去。他的房子在山顶，在门外的台子上，整片大山尽收眼底。他在这片大山里坚守，坚守了一辈子。这一点，足够让我感动。老先生的面容已经沧桑，但他的身与心都有栖息的地方。我很想和老先生多待一会，聊聊天，可是我还有其他的任务需要完成，只能匆匆作别。临走时，老先生拿起一个简易的自制工具给一块木板打孔，我不知道木板何用，但是我知道简简单单的工具凝结了劳动人民的智慧。

告别了老先生，我很顺利地找到另外两个受访对象，完成了访问。每个村民对我都没有恶意，当然这建立在他们也相信我没有恶意的基础上。我是一个他们“熟人社会”之外的人，他们给我的信任足够真诚，也足够让我感动。

结束了一天的工作，我想从安全、语言以及体会三个方面来总结今天的经历。

第一是安全问题，相对于城市社区而言，农村社区的危险系数更高。农村社区多位于深山之中，山中树林茂密，多蚊虫，还有毒蛇。在今天去浪溪冲山顶的路上，我和队员便遇到了蛇。在路上尤其是山间小路，一定要注意路边是否存在安全隐患。除此之外，山中的居民住户大多分散，他们需要有家犬来保护自己的财产安全。但这在我们的访问过程中会是另一个安全隐患，在入户访问的过程中，要小心不要被狗咬伤，如果被咬伤，一定要及时注射疫苗，采取其他必要的医疗措施。最后，我们 CGSS 调查正值夏天，高温酷暑难耐，在调查过程中要注意防晒，防止中暑中毒。如果有必要，每个访问员可以学习一些简单的医疗基本知识。

第二是语言交流问题。在农村社区，人们在日常交流中用到的大多是方言，普通话并未普及，这给访问员访问带来了很大的困难。农村居民口音重，甚至不会讲普通话，这无疑会影响访问的效率和问卷的质量。CGSS 调查正值学生暑假期间，可以找到暑假放假在家的学生作为翻译人员，但是可能不能够完全转达受访者的本意甚至会产生歧义。在这样的情况下，访问员需要有耐心，认真提出问题，解释受访者听不懂的题目，认真听受访者原话，同时要叮嘱学生(翻译人员)准确转达受访者本意，提高问卷质量。

第三是我自己的一点体会。在实习期间，每天都很累，但是今天除了累以外，收获了满满的感动。浪溪冲就是这喧嚣世界里的世外桃源。人与人之间没有猜忌，有的只是最自然的信任，人与人之间，本来就该这样。那里的人日出而作，日落而息。当我们完成访问离开的时候，他们继续着他们平凡的生活，他们最伟大的地方，就是接受了自己的平凡，或许我们每个人都应是这样。最后，我还是想对浪溪冲的村民们说声谢谢，谢谢那位老先生以及每一位村民给我的感动，祝愿他们有越来越好的生活。

完成了今天的工作，我们已经完成了两个社区的访问。实习这趟旅程已经过半。停下来总结一下，发现收获颇多。实习不仅让我检验了两年来学过的社会学知识，而且也是积累的过程。这样的经历也是人生中宝贵的财富！

“厚脸皮”：入户调查要克服胆怯心理

【张静　社会学1201班　2014年7月1日】

昨天完成了九塘江社区的入户工作，今天朝阳社区的入户工作就已经开始了。

在入户的过程中总会遇到各种各样的人，好不容易敲开门，一个奶奶问我们是来干吗的，我一咕噜解释完毕后，她仍然锲而不舍地问我清单列表上这个那个代表了什么意思。我一字一句地解释完毕之后，说：“希望您能配合，您现在告诉一下我们您的姓名就行了。”结果奶奶说：“不用了，没有必要，我们过得很好，不需要做这个问卷。”随即关上了门，门外的我简直要当场“石化”了，费尽口舌换来的，依旧是无情的拒绝。转念想想，也许这就是社会吧。社会中并不是每件事情都能如意的，每个人都有自己的特点，有自己的生活习惯，有自己的思维方式，因而对待同一件事、同一个人的态度不同也是难免的。但我们不能就此放弃呀，我们仍要鼓足干劲，勇往直前！

尽管有些艰辛，最后的战果还是十分可观的。下午的核图之路则更加艰难，但我好像运气还不错，敲门必有人，六成有老人。虽然由于图太复杂，曲曲折折的路线耗费了我们八成功力，最后还算圆满完成了任务。

今天的感悟是：我们在社会中要学会克服自己的胆怯心态，其实没有人是一生下来就什么都会的，当我们克服心理障碍时，一切都变得容易解决了，几次尝试之后，就可以克服自己内心的恐惧和胆怯了。正如师兄师姐所言：“在社会中你要学会厚脸皮，不怕别人的态度如何恶劣，尽管轻松应付，大胆与人对话。”有句话说：“只有征服自己才能征服世界。”我相信，只要有勇气，一切事情都会变得明朗、简单。

【杜婷婷　社会学1202班　2015年7月13日】

小组成员反映，在年会举办期间同时开展调查，实在是比较劳累。如果今天便开始调查，很难有饱满的精神，自然也难以收获好的效果。因而我们决定今天休整一天，大家在休息身体的同时调整好状态，为明天的调查做好准备。

与此同时，我开始统计小组成员的调查情况，主要了解下大家调查的数量与性别、年龄分布，好为下一次调查做好规划。统计的结果是，小组成员中最少的做了 3 份，最多的做了 6 份，调查对象的性别分布基本均匀，但年龄多在 50 岁以上。据此，我提出下一次调查要尽量找不同年龄层的调查对象，并提醒问卷数量最少的组员加快进度。

另外，根据上次的调查情况，我也反思并总结了一下自己在调查中存在的问题与可以采取的技巧。关于存在的问题，主要还是对自己缺乏信心，也缺乏对拒访对象进行劝说的耐心，总是在被拒访时就“不好意思”继续纠缠，一脸沮丧地走了。在被拒次数增加时，自己也慢慢变得胆怯，不敢再开口去调查。这一点对于一个调查员来说无疑是一个最关键的问题。对此，我也想到了提高自己的方法：

首先，要对自己有信心，要客观看待调查这件事，本来就是被调查对象接受与拒绝都有可能的事情，这两种都是它本身所具备的可能性；

其次，在被拒访时，还是应该跟调查对象多聊天，也许在聊天中能增进信任，也能从聊天中获得信息。

因而，总的来说，正确看待并多加沟通才是解决这一问题的良策。

休整的一天很快就过去了，想起明天将要进行的调查，还是充满了信心，精力充沛。

入户调查要看准时机、地点和情境

【张晗 社会学1001班 2013年7月3日】

在今天的问卷调查过程中，有一个案例令我比较有感触。调查对象可能是一名临时请来的清洁工，矮小、微胖、皮肤黝黑，和其他受访对象比较起来，她的家庭环境、经济条件、受教育水平都比较差。虽然如此，却不得不承认她确实过得很开心，跳广场舞，和邻居话家长里短，隔三岔五去打打牌。我们不能要求这个大妈去做一些我们认为的高雅的事情，她的生活条件如此，能够自得其乐，便很不错了。

同时她当然也清楚自己的经济状况，所以问及养老、医疗的时候也不无担忧。

我不禁也联想到自己的父母，虽然父母现在是个体户，但他们老了却没有单位可以养老。我们这一代独生子女要肩负两个家庭四位老人的养老重担，未来父母的老年生活会开心吗？

不论如何，我们应该争取做到更好，不使父母为养老发愁。

晚上和组员们交流了一下，感觉问卷并不太好做，主要问题在于以下几个方面：

1. 老人家戒备心重，不愿配合；
2. 访问到的老人家却非空巢老人；
3. 同学们活动范围太集中，重复访问易遭拒；
4. 几个老人在娱乐时通常不愿接受调研；
5. 多名老人在一起的时候，要么都愿意接受访问，要么都会拒绝。

所以，要想成功率高，就要选择适当的时机、地点、情景，否则很容易被拒。

【李杨　社会学1202班　2014年6月27日】

早上七点的闹钟又催醒了沉睡的我们，第三天的工作让我们已经渐渐习惯了每天紧张而又充实的生活。第三天主要是针对前两天已经核好的图去核实有没有老人，而比较遗憾的是由于和北京对应机构沟通不畅，所以昨天忙碌到半夜的工作没有得到审核通过。于是我除了后勤工作又多了一份和北京对应机构的沟通工作。

和核图相比，去核地图抽样上有没有老人更是一项艰巨的任务。城市社区每家每户都装有大铁门和防盗门，通过楼下的第一关可以说是我们审核的关键。大部分的店铺门面我们都上不去，只能用守株待兔的方法静静守候。大多数时候我们都得趁着有人正在开门的时候溜上去，而更多的时候我们束手无策，只能一次又一次地怀着希望等待着下一次去的时候门刚好是开的，心里期待着，互相鼓舞着，大家又逐渐满满都是正能量。

这里大都是出租户，所以很遗憾，辛苦忙完一天之后，我们并没有核够40户老人的样本。为了抽样调查的严谨和得到数据的真实可靠，两个地方都要进行第二次抽样。

【梁辰　社会学1202班　2015年7月14日】

调查已经进行过半。经过多天的连续工作，大家都很疲惫，都想尽快完成任务。所以，昨天在分析大家的问卷时，我发现小组的受访对象结构有点不合理，男性和老年人偏多。于是我向组员表达了调整问卷结构的想法，但大家普遍反映，很难遇到年轻人。我仔细想了想，这也是事实，年轻人的空闲时间没有老年人那么多，而且即使他们有空，也不太会愿意到社区里闲逛，而是更愿意坐在家里看电视或去网吧上网，我们就只能尽量做到平衡了。

今天我遇到了两位十分和善的老奶奶，当时她们正坐在长椅上聊天，刚开始她们并不愿意接受调查，原因是她们没有接受过教育，无法填写问卷。我反复解释，向她们说明并不需要她们填写问卷，由我问她们回答就可以，经过这样一番说明，其中一位奶奶终于答应了。在完成问卷之后，我按照惯例给了她一袋洗衣粉，这时我观察到另一位奶奶似乎也动心了，于是我趁热打铁，也对这位奶奶做了访谈，能够连续遇上两位如此配合的受访者，真是这次实习里最幸运的事了！

【姜晶晶　社会学1201班　2014年7月4日】

虽然遭遇了数次拒访，可是我们也从中总结出了我们的独门绝技：

1. 要等，等到中午或者晚上的饭点，等到老人下午出门散步的时候。

2. 要敲，敲样本家的门，敲抽中的样本对面或楼上楼下人家的门了解情况，敲值班室的门打探小区的信息。

3. 要快，说明目的的语速快，发现老人的眼神快，遇见老人脚步快，进门之后少废话，入题快，赠送礼物的动作快。

4. 要准，把握要点，掌握问题中心。对于复杂的问题要不断追问，确保答案清晰。

5. 要耐心，访问老人，一个问题说个三四遍是常有的事，要用不同表达方式、不同描述，确保老人真正了解问题。一声更比一声高，不怕老人听不见、听不懂。

6. 要配合，以组为单位，你问此我问彼，一个问题可以发散出许多关键信息，环环相扣，避免访问过程受问卷表达僵硬的影响，保证答案真实、详尽。

7. 要礼貌，保持微笑是我们最基本的素质。

镶嵌：借助“引路人”的社会关系网络

【杨阳　社会学0901班　2012年6月19日】

昨晚睡觉没盖被子，早上五点半被冻醒了。跑到阳台，发现敬老院的老人们都已经起床了，而且在很认真地打扫院子里的卫生。拿了相机给老人们拍照，一个个佝偻的、蹒跚的背影，拿着扫帚认真打扫，一种敬畏油然而生。中国的老人们，尤其是农村老人，总是那么勤劳、朴实。五点十四，洪亮的喇叭声响起，广播是歌颂毛主席的内容，这是他们曾经最灿烂最火热的记忆，就像实习生活对于我们的意义一样重大。

在敬老院住了两天，深深感到自己的幸福——身体健康，行动灵活，能吃能睡，能跑能跳。和住在这儿的老年人相比，我们拥有了那么多的东西，还有更好的前途，想起学校前阵子发生的自杀事件，我深感惋惜！

今天访问到一个特别的女孩子，她昨天刚中考完，人很热情开朗。访问完她家，我就带着她到对面我们小组吃饭的地方，和大家一起分享了她家的大粽子。小姑娘自告奋勇地陪我们去田星村。有了她的带领和翻译，做起来就顺利多了。

晚上开会统计了一下，今天的战果还是蛮不错的，原本以为镇上赶集会延缓我们的进度，但平均每个人做到了8份左右，而且今天跑了两个地方，还准时收工了，还是挺值得高兴的。走了好几个村，发现攸县的卫生真的很好，每家每户都很干净，目光所及之处，绝对看不到垃圾，粉尘也少。加上又是农村，满目的翠绿，空气清新，天空也很干净，确实做到了“乡风文明，村容整洁”，我非常佩服这种管理模式。

【南娟明　社会学0901班　2012年6月19日】

敬老院里的老爷爷、老奶奶早晨起得还真早，五点钟外面就开始有活动的动静了。五点半，敬老院晨间的歌声响起，响破我一夜美梦，想着今日的实地调查，我不觉精神抖擞，立刻起了床，八点钟坐车准时出发。我们今日的目标是达水村，于是便兴冲冲地向打水桥村挺近，一路风景自是无比宜人，这不用多说。村主任及妇女主任也是加倍热情，分外合作，主动跟我们讲解达水村的情况，妇女主任为我们带路，让我们熟悉环境。

【李杨 社会学1202班 2014年6月27日】

到达卢家村之后，很开心找到了一位高中生帮我们做翻译。在他的帮助下，我们也很顺利地完成了几个八十多岁老人的访问。他们讲自己的生活和故事，讲到自己子女的时候满满的兴奋和自豪，讲到自己对待生活、面对疾病甚至面对死亡时的乐观与豁达。看到爷爷奶奶脸上的皱纹，听到爷爷奶奶爽朗的笑容，觉得生活的艰辛是漫长人生的调味剂，而乐观和豁达才是面对人生最主要的态度。突然想到一句话，“宠辱不惊，闲看庭前花开花落；去留无意，漫随天外云卷云舒”。

【董力闻 社会学1202班 2014年7月1日】

今天是实习的第六天。

曾经看到这样一句话，“每天叫醒我的不是闹钟，而是我心中的梦想”。来到安江之后，每天叫醒我的并不只是梦想，也多了清晨的蝉鸣与鸟叫。在这样的地方实习，过着忙碌充实的生活，虽然累也幸福至极。

今天我们来到了距安江镇大概一个小时车程的兰家村，正式开始问卷调查环节。完美的问卷必须具有两个功能，即能将问题传达给被问的人，以及被访问者乐于回答。而要完成这两个功能，问卷设计时应当遵守一定的原则和程序，运用一定的技巧。在问卷访问过程中我们应明确问卷的目的和内容，针对每个问题，我们应反问自己：(1)这个问题有必要吗？(2)是需要几个回答还是只要一个就行了？我们的原则是问卷中的每一个问题都应对所需的信息有所贡献。所以在今天的访问中，我们应时刻秉持着这个原则，尽最大努力与被访者沟通，完成每一个问题的问答。在访问环节中，由于口音问题，我们与被访老人之间或多或少存在些沟通障碍，但在村支书的帮助下，在村里找到几位会说普通话的学生帮忙翻译，使得我们的访问顺利进行。

下午三点，问卷访问数量达标，天气依旧十分炎热，但伙伴们的热情“欲与天公试比高”，问卷的顺利完成也激发了我们的信心，相信自己可以更好地完成日后的工作。

【董力闻 社会学1202班 2015年7月9日】

工作第一天。

今天是我们实习正式开始的第一天。在组长的带领之下，我们早上八点在楼门口集合，一起出发前往社区。

今天31栋的楼栋长没有时间，所以先由我、同组同学和30栋楼栋长联系，由30栋楼栋长带领我们入户。这个小区虽然是安置小区，但所有设备还算先进，只是草坪没人打理，杂草丛生，显得有些乱，也许是物业工作不到位的原因吧。最让我惊讶的是，这里的一楼里的每户人家的大门都是敞开的，不知是因为天气热还是他们多年来养成的习惯，抑或是出于对邻里多年积累下来的信任。但与之不同的是，这里的住户对外来人员表现出明显的排斥，在他们的眼神里，我看到了不信任与怀疑。

在楼栋长的亲切说明下，30栋的被访人员开始配合我们的工作，但在访问时，由于部分内容设置比较复杂，我们还需要讲解，导致问卷工作进展缓慢。

中午午休过后，我们才可以开始访问，这大大缩减了我们的有效时间，降低了工作效率。

【董力闻 社会学1202班 2015年7月11日】

今天，我们几个人带着昨天没有做完的问卷又来到了麓枫和苑社区，经过前两天的努力，剩下的问卷不多了，我们做好了最后一搏的准备。

在我们所抽取到的样本中，除去被访问过的人，有些人去旅行了，还有的人白天在外打工，无法在我们调研时间内进行调研，所以样本数量减少了许多。因此，我们决定和梅溪湖的伙伴们一起，采用偶遇的方式，在保证对方是本地居民并且是村改居的居民之后，我们才对其进行调研。

但在炎炎夏日，偶遇到合适的调研对象并不想我们想象的那么简单。路上行人两三个，每一个又是行色匆匆，符合条件的人也不愿意帮我们做问卷，答应配合我们的又不一定符合条件。而且，许多人对“征地”“赔款”“政府”这类词很敏感，当我们提出来意时，对我们的敌意比较明显。在万般招数皆不通的情况下，我们又找到了楼栋长，在楼栋长的帮助下，我们终于可以顺利地入户，将任务完成了。

天色渐晚，在感谢了楼栋长阿姨后，我们一行人回到了宿舍，开始了实习总结工作。

【胡静瑶　社会学1202班　2015年7月7日】

社区沟通——熟悉楼栋长

在对麓枫社区的居民进行了抽样后，我们一同前往了麓枫社区，先和各个楼栋的楼栋长进行会面。

我们此次调查的访问分为以下流程：

第一，各位同学分别负责1~2栋楼，并将麓枫社区划分为三块区域，由不同的组分别负责，这样可以最大程度地避免重复工作，提高我们的访问效率。

第二，由社区牵头，召集各楼栋长，使之尽可能地劝说居民，打消被访问者的猜忌和顾忌，这样也能促进访问高效完成。

第三，同学们在入户访问时两两一组，由楼栋长带领，保证访问的顺利和安全。

今天下午，我们在社区见到了各位楼栋长，分发了基本资料，逐一对问题进行了讲解，包括我们的身份、访问的目的，以及访问的大致内容。在社区工作人员的介绍下，我们和各楼栋长初步达成了共识，各楼栋长也纷纷表示会帮助我们进行访问，所以此行十分顺利。但即使如此，我们对将来的访问并不是十分乐观，考虑到问卷中问题的敏感性和居民的警惕性，如何与社区的居民沟通，表达出我们的诚意，保证回答问卷的安全性，传达我们的访问目的，这是值得我们每一位同学去把握的。

【董雯婷　社会学1202班　2015年7月11日】

今天我们组几个没有做完调查问卷的同学一起又来到了麓枫和苑社区。经过前两天的努力，剩下的问卷并不多了，我们做了最后一搏的准备。前两天，把抽到的人都调研过了，了解到有很多人旅行去了，还有人白天在外打工，晚上也要很晚才能回来，不能进行调研，所以样本的数量减少了很多。没有办法，为了顺利完成调研，我们只能尽量在路上偶遇小区居民，在保证是本地的农转居人士之后，才可进行调研。

如此，我们就在小区内来回走，寻找合适的人进行调研，然而偶遇比想象当中要难得多。由于是炎炎夏日，社区里来回闲逛的人很少，而且很多都是行色匆匆，没有时间，也不愿意配合我们，而且对我们的怀疑和敌意表现得比较明显。这给我们的问卷调查增加了相当大的难度，一度让我们十分泄气。有时好不容易遇到愿意与我们交流的居民，也只是问问我们的来意和问卷的内容，并不愿配合我们完成一份问卷。眼看剩余的问卷已没有很多，但天色渐晚，无奈之下，我们只好再次麻烦彭阿姨，让她带着我们在社区里面进行偶遇。她的面孔和本地口音，让社区里的人放下了戒备。在彭阿姨的劝说下，他们也渐渐愿意帮我们做问卷，我们也只能尽力加快语速，尽可能地简化问卷里的问题。

天色渐晚，我们也终于在彭阿姨的帮忙下完成了问卷，在感谢过彭阿姨后，我们也结束了三天的问卷调查，一起回了宿舍。

入户调查考验个人亲和力

【张静文　社会学1401班　2017年6月28日】

在刚开始工作的几天，天气十分炎热，因为害怕蚊虫叮咬，我穿了长裤，着实很热，身体的消耗很大。尤其是今天，倦怠感像洪水一样不受控制地涌来。我明显感到体力不支，内心有一些厌烦。上午做了两份问卷就休息了，从下午2点到晚上8点，是访谈问卷效率最高的时间段。大家学会了不做无用功，找对方法，才能有质量、有速度地完成问卷。

同时，实习也锻炼了我们各方面的能力，明显表现在个人亲和力上，一个人的语言、敲门的力度，都可以决定能否做成一份问卷。有一个访谈对象，本来不想做这种调查问卷，但后来说看我还挺有亲和力的，便很有礼貌地接受了访谈。可惜的是，最后对方还是不放心将电话号码告诉我，所以没能问到更多的个人信息。但是能够同访谈对象十分愉快地聊天，还是有很多收获。

口语化：问问题不能过于死板

【张静文　社会学1401班　2017年6月28日】

来到八角亭社区，组长给我们分配了负责的区域。八角亭社区不同于太平街社区，人员组成相对简单，建筑都很规整，封闭性更强，能直接找到抽样的户。即使只能够见一面，听一下声音，哪怕是拒访的声音，都要比找不到人更容易接受。

回想开始的不敢开口，到现在脱口而出的熟练话语，比起前两日的困窘，我现在终于能够露出自信满满的笑容。

我和小伙伴不断去敲住户的门，只可惜拒访和“不在家”的概率太高。有一个阿姨，看到我们在做问卷，就问我，当我告诉她自己是大学生时，阿姨还鼓励我们再接再厉。我很久没有受到别人如此热情的对待了，也很有礼貌地回应她。再一次得到访谈对象的肯定，我相信在之后的日子里大家都会努力做得更好。

另外，做问卷不能死板，不能一板一眼、一字一句地按问卷询问，要有自己的方法，要更加直接简便地告诉访谈对象访谈内容。总而言之，能够又快又好地完成调查是我们的目标。

【董力闻　社会学1202班　2014年7月3日】

今天的问卷调查地点是浪溪冲苗族自治乡。经过两个小时的车程，我们来到了风景秀丽的浪溪冲。浪溪，一个美丽的名字，这里的蓝天与独特的苗族房屋相配合，绿水青山映照出红色的屋檐。在这，我们真正看到了开门见山、山前流水的景象。对于我们这些调查者来说，美丽的风景是我们工作成功的催化剂。

经过几天的访问，我们把握了问卷中的每一个问题都应对所需的信息有所贡献这个原则，在有些时候，还可以“故意”问一些与所需信息没有直接联系的问题。比如在问卷的开头问一些中性的问题，可以让被调查者乐于介入并建立友善关系，特别是当问卷的主题或个别问题具有敏感性时。例如在这份问卷中有“你是否大小便失禁”和“你收入多少”的问题。当然，有时候我们还要“填充”一些问题来掩饰我们的调查目的。在访问时，访问者不应该假设被调查者能够对所有的问答题提供准确或合理的答案，也不应该假设他一定会愿意回答每个知晓的问题。对于被访问者“不能答”或者“不愿意答”的问题，我们应该避免。

【董雯婷　社会学1202班　2015年7月9日】

今天，我们共有三组人一起前往天马的麓枫和苑社区进行调研，在组长的带领与分工下，我们与自己的楼栋长进行了联系，并有序地两两一组，分别有序地进行入户。

我和我的楼栋长进行了联系，她这两天刚好有事不能带我们入户，我只好跟我一组的同学，先去她所负责的楼栋进行研究。我发现：这个小区里的每栋楼都是有电梯的，属于设备较为完善的现代化居民楼。而与城市的居民楼最大的区别是，几乎凡是有人的人家，都是开着门的，不知是因为天气炎热，还是因为他们多年来所养成的习惯与对邻里的信任、熟悉。然而，他们对外来人还是十分抗拒的，虽然我们跟在楼栋长的后面，但是还是能够看出他们眼神中的不信任。

在楼栋长的亲切说明下，我们得以艰难地开始做问卷。然而，一份问卷问题太多，问题及回答的方式也太过复杂。几页的问卷让受访者望而却步，我们只有再三地解释，并将稍有难度的问题一一用口语解释，本来所预想的受访者自填可见是不现实的，他们的文化素质和耐心远不如我们预想的那么好，因此从做第一份问卷开始我们就发现了做问卷的难度和这次研究的挑战性。

下午我们要等到他们午休以后才能访问，大大缩短了调研的时间，这又是一大问题。在既疲倦又收获极小的一天后，我们回到了宿舍。

【董雯婷　社会学1202班　2015年7月10日】

今天是调研的第二天，我们一行人于早上七点在校门口集合，一起搭车去天马的麓枫和苑小区。在车上，我连忙与自己负责的楼栋长联系，幸运的是，她今天刚好有时间带我入户。

到了小区以后，我们连忙与楼栋长彭阿姨汇合。彭阿姨十分热情，跟我们说今天在家的人很多，而且自己的经验也丰富，是这个社区的老面孔，在这里的很多人都认识她，她也算是有威望、人脉的老人了。听她如此一说我稍微放下点心，便跟随她进入了楼里。从九点开始，每层的房屋门都是大开的，屋里的人看到彭阿姨都热情地招呼她进屋，我们也都被连带着招呼进去了，在我们说明来历后，居民大多比较配合。

又是问卷内容过于繁杂的难题，表格和他们不熟悉的问题也很多，自填基本是不太可能的。我们要把正式化的问卷问题口语化，并要将一些很复杂的问题加以简化，将表格题、多选题一一变换成更易理解的语言解释给他们听。面对如此多而复杂的问题，受访者的耐心一直都处在崩溃的边缘，他们几次都表示出无法继续、想要放弃的意愿，而我们又不得不一次又一次地向他们说明，他们的意见和看法十分重要，希望他们能够配合，再坚持一下。

在彭阿姨的帮忙下，我们今天的效率比昨天高出了很大一截，终于觉得完成任务有希望了。

【徐威　社会学1602班　2016年7月5日】

在经过三天的技能培训之后，我们终于开始了实地操作、核图和试访问。带着书本上的知识点，面对一个陌生的社区，一切要从头开始。我边走边念念有词：从西北角开始走边界，右手准则，及时备注……还算规整的图很快就核完了，但真正的调查还未开始。

下午两点，避开受访者可能睡觉的时间，却难以避开炽热的太阳，我不一会便冒汗了。楼栋之间有一个个门禁，才发觉接触受访者的难度是如此之大。城市社区的一道道门将调查者拦住，连与受访者接触的机会都没有。直到看到一扇开了的门，我没有太多的犹豫，进去便开始敲门。一楼，二楼，三楼，都被拒绝了，正打算下楼时，门开了，一股凉意扑面而来，我还没来得及介绍自己，便被拉进门。

“有什么问题想问的，问吧。”我还没来得及开始，受访者便打开了话匣子，这让我有些不知所措。住在这一户的是爷爷奶奶和他们的两个孙子，爷爷和两个孙子在家，奶奶外出了。访谈中途，爷爷的孙子醒了，他一边照看孙子一边回答我们的问题，时不时提醒我们继续问就好，不用在意小朋友的捣乱。听老师讲解问卷的时候，我对问题似乎很清楚，但到具体填选项的时候，又有些手忙脚乱。其间，爷爷多次陷入沉思，也说起了过去的故事，从“文化大革命”到改革开放，让我和同伴感受到了历史在他身上留下的痕迹，越是久远越是难以忘怀。当我问及“请问您的第一份工作是？请问您第一次结婚是哪一年？请问您出生是在?”这些问题时，爷爷的话匣子便打开了，而且感触良多。虽然我心里知道，结构性的访问应该将受访者引导回到问卷，但我听着故事也有些入迷，也不知如何打断，访问持续了整整两个小时。我和同伴也感到时间有些漫长，不觉为接下来的下乡调查产生了担忧。

临走之时，爷爷对我说：“小徐，这次的调查不容易，有几句话我得和你说，你别介意。你在问我问题的时候我多次感到不太舒服，比如说问到我职业的性质。在我们那个年代只要有工作，那就一定是国有性质的，因为所有工作都是国家分配的，这些问题让我觉得这个问卷的设计有问题，没有考虑时代背景，我甚至觉得这个设计者不像是中国人。很多题目你在反复地问我，下乡之后恐怕别人会觉得啰唆。”爷爷的话至今萦绕在我的耳边，标准化的问卷是否需要考虑受访者的感受？受访者不是程序，输入问题便可以输出答案，而是有情绪，也有自己的思考能力的。我们要在有限的对话中获取最多的信息，避免反复发问，尽可能地挖掘受访者言语中的信息，以及在考虑时代背景的基础上，简化设问或者改变设问方式。标准化是操作化的基础，但在这份庞大的问卷面前，调查员要做的是如何尽可能地获取受访者的信息。某个问题是否可问？是否可以简化？如何挖掘受访者所提供的信息，化一问一答为一问多答，是否可行？我将带着这些问题进行我的本次实习。

“登门槛效应”：从小事中建立情感联结

【杨丽欢　社会学1402班　2016年7月2日】

实习第五天，天公不作美，一大早天空就下起了大雨。虽然很不想出去，但是一想到任务还没完成，内心就不再纠结了，果断拿起雨伞，向新府华城出发。在小亭子集合以后，发现我的搭档瑜群生病了。于是我们临时改变组合，让瑜群休息，我和衿锇组合，开始了我们的全新之旅。不幸的是，我们要去的单元有门禁，等了好久也不见有人出入。绝望的我们只能在楼下等待。

下雨了，有些人没带雨伞。于是我们想到了社会心理学老师说的“登门槛效应”，可以主动给别人打伞，然后提出是否能帮忙做问卷。由于他们接受了我们的帮忙，也不好意思拒绝。用这种方法，我们成功做了好几份问卷。看来要用知识指导实践，不然知识就永远只能停留在课本上。今天对实习的作用有了更加深刻的体会。下午的时候，瑜群身体稍好一些，我们又搭档在一起成功做了几户。在做的过程中，我们之间的感情又进了一步。可能是被她这种即使生病也在坚持的精神所感染，我感觉自己的激情又回来了。抱怨、逃避都是没用的，只有乐观地面对每一天才能有所成长。人活在自己的世界里会慢慢封闭自己，只有打开眼界才会有所收获。

沟通的艺术：用同理心使用语言

【秦彧 社会学1301班 2015年7月4日】

今天是入户调查的第一天。不同于核图，入户调查完全是不同的体验。如果说核图需要技术，需要体力，需要良好的方向感。那么入户调查则完全要考验我们与人沟通交往、获得他人信任的能力，考验的是沟通的艺术、与人交往的艺术、社交的艺术。

今天早晨我成功完成了两份入户问卷，说实话，这让我很惊讶，有点超乎意料的顺利。回队后和其他组员交流，听他们讲被拒访的经历，我总结了以下几点访问成功的原因：

首先是我的年纪与被访的两户家庭长女年纪相仿，一户长女19岁，上大二，一户长女17岁，读高三。相似的年纪使得被访者一见到我就觉得亲切，好像看到自己的女儿，所以访问也格外顺利些。

其次，被选中的这两户人家都是非常和善朴实的人，在访问中我得知这两户均为务农人员，可能是农村质朴的生活环境造就了他们热情大方的性格，他们不仅欢迎我入门，还削水果给我吃，令我十分感动。

最后一个有利的条件就是时间比较合适，第一户男主人虽工作比较忙，但因今天周六在家休息，故有空接受访问。第二户的女主人更是全职主妇，有充足的时间，并且与我的交流仿佛也成了她平淡生活中的一点点缀，最后她请我给她读高三的女儿写几句话以示激励，更让我觉得她是打心底里与我成了朋友。

总而言之，入户虽苦，乐趣也多！

“磨刀不误砍柴工”：提前将问卷了然于胸

【梁辰　社会学1202班　2015年7月9日】

俗话说得好，“磨刀不误砍柴工”，这句话用在我们实践上真是再合适不过了！

经过我们对问卷反反复复的几次修改，在正式调查的时候，我发现问卷已经基本上没有逻辑问题了，所以在问问题的时候顺利了许多。

与此同时，在我们几位组长的一再坚持和要求下，那些没有进行试调查的同学，都已彼此进行了互访。这样不但提高了访谈技巧，还极大地增加了对问卷的熟悉程度。所以今天在偶遇调查中，我能明显地感受到大家都进行得比昨天顺利。

由于担心偶遇的受访对象选取不够科学，我们决定，跟着居委会的工作人员入户，并通过工作人员的介绍进行调查。没想到的是，入户调查进行得没有我们想象的那么顺利。居委会的工作人员走访的对象是这几个月里新搬来的住户，其中很多都是租户，不符合我们的受访者要求，所以半天才遇到一个合适的调查对象，可以说今天的调查不尽如人意，效率不高，希望明天有所好转。

【李晨阳　社会学1201班　2015年7月6日】

今天是实地问卷调查的第一天。昨天晚上，已经把各组的问卷发到组长手中，每个人是10份，我们组一共领了80份，可真不是一个小数目！

领到问卷，我们小组又召开了一个简短的小会，我把昨天开展试调查时出现的问题，向每个小组成员进行了说明，主要有以下几个问题：

一是对问卷熟悉程度不够，问得太过于烦琐；

二是问答衔接不流畅，提问有时显得很生硬，影响问卷填答的效果；

三是问卷的个别地方还有一些小问题要进行调整。

前两个问题好说，就是大家要对问题了然于胸，以对话、聊天的方式串进问题，这样既不会让被访者不耐烦，也会问出他们心中最真实的想法，所以组员要把问卷摸透，这是最重要的。对于第三个问题，我将昨天试调查出现的问题告诉大家，主要存在于 C 部分和 E 部分，增加了一些跳答的细节。

最后，我还说了一下社区的情况。社区里大多是中老年人，天晴时一般都会在楼下乘凉聊天，很有做问卷的条件，所以大家不用太担心被拒访。而且，有社区居委会帮助我们，所以成功率还是有保证的，就看你有没有耐心，够不够细心，有没有灵活性。

我感觉我们组应该问题不大。

【凌声萌　社会学 1201 班　2015 年 7 月 11 日】

时间不允许我们怀念过去，因为它不会停下来给我们机会，于是我们立马就投入到第二天的工作状态中了。

我们的调查要考虑的不仅是住户的合适受访时间，也需要考虑楼栋长的时间。我们的入户调查需要每一位楼栋长带领我们入户访问，但是今天，我们只和一部分的楼栋长预定好了时间。

时间紧迫，我们还是小组集体出动了，今天应该是我们正式开展调查的第一天，已经一年多没有进行过调查的我们难免会有一些生疏。对于一些问题，我们感觉有些拗口，但是这都无关紧要。因为，我们在昨天与自己的同学已进行了一次互访，我们的互访对于提高对问卷的熟悉度有很大的帮助。因此，今天的问卷调查比较顺利，只是由于今天的天气不好，我们很早就收工了。晚上，我们合计了一下，整个小组共计完成有效问卷 17 份。

“能说会道、软磨硬泡”：基本的问卷调查术

【梁辰　社会学1202班　2015年7月12日】

调查已进入第四天。

今天的天气不知为何突然炎热了起来，完全不比前两日的清爽，想必是长沙不想让我们就这样舒舒服服地度过这个夏天，于是稍稍“发威”。虽然并不如去年那么热，但这突如其来的艳阳高照，还是把我们热得人仰马翻。但也没办法，学社会学的哪能被这么一点困难吓倒，我们还是准时来到了梅溪湖。

因为害怕天气太过炎热，出来遛弯儿的居民太少，我们抓紧时间，一下公交车就直奔几个居民比较集中的休闲区域，在太阳完全出来前多做几份问卷，但是今天的进展似乎并不那么顺利。经过前三天的扫荡，有许多居民已经做过问卷了，还有的居民从别人那里听说了之后，故意避开我们的实践组，连小礼品都无法吸引他们了。没办法，我们只能软磨硬泡、施展全身功夫，充分发挥文科生能说会道的本领，说服居民们配合调查。

今天的调查不是很顺利，加之天气炎热，一整天下来，我们组每个人的战果都是三份，希望明天能有所好转。

【马小捷　社会学1202班　2015年7月7日】

在对梅溪湖社区有了初步了解的情况下，我们早上七点半集合，乘坐207路公交车前往梅溪湖社区。经过40分钟左右，我们来到了梅溪湖社区家和苑小区。

在当地调研学长学姐的帮助下，我们决定跟随居委会的工作人员进行“刷楼”。选定一栋楼后，我们先乘坐电梯至楼顶33楼，逐户敲门，再逐渐往下走。经过一到两个小时的辛苦“刷楼”，只有两户成功做了调查问卷，其他的主要是无人开门或是租户，无法进行调查，我们只好在楼下随机做调查。

在调查的同时，我们还关注男女协调问题，保证数据的可研究性。由于之

前在“刷楼”上浪费太多时间，我们只有一个多小时时间做问卷，内心略感焦虑。我们遇到一位闲逛的老爷爷，在软磨硬泡下，他答应接受调查。询问到中途，爷爷觉得问卷太长，不愿意继续合作。我又安抚了他一下，强调问卷很快就会完成，就这样完成了一份问卷。按照这种节奏，一天下来做了五份问卷。今天的任务算是告一段落。

如何应对突发事件？换位理解与平和心态

【胡静瑶　社会学1202班　2015年7月10日】

初次访问——困难重重

在社会学年会结束后，我们小组立马投入到紧张的访问工作中去了。在年会期间，我们每位成员早已与各自负责的楼栋长沟通好，询问了每个楼栋长的空闲时间，并将这些空闲时间制成表格，以此分配每位同学的工作，争取达到效率最优。

我先是跟随小组来到了27栋，但楼栋长并不能为我们提供更多的访问住户，而且他着急去开会，因此27栋只完成了两户，便草草结束。经过27栋的走访，我们都被敲响了警钟：

第一，不要以为有楼栋长的安排就一切万事大吉；

第二，居民的警惕性和不配合性很高，有时即使楼栋长劝说也没有作用。

接下来我来到了自己负责的24栋，楼栋长是一位热心的大姐，自己填写完问卷后告诉我上午时间比较短，先带我去她比较熟悉的住户家里，上午我一共完成了三份问卷。

午休后我们又开始了访问工作。没有了熟人推荐，访问难上加难。最让我印象深刻的是有一户的户主态度特别不好，先是勉强同意了做问卷，后来又胡乱回答，问卷回答到一半又开始对我们的身份产生怀疑，将我们的问卷两次扔到了地上。在遇到这样的访问对象时，我和我的搭档并没有生气离开，而是先对他表示了歉意，没有及时将我们的身份和访问目的解释清楚。在楼栋长的劝说下，户主平静了下来，对我们道歉，并将剩下的问题回答完毕。

这件事情使我们认识到，我们作为访问者，不仅要有介绍自己的意识和能力，更要有面对突发事件的应对能力和宽容的心态，这样才能理解对方，达成和解。

与受访对象灵活地预约访问时间

【徐玥　社会学1602班　2018年7月11日】

在经历了四天的培训与四天的核图工作，加上路上耗费的一天之后，转眼就进入了实习工作的第十天，终于进入了农村实习的重头戏——问卷调查阶段。前几天在核对“佘田桥、柳东村、红土岭、联合村”的地图时，我深刻感受到了什么叫作理论联系实际，明白了在实践中才能更好地记住知识、灵活地运用知识。在今天的问卷调查中，我也将培训时学到的访问技巧灵活运用在了具体实践中，在实习中提升自己的专业技能。

我们第一个前往的地点是佘田桥，我和其他两位同学在之前的核图时分到了分图4，这是最复杂的一个分图。果然，在抽样时分图4也是抽中户数最多的，一共抽中了12户。由于我们要按核图的分组进行问卷调查，所以我们组的任务非常艰巨。

不幸的是，今天的问卷调查出师不利：第一户人家大门紧锁，问邻居，说户主出远门去了，昨天刚走的，最近应该不会回家，所以这户注定是访问不成了；第二户也没开门，邻居说他不在家，每天早上七八点就出门，晚上很晚才回来；第三户，终于有人了，我们三人小分队就留了一位同学接触这户。接下来我们两个人又去了两三户家里，有的家中没有人，还有一户在我们表明来意后直接把我们赶出去了。好在，下一家接触成功了，151号建筑物里的老奶奶非常热情，我成功地完成了我的第一份问卷。上午在大家基本都完成了一份问卷，我们聚在一起吃饭，交流了经验。

下午，我前往老街13号做问卷，上午已经预约过了，所以开始得很顺利。但是在问卷调查过程中，有受访者和朋友聊天，还有的接打电话，耽误了很长时间。由于这个镇到县城的末班车是下午五点钟的，我们四点多就要去乘车点，所以这份问卷没有做完，还剩下一些题目。幸运的是，我跟阿姨约好了下次访问的时间，可以下次来了继续做。

在这第一天的问卷调查中，我发现了许多问题，有问卷上的问题，也有访问过程中的问题：

第一，关于宗教信仰的问题在顺序上有点靠前，容易让受访者误会我们这个问卷就是调查宗教的。今天我所有的受访者都对我发出了这个质疑，因为前面宗教的问题太多太细了，在受访者明确表达自己不信教并且全家都不信，也完全不想回答关于宗教的问题时，还要面对这么多宗教相关的问题，这使一些受访者对访问产生厌烦情绪。

第二，访问过程中的问题，如果受访者不是一个人在家，往往会边聊天边回答，而且家里其他人也会表达自己意见，会耽误一些时间。

第三，今天有一位同学中途被拒访了，受访者起初态度很好，突然就变了态度，不想回答了，并且直接出门找不到人了。

这几个是今天出现的比较典型的问题，当然还有其他一些小问题。今天我不只是遇到问题，更积累了很多经验，提高了自己的技能，以后我会更耐心地劝受访者回答问题，会更耐心地解释每个问题，包括为什么要回答这些宗教问题，会灵活预约访问时间。我相信，在我们的努力下，以后的访问肯定会更加顺利。

【万晨　社会学1601班　2018年7月11日】

一封信的魔力。

今天是实习第六天，进入实习第二个阶段，也就是入户。我们几个队友在此之前只在学校的“高家坪村”模拟训练过，这次真正要到陌生人家里请素未谋面的人帮助我们完成题量较大的问卷，心里不免有些忐忑。而今天，则是要打败“中山园社区”这个最大BOSS！大家一收到来自中国人民大学的学姐发来的样单，就马不停蹄地前往目的地了。每个人的任务是最少录入三户，听起来好像很简单，实际操作的时候才真正让人叫苦不迭。不过我和我的搭档做的前几户都是很顺利的！很幸运地得到了几位陌生人的信任，无疑给了我们许多动力。但是接下来就遇到很棘手的一户。

这是一个独自照料孩子的母亲，当我微笑着按下门铃的时候，门轻轻开了，探出警惕的头。“哪位，什么事？”心怀戒备而又冷漠的声响传过门来，我心头一颤，还是笑盈盈地答道：“你好，打扰您了，我们是……”在我细细解释我们的来意后，这位母亲脸色更加冷淡，没有回应便把门关了，然后进入厨房忙活。不过也算幸运，这一户的位置是在一楼，我们恰好能透过厨房的窗户和她对话，我依旧笑嘻嘻地在窗户的这一边说：“姐姐，我们知道您很忙，也怕我们是骗子，您看我们可以等您做完饭再问您吗？或者换一个您觉得安全的场合……”姐姐这时候态度立刻转变了，回复道：“这样吧，你们到×××来找我，下午三点。”当时我心头一惊，心想：“我太能说了，这不两三下就说服了吗？”

我和搭档特别开心地出了小区，去外面打听这个地点，却一直没有人知道这个地址……脸上的笑容渐渐消融……搭档提出了她是不是随便说个地点敷衍我们让我们赶紧离开的猜测，毕竟她态度转变得太快了……我始终不愿意用这样的恶意揣测别人，她说的那个地点我们是不是听错了？是不是恰好我们问的路人和小卖店老板都不知道那个地点？我还是秉持着对陌生人的信任坚持对搭档说她一定没有骗我们……

我们先去访了别的户，五点多又回到了这个姐姐家门口，想着能不能等她下班，直到六点也没有回来……但是我们决不能轻易放弃任何一个样本！我突然想到一个好主意！

“唉！反正干等也不是办法，不如写封信吧，说不定有用呢。”突然的机智把我自己都吓到了，我可真是一个小机灵鬼。然后我就在楼下花坛旁写了一封很长的信，怕自己词不达意，便一字一句地斟酌，想着如何才能用语言表达我们的身份、表达对她的理解，也阐述我们的不容易……突然觉得语言真的是一门艺术。最后天快黑了，我在结尾留下了自己的联系电话，把信郑重地抚平，再悄悄塞在了门口……期望着能收到回音。

晚上九点多，我和搭档有点丧气但是又彼此鼓励地准备回到旅店，计划明天的任务，这突然电话铃声响起了。

看到来电地址是怀化！我真的紧张得快说不出话，按下接听键，连呼吸都变得小心翼翼：“喂，您好，哪位？”

电话那头传来的是那位姐姐不一样的温暖、信任的声音：“小妹妹啊，我看到你们给我的留言了，我老公下班回家看到你们在我家门口等，还写了信，我相信你们不是骗子了……明天上午你们来找我吧……”听到她宽慰、信任的字字句句，我和搭档高兴得在大马路上尖叫着击掌，突然觉得今天无论多累、多委屈都值得了……

语言太过神奇，今天很顺利很圆满很知足，嗯！那么明天也要加油呀。

【杨芳瑛　社会学1601班　2018年7月14日】

今天又是一个大晴天！天气晴朗，但我今日入户的心情却不像天气这般晴朗，反倒有些跌宕。所幸今天的任务都已完成。今天去的是河西社区。河西社区是继中山园社区、浪溪冲后的第三个社区，也是最后一个城市社区。今天是周末，上班族在今天休息的可能性较大。因此我们趁着周末，一大早便和组员前往河西社区。尽管我们早知城市社区的拒访率很高，我们也理解居民们对骗子的警惕与自身安全的担心，但上午入户调查的进展较慢，这种速度让我们心里很是着急。为了保质保量完成任务，我们在下午分头行动，在保证自身安全和提高警惕的情况下高效地完成了调查任务。其中，令我印象最深的是一位90后的哥哥。

我们组员最开始接触丁大哥是在组员去核对户主姓名之时。组员回忆道："敲开门后，一个男人抱着一个小孩，非常不耐烦地拒绝了访问，超级凶!"获取户主姓名未果，组员便把这个被拒访的经历写在了住户清单列表的备注一栏中。当我拿到我要调查的地址和住户清单时，倒吸一口凉气！但我知道我们的调查对象非常有限而且珍贵，如果缺失了这一个调查对象，其他小分队也遇上了别的情况，那么我们只能花上几天等待二次抽样。无论要等待多久，都是在拖累整个组的进度，我们有限而宝贵的经费也经不起这种折腾。在多种考虑后，我还是鼓起勇气看看能不能敲开该住户的门。

14 日早上约莫 8 点半，我深吸了几口气叩响了我面前的那道红木门。红木门上贴了百年好合的对联和福字，门边倒挂着枝条，但我却似乎能感受到从门那边传来的凉意。敲了好一会儿，门终于开了。一个很年轻的男人端着碗站在了我们面前。这就是我们与丁大哥的初次相见。

我摆出"职业笑容"说道："您好，我们是中南大学的学生……"这一段自我介绍和 CGSS 项目介绍的话在这些天里已经重复了无数次，无须多想便可信手拈来。

还没等我说完，丁大哥边扒饭边打住了我的话。"我知道，前几天见过你们中南大学的学生，但我当时就已经说了不接受这个访问。"

我和同学面面相觑。我脑海中甚至已经浮现出了一幅我们无功而返、垂头丧气的情景。但我头脑中的另一个声音让我去做进一步的尝试。

我向前一步，用一只手扶着门，轻声跟丁大哥解释我们进行这个 CGSS 调查的目的和作用。想到先前来核对姓名的同学提到该户有一个小孩子，我便提到了此项调查成果在学术方面潜在的用处。当说到"您的孩子以后可以利用这些数据来进行学术研究和分析"这句话时，我看到丁大哥脸上强硬拒绝的表情缓和了一些，觉得我们已经成功了一半了！

而后，我们向丁大哥解释了地图调查和样本选择的科学性和不可更改性，让丁大哥明白自己不仅是个体，还代表了小区其他住户、河西社区、洪江镇甚至是我国数量很庞大的一个群体，如果随意更换调查对象将会影响我们数据的科学性和代表性，也希望丁大哥能明白自己和家人接受调查可能带来的未来利益。

“但我现在没时间，你去找楼下的吧，他们都在家。”丁大哥还是有些推辞。

“那您和您的家里人什么时候有时间方便接受我们的调查呢？我们跟您约个时间，到时候再来打扰。”

在我们拼命争取之下，丁大哥终于同意在下午下班后接受我们的入户调查。

下午时分，我和同学提前在丁大哥家门口等候。到了约定的时间后，我们听到门内传来碗筷的声音。为了不打扰丁大哥和家人吃饭，就又等了半个小时才敲门。

在正式的入户访谈中，我们了解到丁大哥是一个非常亲切的大哥哥。他只比我们大 7 岁，却已经成家立业，成了独当一面的一家之主了。在填写电脑问题之余，我们提到了先前丁大哥拒访一事。丁大哥笑了，说：“当时你同学来敲门，我抱着一个小孩，还要忙着自己的事，当然没什么好脾气。”

误会解开后，我们都相视一笑。

此次的调查结束后，我得到了不少的收获。我了解到该如何用自己的真诚打动调查对象，也了解到了他们的生活和内心的想法。总结起来大概有以下几点：

第一，真诚待人，充分理解他们的立场。家是休闲和放松的场所，每个人都希望在家里能够得到充分的休息和属于自己的时间。我们要理解他们希望在宝贵的休息时间里充分放松的心情，也要表达 CGSS 调查的目的和作用，以及希望调查对象们理解我们作为访问员的不易。在相互理解中，礼貌、友善地完成调查。

第二，尝试了解他们需要的是什么。并不是所有人都愿意单向付出，毫无所求。在权衡得失之后，他们必然会考虑我们这个调查能给他们带来什么实质上的利益。因此，我们需要了解他们的需求，在实事求是的基础之上努力发掘 CGSS 调查与他们需求的契合之处。比如，以丁大哥这一位调查对象为代表的年轻父母们必然关心孩子的教育，而 CGSS 调查的成果正可以被孩子长大以后用来撰写学术论文，进行学术研究；而对老人来说，他们的孙子或是亲戚也能以此研究学术问题。

第三，保持礼貌与体谅他人。完成一份 CGSS 调查问卷所需的时间很长，我们占用了调查对象如此宝贵的时间更应该保持礼貌，体谅他们。进门或放置随身物品时的礼仪，向家里其他家庭成员打招呼的礼仪，包括询问问题时的礼仪都是需要注意的。出门在外，我们代表的不仅仅是个人，还代表着中南大学的学生风貌，更是中国新一代的整体气质。因此，时刻注意礼仪格外重要。

访谈交际要以问卷为中心：巧妙转换访谈话题

【胡静瑶　社会学1202班　2015年7月11日】

二次访问——顺利完成

第一天访问时，我们基本已在楼栋长的带领下，将自己负责的楼栋访问完毕，但成果并不令人满意。一天下来，我们小组七人一共完成了30余份问卷，还有一半的工作没有完成。天气炎热，大家都想认真地进行访问，争取尽可能快地完成工作。

由于楼栋长能提供给我们的帮助有限，结合在梅溪湖小区采取的偶遇调查的成效，我们决定开展偶遇的访问工作。由于天气炎热，社区里的活动人口很少，进展也比较缓慢。

在访问时，麓枫社区中的居民表现出了很高的警惕性。有两位老人在听闻我们是学生来进行调研后，都说自己听不懂，做不了。后来，在我们的细致解释下才愿意坐下来接受访问。在回答过程中，两位老人都对社区中的环境服务表示出强烈的不满，经常在回答问题的过程中向我们诉苦。面对这种情况，我先是顺着他们的话应和几句，表示我尊重他们的发言，然后在他们说话的间歇中将话题再次引到我们的问卷上去。

经过大家的努力，我们小组一直访问到了晚上七点多钟，终于将问卷全部完成，虽然很累，但我们的收获却很大。

第一，自我介绍很重要，多沟通，多尝试，不要受到拒绝就轻易放弃。

第二，有礼貌，有涵养，理解他人，并不是每个人都有义务来回答我们的问题。

第三，团队合作意识，与搭档配的好就能事倍功半。

【马小捷　社会学1202班　2015年7月11日】

经过上次的调查，我们又回到梅溪湖社区“家和苑”继续调查。我们直接放弃了入户做调查，一入社区，各自分散开来进行随机调查。我直接略过上次做调查的那片广场，因为上次我们都集中在这里进行调查，这里进行活动的人大多被我们调查过了，要换个地方增添一些新鲜气息。

手上还是沉甸甸的问卷。要完成全部任务，关键在于今天。我先找到了一位叔叔，从他慈祥的面容上就可以判断出他应该会答应做调查。在我说清身份和意图后，叔叔很爽快地就答应了。每个问题叔叔问答得都很明确，从不拖沓。很快，叔叔的调查问卷就填完了，在我送上洗衣粉时，叔叔很不好意思地收下了。

此时，我又看到了一位奶奶，独自坐在椅子上，我上前搭讪，提出需要奶奶的帮助，以另一种方式获得了奶奶的同意。通过调查，知道了奶奶现在带两个孙子，还是挺孤单的。每个问题，奶奶都有所感触，用着方言，有些吐字不清。我尽可能地在其中找到答案，并适时打断，继续下一道题。在奶奶注意力转移时，我也会及时出声将她拉回来，经过一个多小时，奶奶的问卷终于做好了。又做了三份问卷，困难程度都差不多，在各种纠结缠斗中，我的任务完成了。组员集中到一起统计了一下，除去一位未到场的，任务都完成了。我们可以打道回府了。

在40摄氏度左右的高温中，我们呼吸着炽热的空气，顶着火球似的太阳，踏在滚烫的路面上，艰难地向寝室边进。尽管饥肠辘辘，但我不愿冒着中暑的危险去吃午饭，只能回去订外卖解决。回到寝室，拼尽最后一丝力气坐在座位上，开始点餐。外面的天气，已经达到汗不能浸湿衣衫的程度。试问，一件湿衣服放外面几分钟便干了，还怎么会存在汗水湿透衣服的情况呢？

只感叹，问卷终于调查完了。

熟能生巧：从调查经验中积累访谈技术

【凌声萌　社会学1201班　2015年7月12日】

今天是正式做问卷调查的第二天。相比昨天，今天的行程总体而言顺利多了。今天的我们对这个社区已经有了一定的了解，同时对问卷的内容也熟悉了很多，不再像昨天一样对于一道很简单的问题需要解释很久，受访者才能听懂。我们昨天已经做完了17份有效问卷，经验也丰富多了。

今天是长沙进入伏旱期的第一天，长沙是我国出了名的火炉城市。已经进入了三伏天的长沙，外面的温度已经有30多摄氏度并且还在持续上升。我们组一大早就起来了，为的就是避免有人中暑，我们的原则是早点出发，早点回来，不求多做，前提是保证身体的健康。

今天有时间的楼栋长多了，我们分头行动，而不是和昨天一样集体行动，这有利于提高效率，节省时间。一天下来，我们做完了30多份问卷，满载而归。

【胡超　社会学1202班　2015年7月9日】

今天是实习调研的第二天，照样是大太阳，长沙的夏天真的太热了。白天，只是在室外随便走一走便满头大汗，而待在室内也不见得好到哪去。还记得大一的暑假时，长沙的天气从白天到夜晚都是热的，本以为白天热了，晚上就不会再热了，但我太天真了，晚上更热。与天府之国的四川相比，长沙的天气真的是热了很多。

回归正题。今天又得去调研了，经过一天的调研，询问得越来越快了，自己对问卷也有了更多的理解和熟悉。当初还未进行访问时，觉得肯定会非常困难，但真的去做了之后发现，也没有那么困难。一切事物，只要自己勇敢去做，就会有好的结果。

我的思考：在一项研究中，我觉得最重要的是程序设计，而不是单纯的访问。作为一名社会学的学生，应该要更加重视思维性工作的重要性，而事务性工作可以交给其他人办。

安全第一：人身安全永远放在第一位

【董力闻　社会学1202班　2015年7月10日】

炎炎夏日。

炎热的中午，太阳炙烤着安置小区的水泥道路，一群人走在道路上汗流浃背，问卷从早上做到中午，我们都已经口干舌燥、筋疲力尽了，大家相互间也不愿多说一句话。

简单吃过午饭之后，我与同伴跟随楼栋长来到一户人家。经楼栋长介绍，她与我们将要访问的陈阿姨是广场舞的队友，二人平日里关系较为亲密。入户之后，我们简单说明了来意，一家人似乎刚用完餐，陈阿姨在收拾饭桌。就在这时，一位三四十岁的中年男子突然从房间里冲出来，浑身酒气，操着一口长沙话。虽然我们并不清楚他在说什么，但听得出语气里明显饱含着不满和愤怒。而且不知为何，这名中年男子突然发起脾气，把桌子上的问卷一下子摔到地上，导致我们的访问不得不中断。

情况不妙，楼栋长阿姨赶紧将我们带出了这家，并向我们解释了事情的原委，原来刚刚那位发脾气的中年人喝多了酒。经过今天的事件，我才知道做问卷不但要注意效率和质量，也要格外注意人身安全，时刻保持警惕，调整好自己的心态。

问卷审核：站好实地调查的最后一班岗

【董力闻　社会学1202班　2015年7月12日】

今天我们专门对所做的问卷资料进行了集中审核。

对原始资料审核：主要是针对资料的完整性、准确性和真实性的审核。

对问卷资料的完整性审核：主要是检查应该进行调查的单位或个体是否都进行了调查，检查问卷是否填写完整以及数据质量是否符合要求，检查所有的调查项目或指标是否填写齐全，是否出现错填、误填、乱填的情况。

资料的准确性审核：主要是检查那些含混不清、不具体的以及相互矛盾的资料。采取的方法主要有两种：一是逻辑检查。审核数据是否符合逻辑，内容是否合理，各项目或数字之间有无相互矛盾的现象，这种审核主要用于分类和顺序变量的审核。二是计算检查。检查问卷中的各项数据在计算结果和计算方法上有无错误或矛盾。

资料的真实性审核：主要包括两个方面，一是调查资料来源的客观性，也就是调查资料是否确实是调查者通过实地调查获得的资料，而不是调查者主观杜撰的东西；二是调查资料本身的真实性问题，辨别资料的真伪，把那些明显违背常理、前后矛盾的资料舍去。

【梁辰　社会学1202班　2015年7月17日】

我们的建库小组以“神速”（在我看来）完成了庞大的建库工作。于是，今天数据库一发布，大家就马不停蹄地开始了各自的数据录入工作。

我一共完成了11份问卷，所以就负责这11份问卷的录入。当然，作为组长的我还要负责整合我们组的数据，并将合并好的数据发给王顺同学。

首先，我对数据进行了基本的整理。数据整理包括审核和编码两个主要步骤。审核是数据处理的重要环节，我们要认真审阅收集到的原始资料，数据审核在某些研究中已经成为程序化的工作，其具体做法是：在资料收集过程中和资料收集工作完成后，反复对问卷资料进行审核，可以及时发现问题，并找机会进行回访，重新核实填答的内容。

经过对 11 份问卷的审核和编码，发现没有什么问题，这样我就可以放心地录入数据了。

【胡静瑶　社会学 1202 班　2015 年 7 月 11 日】

校对问卷，建数据库。

繁忙的访问工作顺利完成，这大大出乎了我们小组的预料。虽然十分辛苦，但还是有所收获。

在结束了问卷访问之后，组长让我们核对自己的问卷，看有没有漏选、错选的地方。由于问卷比较长，并且结构复杂，有时被访人员难免会错选或漏选，检查问卷是否有效十分关键。

在核对问卷时我发现，有很多被访者拒绝透露自己的基本信息，如地址、联系方式等。做问卷时，大多数人对于经济收入和支出这一部分十分警惕，尤其是被征地多少亩和得到多少赔偿款这一方面都表示自己不清楚，因此这部分存在很大的缺省情况。

在和其他同学交流后，我发现这是十分普遍的现象。有同学告诉我，说他的一些访问对象对这方面并不十分在意，说麓枫社区的安置户征地的大小虽然不一，但赔偿款却是一样的，都是按人头计算，每人十万元。因此，在赔偿款计算时并不考虑征地的大小，只按人口算，这在很大程度上引起了住户的不满。由于数据缺省，我认为日后我们再进行这一方面的分析时可能会遇到较大的阻力。

建库时，由于问卷复杂，数据库也会十分庞大。所有的同学都参与进去并不现实，因此我们各组组长讨论之后决定，每组派一名同学负责建自己组的问卷，最后合并，这样做效率比较高。

在数据库建好后，每位同学要审查一遍，看有没有问题，如果有的话则要反馈，大家都参与进来，可以确保录入数据的顺利性。

【董雯婷　社会学 1202 班　2015 年 7 月 12 日】

今天我们的任务是整理问卷和建立数据库。由于问卷在我们访问的过程中有许多不方便记录的情况和答案，当时都标记在问卷的旁边，所以现在的整理是十分有必要的，一个清晰而明了的问卷的重要性是不言而喻的。

在整理问卷的时候，我们都十分认真仔细，有不知如何处理的问题时，我们都在组里进行统一商量和探讨。还要进行资料审核，要审查其完整性、准确性和真实性。

首先审核问卷资料的完整性，主要是检查应该进行调查的单位或个体是否都进行了调查；检查问卷是否填写完整以及数据质量是否符合要求；检查所有的调查项目或指标是否填写齐全，是否有错填、误填、乱填的情况。

其次，审查资料的准确性，主要是检查那些含混不清的、不具体的，以及相互矛盾的资料。问卷调查中的笔误，在调查的过程中时有发生，在整理时应对这类资料认真审查与核实。

最后，资料的真实性审核主要包括两方面，一是调查资料来源的客观性，也就是调查资料是否确实是调查者通过实地调查获得的资料，而不是调查者主观杜撰的；二是调查资料本身的真实性问题，由于种种复杂的原因，即使是调查获得的资料也往往存在一些虚假信息，调查者必须根据自己已有的知识和经验，辨别资料的真伪，把那些明显违背常理的、前后矛盾的资料舍去。

在遵循以上三条原则的基础上，进行问卷的修改和整理，方便明天的数据录入工作。

创建数据库、数据录入与数据清理

【董力闻　社会学1202班　2015年7月13日】

经过前期的准备工作，今天我们开始着手建立数据库，此次采用Spss32.0中文版进行操作。

双击Spss图标，进入Spss数据编辑窗口，在显示的数据输入窗口中，其形式是一张行×列的表格，每一列表示一个变量，每一行代表一个个案，也就是一个被调查对象的信息。在数据输入之前要对变量进行定义，点击"Variable View"切换到变量窗口，左边纵栏的序号123表示问卷中的每一个变量，横行表示的是每一个变量的特征，包括变量名、变量类型、变量宽度、小数点的位数、变量标签、变量取值、缺失值等。将问卷中的每一个变量根据其特征进行定义，定义完变量后回到"Data View"窗口下，数据窗口中纵栏的"var"就变成研究者定义的变量名，如A1、A2等。

设置变量名时要注意以下几点：

第一，首字符必须是汉字或字母，后面可以是任意的汉字、字母或数字，但不能用"！""？"之类的符号；

第二，变量名的长度应少于64个字符(32个汉字)；

第三，不能用下划线、句号和圆点作为变量名的最后一个字符；

第四，变量名是唯一的并且不区分大小写；

第五，变量名设置时最好与问卷中的问题相一致，这样查找起来较为方便。

【梁辰　社会学1202班　2015年7月16日】

昨天，刚刚做完实地调查，今天，我们就马不停蹄地准备开始建库了。我们用的建库软件是比较低端的Spss。现在国际上似乎已经不太用这个统计分析软件了，但是我们在课内只学习了Spss，所以只能活学活用了。

不过我们一开始就遇到了一个问题：问卷题目多，而且复杂，这个数据库势必会十分庞大。如果分开建库，到时候合并起来会比较麻烦。于是我们商量了一下，决定把建库的工作全部交给王顺同学，让他成立一个2～3人的小组进行这项工作。王顺同学接下了这项光荣而艰巨的任务，我觉得完成这项工作的人真是太厉害了。当年的Spss把我搞得“昏头转向”，我可能天生就对这类软件毫无办法，即使已经很努力了，最后还是一塌糊涂。

其实我也知道，Spss对社会学的学生来说是一个很重要的统计分析软件，希望借这次机会能够重温一下这门技术。

【梁辰 社会学1202班 2015年7月18日】

由于我们的问卷很长，而且复杂，数据库也比较庞大，在建库过程中难免会出现一些差错。在整个数据录入过程中，大家陆陆续续发现了一点小问题。比如，小数位的统一、缺省值的可行性、编号是否可行，但是这些经过王顺同学的细心调整，都不再影响录入了。

我录数据的过程总体来说还算比较顺利，就是刚开始的时候不熟悉，进度较慢。但是，录到第四五份的时候就稍稍找到了感觉，速度也快了很多。在整个过程中，我感到建库的同学真的很棒，因为录入界面非常的完善。这样，就可以很好地做到数据清理，包括非法值的清理、奇异值的核对以及逻辑的检验，就不需要后期再进行检查。在前期规定好数据类型、宽度、缺省值等具体细节，可以大大节省后面的工作。

所以说一个完美的数据库能够帮我们节省不少时间，极大地提高效率，这都要感谢整个建库小组。

【李晨阳 社会学1201班 2015年7月11日—7月12日】

【2015/7/11】在完成问卷后，今天开始了建库工作。不得不佩服各位小伙伴的工作效率，由于我们各个部分的限制，如果分组建库，在最终整合时会很不方便。所以经大家商榷，两位同学自告奋勇承担了建库工作，但是他们后期就不用录入问卷了。

两位同学也是效率快得让我们惊叹，11日晚上就把建好的数据库共享到群里，由大家进行修改和检查。可能因为速度太快，所以效果有一点问题，发现了一些小问题，比如编码错误、指标有问题等等。

我们每组都要检查数据库的一部分，最后把问题汇总给王顺同学，再统一修改。明天会公示修改后的版本，辛苦各位同学啦。

【2015/7/12】今天上午十点，修改后的数据库就共享到了 QQ 群里。再次感叹两位同学的效率，经过一些小的调整，最后确定了“数据库最终确定版.sav”。

中午大家午睡起来后就开始了问卷录入工作。我和任禹凝一组分工合作，一个人读一个人录，效率大大提高，再加上去年农村实习，我们就是这样两人一起，经验也比较丰富，所以配合得比较默契。在录入过程中，我对问卷的认识又更进一步，而且通过问卷的连续录入也发现了一些规律性的问题，对于实习报告的主题，心里也有了雏形。

数据录入完毕，明天开始分析数据，然后就是完成实习报告了。时间真快，实习报告也是一个重要部分，要去查文献，再复习一下 Spss 的相关知识。

【胡静瑶　社会学 1202 班　2015 年 7 月 13 日—7 月 14 日】

【2015/7/13】录入数据

今天中午的时候，我们此次实习的问卷数据库——“2015 年中南大学社会学城市实习问卷数据库”已顺利建库完毕。当然，这么庞大的数据库肯定还存在不完善的地方。经过大家的检查，我们在录入数据的过程中，陆陆续续发现了以下的问题：

第一，有几个地方数据库中的选项设置与问卷不一致；

第二，缺省值设置不合理、不统一；

第三，数据库中有个别题的选项没有统计完，只有等号。

在综合大家反馈的意见后，数据库负责人分别回复了解决办法，并编写了统一的数据录入手册，其中着重提道：

第一，area 变量是指社区名称，1 = 梅溪湖社区；2 = 麓枫社区；

第二，code 的变量是问卷编号，格式为“社区编码 + 学号后四位 + 6a 位序号”；

第三，所有多选题选项中，选中为 1，未选中为 0；

第四，对 D9、E4、F5 等题的值进行了修改。

在明确了录入时需要注意的地方后，我开始了第一份问卷的录入工作。由于对问卷还不是十分熟悉，频频出错，花费了很多时间，一份问卷录下来已经过去了 30 多分钟。相信慢慢熟悉数据库的结构后，速度会快起来。

在录数据时，我也细心地比对了数据库与问卷，并发现了两处有问题的地方，这让我十分开心。Spss 作为社会学学科尤为重要的工具与方法，值得我们花费更多的时间去学习、去思考、去实践。

【2015/7/14】录入数据，查阅资料。

我的10份问卷已经录入完毕，在等待每个人的问卷数据合并的这段时间，我也开始进行撰写调查报告的准备工作。

首先，关于数据的录入。

在进行数据录入之前，必须先对调查问卷进行编码。所谓编码，就是给问卷中每道问题的答案赋予一个数字，作为其录入的代码，将文字的回答转化成数据，从而使数据分析和统计得以实现。根据大家的思考，我们采用了前编码的形式，即在问卷设计时，先为每一个选项设置一个代码。值得注意的是，确定选项个数上限的多选题和限选题时，我们采用“0”代表否、“1”代表是的录入方式。对于问卷中那些跳答或不适用以及缺省的题目，用9、99、999等予以编码。应该填答而没有填答的题目，用“0”表示，以免与数据库中其他有意义的数据代码混淆，造成分析的错误和不准确。

接下来的工作就是要把这些数据输入计算机进行统计分析，再输入数据时，由于问卷中多处没有跳答的地方，因此需要时刻盯紧数据，以防出错。这使我们录入数据的速度受到了一定影响。

其次，在结束数据录入的工作后，我将问卷又仔细地研读了一次，并将之前下载过的相关文献浏览了一遍，在结合他人研究成果的基础上，根据问卷的设计框架和结构，明确自己的研究主题。

【杜婷婷　社会学1202班　2015年7月15日—7月18日】

【2015/7/15】调查工作的结束，意味着录入数据的工作开始，但录入数据的前提是建立数据库。

按照设计问卷的方式，我们原本打算每个小组出一个人，组成六人小组，小组的每个人再负责数据库中一部分的建立，各部分都建好之后合并形成一个完整的数据库。但是在实际操作中，考虑到每个人如果都按照自己的方式去建库，很容易出现格式不统一而难以合并的问题，也会因为大家的想法不一样而出现同一种类型的题目有不同的处理方式的问题。为了避免以上问题的发生，最终决定由对数据掌握熟练的两位同学负责建立数据库。

在等待数据库建立时，我将调查中做的10份问卷找了出来，将其进行了编号，又仔细检查了一下问卷的填答情况，查看是否有漏填、错填的情况。此外，为了之后录入数据更方便，我将一些简单的问题选项进行了编码，比如“完全不容忍、比较不容忍、无所谓、比较容忍、完全容忍”这种题目选项按顺序编为

1、2、3、4、5，也将跳选的题目进行了明确的标注，希望在录数据时能够顺利。

看问卷的时候，与调查对象沟通的一幕又浮现在脑海。虽然调查中也有百般困难，与调查对象沟通时也费了很多口舌，但终究自己做到了。至于后面的数据分析，还希望能够充分利用这来之不易的数据。

【2015/7/16】数据库终于建好了，但是对数据库的检查工作也不容忽视。

虽然已经录了一份问卷，但是检查数据库的构造依然是必须的，让我不由地想到了大二时学习 Spss 课程的情形。可以说，建数据库是一个基础知识，分析数据则是其中的核心知识，但是建数据库对之后的数据分析具有决定性的影响，因而对数据库的检查，务必要认真仔细。

整体看来，数据库基本完整，把每个部分都囊括了，而且每一道题目的每一个填答部分都进行了处理，特别是对于多选题采取了引入虚拟变量的方式，用“0 否 1 是”来表示，为了后来的数据分析方便，还对后面自填的“教育程度”与“职业”进行了赋值。

但是仔细检查的时候，还是发现了里面存在的一些漏洞，“0 否 1 是”作为虚拟变量应该应用于多选题的选项，但是在题干的选项中已经存在了“1 是 2 否”的情况下，应该遵从题目设置；在“1 男 2 女”的设置中，忽略了问卷中有一道题目为“1 女 2 男”的设置，这在录入数据时无疑会造成错误；在投诉部门的选项中没有给其中的“其他”以注明的机会；在培训一题中缺少对后两次培训的设置等。

总体而言，数据库的建成是一个比较庞大的工作，虽整体上比较完整，但其中的细节关乎数据录入的顺利与否，以及后面数据分析的正确与否。对于数据库的检查应该多次反复进行，只有认真仔细地对数据库进行检查，并及时修改才能保证后面的工作顺利进行。

【2015/7/17】不同的调查问卷总会有不同的情况，即使在检查数据库时觉得没有什么问题，但在录入每一份问卷时又容易出现新问题。

关于“子女年龄”的设置，并没有考虑到“半岁”，即小数点的设置；城市居民身份转换之前与之后的“收入来源”选项在数据库中是一致的，但在问卷中有“政府拆迁补贴”这一选项的差别；在 E 和 F 部分中有自己填的教育程度部分，在数据库中设置了选项，需要对照填上相应数字。

录入第一份数据时，因为对数据库还不是很熟悉，录入得较慢，随着第二份第三份数据的录入，慢慢地就知道在哪跳题，需要跳到哪里，而且也采取了一些录入技巧，虽然也会遇到一些比较麻烦的数据，但我最终还是处理好了，将 10 份问卷的数据都录入完成了。

数据的录入是班上每个同学自己做的，但最终还需要合并，我们打算先由各组组长汇总，再由班上一位同学统一汇总。因为每个同学都有自己的特殊情况，便约定好明天早上交齐，由我进行小组的汇总。

作为一名社会学的学生，在这次实习中所做的可谓都是我们应做的，这也是我们应具备的专业能力。其实所做的这些工作都是提高我们的思想认识的工具，更为关键的还在于后面的数据分析与报告撰写，这些也是基于我们前期的调查工作的。因而，实习的每一个环节每一个部分，我们都应认真对待。

【2015/7/18】合并数据库时，如果每个数据库的结构都一样，所有的设置都没有改动，这种情况还是比较容易的，但在某个数据库的结构有所改变时就较为烦琐。

在合并我们小组的数据库时，由于每位同学都对自己发现了问题的那部分进行了修改，因而在合并时就出现了要时不时地对数据库进行修改，以使其设置统一的情况。9 份数据库，比起全班的 50 份还算少的，我只能对其中出现的问题进行统一，虽然工作量也不是很大，但还是花费了很长时间。

合并完了之后，工作其实还没有结束，因为还要对大家录入的数据进行检查。我采用的是值标签的检查方法，先将原先的输入值转换为标签，接着对数据进行检查，在其中还是找到了一些输入错误，主要有：

1. 因为手误把答案输错位置的；
2. 因为忽视了多选题的处理方法而只把选项的数字代码填上去的；
3. 输入的数字超出了选项数量的。

在遇到这些问题时，我在相应位置做了标注，找到相应的“输入人”核对了一下信息，继而又在有问题的地方进行了修改，确认无误后再发送给最后汇总的同学。

对数据库的检查还是在同学的提醒下进行的，想想就觉得不好意思，竟然把数据库的基本知识都给忘了，最基本的检查都抛之脑后，不敢想后面的数据分析工作该怎么进行。不过还好，趁现在还有点时间，再学习一下相关知识吧。

【董雯婷　社会学 1202 班　2015 年 7 月 13 日】

今天要进行数据的录入。经过昨天一天的建库，我们的数据库已经建好了，由于数据库的建立较麻烦，只能让几个同学在讨论后进行建库，建库的同学十分辛苦，然后我们就可以进行数据的录入了。

在进行编码时，我们采取的是前编码的方式。前编码指的是研究者在问卷设计时事先为每一个题目的答案设置的一个代码，编码时只要逐一记录被调查者回答的选项代码即可，这就是我们的思路。

因此，完成编码之后我们就可以直接开始录入数据了。我们采取的是人工输入数据的方式，这也是目前最常用的数据录入方式。人工输入就是输入人员通过键盘，将问卷或登录在数据表上的数据逐一输入计算机的过程。直接将数据与问卷输入计算机可以避免再次转入时可能出现的错误，但是在输入数据时需要不断翻动问卷，输入的速度会受到影响。如果将问卷上的数据先登录到登录表上，再输入计算机虽然可以弥补直接输入的一些不足，但是数据从问卷转入到登录表上可能会出现错误，从登录再输入计算机又可能出现错误，与直接输入计算机相比多了一次出错的机会，因此在实际的数据输入过程中，一般都是直接将数据输入到计算机，我们也不例外。

虽然我们录得头昏眼花，电脑上的数字已经有些模糊了，但我们坚持着录了下来，虽然十分疲惫，但很有成就感。

【马小捷　社会学1202班　2015年7月13日】

问卷调查已经做完了，比预计的时间提早完成。接下来，就要建立数据库，录入数据了。为避免人多杂乱，同时考虑到男生的计算机水平比较高，我们决定每组派一个男生出来，一起建数据库。其他人则等待，等数据库建好了，大家就可以将自己那十份问卷的数据录入了。

男生将数据库建好后，下发给各组组长进行录入检查，大约检查半天后，数据库发至群里，我们开始录数据了。我迫不及待地开始录入数据，在第一份数据录入时就发现了一个问题，A11中子女的“年龄”问题有的设置成了小数，有的没有设置成小数，经过讨论，我们自行修改。B1.2的“拆迁获赔款”处，应该设成小数，方便更多数据的录入。还有在“家庭具体支出”那里，由于许多调查对象都不清楚或避开回答政治敏感性问题，会出现缺省，要设置几个9来表示缺省是一个问题。我们讨论了很久，而且联系了之前做过调查问卷数据库的同学，我们决定不设置9来表示缺省。还有在E4中，“性别”的设置与问卷上的男女设置恰恰相反，在录入数据时要以数据库为准，仔细录入。在F5中，我们的问题涉及了计算机位数和软件版本的问题，选项中的序号不显示，还有输入字符的宽度设置不足的问题。最终我们以输入的数据为准，进行数据合并时再进行修改，只是这样会增加合并数据的工作量。

在录入数据过程中还出现了大大小小的问题，但在我们一同讨论和共同努力下，终于经过讨论达成了一致。数据终于录完了。

在回顾数据录入之时，想到当初董老师教我们的Spss的知识，这个知识让我们大学四年都很受用，甚至是以后还会用，我们心存感激。

数据分析与实习报告撰写

【董力闻　社会学1202班　2015年7月14日】

今天实习的任务进入了收尾阶段——撰写实习报告。

在社会学专业的要求中，调查报告是对整个社会调查过程的全面总结，通常以文字、图表等形式，将调查研究的过程方法、结果和结论表现出来，这也是个人研究成果的集中体现。

第一步，确定主题。

主题是调查报告的旗帜，必须通过对资料的认真分析、思考，找出带有规律性的东西，得出正确的结论，确定报告的主题。

第二步，提炼提纲。

根据确定的主题构思好报告的整体框架，进一步将这种框架转变为具体的写作提纲，这有助于理清思路、明确调查报告内容。

第三步，选择材料。

所用材料通常包括两方面内容，一是从调查中得到的各种数据、表格、事例等客观材料，二是分析、综合、概括形成的观点。

第四步，确定格式。

第五步，撰写调查报告。

撰写调查报告通常要从头到尾一气呵成，不要经常在一些小的环节上停下来推敲修改，以免耽误过多时间。

【李晨阳　社会学1201班　2015年7月13日—7月14日】

【2015/7/13】今天整合了所有的数据，再进行初步分析。我们组做的D部分的设计，所以我着重看了D部分的数据。分析发现：就地安置这一个新市民群体中存在两极分化的现象。年轻人相对来说适应性都较强，对于传统的变更、新文化的接纳能力，相对来说都较高。

我运用描述性统计进行基础分析，再将文化与心理部分相结合，进行了相关回归分析，运用 analyze-descriptive 的交叉分析进行了对比操作。此外，我又注明了一定的缺失值，将其排除在外，再次对分析结果进行了检查，得到一些初步的结论，具体内容都已经体现在实习报告里。

我也发现自己存在很多问题，对 Spss 的熟练度还有待提高，知识需要不断巩固和加深。

【2015/7/14】今天，确定了实习报告的主题，并查阅了一定的文献，列出了实习报告的大纲，把思路和老师进行了沟通。

因为我从前做过的课题是有关“新市民的精神健康状况”的，与我们这次实习的主题有一定的重合。这次调查所获得的数据让我之前做的研究有了更加有力的数据支撑，再考虑到我们这次所负责的“文化传统”板块，我想将文化背景与新市民的自我认同感结合起来，分析二者的相关性。与此同时，还可以进一步思考如何通过文化环境改变新市民的自我认知，如何让其更好地融入城市生活，在此过程中，政府应该做些什么，社区该做些什么？

今天晚上开始了实习报告的撰写，日志就不写那么多了，我还要再去查阅一下资料。

【胡静瑶　社会学 1202 班　2015 年 7 月 15 日】

经过之前的问卷设计、实地调研、数据录入等工作，今天迎来了最后的也是最为关键的阶段，即撰写实习报告。

从社会学的学科视角来看，调查报告不仅是对整个社会调查过程的全面总结，也是个人研究成果的集中体现，往往以文字、图表等形式，将调查研究的过程、方法、结果和结论表现出来。

撰写调查报告，需按照以下步骤：

第一步，确定主题。主题是调查报告的旗帜，必须通过对资料的认真分析、思考，找出带有规律性的东西，得出正确的结论，确立报告的主题。

第二步，提炼提纲。根据确立的主题构思好报告的整体框架，并进一步将这种框架转变为具体的写作提纲，这有助于理清思路，明确调查报告内容。

第三步，选择材料。所用材料通常包括两方面内容，一是从调查中得到的各种数据、表格、事例等客观材料，二是分析、综合、概括形成的观点。

第四步，确定格式。

第五步，撰写调查报告，通常要从头到尾一气呵成，不要经常在一些小的环节上停下来推敲修改，以免耽误过多时间。

还需注意的是，可以确定以一种“沙漏”的形式来撰写，其基本思路为“宽——窄——宽”。宽，导言要广阔，提供丰富的背景；窄，集中到专门化的领域，介绍专门研究成果；宽，研究结果讨论，向一般领域拓展，挖掘其理论意义。

【杜婷婷 社会学1202班 2015年7月19日】

数据录入工作已经基本结束，整合及合并工作也渐近尾声。老师们为了指导我们写调查报告，特意于今天上午九点，将我们聚集到系办公室，为我们召开了关于撰写调查报告的会议。会议的主要内容为：

第一，强调按时交调查报告与实习日志。

第二，报告的主要要素有：摘要、关键词、问题的提出（文献回顾）、数据分析与研究发现、结论与讨论、参考文献。

第三，报告的主题有以下主题可供参考：

就业影响因素分析；

就业行为的倾向性研究；

性别视角下的就业满意度/不平等/期望研究；

就业期望/满意度研究；

人力资本/社会资本与就业；

就业与家庭收入不平等；

市民化意愿认同；

社会政策参与；

满意度的群体性差异；

人际交往关系中的社会网络分析；

关系的强度/同质性/人际信任；

在传统性与现代性之间——以社会适应为维度/以人际关系为视角；

现代性与身份认同；

市民化身份认同/身份认同的困境。

第四，建议大家对数据进行相关性分析，报告字数不少于3000字。

潘老师、雍昕老师和黄娟老师不仅为我们指出了调查报告应具备的要素，还为我们提供了那么多可供选择的报告主题，实在是为我们提供了莫大的支持与帮助。

相信在老师们的指导与帮助下，我们一定能认真完成本次实习中需要完成的所有任务。

【杜婷婷　社会学1202班　2015年7月21日—7月24日】

【2015/7/21】数据库已经完备，老师也已经进行详细的指导，接下来就需自己认真选题并开始调研报告的撰写了。

数据是很完备，老师的指导也很详细，但刚看到数据的时候，我脑子里还是一团乱麻，并不知道自己到底想写哪个方面的内容，想写哪个主题。于是我又去翻看了几篇文献，如《村转居新市民人力资源再开发和就业质量提高的路径研究——基于苏州市SH社区的考察》《社会融合与新市民的城市融入：杭州个案分析》《“新市民”文化素质提升策略》《二元秩序视角下的农民市民化路径探析》等等。这些文献都是从某一个方面展开分析，都对所研究的内容进行了深入、细致、全面的说明，而且文章结构清晰，对我很有启发意义，让我的思考大致有了一个方向。

这些文献中所选择的都是就业、社会融合、文化素质提升等方面，这些方面对农民转换为市民这一现状可谓都有很大的影响。但其实，除了这些方面之外，转换了户籍的安置民对身份认同的情况也具有重要的意义与深刻的影响。

我先初步对所得数据中“你是否认为自己已经是城里人了”和“你更趋向于拥有农村户籍和城市户籍中的哪种户籍”这两道题目的回答分别进行了频数分析，发现只有49.8%的人认为自己是城里人；还有54.8%的人希望持有农村户籍。这一发现让我对研究“身份认同”这一主题坚定了信念，确定将“新市民的身份认同研究”确立为自己的主题。

【2015/7/22】既然已经确定了以“新市民的身份认同研究”作为自己的主题，接下来的第一步就是细化自己的研究主题中“身份认同”一词的含义。

在农民从农村户籍到城市户籍的转变过程中，关键性的要素是作为新市民的他们对新身份的认同和接纳。正如美国社会学家、社会交换论的代表人物之一彼得·布劳(1988)所述：“流动的人不能简单地抛弃旧有的角色属性和角色关系，但他如果不接受新的角色属性，不建立新的角色属性，那么他们就不能适应他们的新位置。”研究新市民形成新的身份认同具有以下意义：

一方面，对新市民自身而言，获得新的身份认同有利于提高他们的自我安全感，当个体形成对某一身份的认同时，意味着个体对某一身份的认可和接纳。这种对某一身份的认同可以使个体降低在社会生活中的无常感。通过身份的认同，人们便容易在社会生活中从个人的社会身份来预测个人的行为，并懂得如何与这些人交往。失地转制居民由于处于边缘化的社会处境，容易因缺乏充足的资源而陷入生活的无常感之中。对他们来说，形成对某一种社会身份的认同，有利于取得社会认知上的安全感。

另一方面，新市民的身份认同有助于促进他们的市民化和城市适应能力。只有对新身份完全认同，他们才能真正地融入城市社会，也才能化解社会潜在的风险和不安定隐患。

从农民身份转换成为新市民的人，尤其是其中还未就业的新市民，是一个介于农民与城市居民之间的特殊的中间群体。其特殊性在于他们既失去了赖以生存的土地，没有了传统意义上的农民身份，但又不具备完全融入城市并享有城市居民应有的一切权利的条件。因而，对新市民的身份认同的研究意义重大。

【2015/7/23】调查报告就必然应该包括调查数据的呈现，虽然不必将每一部分的数据都详尽地呈现出来，但是作为调查报告结论的重要支持的数据应该得到呈现与说明。

即将升入大四年级的社会学学生对社会学已经有了三年的认识与学习，在数据处理上如果只是一味地罗列数据，仅仅只做一些描述性的分析，不能不说，实在是愧对自己这三年的学习。虽然说 Spss 统计软件是在大二时学习的，已经时隔一年，但是如果已经完全忘记它的使用方法或者一直没有掌握它的操作方法，这是对自我的否定。真正应该做到的，是在自己无论有没有掌握好的基础上进一步学习，更加认真地学习，达到熟练掌握的程度。要对自己有一个高标准的严格要求，促进自己对 Spss 统计软件的熟悉掌握。

在对数据进行分析时，基本的操作还算得心应手，对数据进行计算、重新编码、交叉分析这些操作还都可以一一应对，但是在最关键的对分析结果的查看时，我却傻了眼。眼看着关于两个变量的卡方检验的结果摆在面前，我却想不起来 Sig 所在列的数字的含义，只得再次翻出当初学习 Spss 统计软件的课件，重新学习、重新掌握，从而完成对数据的分析。

学习的作用在于应用，学习难免会有遗忘，但在遗忘后一定要再次学习，进行补救，应用学过的知识既是学习的目的也是学习的方法。

【2015/7/24】在阅读文献、分析数据等准备工作做好之后，我便开始调查报告的撰写。想起去年暑假的农村实习尚有三位同学一起合作，共同完成一份调查报告，这次的调查报告需要依靠一己之力完成，心里不免有很大的压力，担心自己会有哪个地方没有顾及，或是哪个部分存在问题。但自己也知道，学习本来就要独立自主，只有在能够进行独立自主学习的基础上，才能与别人实现真正意义上的合作。而且最终的毕业论文也是要独立完成的，现在的调查报告的独立撰写也是在为撰写毕业论文做铺垫。更何况比起去年暑假，自己已经又进行了一年的学习，思想和能力有所提升，要对独立完成调查报告的撰写有

信心。

按照之前老师指导时提出的五个因素，我依次进行了文献回顾、数据分析、研究发现、结论与讨论和参考文献的撰写。所需形成的结构我心里是清楚明白的，但真正写起来其实并不如想象中的顺利，还是会遇到很多问题，也会遇到所思所想表达不出来的情况。从早上到晚上忙碌了一天，写出了基本的内容，但仍然有很多需要补充与完善的地方。夜色渐深，自己的精神状态慢慢变得不太好，便打算暂时先放下，等明天再继续完成。

撰写了一整天的报告，带给自己的除了疲惫的感觉，还有精神上的慰藉。翻看已经写好的内容，无论还需多少修改与完善，已经写出来的都能给自己带来成就感与满足感，这也更成为我明天继续努力的动力。

【董雯婷　社会学1202班　2015年7月14日—7月15日】

【2015/7/14】从今天开始，我们要开始撰写调研报告了。在实习当中，我们看到了很多的现实情况，问卷也反映了很多的实际问题，我们在调研当中也思考了很多问题。

调查报告具有真实性、针对性、实效性和评价性四个特点：

第一，真实性。这是调查报告首要的、最大的特点，真实性就是尊重客观事实，靠事实说话，反映事实，忠于事实，不带有调查者的主观随意性，不能对客观事实随意引申或不切实际地渲染。这一特点要求调研人员必须树立严谨的科学态度、认真求实的精神，彻底抛弃“假大空”的虚伪作风，不仅报喜还要报忧，不仅要充分肯定工作成绩，还要准确反映工作中存在的问题。

第二，针对性。一般来说，调查工作，特别是大型调查研究要花费较大的时间、精力、经费和人力，不是随意组织进行的，而是针对一些较为迫切的实际情况，解决某些实际问题而进行的。

第三，实效性。调查报告需要对当前发生的事务有比较及时有效的描述和探索，调查报告的论点来源于大量的、完整的调查材料的分析、归纳，这些材料是生动的、活泼的、有代表性的，而且所揭示的问题是带有普遍性的。

第四，评价性。调查报告的系统性和完整性是指由调查材料所得出的结论必须具有说服力，把被调查的情况完整地、系统地交代清楚，不能只摆出结论，而疏漏交代事实过程和必需的环节。

综合上述四个特点，我确立了自己的选题，并努力达到以上四个要求。

【2015/7/15】今天是继续写实习报告的日子，我要继续查找资料，并努力写报告。报告类型也分为好几种，有普通的社会调查报告与学术性调查研究，

还有描述性调查报告与解释性调查报告，综合性报告与专题性报告，定量调查报告与定性调查报告。撰写的步骤也要按规定来写：

第一，确定和提炼主题，这是起决定作用的一步，抓不住主题，就会前功尽弃。主题是调查报告的旗帜，是中心思想和生命力。

第二，拟定提纲，构思好调查报告的整体框架，并进一步将这种框架转变为具体的写作提纲。如果说主题是报告的灵魂，那么提纲就是报告的骨架。拟定提纲的主要作用是理清思路，明确调查报告内容，安排好调查报告的整体结构，为实际写作打下基础。

第三，选择材料，确定格式。

第四，撰写调查报告。写的时候通常要一气呵成，不要经常在一些小的环节上停下推敲修改，以免耽误过多时间。这样做的好处是，便于整个调查报告紧紧围绕所确定的主题展开，可以使调查报告在整体思想、体系结构、内容形式、行文风格方面都前后一致，浑然一体。

在查阅大量的资料之后，我确定了自己的选题，并开始沉浸在学术的海洋当中，一天之内阅读了大量的资料和文献，为自己的报告打下了坚实的基础。转眼间，城市实习就结束了，我十分珍惜这次的经历，并会把它当作宝贵的人生财富，作为自己学术生涯的一次宝贵经历。

【马小捷 社会学1202班 2015年7月15日】

终于到了要对这次城市实习做一个总结的时候了。

通过之前的文献综述和切身体会，经过问卷调查和数据的分析之后，我对“安置民的城市融入”有了从感性到理性的认识变化，这种变化有利于我做一个理论性的探究与分析。

将其诉诸文字，就是要写一份调查报告。结合学习实践活动和对数据的分析，加上理论的指导，将问题通过理论、方法上的研究，通过分析变量间的相互关系，可以更深刻地探讨其中所反映的问题，还可以选取其中的小点，细心具体地探讨出问题。经济方面利于数据的分析，因为其中数字很多，但要研究出结论，要进行深层次的探究。文化习俗方面可以容易让人产生兴趣，但诉诸理论，提升至学术高度还要反复思量，结合文献。

总之，大三的城市实习就此结束了。

【杜婷婷　社会学1202班　2015年7月20日】

在昨天的会议上，除了老师所说的关于调查报告的要素与主题方面的内容之外，给我最大启发和影响深远的还是“问题意识”和“实证精神”这两个词。

其一，“问题意识”即带着问题去看现状，从现状中发现问题。指的是在面对数百份问卷及其产生的数百份记录的数据库时，不能仅仅只看到所得到的数据的表象，不能只从表面上看这些数据所反映的现状，更要思考：

这些数据为什么会是这样的？

这些现状的形成原因是什么？

不同方面的现状之间是否存在一定关系？

是否会相互影响？

……

只有带着这样的思维方式看待这些数据，才不至于只停留在数据所表现的现状的表象之上，才能对问题、现状有更深刻的认识，也正是在这种意识的促使下，才更容易生发出自己所想研究的主题与方向。

其二，“实证精神”则是从实际出发，从在实际调查中获得的数据出发，实事求是，用科学严谨的态度对待自己的研究内容。“实证精神”在社会学的研究中具有不可撼动的地位，在社会学的发展进程中也处于举足轻重的地位。作为社会学专业的一员，在社会学的研究中必不可少的就是实证精神，在这种精神的引领下，才能更好地进行社会学的学习。

其实这两个词并不是在昨天的会议上首次听到，而是早已知道，但是每次想起或提及，都还是会给自己很大的震动。这两个词早已远远超出了社会学这门学科的范畴，在我们平时的生活中，在我们人生的进程中都会产生不容忽视的作用，能够让我们更加全面、深刻地看待事物，能够让我们更加认真地对待生活，我们应该牢牢地放在心里。

三

社会发现篇

前言

与绝大多数从事田野调查的学者们一样，这些初出茅庐的本科生也在实地调查的过程中不间断地观察社会和发现社会，只不过学者们开展学术观察的焦点更加集中，田野“蹲点”的时间更长，所剖析的社会问题也更加深刻。相对而言，本科生的学术洞察力无疑就低得多了，他们观察社会的方式更加碎片化和感性化，得出的结论也可能并非那么恰当。但不可否认的是，这些碎片化的观察都是建立在一定的实地调查基础上获得的，它们或来自一种直观的感观体验或经验发掘，或产生于一种因强烈的人文关怀而激发的社会忧思，或来源于与不同受访者的促膝长谈，在交互式访谈中所了解到的各种刻骨铭心的生命叙事。暂且不论这些叙事是否可能会因为某种情绪化的表达而损害其真实性，它仍然能够成为学生们此后提出某一学术问题的切入口。因此，无论从哪一种角度出发，学生们在实地调查中得到的这些社会发现都是有意义的，它们就像是一粒粒学术研究的“种子”，只要培养得当，便很有可能在不久的将来成长为参天大树。

严格来说，获得这些社会发现并不是我们让学生们开展暑期实习的最终目的，甚至也不是最重要的目的。“授人以鱼不如授人以渔”，对学生们而言，掌握研究方法永远是第一位的。我们让大二的学生去严格地操作一项科学的问卷调查程序，让大三的学生完整地执行一项社会学研究课题的所有工作流程，其目的都在于培养他们自己的操作能力、应变能力和批判能力，让他们在行动中感知和提升自身的社会学素养，在“立地”的实践中体悟社会学的魅力。一言以蔽之，我们非常希望学生们能够真切地感悟到，“原来社会学的研究应该这样做，而不是那么做”。当然，在掌握方法之余，倘若他们还能发掘社会运行中的几点真问题，并能结合自己所学所思提出一些独到的见解，且言之成理，那么这种社会发现就无疑是一件锦上添花的事了。

因此，这一篇章主要收纳了学生们在城乡社区入户调查过程中的所见所闻、所思所想，例如城乡社会中的贫富差距、阶层分化与空间隔离；高速老龄化背景下城乡社会中普遍化的养老困境；城市社区里的人际信任危机与邻里社会资本的流失；底层弱势群体的社会救助与生活保障问题；失地安置农民的就业隔离与市民化困境；城市社区的物业纠纷与复杂性治理；等等。虽然这些问题都不是新问题，且看上去议题糅杂，不成体系，理论反思的层次也有待进一步加深，但在细细阅读之余，我们仍能感受到社会学专业学生所独有的那种学术意识和问题意识，以及那份对于底层弱势群体的深沉的社会关怀。不得不说，这对于那些刚刚跨入社会学大门的学生而言，确实意味着一个良好的开端。

有鉴于此，我们希望读者们不要以某种过于苛刻的学术眼光来看待这些不太成熟的“社会发现”，因为这可能会让您感到失望，毕竟这些“发现”都只是学生们临时记录在日志本里的自己与自己心灵的对话。这些对话绝大部分记录于学生们在忙完一整天的充实的入户调查任务后的深夜，不仅撰写的时间有限，而且在这种身困体乏状态下的思绪亦往往缺乏逻辑，更多的内容显然属于随笔所记。因此，这些“发现”大多篇幅短小、粗略陈述，没有做过多的展开。不过，在后文的“实习报告篇”中，我们详细展示了部分学生根据实习发现所撰写的完整的学术报告(论文)，在这些报告中将更加充分地展示他们的学术洞见和研究成果。我们相信，读者们一定可以在那一部分看到更加理性、更加聪明、更富有学术洞察力的他们！

城乡社会中的贫富差距与居民空间隔离

【赵盼 社会学0902班 2012年6月22日】

今天在调查过程中发现，在同一条街道中，其居民在广州、深圳打工或者创办工厂、企业的不计其数。以至于在访问结束后，我们三人仍在比画，谁采访的“首富”最富裕，哪个“首富”的家庭生活最有品位，可谓是无聊的“炫耀”。不过，我采访的最富裕家庭的女主人却住在那户过着艰苦朴素生活的叔叔的隔壁，他们是父女关系。按照我们北方的习俗，女儿住的离娘家如此近，生活过得富裕，娘家肯定也不会差到哪里去。但是在攸县，一切仿佛又不是这样，每个人都在靠着自己的能力生活。一个家庭中，没能力、生活困难的人吃低保，有能力赚钱的人则尽情享受生活。反思现实，这不失为一种可以借鉴的生存方式。像美国文化，倡导个人英雄主义，促使个人尽可能实现自己人生价值，追求自己想拥有的东西。我想可能是界市村的这种生存方式拉大了贫富差距，有的村民在接受访问时便说，农村之所以贫困，是因为很多人没有走出去，只要走出去敢于拼搏，不要那么懒惰，一定可以改变这种积贫积弱的现状，他们的这些自信应该也是从村里其他人身上看到的。

【徐苏琳 社会学1401班 2017年6月29日】

今天依旧和昨天一样，早上很早就出发，夜深了才回学校。

虽然和昨天一样辛苦，但今天一直让我觉得很在意的是我亲眼所见、亲身体会的社会贫富差距问题。

大桥四区的旁边是运达中央广场，是一个十分高档的小区。繁华的高楼与落魄的大桥安置房只有一条街的距离。站在远处看，运达的高楼似乎俯视着整个大桥四区，而大桥也仰望着这些高楼。一墙之隔，是全然不同的人生，运达里的人可能都有不止一套房产，而大桥里的人却只能几人挤在一个狭小的房间。在我们走访的大桥的几个单元里，几乎都能看到十分脏乱的场面。许多楼道一进去就臭味扑鼻，而且大桥是物流中心，每天车流量很大，产生的垃圾很多，所以这里的居住环境令人担忧。

每天晚上乘车回学校时，坐在公交车上，回头只能看见闪闪发光的运达写字楼，将城市的黑夜点亮，而低矮的大桥则被淹没在黑暗之中，不被世人所注意。大家都能仰望到城市中那些高耸繁华的大楼，却很少低头看一看那些“贫民窟”，虽说这是我们社会在转型期间必然会存在的矛盾，但当自己真正那么亲近地感受这些差距时，心中竟忍不住有几分落寞。

作为社会学专业的学生，相比于其他专业，或许我们会更加理性、更加深刻地来理解这个社会。但我们终究也是感情动物，也会为眼前的剧烈差距而感到失望。这个学科的魅力之一或许就是能够让我们有更多的机会去接触社会，了解社会上的各种人与事，从而更深刻地审视这个世界，也更深重地明白自己的社会责任。以后的我或许不会成为一名专业的社会学家，但我会永远感谢社会学教会我如何看待社会。

大一第一节社会学概论课，彭老师(彭远春老师)那句“我们力求客观，但绝不冷漠”还清晰地印刻在我脑海中。通过实习，我更懂得了这句话的意义与魅力所在。

农村社会中的饮水问题

【张晗 社会学1001班 2012年7月11日】

这个地方叫旱塘，是五斗冲村的一个自然村。顾名思义，这里缺水的状况非常严重，一村几十户人的饮水居然全部来自村头的一个小水池。由于水源来水渠道受阻，池里的水越来越脏，雨天溢了出来，把泥沙冲了进去，现在水面上长了一层很脏的泥壳儿。让人难以相信，这浑浊的水居然是全村人的饮用水源，而且在种稻时还是灌溉用水。大家心里都明白这是靠天吃水，生产生活无保障，而且健康还可能受到威胁。

其实这段时间以来，我发现饮水的问题一直非常突出。宜章县位于湖南最南端，水资源应该非常丰富。但不合理的用水问题越来越严重。有水的地方被污染，车田大刘家那么漂亮的一个傍河小村，河水里居然堆满了垃圾。而许多人就在垃圾堆旁洗衣服，还有很多孩子在里面游泳，想想身上就发痒，那场景令人有些触目惊心。而原本缺水的地方，经济条件落后，水道出了问题，又被拖延，没能力解决。这里许多美丽的小山村都面临着水的问题，从小时候喝河水，到现在被迫喝桶装水，井水也不干净，真是悲哀。而乡镇工厂排出的五颜六色的臭水、污水更令人愤慨，老百姓们采取的方法是忍，有意见也没办法。他们并不相信政府，在涉及有关政府的问题时总是觉得官官相护，没有作用。老人还稍微好一点，年轻的受访者几乎都不相信政府，特别是基层，这真是危险。幸而他们虽然不爱当地政府，却很热爱国家。

这里令人舒坦的除了青山、蓝天、白云，还有老人们的身体状况。这里原本美丽的环境养育了他们，使他们健康少疾。可是当我望向在污水和垃圾充斥的河里嬉戏的孩子时，却感觉他们在阳光下湿漉的身体闪烁出一种刺眼的光和扎心的痛。

老人何为：城乡社会中的老年困境

【李乾　社会学1001　2013年7月14日】

今年77岁的吉大妈每天的主要任务就是伺候半身不遂、常年卧床的老伴。吉大妈自己也是一身毛病，干起活来手脚也都不利落了，平日里连下楼买菜都成问题，一般靠左右邻居给捎回一点来维持生活。

采访中虽然我也见到过不少乐观向上、科学生活、身体健康、笑对夕阳的老人，但毫无疑问的是，随着现代化社会的进步，空巢家庭日渐增多。千百年来形成的儿女在父母膝下尽孝的图景，逐渐变成偶尔"回家看看"的现实情况。

据我们社会学系里的老师们介绍，空巢老人生活中失去依靠，精神上失去寄托。随着年龄的增长，他们在行动上越来越无能为力，对他人的依靠越来越强，变成了我们常说的"老小孩"。

在访问中我发现，的确有一些老人在孤独的生活中备感失落，对生活失去希望。今天，我甚至听到有老人说："活着什么意思也没有，还不如死了好啊。"

几天来，采访中见到的那些孤寂老人的面容在我心中挥之不去。我们没有理由不对这些曾经为社会和家庭付出了全部心血的老人给予更多的关注。

有一天我们也会变老，关爱老人就是在关爱明天的自己。让我们献出一片真心，付出几分汗水吧，也许仅仅一声问候、一次看望，都会让他们心里无比甜蜜。

【杜婷婷　社会学1202班　2014年7月3日】

衰老，似乎就是一夜之间的事情。

从问卷中的问题"您觉得多少岁算老了呢"的回答中，倒还听不出对于衰老的辛酸，大多数的老人都会笑着说出一个年龄界限，或是乐观地说："多少岁也不算老，等入土为安了才算是真的老了。"从这些回答中，我对变老还没有多少感受，但是通过受访的一户老人的邻居的一句话获得了对衰老的真切感知。他说：“他原来身体很好的，经常到我家逗小孩玩，今年就干脆不怎么见他出门了，好像就因为一场中风，整个人都不太行了。”被访的这位老人家一直没有听到我们三番五次的敲门声，我们不得不在门口等了两个小时。之后，邻居进门找到老人，看到老人弯着腰颤颤巍巍地迎面走来，跟老人交谈时，发现他还耳背，我实在难以想象他是邻居口中去年还能经常带着孩子玩的那个人。

在访谈途中，老人还兴致勃勃地特意取出年轻时获得的勋章，上面写的是劳动模范代表，虽已年代久远，却丝毫没有损坏！再看老人的笑容，可见老人对它的珍爱。这早已不仅仅是一份荣耀，更是老人年轻的证明。任谁都年轻过，却并不是每段年轻的生命都可以得到证明。曾经的劳动模范代表，如今只能一个人在空荡荡的房间，不断见证时间对自己身体的改变。然而，衰老带来的难道仅仅是身体的变化吗？对老人内心的冲击又有谁会注意呢？难道只能由老人自己去承受吗？关爱老人如何能从一句口号变成实际的行动呢？种种问题，怎能不让人深思？

【柴季雪　社会学0901班　2012年6月22日】

下午我们计划休息，便回到了敬老院，无事可做，便想到了养老问题。经过问卷调查知道，农村的养老负担确实很重，家庭养老已经不能解决老年人的问题了。一方面，家庭规模随计划生育变小，分担在每个人身上的负担会变重；另一方面，农村家庭主要以务农为主要收入来源，现在外出务工者居多，经济条件不足以撑起养老及附带的医疗、生活支出。并且空巢现象愈加严重，老人生病时得不到及时医治，精神生活空虚成为新的隐患，不利于他们安享晚年。因此，现阶段国家财政力量有限，政府资金紧张，家庭养老为主要养老方式，但未来随着各方面发展，社区养老必然成为主流。这样，既可以在老人熟悉的环境中进行照顾，又可以减轻家庭负担，对于老人的精神和身体健康都是有帮助的，就如敬老院一样。但是它仍不够完善，有许多需要进一步改进的地方。

【杜婷婷　社会学1202班　2014年6月30日】

6月份的最后一天是实习正式开始的第六天。

从绘图、更改原有资料，到现在的问卷访问，一整套流程下来，我们已经步入了正轨，基本的操作也了然于心了。

访问比实地核图要省一些体力，但是比较费嗓子，经常一份问卷做下来口干舌燥，基本说不出话来。但遇到很配合的居民，还是很享受的。因为可以陪他们聊会儿天，可以真实地了解他们的生活状态。上午访问的一家是一对60岁以上的夫妇。爷爷40多岁时摔过一跤，伤得较为严重，脑部和腿部都留下了后遗症，说话时间一长就会头痛，所以访问时就借助了奶奶的帮助。我们还了解到，两位老人现在住的房子地势较低，下雨天就有可能造成室内积水，从而引发一系列的财物损失。对老人的生活基本了解后，我只恨自己有心无力，想帮助他们，却又不知道如何下手。访问中途，爷爷还给我们拿来他刚买的酸奶，我们满怀感动，但没有接受，还是希望留给他们。

下午访问的另外一位老爷爷的处境让我现在回想起来都禁不住湿了眼眶。那是一个商店后面的一家小院子，院子里面种了些生菜，还放着废纸盒、空瓶子之类的物品。我们去的时候爷爷正在洗衣服，佝偻着身子，蹲在一个大水盆旁边，正在艰难地搓洗。我们说明来意后，爷爷直接从屋子里拿出两个凳子让我们坐，不让我们陪他蹲着。在访问中，我们得知这位爷爷已经80岁了，老伴40年前就已经去世了，三个孩子各成了家，现在各自的生活也不宽裕。爷爷一个人住，每天只吃早午两餐。最令人揪心的是爷爷前几天刚因为脑部一些问题住了几天医院，而我们的部分问题因为太费脑筋，使爷爷头痛发作，不得已只能暂停。看着爷爷用红花油涂抹头部来缓解疼痛，我们心里很不是滋味。

我自己的爷爷奶奶都在我还不记事时过世了，看到访问到的老人生活不易，只能自己照顾自己的心酸处境时，我从心底滋生出一份份的心疼，遏制不住地难受。即使老人们都已经习以为常，但他们想必还有没有表现出的艰辛与无奈。谁又不希望能够颐养天年呢？谁又不愿意在年老时有人照顾呢？面对这些事实，我也只能把心底的心疼转化为继续加油的动力。因为我们的调查不仅仅是为了某一户，而是为了全部的老人。唯有继续努力，才能得到收获，才有改善老人生活状态的可能，所以必须加油！

【董力闻　社会学1202班　2014年7月6日】

从6月26日起，我们一行13个人来到了位于怀化的一个小镇——安江。每天早上是各个社区老人的聚会时刻——来自各个社区的老人们，年龄在60到80岁之间，他们说着家乡话，充满着鲜明的湖南韵味。他们的衣着五花八门，从老式布衣布鞋到休闲运动服，各种款式都有。早餐大多是米粉，或是自家前一晚的剩饭剩菜。老人们聚在一起，谈话内容从天气家常到国家大事，每个人都有一长串不同的故事，但都面临着同一个问题：养老。

随着城市化进程的加快，农村人口的养老问题将逐渐从隐形转变为显性。在广大的农村地区，现有家庭养老、土地养老、社会保障养老三种的养老保障方式。但我国作为发展中国家，养老面临严峻考验，而这次实习的目的就是通过问卷调查的数据分析目前老年社会的状况，以此为依据探讨养老政策。在实习的访问过程中，我们认真访问每一位老人，认真问每一个问题，虽然困难重重，但在大家的共同努力下终究一一克服。在实习中我们看到很多书本中没有描绘过的景象，喝了纯正的山泉水，吃了老乡从树上现摘的桃子，我们也看到了失独老人的晚年，看到了白发苍苍却要照顾孙辈的老人。

不管是不是社会学者，我们都是社会的一分子，我们有责任尊老、养老，为社会事业献出自己的一份力。

【李雪艳　社会学1402班　2017年6月27日】

今天结果出来了，第一天入户，有点忐忑。不过好在上午做了一份问卷，访问的是一个40多岁的大姐，在步步高的金釜山当服务员，还挺配合的，和我说了很多她们宿舍还有她上班的情况。但最后没留电话号码，可能多少还是有防备之心吧，毕竟在外打工，小心谨慎可以理解。

集合的时候才知道他们都没有成功，上午只有我的一份问卷。不过下午好像有人做成功，最多的还是晚上。我和潘衿钺分到了一组，我们晚上访问了一户家庭条件不太好的户主。因为只有老人和孩子在家，所以我们入户的时候，奶奶的防备心很强，不过后来看我们都是学生，还是和我们敞开心扉说了很多，大概她平时也没人倾诉吧。儿子在外挣钱，儿媳因为缺钱和儿子离了婚，老伴残疾卧床十几年了。奶奶和我们说的时候很无奈，但并没有痛苦，大概岁月能让人习惯一切吧。

他们家的情况，让我和潘衿钺有些心酸，奶奶坚强甚至倔强地支撑着这个家，她只想把孙子养大成人，然后和残疾的老伴回老家养老，她觉得这是她“该做的”。想到以前的“三纲五常”“三从四德”，我觉得现在老人的地位大不如前。尊老孝老之风不似以往浓厚，老年人更多地和“老龄化”“社会福利负担”“人口抚养比”联系起来，成为“拖累社会发展的群体”。而同时，很多老人在退休后又自愿或非自愿地承担起照顾孙辈的“义务”，没有太多的自我可言。可以说，近年来老年人的地位是实实在在地下降了。

之前谷老师(谷中原教授)在课上说，开办老年大学是对社会资源的浪费，应该把更多的资源用来支持青少年教育。但我觉得虽然老年大学的意义不太大，也不符合经济人的理性选择，但在现在的情况下，我们有必要关注老年人群体。

就农村而言，许多空巢老人生活质量低下，有些子女视其父母为“累赘”，老人们生理和心理的需求得不到满足，自杀率有所升高；就城市而言，一些退休而有余力的老人感到生活空虚，相当一部分人选择“再就业”，以摆脱空泛无趣的退休生活。

虽然老年人不是社会发展的主要推动者，但每个人都年轻过，每个人也都会老去。一个幸福感高的社会应该不仅仅只关注发展，不仅仅只关注效率，还应该关注公平。只有在生命历程的每一阶段都得到尊重，才能使其幸福感得到实质上的提升，这大概是人文关怀的重点所在。

【姜丽　社会学1002班　2013年7月2日】

今天开始正式调查，我们组6点就出发了，目的就是找那些晨练的老人给我们做问卷。赶到操场的时候，我们发现已经有很多老人在晨练了。于是我鼓起勇气，给自己加了一个油，就冲上去了。没想到那个爷爷挺好的，很配合我们，他是我们学校的退休教师，对我们这次调查非常感兴趣，并问了我很多有关社会学的问题。

他认为社会学专业在于实际操作，而对于理论研究不是很在意。社会学专业的学生应该用一个不同于别人的眼光去看世界，对待问题，应该有一个不同的看法。但是我觉得就算看法不同，也需要在一定范围内，社会学研究的视角应该从社会学范畴出发，对待问题不能简单地以对错来分，而是应该从不同身份不同社会角色出发，用不同的眼光看待问题，要独树一帜，观点创新。

后来遇到一位老爷爷，虽然他不是空巢老人，但也耐心和我们谈了近一个小时。他说他以前是做矿冶的，但是现在致力于环保，人的一生不能只做一件事。他认为以前的研究或多或少对环境有影响，所以他想现在通过做环保来弥补。他还写过一本书，叫《太极养生》，我觉得这个老爷爷很可爱，他的想法很独特，而且是个勇于将想法付诸行动的人。我很佩服他，这么果敢，说到做到，让人羡慕。

今天还问到了一个有宗教信仰的奶奶，她信仰基督教，这是我第一次遇到有宗教信仰的老人，她还能用英语回答我的问题。说起信教的原因，她是想找一个心灵的寄托和慰藉，儿女都不在身边，老伴也早就离世，独自一人生活，确实有无尽的寂寞。

【胡超　社会学1202班　2015年7月8日】

今天是去社区进行问卷调查的第一天，同学们都早早地起床。八点钟，大家在校门口集合，但是令我们感到意外的是，我们组的组长田啸林早早地就买了早餐在等着我们了。早餐挺丰富的，有各种各样的好吃的，组里的女生一个个都被感动了。

由于之前与自己负责的楼栋长没有联系上，所以我只能与小组里其他人一起去访问。我们第一个访问的是一位奶奶，这位奶奶一个人居住，子女都在外面工作，只有她一个人生活。虽然房子很大，却更感觉奶奶一个人生活的孤独，不知道现在的中国有多少这样的老人啊。联系到自己的家乡也有许多这样的老人，我想也许这是中国正在面临的一个变迁吧。时代在变，那种一家老小全在一起的生活，已经一去不复返了，但产生了这种问题之后，社会应该如何应对呢？

在我看来，要建立社会化的养老机构，还要改变传统的居家养老的方式。

城市社区中的邻里信任危机

【钟一菡　社会学1401班　2016年7月8日】

今天从早上7点开始录问卷，忙了整整一天的时间，录完的时候竟产生了“老眼昏花”“焦头烂额”的感觉。

经过整理问卷，看着每个回答提供的信息，每个被访者的人生缩略图就浮现在眼前，颇有“人间百态，浮生万象”的味道。

在访问过程中，我们也遭遇过无数次的“信任危机”。在这个信息技术发达的年代，每个人的信息都有迹可循。人人自危，像敏感的兔子支起耳朵随时想要逃跑。于是当拒访的大门甩在脸上时，你要立马扫开失落，拾起下一个微笑。

但“信任危机”这个现实问题我们不能置之不顾，这不仅会减慢文明社区的建设速度，还是对中国传统伦理道德文化的负面冲击——人与人之间的互信互助日渐淡薄，会导致社区居民诚信伦理的丧失，家家户户大门紧闭，甚至住了几年仍不知邻居姓什么。繁华的都市，发达的经济，却让人更怀念乡间邻里每家端来一碟菜围在一起热闹地吃饭，饭后大树底下凉席一铺，摇着蒲扇，聊家里长家里短的这种“小温暖”。

每次采访，提及邻里关系，出现次数最频繁的词句就是——“都不认识”“没有邻居”“社区要多搞活动”“建立网络交流群”等等。还有一位受访者反问我：“现在大家都住在水泥楼里，这种氛围，这种环境，能搞好邻里关系吗？”也有一个受访者感叹，从前交好的乡亲一起安置到城里的高楼洋房，却一年也没串过两次门，即便住在对面……

文明社区的建设，尚需大家付出巨大的努力啊！

得失之间：乡镇企业到底是福是祸?

【柴季雪　社会学0901班　2012年6月22日】

乡镇企业——是福是祸?

今天我们一行人来到了一个特殊的地方——鞭炮厂，祈祷任务可以顺利进行。接受访问的人不少，拒访的也有很多，有了去年的经历，拒访已经不算大问题了。目标是有的，希望也是存在的。要知道没有比脚更长的路，没有比头更高的山，困难像弹簧，你弱它就强，你强它就弱。

综合一下问卷情况，发现这个鞭炮厂存在一些问题，它建厂时占用了居民的土地，但政府还没有给征地补偿金；厂里工人工资偏低，特别是老人相当于廉价劳动力；附近居民反映这里经常放鞭炮，空气质量特别差，路边也都是碎屑，给环境带来了沉重的负担。虽然它拉动了村里经济的发展，也吸纳了大量劳动力，但长此以往，居民生活环境和幸福指数会受到严重影响。

因此，对企业的整治是必要的，如果任其发展，结果会苦不堪言，这关乎民生。村委应该听取百姓的建议，适当采取措施约束企业发展，引导其向高质量方向发展，实现经济与环境的双赢发展。

底线失守：弱势群体的社会保障与社会救助

【周佳　社会学0902班　2012年6月20日】

今天遇到一个大叔，提到他儿子当兵的事儿，说武警之前的津贴一个月只有500多块，最多就是有时候有5000块到6000块的补贴。可想而知，连武警战士的生活都得不到一定保障，难以让这些战士没有后顾之忧，国家的兵役事业何以发展，人们当兵的积极性何以提高？

大叔还提到了他以前的工作的情况，说他以前是挖煤的，也提到以前作业环境的恶劣和工作时的不规范，还存在一些安全事故。煤矿里的工人也没有基本保障，死一个人就只一次性赔偿了2万块。这让我联想到现在的煤矿行业的状况，虽然现在由于国家的监管，煤矿的操作环境改善了很多，但还存在很多黑心的煤矿主，置工人的生命于不顾，甚至于有工人写了遗书，告诉家里人怎样向矿主要求赔偿的。

【刘慧丽　社会学0902班　2012年6月25日】

调查中还遇到了一个特别有思想的老军人，他不断拿桃子给我吃，还乐滋滋地回忆当兵时一些有趣的重大的事情。爷爷参加过战争，是看守雷达的，因为雷达辐射，左眼年轻的时候就失明了，身上还有很多战时留下的伤。问到爷爷家庭经济问题时才知道，虽然爷爷是退役老军人，可每月只有15元的抚恤金。在现在的情况下，一个月15块钱买桶装水都不够用，根本满足不了生活需求。不过这爷爷说村里还有几个老军人根本没有一点补贴，如今有的甚至瘫痪在床，儿女外出打工，没人照料，又请不起保姆，晚年生活甚是凄惨，去政府上访，说是解决却至今没有一点消息。

老年退役军人的待遇问题确实堪忧，特别是在农村，很多人都上访无门。军人年轻时为国家做出了贡献，年老时理应受到优待，希望政府能在这方面加大投入，能够真正保证退役军人的生活。

【杜婷婷　社会学1202班　2015年7月14日】

早上七点二十分，我与小组成员在约定地点集合，随后到达公交车站。坐上车，随着公交车的前行，向调查地点不断靠近。

根据上次调查的结果来看，大家对问卷的题目都基本已熟悉，对调查应采取的方法也有所掌握，不由得对今天的调查充满信心。虽然今天是高温天气，但是大家都没有任何的退缩，到达目的地后各自带着与问卷数量相应的洗衣粉（送给受访者的小礼物），向调查对象走去。高温之下，不但我们自己要受到影响，在室外活动的人也会减少，入户又具有相当大的难度，这无疑增加了调查的困难性，但是我们依然认真寻找合适的调查对象。

调查中，我遇到了一个遭遇过火灾而受了伤的姐姐，我不知道她身上是否有伤疤，但我看到了她左眼及周边部分，以及两只手都有很明显的烧伤印迹，特别是右手的手指还有缺损。我刚开始提出对她调查时，她很排斥地拒绝了我，于是我便试图跟她聊天，并把问题融入聊天内容中。在聊天中我发现，这位姐姐因为残疾对自己的生活缺乏信心，心中也很孤独，而且没有接受到任何的帮助，为此我心里很不是滋味。国家的政策再好，没有让应该享受到的人享受，终归也只是一纸空文，而我们也应该反思自己在其中可以做些什么。姐姐与我聊了一会儿后便借故离开了，她的心里对外界还是有距离，不愿过多暴露。

无论怎样，经过大家的辛苦努力，终于还是完成了调查任务。身体的劳累与多次遭拒的失落，在任务完成的那一刻，都成了“值得”。

城市居民的环境意识

【沈婷婷　社会学1002班　2013年6月24日】

实习开始的第二天，组内成员碰头讨论后续事宜，组长就本次实习具体安排做了介绍。本次调查的对象是16周岁以上的长沙居民，实习地点为汽车西站、湖南商学院、长沙市政府、湘雅医学院附近的居民区，采取偶遇抽样调查，但是需要注意采访对象的性别、年龄、职业类型配额，老师要求每人完成50－60份问卷，保证问卷质量。

相较于大二实习，此次实习无论在难度还是时长上都简单许多，但这并不意味着可以随便敷衍。问卷内容专注公民环境素养这一方面，以全方位地了解长沙地区公民的环境素养为核心目标。所以，调查之前翻阅相关文献资料有利于更好地调查和撰写调查报告。在问卷正式定稿之前，我们的任务就是看文献并确定自己调查报告的主题。

人类的生存环境决定了生活质量。正如“鱼儿离不开水，瓜儿离不开秧”，人类生存离不开自然环境。一部世界文明史告诉我们，对自然进行疯狂掠夺的文明最终会遭到大自然的报复，南美洲玛雅文明、中东苏美尔文明就是先例。

环境对于人类的生存发展如此重要，提高公民环境素养是保护环境的根本途径，通过对于文献资料的整理，我总结出影响公民环境意识的七个要素：一是自然环境影响，当人们周围环境发生剧烈变化，人们感受到环境破坏给他们带来的灾难时，就会提高环保意识。二是经济发展水平，环保意识和经济发展水平总体上是趋于一致的。三是人的文化程度，一般来说，受教育程度越高环保意识越强。四是职业，公民对环境科学知识的了解和认识程度、对环境的态度和参与的自觉程度与其从事的职业有密切关系。五是环境科学的发展。六是环境教育。七则是大众传媒的影响。

生态环境意识调查可以从三个方面入手：环境认知、环境行为、环境意向。公民对环境相关内容的认知影响其个人的环境行为和对环保的态度。

城市社会的物业问题

【张怡　社会学1401班　2016年7月9日】

今天是实习的最后一天了。昨天已经做好分工，我负责写轩苑小区和水文花苑的报告，所以我今天要去这两个小区做更深一步的调查。

首先我去的是轩苑小区。轩苑小区是单位的福利分房，于2002年建成。小区住户有30户，其中很大一部分是福利院的职工，有三分之一的人已经退休，邻里关系都很和睦。从小区出去就是湘潭大道，交通十分便利，小区内没有物业，小区的门卫是由福利院聘请的。我们去调查的时候，门岗里只有一位老奶奶，可以看出小区的治安并没有得到很好的治理。我们询问的叔叔还跟我们说，前一阵，他们家（住2楼）被小偷用千斤顶把窗户外的护栏给撬开了，还好当时这位叔叔在家。没想到湘潭的小偷竟敢这么猖狂，说到底还是小区的安保没有做好。小区内的植被覆盖率较低，只有一排绿化地，是单位花钱种的。小区内没有任何健身娱乐设施。小区缺乏物业的专业化的管理，小区楼道内的卫生无人问津，只能由住户自己打扫。可以看出这个小区最大的问题就是没有物业。

之后我们去了水文小区，水文小区是2012年建成的，共有2栋楼，一栋18层，一层2户，共72户。小区内的人员构成主要是水文局工作人员的家属。他们是自己买的，价钱是3000～3500元每平方米，这个小区有物业，叫珠海市二城物业管理有限公司，但物业管理做的并不太好。小区还没有建成，在现有的两栋楼后面还有很大的一片空地，保安说那里以后可能会建一个娱乐休闲广场，但是现在并没有任何消息。小区所处的位置距湘江大道也比较近，所以交通还比较便利。小区虽然有正式的保安亭以及专业的保安人员，但是小区内也发生过失窃现象，而且那些位于较高楼层的房屋还会经常出现供水不足的现象，所以他们希望小区物业可以有所作为。

多重维度下“就地安置居民”的择业瓶颈

【梁辰　社会学1202班　2015年7月10日】

今天是正式调查的第二天。

吸取了昨天入户的教训，我们组决定只留小部分人继续跟着居委会的工作人员进行入户调查，另一部分人则在小区里进行随机偶遇。上午，我和陈昱同学组成的二人小分队随居委会的工作人员入户，考虑到安全性和某些不确定因素，我们在做实地调查的时候一般要求至少两人同行，不论性别。所以入户调查的效率要比偶遇的效率低一些，但是为了保险，我们只能选择这么做。

今天符合受访要求的第一户人家算是比较典型的就地安置居民，是由核心家庭加上男主人年迈的母亲组成的。我访问了这个男主人，他正值壮年，上有身体不好的老母亲，下有刚上初中的儿子。但他却由于拆迁失去了原本的工作，新的工作也很难找。眼见着为数不多的拆迁款就要花完，他很是无能为力。看着他家豪华的装潢，我在心里默默感叹，有些事并不是像表面看起来一样呀。

第一户人家的调查进行了一个多小时。结束之后，我们再次跟上居委会工作人员的步伐。但是很可惜，到居委会下班时，我们没有再遇到合适的人家，早上的入户只得进行到这。

下午我和陈昱在居委会上班之前先进入了小区，进行随机采访，收获很大。

总体而言，今天的调查还算顺利。

【梁辰　社会学1202班　2015年7月11日】

正式调查已经进入了第三天。连续几天的早起，已经让组员们看起来有了些许的疲惫，但是为了抓紧时间多做几份问卷，我们还是得早一点赶过去。

在公交车上，我们碰巧遇到了几位在“家和苑居委会”长期驻扎的研究生学姐学长，据说他们所在的至善社工组织是我们学院在“家和苑社区”设立的一个试点，目的是帮助那些在拆迁之后失去工作的“就地安置居民”重新找到工作。他们在居委会办公的地方设立了一个办公窗口，不时组织招聘会等活动，为急需用人的企业和待业的居民牵线搭桥。

但是据学长学姐说，主动前来咨询的人员并不多，许多人嘴上说着想找工作，但心里却不这么想，他们认为反正还有拆迁款，混一天是一天。也有一部分人对工作的要求太高，希望高工资、多休假、工作时间不能太长、工作地点不能离家太远，可是自身的学历、能力又不太够，公司也不愿意录用他们，这才导致这个群体失业率奇高。经过一路上的交流，我了解到了更多关于这个群体的信息，我觉得这一定会对我接下来的调查有十分重要的帮助。

四

调查感悟篇

前言

当有学生在实习日志中深沉地感叹道实习生活“不只是尝试如何进行调研，了解调研的方法与过程，更是一场心灵与心灵的对话，是一场灵魂的旅行”时，我们可以确定，作为一项事件 - 过程训练的暑期实习安排可能带来了很多“行动的意外后果”：从心智磨炼到行为规训，从消极体验到积极参与，从个体行动到团队协作，从自我中心主义到意识到自我对他人的责任……有大量的自我反思和社会感悟发生在实习的过程中，抑或是在这一艰难旅行的结束之日。这一自我反思现象的出现，不仅关乎实地调查在更深层次上的完成质量，更与每个学生的社会化成果和生命历程息息相关，我们可以将这些带有成长意味的自我反思概称为一种“心智品质的成熟”。戴尔·卡耐基(Dale Carnegie)在其经典之作《做心智成熟的自己》中指出，所谓“心智成熟”主要包括了以下品质：强烈的责任担当意识、坚定的意志力、饱满的精神情绪、不屈不挠战胜怯懦的勇气、敢于冒险的精神……一个人的心智成熟度直接决定了其“情商”的高低，心智、知识和道德成为人们人生道路上不可或缺的成功要素。作为实习指导老师，我们对于学生们在实地调查过程中能够得到这些宝贵的人生财富而感到非常欣慰。

值得注意的是，并不是所有的学生都能在调查实践中感悟到这些，因为实际上确实有一部分学生是抱着一种“搭便车”的心态在消极地对待实习任务。在一个不依靠明确的物质激励制度而完全依赖学生们自身的自觉意识和使命感组建的实习团队里，有人想“不劳而获”是正常的，毕竟这样做的边际收益最大。但与此同时，这又是心智不成熟的表现，那些自以为聪明的人其实是浪费了一次磨炼自我和认知社会的绝佳机会。

可喜的是，绝大多数学生都能够全身心地投入到实习工作之中，他们抱着“办法总比困难多”的信念，不仅用他们坚韧的毅力和勇气，顽强地迎接着一个又一个挑战，不断地突破自我的意志边界，而且他们的社会学素养、专业技能以及发掘问题、分析问题、解决问题的能力在潜移默化之中得到了稳步提升，从他们接下来的实习日志中能够直观地感受到这一点。例如，由于有学生出于工具理性的价值判断对问卷调查的实用性提出了质疑，还有的学生对因为部分受访者可能谎报自身信息而导致问卷数据不真实的问题提出了质疑，这些质疑最后被归结于认为“问卷调查是一种形式主义”。有学生专门对此提出了自己的思考，他认为，问卷调查是否会成为形式主义，关键在于访问员自身的素质和能力。如果访问员能够准确而负责任地开展问卷访谈，就会尽可能地去获得真实有效的数据，责任感和“从我做起”是破除形式主义的不二法门。

还有学生对于随机抽样基础上产生的拒访现象进行了深刻反思，他认为那些拒访对象可能具备一些共同特征，即其社会信任感比较低，因此有可能存在某些关键变量共同作用于他们的社会信任感水平，而这些群体极有可能会因为拒访而被大量地排除在随机调查之外，因而导致随机调查并不随机。必须承认，该学生能够看到这一点是难能可贵的，这说明他的专业知识基础比较扎实，实际上这一现象在计量经济学或社会统计学中被称为“选择性偏误”，是导致统计分析时出现内生性困境的重要来源，学者们在使用这些数据开展研究时应该高度注意，要能够适当处理。

此外，还有很多学生谈到了团队协作、坚持不懈、知行合一、积极生活、公共责任、感知社会、相互尊重、情感回馈、自我责任、社会关怀等多个层面的实习感悟，这些感悟都是他们实践的产物，是行动的产物，也是自我进步的产物。这些感悟是如此的真实，又是如此的令人动容。希望读者们能够从接下来的文字中去“感同身受”，细细品味这些被称为“垮掉的一代”的90后们拥有的不一样的内心世界，说不定会有不一样的新的认知！

问卷调查是一种形式主义吗?

【黄雯倩 社会学1301班 2015年7月10日】

有一个实习小组已经结束实习回到长沙了，而我们还在苦等最后一个样本，大家心里都很着急，但目前除了等待，我们什么也做不了。在宾馆闲了快两天，大家都有些不安了，期盼着能够早点出去做访问。平时都难得清闲，可是真的闲了两天，大家又觉得很无聊，迫不及待地想要尽早开始工作。也许是因为在这里已经待了十多天，想要快点回到长沙；也许是因为想要尽早完成任务，早日离开邵东；也许是因为在我们自己的学校主办的“2015年中国社会学年会”召开在即，想尽量赶回去参加；也许是因为最后一个社区的调研最难，大家终日提心吊胆，所以想早点面对，以求解脱。总之不管怎样，我们想要尽快完成应该完成的工作。

盼呀盼呀盼，终于在下午三点多时，我们的样本出来了，大家迫不及待地准备出发。“红土岭”果然不“负”我们所望，拒访率相较之前高了许多。我遇到的几户都还算好，叔叔阿姨人都还不错，很配合访问，但是小组里的其他人可就没这么幸运了。他们要么因为门禁根本找不到人，要么直接被人赶了出来，或者是访问进行了一半，受访者不耐烦了，被赶了出来。总之，大家都有各种心酸各种累。

在访问中，受访者或者拒访者大多表现出了一个共同的疑虑：这个调研究竟有什么作用？它是否能够真实地反映民情？我们曾无数次地被斥责为“形式主义”，甚至我自己在访问过程中也能够发现一些数据不真实的情况，但我依然觉得，虽然不能保证每份问卷都真实可信，但就总体而言，它们还是能够反映出一些情况的。对于受访者而言，如果他回答的都是真实的，那么它至少能对最终的结果起到一定作用，虽然可能很微小。但如果他是胡乱回答，或者不依据实情与自己内心真正想法作答，那么这份问卷无疑就真的是“形式主义”了。

有的时候，我真的很不能理解，为什么很多人斥责形式主义，但自己却做着形式主义的事呢？你若光明，社会便不黑暗；你若真实，社会便不虚假。很多人不明所以地斥责政府腐败无能，但是当自己发现一些违法乱纪或有损自己正当利益的时候，却又不采取行动维权，这其实也是一种助纣为虐的行为。也许这与社会大环境有关，但我觉得，不管怎样，作为一个中国公民，你只是横加指责政府的不作为，但自己却又不加入改变的行列，试图等待别人去行动，自己则坐等社会一点点变好，这是不负责任也不切实际的行为。改变是从一点一滴开始的，如果你觉得不满、不好，那就去行动、去改变，至少你可以影响身边的人，至少世界会因你而有一点点不同，至少有一天你会自豪地告诉自己，我为社会做了点什么。

【谢怡景　社会学1601班　2018年7月17日】

今天是我们实习入户调查的最后一天，仅剩下“红土岭社区”的最后几个样本，大家面临的压力也小了许多，基本上每一组完成1－2份问卷就可以收工，我们也即将完成整个农村实习任务。在过去几天的努力下，我们接连完成了佘田桥、柳东村、联合村和部分红土岭社区的核图与入户调查任务，在这个过程中，我们也深刻感受到了城市社区与农村社区的区别与特点。农村社区朴实热情，虽然沟通上存在一定的困难，但是老乡们在明白我们的来意后，都会认真地接受我们的调查，而城市社区对陌生人的警惕性较高，多设有门禁等，敲门也很难进入。

顶着炎炎夏日，我们到达了红土岭社区，刚开始不久大家就已汗流浃背，我们开始尝试进入昨日未能入户的样本，可惜的是昨日未能入户的今天也依然不在家，这样会让我们失去一些样本，实在是让人头疼不已。在经历了一段时间的尝试后，我们终于成功入户一家，一对夫妻接受了我们的访问。这一户的孩子十分热情外向，面对陌生人也不畏惧，还与我们一同玩拼图。在家长接受访问时，我们就与孩子互动，总体来说还是一次比较愉快的访问。在访问中，我们也经常遇到一些情况，例如在城市的住房内，有的住户只有一个孩子在家，在我们敲门后为我们开了门，敲门的是我们或亲戚还好，如果真的有心怀不轨的人，实在是太危险了。还有的单元门进入后便是很多住户，大家随意地敞着门，可以看到有的家里只有一个还不会说话的孩子坐在客厅，安全状况实在堪忧。

在大家的努力下，在正午时间我们便已完成所有的任务，实地调查的全部内容也就告一段落。这十多天的调查，在开始之前就觉得十分漫长，我们也做了一定的心理准备，毕竟这不是一件轻松简单的事情。确实，相比每天在学校里安心学习与完成作业来说，深入社会实地调研是一种完全不一样的体验。白天我们要实地核图，改住户清单与备注，晚上我们要凑在一起重新绘制地图，完善住户清单。每天我们都挥洒汗水，位居“微信步数榜单”的前几名，这是一项全新的挑战与经历。虽然在实习过程中有汗水与泪水，但总体而言我们还是颇有收获，也非常感谢所有组员在一起完成任务时满满的热情与努力，即使面对挫折，大家也都一起扶持着。

在做问卷调查时，我常常有些反思，例如这些问卷调查究竟有什么实际作用，真的能够帮助人们吗？虽然我们现在还有些迷茫，但也确实有值得我们思考与探索之处，我们要真正理解社会调查与数据分析、量化技术的作用，提高自己的社会学素养与能力。

本次农村实习让我感触颇多，它让我们深入参与社会调查，感受风土人情，也让我们面对挫折得到锻炼，其中有欢声笑语也有泪水，都是我们最难忘的回忆。

我们的样本科学吗？一种选择性偏误

【彭圣钦　社会学1402班　2017年7月4日】

实习到今天，我突然对社会调查研究中的科学性问题产生了一些新的思考和认识。所以在今天的实习日志中，我就想将我这些还比较凌乱的思考，稍微整理一下。

抽样方法是整个社会调查最核心的部分，因为抽样质量的高低决定了样本是否具有代表性，也决定了研究者是否能用样本数据推及总体。所以抽样的随机性决定了样本的无选择性，是社会调查研究的重中之重。我们本次调查所采用的地图抽样，就是一种理论上的等概率随机抽样。但是在实际操作中，是否能保证这种理论上的随机性就是另外一回事了。

我对我们抽样随机性的质疑源于我们在实际入户中的很高的拒访率。因为被拒，我们不得不更换另外的样本，这一操作也是符合规范的。但最后我们却发现，那些访问成功的样本似乎具备一种共同的特征。比如，党员的受访率高，这就导致了党员在样本中的比例要高于实际生活中的比例；受访成功的群体也具备相似的品格和特征，如热情、外向、心理健康、对社会的信任度高。有一次访问，我感触颇深，在我问到有关社会信任的一系列问题时，受访者用略带讽刺的口吻反问我："如果我不信任，还会给你开门，还会花一个多小时帮你做问卷?"这一句话给我猛然一击，原来这些访问成功的样本已经被筛选过了。而负责筛选的机制，并不是研究者，也不是访问员，而是受访/拒访。

也就是说，那些访问成功的群体实际上是一个有选择性的群体。结果就是，我们辛辛苦苦做的各项确保抽样随机性的程序和技术，被受访者的受访/拒访行为抵消掉了，大大降低了样本的随机性。据我所知，目前还没有克服这一问题的技术方法。至于受访/拒访行为对样本随机性的破坏有多大，以及多高的拒访率才会导致样本具有选择性，则还需要更进一步的实证研究。

拒访中的信任危机是一个大问题

【郝磊　社会学1402班　2017年6月28日】

今天是我们进行入户调查的第二天，吸取了前一天的教训，我们改变了原有的分组策略，我和曲商羽搭档去进行调查。可能是女生敲门更容易让人接受吧，我们第二天的工作有了点起色。

我们还是沿着昨天的路线，先把一些“疑难”的样本过了一遍。虽然走了不少的路，但也只成功做了一两份问卷。

最让人气愤的就是望城电力宿舍，那里的门卫说什么也不让我们进去，一会儿说有门禁不让进，一会儿说进去怕出事……我们说已经经过社区允许了，他还不相信，还说他就是社区的，怎么不知道……唇枪舌剑了几个回合后，我们还是决定先放弃这个小区，等我们拿到更多的“凭证”再来“挑战”。

其他的小区虽然没有这么强硬的门卫拒访，但是成功率也并不是很高，有几户人家直接表示不愿意接受我们的调查，大多数都不在家，或者在家却不愿意开门。这种情况我就不是很理解了。明明有人在家，愿意或不愿意都应该给个准话啊，让人硬生生地等在门外真的好吗？特别是那种明明在门外可以听到屋内的电视声和说笑声，但是一敲门，这些声音就都戛然而止的情况，真是叫人郁闷！

然而拒访也并不都是让人心寒的。我们遇到了一位阿姨，她很明确地表示不愿意接受我们的调查，但是也很有耐心地听完了我们的介绍，也翻阅了我们的问卷，最后还是很有礼貌地拒访了。

我也思考过，为什么我们会遇到这些拒访的情况。首先可能是因为受访者此前曾接受过很多类似的调查。其次，可能是真的没时间来配合我们完成调查。最后也是最重要的，那就是对于调查项目和调查员的不信任。这种信任危机，在任何社会调查中都应当引起重视并加以解决。

在现在这个风险社会，人与人之间的信任薄如蝉翼。人们都担心别人会伤害自己，特别是泄露自己的隐私。所以我们的受访者在被问到经济收入、号码等隐私的问题时都会闪烁其词，甚至闭口不言，真是让人揪心。通过这种调查所采集到的数据，其真实性和可信度也着实令人担忧。

这也同样需要我们反思，我们做调查，采集数据时是否盲目贪多，是否真的能为受访者保守他们的私密信息，是否真能仅将调查结果用于学术研究？如果不能做到数据安全与保密，势必会影响到整个调研的大环境。

同样值得反思的还有我们自己。作为当代的高校大学生为何得不到社会公众的支持与认可，为什么陌生人不愿信任我们，是大学生群体名声坏还是人与人之间本来就缺少信任？我认为大学生不被社会认可是一件很可怕的事，这意味着作为群体精英的大学生丧失了其地位，社会对于精英群体不再重视、接纳，那么这个社会将会变成什么样？真是难以想象，希望明天会更好吧。

【汪涵　社会学1402班　2017年7月10日】

昨天晚上把问卷录完，签到班次也满了之后，今天便没有去实验室了。美呼呼地睡了一个大懒觉之后，需要把自己的问卷认真检查一遍。翻着那些Epidata里的数据，之前的访问对话恍若飘荡在耳边，其中有疑惑、好奇、认真、不耐烦……我想象着不同的情绪和声音下不同受访者的神情，也想象着如果我是访问员，又该如何与他们进行互动，因为考察人际间的互动也是社会学的旨趣之一。

这次实习，让我学会了一些东西，包括学习上的，也包括认知上的。学习上的，例如社区绘图与抽样，实地考察然后绘图这项技能是我们之前没接触过的。另外，电访录音也是收集第一手资料的良好方法，可在节省财力、人力的同时，提高访问的效率，也能对同质性的人群进行大范围的访问。

还有两点也让人印象特别深刻：

一是在进行调查之前和调查时，与相关部门的沟通联系工作很重要。我们组的调查，由于前期与社区和保安部门、物业没接洽好，所以在调查的时候遇到了很多阻碍。

二是现代人的信任问题。在实际入户的时候，很多人都是警惕心非常强的，对我们充满了防备。很多人不愿意开门，对问卷调查也没什么兴致，他们会质疑调查的实际作用，也质疑我们调查员的用意。虽然在多次的努力下，问卷最终完成了，但不得不反思社会上人们信任感和安全感缺失的问题。

总之，专业的实习结束了，人生的实习还在征途之中。

【刘雪晴 社会学1102班 2013年7月7日】

今天遇见的受访户真是各有特点，让我都有点应接不暇了。

早上去的花桥镇小学，那里有两户人家被抽中。先去的一户是住在小学里的勤杂工，我们到的时候，她正窝在老旧的沙发上和她的小女儿看电视，看上去像是离异的单亲妈妈。见到陌生人，她和她女儿都散发出一股强烈的敌意，这次真的是很受挫，我们口干舌燥地说了几十分钟，软硬兼施，什么都用上了，她却怎么都不买账。不仅连门都不让进，还不正眼瞧我们，僵持了近半个小时，我们已经筋疲力尽，而她也不再搭理我们。我们尴尬地又站在门口两三分钟，见再无力说服她，只好可怜巴巴地转身走人。今天第一仗，惨败。

再去同样住在学校的另一户，这户户主是小学教师，涵养气质都非常好，在我们自我介绍说明来意后，她很热情地请我们进屋聊。

我们于是开始做问卷，中间她还请我们吃冰西瓜，弄得太客气，我们都不好意思了。最后结束问姓名，她委婉地拒绝了，但联系方式还是很爽快地告诉了我。她真是我这次实习到目前为止见过的最认真的受访者，问到她记不清的客观问题时，她还打电话询问她的同事确定，让我们感动不已。这次的成功带来的喜悦冲淡了之前拒访的难过，真是太感谢这位老师了，不愧是为人师表。

走访的时间总是过得飞快，转眼又到日暮。

望着医院内的员工住房楼，我暗暗捏了捏手掌，加油！

本以为在这个时间医生们应该都下班了，结果我们又猜错了，询问了在楼下乘凉的老人，才知道还要再过一会儿，好吧，那就等吧。

等了半个多小时，旁边休息的大妈提醒我们×××户主回来了，就是他——一个中年男子，长得很是魁梧。我们试探地走上前拦住他的脚步，谁知道在知道我们的来意后他竟情绪激动，语速极快，似乎在骂人。围观的人渐渐多了起来，以我们仨为中心，仿佛在看戏似的。我们只好低着头希望等他那莫名其妙的怒气过了，能够接受我们的请求。谁知，他不但没有平静反而越骂越来劲。围观的人群中有认识他的人，安抚了他并把他劝走了，又对我们解释说他刚喝了酒，所以才会这样失控，让我们等他酒醒了再来，这样可能会好些。我们谢过他，很沮丧，围观的人群也慢慢散了，还有年轻人走上前来让我们采访自己，我们婉拒了，他看上去好像还有些不高兴。

这时刚好接到其他组员的电话，他们说自己那片区域已经做完了，问我们要不要帮忙，于是我们请这位男组员过来试试，或许同性间比较好说话。他去试了一下，居然成了！我们惊奇万分，去他家中一看，原来是那位大叔的儿子在家，性情比较温和，而且恰好又是户内抽样抽中的人选，于是居然就这么坐下来谈了起来！

我们重拾信心，刚访到一半，却看见男同学下来了，一问才知道是户主回来看见访问又大怒，把他赶出来了，真的是……

天色渐暗，楼下已经黑得快看不清了，在昏黄的灯光下，我们终于艰难地搞定了这户。

回到住处，发现不出所料，花桥事已毕，只剩下最后的干田垅还尚未核图，决定明日出发。

【张青青　社会学1001班　2013年7月3日】

鉴于昨天大部分同学都集中在校本部调查，今天我们决定转战湖大。因为东方红广场向来是人流集中的地方，我们决定在此处蹲点。但实际效果却不好，一天下来也只做了两份问卷，遭到拒访的情况很多，我分析具体原因如下：

第一，东方红广场人流聚集，但并不是老年人聚集最多的地方，空巢老人更是少。我们选地点时只注意到了此处人流多，但没有注意到我们调查的群体并不多，以至于我们不仅浪费了一天的时间在此逗留，而且多次拒访也深深打击了我们的自信心。尤其是相当一部分人都不听我们在说什么，直接摆手拒绝。甚至有一位大爷，我说完自己的目的之后，他指着自己的眼睛说看不清，当我提出要为他读时，他又指着自己的耳朵说听不清。我当时心情就低落了下来，他明明刚才和周围的人聊天聊得挺好的，我一去就说自己看不清、听不清，我这颗受伤的心灵呀，委实有种挫败感。

第二，东方红广场各色人员混杂，其中当然不乏宣传物品、要求填写问卷的人。可能大家长期在此地逗留，对于调查接触得多了，也麻木了。这也是他们保护自己的一种方式。毕竟现代社会各种错综复杂的事情都有，各种高明的骗局也有。或许这些人曾经有过类似经历，或者听说过一些不好的事情，所以对调查者相当排斥。他们为了保护自己而拒绝他人，这对他们有益无害，碰到了这样的特殊地点，我们只能自认不幸。

【梁辰　社会学1202班　2015年7月13日】

今天，我经历了实习以来最惨痛的一次被赶出来的经历，事情的经过是这样子的。

我走进了小区里的一家小超市，想问问老板是否是“就地安置居民”。正巧，这时居委会的工作人员从楼上办完事下来，路过这家小超市，于是他们就热心地向老板说明了我的来历，并希望老板能够配合。我想着，有居委会工作人员的担保，我还怕什么呢，于是就喜滋滋地和老板攀谈了起来。除了有些听不懂老板的长沙话之外，调查进行得也算顺利。

没想到，就在调查进行到快要结束的时候，老板的儿子来了。他一开始是质疑我的身份，我就向他解释了一下，我来自中南大学，现在是为了完成暑期实践才对他父亲进行采访，并没有任何恶意。但他竟开始质疑我们调查的意义、真实性等。很明显，他一回来，老板就不愿意跟我多谈了，我试图忽视那年轻人的质疑，继续与老板交谈，终于惹怒了那位年轻人，他一把抓住了我的胳膊，不论我怎么说都不管用，一把把我推出了大门，真是令人生气又可怕的经历。

共克时艰："团队"的意义

【谢然　社会学0901班　2012年6月23日】

攸县是个旅游胜地，干净而且还有一些文化古迹，有的小组借此机会到周边的景区玩赏了一趟。他们回来之后还给我们看了照片，的确风景不错。我实在是有些疲惫，身体不适，加上这几天酷热难耐，有点体力不支，于是就在住处休息了，与大家聊聊天，得空看看他们打牌，倒也十分欢乐。

看来人的适应性还是与社会性相关的，在人多的地方就能适应得快一些，同时，在一个艰苦环境中集体也比个人适应得快。大概是由于人的群居性和社会交往的需求，大家在一起的时候，就更加容易增强克服困难的信心和勇气，这就是"团队"存在的意义吧。

【周佳　社会学0902班　2012年6月20日】

一个团队，总会有一些分歧，我们组也不例外。尤其是在极热、极累，大家都身心疲惫的情况下，对于情绪的控制会更加不好，甚至有语言上的冲突，但是幸亏大家相互都比较体谅，没有太过于计较。

希望我们的团队越来越好。

【冯红　社会学1301班　2015年7月11日】

昨天晚上，经过我们的不懈努力，全组总共完成了9份问卷，所以今天再做完16份就完工了。大家都说要争取在今天之内"干掉"红土岭。

今天早上我们大概九点才出发，主要是考虑到今天是星期六，好多人周末可能想睡个懒觉，去太早会打扰到别人，问卷可能就更难完成了。

昨天晚上，我们走遍了30户才做成9户。今天早上，追加样本下来了，不知道能做成几户，感觉前路一片迷茫。不过迷茫归迷茫，该做的还是要按部就班地做，一步一步走着不就有“路”了嘛。

这次的追加样本中又有几个分图 2 的，全是门禁，使我们感到绝望。我们终于找到一户没有门禁的去敲门，结果没人在家，更是令人绝望。虽然其他的样本全是有门禁的，但我们还是都跑了一遍，去的时候楼下的门果然是锁着的，我们的心瞬间就“拔凉拔凉”的了。所有抽到的户都跑过了，实在没有做问卷的可能，我们就决定在门口“蹲点”。等了好一会儿终于让我们碰上一个从外面回来门禁没关的，我们就趁此机会溜了进去。可惜的是，敲了好久的门都没有回应，也没听见屋里有声音，想来是没人在家吧。

我和春丽辗转于抽中了的这几户，在同一条路上走了好几遍，还是没有发现做成问卷的可能性。于是我们决定去支援其他组，看还有没有需要去敲门的户。我们分图 2 离分图 5 比较近，分图 5 抽中的也比较多，我们就去了分图 5。由于不是自己熟悉的分图，找建筑物也耗费了一段时间，结果敲门的时候发现家里没人，又是一个“暴击”。

同时，其他组的情况也十分惨烈，拒访的、无人在家的实在太多了，又要申请追加样本了。在我们还在分图 5“游荡”的时候，追加样本下来了。我们组又抽中了有门禁的户，真让人心累。但是我们还是去把抽中的几户走了个遍，不是因为门禁上不了楼就是无人在家。今天很有可能就是最后一天了，红土岭是舍不得我们，要让我们再多留一天吗？我们又在街上晃荡了好久，去抽中的户敲门，还是没人在家，我们分图 2 再次“全军覆没”。好在其他组虽然做得也很艰难，但成功率比我们高多了。拒访和问卷完成的消息同时传来，让我们又是喜又是忧。

下午三点多，加上在做的和已经完成的，我们已经有 24 份问卷了。捷报传来，大家都很开心，终于要做到最后一份问卷了。但我们在早上追加的样本里已经跑了好几次，已经没有访问的可能性了，又要继续追加样本了。追加样本下来，离得最近的小组就去做问卷了。我们“闲散人员”就先集中起来，等待先遣部队的好消息。最后一份问卷在下午五点多的时候做完了，大家都特别开心。到了大本营，大家又把各自做的问卷份数加起来核对了一下，满了 25 份才敢放心。

终于要离开这个地方了，以后应该也没有机会再来，但在这里所经历的一切将永远存在于我们心底。我们在这里哭过、笑过，为着同一个目标一起努力过。庆幸遇到了这样一群好队友，大家相处愉快，工作也很合拍。一起努力的时候，每个人好像都在闪着光。我们在这里接触社会，感受社会，与初次见面的人深入交谈，只有社会学才这样特别，这让我们社会学学子也变得特别起来。

【李晨阳　社会学1201班　2015年7月9日—7月10日】

【7月9日】今天早晨坐的207路公交果然快了很多，八点半就到了家和苑小区。还是和昨天一样，两组人跟着入户，另两组偶遇。今天上午，我还是入户，做了两份；中午，趁着在小区门口等人的工夫，又抓住机会填了一份问卷。一上午完成了三份问卷，太开心了，看来今天可以完成任务量啦！

中午和居委会的工作人员、主任、我们的学长学姐一起吃饭。我们三个组长作为学生代表，向居委会表示了感谢，没有他们的支持我们不可能这么顺利。

下午我进行偶遇，刚好赶上社区活动，那里聚集了很多人，所以顺利填完了两份。今天完成了5份，加上昨天的5份，我的10份任务量就算完成了。但是组里还有其他小伙伴没有完成，所以我们还要去帮忙。

【7月10日】昨天，我完成了所有的实地调查任务，但今天还是陪着其他组员来到小区，帮助他们一起完成。我觉得这也是团队精神的表现——不抛弃、不放弃、共进退！今天，在大家的共同努力下，我们组所有组员基本全部完成了任务，明天就要告别社区，还是有很多不舍，因为这几天遇到的人都让我印象深刻。

健谈热情的彭爷爷，因为儿子瘫痪默默流泪的张阿姨，有三个儿子、身体依然健朗的76岁的刘奶奶，一直默默帮助我们的学长，支持我们工作的陈主任，跟着我们帮我们解决问题的黄娟老师，注意细节的雍昕老师和潘老师。有很多人虽然以后不会再见面了，但是至少那一刻他信任你，愿意向你倾诉。我觉得这是完成问卷时最让我幸福和给予我动力的源泉。我们无法参与他们的故事，但聆听同样是一种宝贵的经历，我越来越爱社会学了。

【仇雪郦　社会学1102班　2013年7月13日】

实地调研结束了，我们有些匆忙地回到长沙。收拾行李那一天，略微匆忙，好不容易赶上的中巴车极为颠簸，车身“咣当当”响个不停，发出自己的抗议。回学校后，发现自己落了两件衣服在住处，我尝试联系老板，老板是好人，帮我把那两件落下的衣服邮寄了回来。

调研结束了，实习进入收尾阶段，我们进行了问卷录入、组内总结等后期工作。学习和生活又重新回到了原来的轨道。回想实习的半个多月，那些欢笑，那些辛苦，那一个个鲜明的表情，都定格在了回忆里，丰富了我的生命长河。

在这个过程中，我们小组有过分歧，有过吵闹，有过争执，但更多的是团结友爱、互帮互助。半个多月以来的朝夕相处、并肩奋斗，增进了我们彼此的了解和感情，给了我们一个全面了解彼此的机会。小青姐的“呆萌”、负责，小龙的迅速高效，雪晴的细腻、缜密，娇娇的踏实认真……组里的每一个成员都给我留下了深刻的印象，带给我不同于课堂上的惊喜。

这次实习给了我太多太多美好且珍贵的回忆，同时丰富了我的人生阅历，真是一笔不可多得的宝贵财富。从这次实习中，我学到了团队合作的重要性；认识到了有效沟通是一个组织有效运作的重要保证；也看到了团队 leader 的不易。此外，我从这次实习中发现了自己许多的缺点和不足，例如固守己见，易与他人起争执，没有掌握团队沟通技巧等。在今后的学习生活中，我应该注意改正自己的缺点，不断完善自我。

实习结束了，然而生活还在继续，它将进入下一篇章。

【孙书彦　社会学 1402 班　2016 年 7 月 9 日】

实习进入收官阶段，最后一天也要站好最后一班岗。也许是因为莫名的激动与兴奋，前夜难以入眠。临走前的伤感与不舍突如其来，这 10 天所经历的幕幕场景涌上心来。入户拒访、大街上偶遇、和小伙伴一起并肩作战等等，难以列举。实习让我们的关系变得更加亲密，以前可能并不熟悉的同学在合作中逐渐变得默契。我十分感谢大家，在我们一次次被拒访的时候，一次次沮丧绝望的时候，是集体让我们重新打起鸡血迎难而上。We are a team！我们可以不相信自己，但在困难面前我们选择相信团队。在不断的加油打气中，我们撑过了 10 天的实习。可能会有人说天天入户调查是枯燥的、乏味的，但是我们学会了苦中作乐。每天我们都带着惺忪的睡眼和疲惫的身躯回到宾馆，来不及洗澡就开始审查整理问卷，然后开会讨论明天的安排。每天的任务都是满满的，但是我想说“并肩作战”的感觉是幸福的，痛并快乐着，我喜欢这种感觉，尤其喜欢和队友一起克服困难、解决问题、迎难而上的感觉。

总的说来，实习过程中酸甜苦辣五味俱全，我们收获的是深厚的革命友谊。我想以后我回忆起湘潭时应该不只是一张张拒访和质疑的脸，更多的是合作、沟通的场景。19 岁的那年夏天，我们来到湘潭，深入社区，把我们的汗水和热血挥洒在这片土地上。感谢我们拥有的这段经历，感谢我们从这段经历中获得的领悟，感谢所有的痛苦与欢乐，它们伴随我的成长，也见证了我的成长。

何谈放弃？坚持就是胜利

【李雨薇 社会学1002班 2012年6月29日】

今天是到隆回县的第四天，是入户调查的第三天。

上午我们这队进行得特别顺利，我访问的是一位刚生完孩子的阿姨，她很耐心地回答了我的问题，整个过程都很轻松、愉快。同时，组长也在钱主任的陪同下成功地访问了一个大学生。

下午和晚上，我和组长把剩下的没走过的住户都走了一遍。但是要么是没人，要么是拒访，许多户里只成功访问了一份。这让我们极度沮丧，对未来几天的工作也充满担忧。

回来以后，又累又烦，心里想了很多。首先我觉得这个工作既费脑又费体力。因为我们不仅要思考如何与被访者沟通，又要走很久的路。每天不仅身体上觉得累，还感觉到心累。如果你付出的努力有了收获，那么再累也值得。可是像今天这样，不知道爬了多少层楼，走了多少里路，却没有成功几份，这就让我们特别不舒服，有一种徒劳无功的感觉。

晚上我和爸妈通了电话，在他们的安慰下我也释然了。不管怎样都要坚持，太阳升起前是最黑暗的，我相信含泪播种的人一定能含笑收获。只要我们坚持下去，以真诚的心与人交流，一定能获得他人的理解。

【张晗 社会学1001班 2012年7月11日】

今天的任务是在笆篱乡五斗冲村进行调查。早上出门的时候还有些不那么明媚的天，转瞬变得温热，高温少风的天气几乎令人窒息，走不了几步就浑身是汗。不过，好在这些天下来基本可以适应了。前两天向宇同学轻微中暑，我自己昨天也吐了，大家多多少少都有点不舒服，但每个人都一直在努力奋斗，没有退缩。

【李鹏丽　社会学1101班　2013年6月30日】

实习地：砂石镇柳东村　主要工作：核图

今天已经是真正的实习第三天，我不知道自己的感觉是什么。不过今天早上真的是把我累惨了，真的很困，不想起床，在车上除了睡还是睡。

终于赶到了目的地，觉得一下子轻松了好多，小憩了一下，就开始奔赴我们的调查场地。村子真是太大了，从村头走到村尾，我们走了40多分钟。

坑坑洼洼的路面，到处都是小石子，不小心就会崴一下。虽然之前爬过很多次山，但是像今天这样赶着时间、顶着太阳走在路上，还是特别不舒服。

看了看之前的实习日记，发现自己真的是抱怨太多了，对自己有各种不满意。做事真不能抱怨太多，有些事情只有凭着坚定的意志方可做成功。

对于今天我们的工作，我还是比较满意的，没有什么可以逃避的，因为无法逃避。

从今天起，做个积极的人。

从今天起，做个乐观的人。

从今天起，说话多思考，讲话细斟酌。

从今天起，笑着迎接风雨，面对风浪。

看了一下明天的天气，是多云，应该不会很热吧，真希望我们的任务可以顺利完成。加油，我相信我们这个集体。

我们每一个人都是特别有毅力的人，什么都不怕，只要我们坚持不懈。

今天很痛苦，明天很美好，我们一定会获得明天的美好，加油呀！Try it on！

【张贵生　社会学1001班　2012年7月6日】

今日的天气真是好炎热，烈日当空，似乎绝不会放过这世间万物。按照之前的工作安排，今天的任务是开始列举方面的工作，依然由相应分组的同学负责完成。

列举工作是重中之重，它涉及清华大学项目组能否正确抽样以及我们今后的调研工作能否顺利进行。在清华大学的项目任务分配中，湖南地区只有一个地方是用来研究流动人口的，那就是我们娄底。因而，相比于其他地点的小组而言，我们小组的研究对象更为特殊，情况也将更为复杂。

我们都必须亲自登门拜访，确认户内是否有流动人口以及0～15岁的儿童。由此，社区里分散各地的一万多名流动人口都得全部找出来，无疑这是一个极难完成的任务。现在城市社区里的居民普遍具有较强的戒备心，由于人与人之间信任感的缺乏，很多人根本难以相信我们的身份。访问中甚至出现有人隔窗与我们谈话，也就是拒绝开门的情况。而且由于大部分流动人口来到这里定居多半为了做生意，有的天还未亮就出去做生意了，家里根本没人。可以说列举工作的艰难是难以想象的。

坚持了一天之后，大家都人困马乏，明天继续。

【薛景　社会学1102　2013年6月29日】

一大早，起身收拾了行李，赶紧到楼下退了房，胡乱地填了一下肚子，便赶紧坐上开往马家溪的巴士。这四个社区距离远，交通又不方便，看来今后的几天也要这样东奔西跑，拖着行李找地方住了。

这两天买东西常常条件反射似的压价。看来做账房还是可以培养理财能力的。我们在摇摇晃晃的巴士上，早已忍不住小鸡啄米似的打起了瞌睡。这时，雪晴突然猛拉了我一下："糟了，我们把实习日志落在旅店了！"我一听就醒过神来，前天我亲手把我们俩的实习日志都放进柜子里，早晨太匆忙，给忘了。也不能现在回去取，于是我们只得之后再找机会回怀化找。我们搭公交只能到县里，所以只能在县里四处找能发图和打印的地方，好在县中学附近还有家文具店。终于等到了去马家溪的车，车费还真不便宜。不一会儿便到了马家溪，小青姐给村主任打电话，希望他能帮助我们找住的地方。可回复还是只有那家专门用来度假的别墅，价钱可想而知。我们几个排成一行，拎着行李在别人屋檐下躲雨，看着面前巨大的农庄和树下悠闲吃草的黄牛，住在这里应该还不错。雨小一些，我们便徒步走进了马家溪。一路上风景真是不错——绿树、青草、木屋，进入村里首先就看到了农庄。在露天游泳池里有戏水的人，还有在坡上饭馆里悠闲吃饭的人，度假的人可真不少呀。可谁知不巧的是，这段时间别墅在装修，没有住的地方，想奢侈一次的美梦也碎了一地。最后，还是在村主任的帮助下找了一户农家，安排我们住下。中午，我和雪晴一组，分别负责两个分图。我和雪晴一路寻找着目标，按图索骥。在山上的那几户人家不容易找到，而且上山的路况也不好，让我们胆战心惊。

下午在老乡家和雪郦他们三人汇合后，便一起开赴分图三。从图上看，分图三是最远的，可没想到那么远。我们走了一段水泥路后便再没有平坦的路了，路况非常不好。尽管路途非常坎坷，但我们也怡然自得，从山上看树、看天、看云都那么美。我们拄着拐杖埋头走着，走了将近两个小时，终于眼前一亮，见到了图纸上标注的空地。这就是希望啊！我们瞬间感觉充满了力量，像是久旱逢甘霖。闲话不多说，见到村民后，我们做了基本的介绍，便开始了核图的工作。等工作告一段落时，天已经黑了。我们打着手电筒，慢慢下了山。回到住处后，感觉腰酸腿痛，草草洗漱就赶紧休息了。

【江滢　社会学1102班　2013年7月6日】

上次在豹子垅我已经做了两份问卷，按照任务分配，每个人要完成六份问卷，所以我在豹子垅社区的任务还有四份问卷。那么今天的任务其实还是蛮艰巨的。

一大早起床后，我们一起去外面吃了早饭，分配了任务之后就开始各自行动了。我要做的样本都在分图2，分布比较集中，做起来也方便一些。

不过我出师不利，寻找的第一个样本不在家。我只好先去寻找第二家，等过一段时间再回来看一下。我按照住址找到第二家时才发现好像有一点问题。因为住户的门联跟样本清单上备注的不一样，但住址却是正确的。我再三确认后向督导打电话询问，督导查找了总的样本清单，发现我手中的样本清单上的有些备注并未修改，我所寻找的被访户就是这一家。为了避免接下来再出现这种错误，督导将我手中的样本清单上的住宅地址和备注都一一核对了一遍，确保没有错误。

我敲开住户的门，开门的是个小姑娘。我向她说明了来意之后，询问她家中还有哪些人，小姑娘告诉我只有爷爷奶奶住在这里，而她只是暂时居住。了解了情况后我用抽样页进行抽样，结果抽中了她奶奶作为被访者。因为奶奶不在家，所以我请小姑娘带我去找奶奶。

奶奶就在楼下，在用一个火炉蒸鱼。我向她说明了来意，奶奶欣然接受了我的访问，这让我很是开心。于是奶奶一边向火炉里加柴，一边回答我。在访问中我了解到奶奶受过高中教育，这使得我的访问更加顺利。因为问的问题奶奶都懂且有自己的一套看法，这让我觉得很有收获。整个访问进行得很顺利，过程也很有趣。访问结束后，我向奶奶赠送了毛巾表示谢意，谢绝了奶奶的挽留，准备去寻找下一个样本。

可是寻找下一个样本时，我又遇到了一点儿小问题。因为图是复印的，所以有些模糊不清，因而我无法确定我所寻找的74号楼在图上的位置。只好再次打电话向督导求助，确定了那栋楼的位置后我就出发了。这一户的访问也很顺利，因为前些年学长学姐们都来过。所以我们过来做就免去了许多麻烦。很多人都知道我们的来意，所以很容易接受访问。

这一户访问完后，我决定再回到第一户看一下是否有人在家。很不幸，依旧没有人在家。从邻居的口中了解到，这家的住户是一个单身男人，经常出去打牌、打麻将。不知道什么时候回家，于是我只好记下时间，等晚上再过来看看。

在我做到第三份问卷的时候，阿楠打来电话告诉我，她因为几个样本都找不到人所以先回去了，又问了我的情况，顺便叫我回去吃饭。所以做完第三份问卷后我就整理好东西回到宾馆。小组的人都在，大家相互通报了进展情况后决定去吃饭，吃完饭后稍做休息，我们又再次出发。

下午三四点钟的时候，我又去第一家看是否有人，却发现仍没有人在家。无奈之下，我只好前去最后一个样本。这次开门的是一个年轻的姐姐，她已经有两个孩子了。用抽样页进行抽样之后，选中的被访人是她的丈夫，正好她丈夫今天在家休息。不过我在进行访问的时候，却发生了一点小状况。那个哥哥一直问我是做什么的，那个问卷做出来又有什么用，我很认真地向他解释清楚了。他看到问卷很厚，所以不太想接受访问，我只得耐心地一再向他表明这个访问的重要性。最终，他还是勉强同意了访问。我连忙翻开问卷，开始认真问访。访问过程还算顺利，那位哥哥虽然勉强接受访问，但回答问题还算认真。在他想敷衍的问题上，我一再地重申问题从而得到了他的回答。

访问结束后我觉得有些口干舌燥，告别这户人家，我今天的任务就完成了，心中充盈的都是满满的成就感。不管过程多么辛苦，只要坚持下来，认真努力就一定会收获一个不错的结果。

尽管我的任务已经完成，我还是决定去一直没人在家的第一户看看。很可惜，还是没有人在家，我就回宾馆了。回到宾馆后，发现阿白也完成了任务。阿楠和大宽还各有一份没有完成，还要继续访问。我休息了一会儿后，就开始整理和审核今天做的问卷，这时候天已经快黑了。

到了晚上八点多钟的时候，阿楠他们也回来了。我们买了饭上来，一起吃饭看电视，共同享受工作了一天之后的放松时间。

到现在为止，我们小组的问卷访问工作就结束了，接下来就是对问卷的审核和最终用红笔圈点的工作了。而这些工作都可以在房间内完成，无须在外面奔波。所以大家都很开心，明天我们的工作就会进入一个新阶段了。

【杜婷婷　社会学1202班　2015年7月7日】

今天是正式开始调查的第一天。大家精神饱满，对调查了充满信心与期待，按照约定的时间与地点集合之后，我们顺利到达了调查地。

正好，我们遇上了居委会的工作人员，他们今天要入户登记刚入住的居民信息。我们三个小组就分别跟六位工作人员分成的三个小分队进行入户调查。

为了提高效率，我们先将本组的9个成员分成5个小组，其中有一个男生单独一组，其余两个人一小组。在居委会工作人员入户时，在可以做问卷的家庭里留下一小组，依次进行，循环往复。计划实施起来较为顺利，特别是在居委会工作人员的帮助下，入户相对简单一些。但由于是两个人一组，做的问卷并不是很多，一上午的时间，每人只做了一两份。

中午休息时，大家相互交流了一下上午的调查情况，也互相交流了经验。我们打算在下午入户时，在确认安全后留只一个人在户内调查，另一个人继续去下一户调查，希望这样能加快进度。然而，下午的入户并不顺利。敲了一整栋的门下来，也只有两三户愿意配合调查。无奈之下，我们只能到楼下偶遇调查对象。好在这两天天气较为凉爽，在楼下活动的人比较多。然而，由于我们调查员人数比较多，在偶遇时，经常碰到已经做过调查的住户，而且很多人都拒绝接受访问。

在多次受挫的情况下，我不由得情绪低沉，但看到同学们都还在努力地劝说调查对象接受访问，我也在心里为自己加了把劲儿，让自己不要放弃，要继续努力。尽管我依旧遭到了很多的拒绝，却也成功地做了两三份问卷，心里有满满的成就感。

一天下来，大家都很疲惫，但看到已经做好的问卷，心里有着了莫大的安慰。尽管还没有完成每个人都应该完成的任务量，但有了今天好的开始，相信最终的完成在不远处。

【张璐韦　社会学1001班　2013年7月9日】

长沙的天气依旧格外炎热，让我整个人昏昏沉沉的，头脑没有丝毫清醒的感觉，身体也一点力气都使不出。但是今年的论文是必须完成的，所以不管条件如何艰苦，我们都得努力呀！

下午的时候看到群里的消息，组长们已经把数据合并好了。这鞭策我们要赶紧打定主意，到底写什么方面的研究主题。之前开会的时候，马老师挨个地把我们的假设审核评定了一番。我的研究假设存在一些问题，一个假设要有两个变量，而且最好能说明其中一个又是如何随另一个变化的。除此之外，两个变量必须是能够测量的、有办法操作化的。我的研究假设中出现了两个变量的，第一条满足了；其中一个变量也随着另一个变量发生着变化，大致的变化方向我也相对地做出了描述，第二条可以说算是得到了满足；问题出在了第三个必须满足的条件上，我的研究假设中的一个变量由于语言的描述不清或者表达不力，暂时无法测量。其实，我想研究的问题涉及了心理层面，这方面的问题测量起来不仅困难，而且准确性也无法保障。

我也考虑过换个主题来进行研究，但又觉得之前努力了这么久，不再坚持的话，付出的一切艰辛都算是白白地浪费了。不仅是白费了组内同学设计问卷的一番心思，而且更会让认真做问卷调查的同学白白辛苦一场。突然生出了一种逼上梁山的感觉。

实践出真知：行动才是王道

【张静　社会学1201班　2014年6月29日】

今天一早起来还是不太舒服，但相较昨天已经好很多了。今天我们全员分成了两拨，一队人马去九塘江社区，入户核查有没有老人。另一队留下来整理图纸和修改编码。学姐让我留下来改图，这时候，脑力活确实比体力活更适合我。

花了接近三个小时的时间，我完成了任务。闭目养神一会儿，思考这次实习的意义。作为一个21世纪的大学生，不仅要学好书本上的理论，而且要能把书本上的理论转化为实际行动，动脑的同时要能够实践，没有了实践，理论将会是一纸空文，没有了实践，所学的知识也就不会再有发展。

社会是一所能锻炼人的综合性大学，只有投身到社会中去，才能使我们发现自身的不足，为今后走出校门、踏入社会创造良好的条件，才能使我们学有所用，在实践中成才，并有效地为社会服务，体现大学生的自身价值。而这次汝城之行给了我们切身接触社会、深入了解社会的良好机会，也能让我们运用所学知识、技能，发挥聪明才智，为以后走向社会做好准备。

晚上老吴贴心地叫了外卖，大家停下手头的工作，一起吃饭，其乐融融。虽然生病有些难受，但和同伴们一起吃饭，一起说说笑笑，仍然使我觉得很开心，这就是团队的力量吧。

【杜婷婷　社会学1202班　2015年7月6日】

问卷设计阶段结束了，从今天开始我们要进入问卷调查阶段。

早上，老师和组长先一起到梅溪湖的润龙社区与社区负责人接头，并提前熟悉一下所要调查的小区。潘老师、雍昕老师和黄娟老师主动与社区工作人员进行了沟通，并取得了他们的配合。我们之间达成一致，为调查工作的展开做好了铺垫。之后，我们几个组长由社区工作人员带领，熟悉了一下主要调查地——家和苑的情况，包括它的楼栋分布、主要活动场地等。

继而，潘老师又为我们说明了调查的展开方式、调查的主要任务等。

然后，在黄娟老师的帮助下，六个组中的三个组留下来做调查，另外三个组到另外一个小区做调查。

我们留下来的三组，即使有黄娟老师的帮助，做的调查却也不顺利，主要原因在于问卷中的问题设置存在问题。这无疑打破了我们原本让组员下午到这边会合做调查的打算。为了让之后的调查顺利开展，我们几个组长商议，决定先将问卷中存在的问题进行修改，然后将修改内容、注意事项告知组员，让大家熟悉问卷，为调查的顺利开展做好准备。

虽然今天做的事情不算多，但还是感受到了实际调查的劳累。我们不怕这份劳累，这是我们应该承受，也必须承受的。纸上得来终觉浅，绝知此事要躬行。实践才会出真知。

【李雨薇　社会学1002班　2012年7月11日】

今天我们“班师回朝”，下午到达了长沙。

在这十天中，我学会了许多东西，这些将是我今后人生路上一笔珍贵的财富。社会之于我，社会之于每一个大学生都是一所更能锻炼人的综合性大学。我们只有在正确的引导下深入社会、了解社会、服务社会，投身到社会实践中去，才能发现我们自身的不足，为今后走出校门、踏进社会创造良好的条件，才能使我们学有所用，在实践中成才，在服务中成长，体现大学生的社会价值。

困难是我们在整个过程中不得不面对的。无论是在社会调查的准备阶段，还是在社会调查的实施阶段，我们遇到过很多的困难，每个困难都是对我们的一种挑战、一种锻炼。在解决困难的过程中，我们学到了很多。团结互助是我们解决困难的法宝，联系实际是我们解决困难的钥匙，团队成员之间的分工明确、默契合作是这次社会调查圆满成功的关键。队员们各司其职，队员之间相处轻松、愉快，使得这次社会调查过程充满了快乐的元素。不论是长途跋涉的时候，还是遇到困难的时候，其间都不乏欢声笑语，让人觉得如沐春风。

转眼，实地调查已经结束了。回首这段时间中的点点滴滴，还是会感叹时间过得好快，十天的实践体验在我心中已是沉甸甸的愉快回忆了。这是一次心灵的成长过程，不管它是什么样的状态和境遇，我都会坦然面对，因为这将是以后工作、学习乃至整个生命过程中的一笔巨大财富。

【梁辰 社会学1202班 2015年7月20日】

历经千辛万苦，这次实习终于到了要结束的时候了。

这本实习日志记载了实习以来的各种“酸甜苦辣”，日志也快要被翻到尾页了。这一个月的实习，说长不长，说短也不短。虽然长到足以让一个待在寝室足不出户的“萌妹子”，变成风里来、雨里去的“女汉子”，可是却短到让我们觉得还有很多问题没解决，肩上的责任还很重。

瘦了、黑了、憔悴了，但却成长了、进步了、收益了。我们都曾经抱怨任务太重、天气太热、长沙话太难懂，但是一遇到受访对象，就马上踏踏实实地做起访谈，记录他们的一言一句。我们是社会问题的发现者，我们是“疑难杂症”的反映人，我们要记录事实。

对于绝大部分同学来说，这是大学三年来第一次从头到尾、完完整整地参与一次社会实践调查，从文献阅读、问卷设计、实地调研、数据分析，到报告撰写，无一不凝聚着每个人的心血。看着最后的实习报告，大家都说像是见证了一个新生命的成长，虽然可能稚嫩，但这却是每个人都能做到的最好的状态了。

大学里的最后一次课题，刻骨铭心！

顺流逆流：积极面对生活

【袁淑雅　社会学1302班　2015年7月4日】

今天是正式开始做问卷的日子，对于今天的入户，诚实地说我是非常忐忑的。由于是第一次正式调查，对于入户的情况，我还处于不了解的空白状态，害怕遇到自己无法掌控的情况，使实习的进度受到影响。

由于今天是周末，我们没有在太早的时候开始入户的工作。九点左右，我们开始了第一户的访问。第一个接受我访问的是一个非常热心的叔叔。叔叔尽自己最大的可能，认真回答了我们的问题，热心地配合我们的工作。在临走的时候还送了粽子给我们。第二户接受访问的是一个阿姨，阿姨是经营鞋店的，生意比较忙，但还是在百忙之中抽出宝贵的时间接受访问。我们访问的最后一户也是一个阿姨，阿姨的工作没有双休日，工作很辛苦，但像上面的两位一样，也认真地完成了问卷。

在面对这些人的时候，我觉得我的内心是很复杂的。这些人都有着各自的困难和艰辛。他们的生活都不是一帆风顺，他们也有着各种各样的辛酸，也承受着生活的压力，但他们都怀着一颗积极向上的心，用实际行动与生活中惨烈的现实做着斗争，用自己的双手改变自己生活的现状，用辛勤的汗水改变自己的境地。

今天我的感悟是：

1. 生活不可能一帆风顺，在面对挫折时勇敢地面对比怨天尤人好得多。有了困难不应该逃避，而是要勇敢面对，积极地寻求解决问题的办法，要怀着勇气生活。因为解决困难的勇气会给你力量和希望，让你能直面生活中的风风雨雨，敦促你坦然面对挫折，不让挫折成为你追求更好生活的绊脚石，而是成为你追求更好生活的垫脚石，让你以后的路变得更加平坦，助你走得更远。

2. 无论你处于什么环境，正在经历什么事情，都要怀着向上的心，怀揣着这些走向以后的生活。这种阳光积极的心态是人生中的宝贵财富，我们今天的访问并不都是顺利的，也有拒访的情况，但在面对这些时我们没有被打倒，产生消极、懈怠的情绪，而是乐观面对，相信下一户的人会接受我们的访问，相信未来会更加顺利和美好。

3. 一定要珍惜你现在拥有的美好生活，要勤俭节约，杜绝奢侈浪费。

4. 作为社会学的学生，一定要有社会责任感，要有社会学的情怀，关心社会上的现象和问题。要有担当和责任感，做一个合格的社会工作者。

【周佳　社会学 0902 班　2012 年 6 月 20 日】

每个人都可能有一些风光的过去，但是曾经的风光有时候是不愿意被人提及的。今天访问了一位大爷，他曾是大企业的老板，但是现在他只是一个普通的工人。在他的眼里，过去的风光是他曾经拥有的美好，是他人生中不可思议的一部分，虽然后来失败了，但是他仍有一颗向上的心。他没有一蹶不振，而是甘于做一些很平常的工作来养活家庭，并且对自己的人生充满希望，热爱自己现在的生活，这种乐观心态值得我们学习。

【柴莉娜　社会学 1002 班　2012 年 7 月 15 日】

有了第一天万寿宫调查中受挫的经验，我们想出了一系列对策，决定今天付诸实践。

首先要去敲昨天没敲开的门，希望今天能有人在家。终于，没敲多久就有一位面善的新妈妈给我们开了门。她手里抱了一个特别可爱的小孩，才几个月大的样子。当我们说清来意后，她很热情地把我们请进了屋，访谈的过程中也非常乐意回答，配合度特别高。

后来又进一个抽样户，一个东北的大姐开了门，听出了我洪亮、纯正的东北腔后，二话不说让我们进了屋，还给我们泡上了精致的茶，说边喝茶边聊。通过访谈得知，她和她老公都是二次婚姻。能够看出她有多爱她老公，真幸福，而且骨子里透出来豪爽和大气。

实习过程中，除了做调查得到一些专业知识外，更多的是从人身上学习，学习什么是生活，什么是人生。通过倾听别人诉说一生，发现自己所经历的一点挫折根本不算什么。笑对失败，放开眼界吧！

【胡景元　社会学 1401 班　2016 年 6 月 29 日】

今天下着小雨，早上我们跟学姐一起去社区进行入户调查。昨天，因为大家白天要出门做工，所以留在小区里的人特别少。今天下雨，所以家里留下的人多。上午做了三份主问卷、一份副问卷，下午做了四份主问卷、两份副问卷，总的来说效率还是比较高的，平均20分钟左右一份问卷。

今天我入户调查的对象主要是老年人，沟通方面有些困难，但也大概能听清楚。虽然做了很多份问卷，但是心真的很累很压抑。让我印象深刻的是一对老夫妻，爷爷87，奶奶77，两人生活困难，每个月靠几百块钱的低保度日。老爷爷的身体还算好，而老奶奶却疾病缠身，刚从医院回来，之前被下了病危通知书，现在说不定何时心脏会出问题，而她的儿子女儿也相继死于肾病和肺病。听了两个老人的故事，我心里很不是滋味，尤其是当老奶奶拉着我的手向我哭诉的时候，我更是不好受。

文明小区的建设需要每一户居民的参与，但如果他们连最基本的生活保障都没有，又怎能投入文明社区的建设之中呢?

今天是正式访问的第二天，我已经大概摸清了这边居民的构成，主要是城市贫困人口，其中以老年人和妇女居多，并且有很多身有残疾的居民。所以言辞的使用、语气的拿捏都必须要恰到好处。这对我来说是一个巨大的挑战。

虽然访谈让人心累，但还是有一些暖心的细节让我印象深刻。比如有一户残疾人，他腿脚不好，一个人生活。他早年学过电脑，还会软件设计。当我们问他是否愿意为文明社区的建设贡献力量的时候，他说："别看我腿不行，但只要大家需要我，我一定会帮忙!"

在这个世界上，总有人生活得比我们想象得更差，但是他们乐观向上的生活态度，却总能让生活充满希望！第三天，要加油！

【徐苏琳　社会学1401班　2016年6月29日】

首先，我们今天还是比较顺利的，我们小组两个人共完成了12份主问卷以及一份副问卷，算是超额完成了任务。

但其实认真回想一下一整天的入户调查，还是存在许多问题的：

1. 安全问题：这个桥湾社区是政府提供给城市贫困人群的廉租型住房，每个月租金可能只有100~200元。所以入住该区的人群就比较复杂，也比较有特殊性，而我们两人小组又都是女生，对于安全方面是有些担忧的。

2. 效率问题：一方面，该小区的入住率极低，一层楼有4~6户，但入住了的或者白天在家的人家一层可能只有一户。所以敲门入户调查的效率就比较低；另一方面，我们出于安全考虑，两人一同调查，没有一人一户，所以效率也会相对降低。

3. 今天访问了6户，其中大部分的家庭情况都不太好。今天遇到了一位丈夫坐过牢，自己出来工作的阿姨；还有独自和女儿生活在保障性住房里的叔叔、阿姨；也有十分抗拒我们调查、脾气暴躁的叔叔；还有已经75岁高龄，但仍然十分积极乐观，而且十分理解、心疼我们的老奶奶。听了他们各自的家庭状况和人生经历，自己感触很多，他们大多生活不易，经济窘迫却依旧积极地面对生活，迎接挑战。特别是那位老奶奶，虽然他们家中欠着债，但她依然十分乐观。我们调查完后，她还热心地送我们到电梯，我竟也有些依依不舍。希望能多和她聊聊天，回到宾馆还会忍不住担心她们。这种最日常、最细微的事，最简单的谈话，以及最普通的人，总是能触发我们内心的情感。世间百态，我们应该多看、多听、多悟，这样的实践会让我们有更直接更强烈的感受，去体验这个社会！

【冉艳妮　社会学1601班　2018年7月12日】

生活爱开玩笑，但我依然热爱它——桂山村小记

有一位70岁的奶奶，当我找到她家时，她正坐在门口准备一些喂养牲口的草料。

在我还没开口前，奶奶热情地叫道：是大学生吧，来来来，快来坐，歇一会儿。

经历了前面两份不太顺利的问卷调查之后，再开口时总会自动想到被拒绝的场面，当脑海中的场面与眼前场面不一样时，我心底淌过丝丝暖流，奶奶爽快地接受了访问。

“奶奶，您读书读到哪里了呀？”

“我没读过书，没读过书，没读过书。”

奶奶带着笑重复了三遍，我当时并没有感觉到异样，便在电脑上勾选了没读过书那个选项。她的孙子突然说：“我奶奶读过大学呢！”我望向奶奶，她略微尴尬地笑着说，那都是以前的事了，不提了，不提了。

当时的我沉浸在奶奶高学历的震撼中，没有多想这个小插曲。当我回到酒店开始写实习日记，回想白天的事时，突然有点明白这个小插曲的意思了。

奶奶娘家在当地属于较上层的社会，父母都挺宠爱她，这也是在那个年代奶奶还可以顺利地念完大学的一个重要原因吧，后来就嫁人生子了。这些奶奶并没有细说。到了现在，老伴早早去世，她独自在家照顾三个孙儿，住在自己的大儿子家。房子虽然靠近省道，但已经比较旧了，家中日子过得较清贫。在我们到隆回的前几天，隆回下过一场大暴雨，奶奶家地势较低，所以一楼的一

半都泡在水里，我去的时候还能从墙上看见当初被水淹过的痕迹。

我以为这样的人生落差会让奶奶对生活比较消极，因为在之前的问卷过程中有很多人跟我们抱怨政府不公平、哪儿哪儿的钱没发这些问题，但这位奶奶她没有，回答所有问题都是笑呵呵的，问到一些态度问题时，奶奶都是毫不犹豫地选择最积极的选项。奶奶觉得目前的生活是很幸福的，有几个孙子在身边，每天虽然都要种田除草忙各种农活，但回到家看见孩子们还是非常开心。奶奶对于大学毕业后到老伴去世之前的这一段生活决口不提，只是笑着摇摇头，说都过去了，现在的日子挺好的了。奶奶在整个问卷过程中没有抱怨、没有愤懑、没有对生活的不满，阳光在奶奶轻松的答案中流露出来。人们总觉得正能量最好的代言人是年轻人，但我确实在这个奶奶身上感受到了很强大的正能量。

真正的英雄主义是在认清生活的现实之后依然热爱生活。因为我们介绍了自己社会调查的目的，所以很多人似乎把我们当成了某种意义上的救命稻草，将生活上遭受的不公与委屈统统告诉我们。我其实害怕这种场景，因为自己根本没有任何能力去改变什么。我感觉到他们似乎在我们身上寄托了一些希望，明知道希望成真的机会比较渺茫却还是要听着这些诉求，告诉他们我只保证记录下来。在出发培训前，老师说，要把社会调查工作当成一种公益来做，不要仅仅当作一个事情来做，要有充足的牺牲奉献精神，做好政府与群众之间沟通的枢纽。

学习社会学之路，社会调查实践之路，道阻且艰，仍需继续努力。我们没有办法抗拒命运，但我可以选择热爱生活，这是那个奶奶教会我的。

在社会调查中体会公共责任

【孙思琪 社会学1302班 2015年7月9日】

今天我们做的工作是对两个城市社区的入户访问进行收尾，河西社区和豹子垅社区都还各剩4户。这两个社区我们都追加了两次样本，但经过跑楼之后还是有很多空户，还有很多住户都是白天出去工作，晚上才在家。所以我们跑了一上午只做成了一户，还有几户都要等晚上再去试一试。但我们都没有失去信心和耐心，而是觉得不久之后我们就能高质量地圆满完成这次任务。

这次的农村实习不知不觉地走过了10天。这10天中，我们经历了很多：最初的期待，来到安江镇安顿好一切的憧憬，第一次核图时的疲惫，第一次入户访问时的紧张与忐忑，第一次被拒访的失落，第一次收获到的受访者的笑容与感谢，第一次被淳朴的村民感动到哭。晚上开会时，全队9个人一起打闹，一起吃烧烤，进山时在车里一起开玩笑，一起拍照，一起疯，一起闹，比起完成任务，这些点滴的回忆才是这次实习中最珍贵的财富。

通过这次实习我也学到了很多。作为一名社会学专业的学生，我认为最重要的一点就是“责任”。我们这个专业是真正能够反映百姓意愿，反映百姓呼声的，我们代表着许许多多的老百姓。记得在浪溪冲访问的时候，一个伯伯语重心长地对我说，孩子啊，国家这两年制定了一些好政策，但真到我们百姓手中的利益真是少之又少。的确，我们国家是在不断进步，但还有很多不足的地方，百姓中还有很多人挣扎在贫困线上。我无法改变什么，但我愿为这个改变做点什么。这种田野调查得来的结果或许到不了掌握百姓命脉的高层手中，但却能为学者的研究提供一些基本数据，这也是一点改变。我相信，不积跬步无以至千里，不断改变一点点，总有一天能够真正改变现状。我期待那一天的到来！

【聂士钊 社会学1402班 2016年7月3日】

今天在调研中遇到了很棘手的问题：在访问过程中，被访者对于问卷中设置的问题反应十分强烈，并试图伙同自己的同伴对我进行语言攻击。他声称我们所做的工作没有任何意义，纯粹是浪费彼此的时间，并认为我们的访问员是“跑腿的”，“一点地位也没有”。如若放在前几天，我根本无法忍受如此的污蔑，按照我往常的脾气，极有可能与其发生冲突，但是这一次，我忍住了。这都得益于李斌老师给我们讲过的他当年在访问时被拒访的故事。

李老师说，当年他们在农村调研，一开始也遭受了很大的阻力，村民们的不理解、不配合，使得工作初期根本无法进行。有一次，李老师把村民们集中在一起，向大家说道：“乡亲们啊，咱们国家近些年来给咱们农村办了不少好事：取消了农业税，农村医疗保险、大病医疗等都在推行中，那么这些政策是怎么来的呢？就是靠着我们这些调研人员走到咱们村民身边，听取村民的声音，再向上反映，国家才能做出这样的决策啊。”

李老师说得很好，国家的政策当然不是执政者坐在办公桌前拍拍脑袋就能想出来的，都必须依靠我们这些所谓的“跑腿的”。调研者从最靠近人民群众的第一线，一题题、一问问，将群众的问题收集起来，将老百姓的声音传达到执政者、决策者的台案前。如果说一个老百姓的力量是单薄的，如同一股绳子中脆弱的一丝线，那么我们调研员便是这股绳子的编织者，可以将千万丝细线编成一股结实的绳子，使得老百姓的声音更有力量！

一个社会需要民意表达的途径，但群体的声音往往是盲目的、易被操纵的。他们的表达是情绪化的、非理智的，那么这个时候，就需要像我们这样的调研者，通过科学的方法和手段，运用专业的技术，发现老百姓心中那个真实的声音。这样才能为最终的科学决策提供最有力的保障和支持，才能使老百姓的利益和诉求得到最忠诚的保护和满足！

对此，我无怨无悔。

【葛辉 社会学1401班 2016年7月7日】

我们的任务已接近尾声（提前完成），今日留在旅店的我决定好好回忆、好好总结。我想起昨天那位一问三不知的大妈，也想起前天那位义愤填膺地投诉毒气成灾的残疾阿姨。我想起那一副副历历在目的面孔，每一份问卷都代表着一个故事，都是生活在这偌大世界中渺如微尘的一个个生灵。

湘潭算得上是湖南仅次于长沙的发达城市了，在这里，我看到了都市的喧嚣和繁华，也看到了生活在底层的人们的举步维艰。作为一名拥有社会学胸怀的社会学学子，应当本着兼济天下的责任感，深切体悟民情、感知社会，并最终在改变社会的过程中贡献自己的一分力量。

【杨迪 社会学1302班 2015年7月4日】

今天是我们在泸阳正式工作的第二天，天气阴，算是个好天气。

接着昨天的成果，我们在泸阳火车站"扫荡"。今天早起出门的时候有些晚了，所以正式开始工作实际上不算早，但是也可以接受，因为等在这里居住的居民开始活动的时候工作才正好。

午饭又被跳过去了，还好早上在镇上吃得够饱，所以中午工作的时候才不至于饿得无法思考。

今天除了"扫荡"泸林小区以外，我和学姐还去了我们核图时发现的那个诡异荒凉的地方。在那里我们成功地做成了一份问卷。接待我们的是一位老奶奶，爷爷最初不是很配合我们的工作，一直说听不清，但是在说到政府征地补偿至今还未发放到他手中的时候，他站了起来，进屋拿出了证明，并且有条有理、痛心疾首地说明了他的处境。

从这一点上我明白了，他们对我们的工作性质并不理解，接受访问完全是陪我们"玩"，他们所认为的调查的用处在于可以切实解决他们的问题，能让他们拿到钱，能整治贪污腐败。

这一点我从与泸林小区大妈们的对话中也有所了解。虽然我极力解释，我们所做的调查与他们所理解的调查并不相同，这点使我有些受打击。不光是因为工作不被理解，也是因为我们普通大众有很多亟待解决的问题至今看来并没有很好地解决。

或许，这正是我们工作的意义所在。

【张青青 社会学1001班 2012年7月1日】

实习第一天，第一感觉是累，第二感觉是好有成就感，累得好有价值。

我和另一位同学负责沿着公路边的房子走。这些房子看着简单，其实不然，房子后面另有乾坤。在我们不经意的一回头间就发现了一座原先被我们忽略掉的房子。我们不在意的一条小路可能还通向另一个不起眼的小房子，甚至许多房子看起来没有住人，但事实上里面还有人居住。此时，我发现想象力完全不能使用，不能被眼前所见所迷惑。幸好此时那些热心的叔叔阿姨们又来帮助我们，不仅为我们指路，还不厌其烦地给我们解释一栋房子里面住着多少户，很是让我感动。

经过一天的努力，我们终于基本完成了四都镇“四靖社区”的绘图工作。

绘图是我的难题，对我这个完全没有方向感的“路痴”来说，即使有指北针的帮助，但是如果没有队友的帮助，我将无法顺利完成绘图。在整个工作过程中，我认识到了团队合作的重要性。大家先完成各自的“分割任务”后，又完成了由部分拼合而成的总图。每位队友都对自己的负责部分相当清楚，经过大家的共同努力，总图也终于完成了。经过这次绘图我认识到了整体的重要性。最初大家只是站在自己所画“部分”的角度上来看社区，但将部分综合后，发现社区原样已被破坏了。经过协商，大家又一起走了社区边界，才将社区最终定型。

在绘图过程中，我发现这个社区正在修建一些新楼。许多人家从以前的旧房子搬到新地址，这个城镇可以算是正在建设或刚刚开始建设。这里的居民告诉我们，再过几年这里将成为一个旅游地区。其中不可错过的地方便是孔子庙。这里确实一个环境优美的地方，旅游业是一个好的发展方向。

【张怡　社会学1401班　2016年7月9日】

调查完两个小区后，已经接近中午了。我们回到宾馆，吃完了我们在湘潭的最后一碗泡面，踏上了返校之路。坐在大巴上，回想我们待在湘潭的12个日日夜夜，不禁有许多感慨涌上心头。我们在这里笑过、哭过、生气过，更多地收获到了与他人交流沟通的技巧。经历过太多的人，品味过很多的故事，觉得自己也在这次调查中变得更加智慧与充实。也许这就是这次调查教会我的。生活中的挑战都是对自己的历练，历练过后会收获一个更坚强的自己！

【马小捷　社会学1202班　2015年7月9日】

今天，我们一直在为筹备“2015年社会学年会”提供志愿服务。清早，我们又在迎宾楼集合。除了我们两组志愿者要进行“会议资料装袋”的善后工作外，我们还有其他组要将资料袋送往其他三个报到地点。

今天的雨虽大，但依然浇不灭我们的热情。

每个报到地点的报到人数不同，我们将资料袋整装，并制作好了参会代表的代表证。经过一早上，我们终于完成了任务。紧接着，我们赶往各个分会场，进行场地布置。按照要求，在门外放置了两个桌子，用于安置茶歇用品等物品；场地内，在最前面放置三个椅子，是为主持人、发言人和评论者准备的。同时，我们还对空调、投影设备进行了检查、试用。

下午，志愿者还要熟悉环境，注意场地的横幅布置，并且要进行设备调试，如笔记本电脑、接口插线板、话筒、电子投影仪、空调等，都进行了检查，确保到时万无一失，论坛顺利进行。

在检查横幅时，我们发现有一条挂错了，挂在前面会防碍投影仪幕布放下，就算能放下也会遮住横幅上的字。于是我们打电话给工作人员，将横幅移至后面悬挂，我们又擦拭了桌椅，换了饮水机上的水，将会场整体又布置了一下，一切都准备就绪，就等分论坛的进行了。

“活着”：调研是一场灵魂旅行

【王墨璞嘉　社会学1401 班　2016 年6 月30 日】

又是一天调研工作结束时。

今天我们去了一个新的调研地点——中翰财富广场。这个“小区”对于我们来说是一个新情况，因为它并不像之前我们接触的那些小区一样给人一种很完整的感觉，而是富有一种缺陷美。这栋建筑物上不仅居住了不少居民，更有不少公司的办公场地，使得整栋楼的人员组成混杂。

说真的，这种环境对我个人来说也是一种新情况。在全天的调研过程当中，我看到很多工作者以及住户在楼中进进出出，他们或缓或急地行走着，或低头刷手机，或不停打电话，或照看着年幼的孩童，但脸上都挂着相同的表情，一种名为冷漠与厌倦的表情。加上调研中对他们更为深入的了解与接触，我仿佛能想象出那种感受——他们尚且年少，他们人到中年，他们垂垂老矣，无论是哪个时间中的哪个他，都在为生活而努力着。但是，他们大多看不到未来，看不到希望，只是麻木地为了生活而前行着。在行走的路上，原本在身体中的零件，由于岁月的洗礼而失修、褪色、掉落，那是梦想，是渴望，是未来……而最终留下的，只有最原始而本真的两个字——活着。

那是一种活着的感受，也只是一种活着的感受。

我想从我渐渐了解的那一刻起，我的调研生活便富有了它的意义。这不只是尝试如何进行调研，了解调研的方法与过程，更是来一场心灵与心灵的对话，一场灵魂的旅行。

去体会和认知社会中的不美好

【徐苏琳 社会学1401班 2016年7月3日】

昨天晚上很晚了，陈老师和学长们还开车过来看望我们，了解我们小组的情况。老师和学长确实十分辛苦，所以这次的调研也并不是只有我们自己付出，学院、老师、学长学姐们也都在努力着。所以我们也应少些抱怨，多些包容，多些理解，大家一起努力好好完成这次任务。

今天湘潭又是大暴雨，暴雨后的桥湾社区很美，农田被水汽笼罩着，愈发朦胧。不知不觉，实习已经进入了中期阶段，回想自己在桥湾社区做的工作，真的还挺有感触的。虽然每天都挺辛苦的，很疲倦，但我也逐渐学会了融入和理解。现在对社区的了解越多，对它的感情也越复杂。社区廉租房的特殊性让我接触到许多处于社会底层的群体，他们有的积极乐观，有的安于现状，有的抱怨社会和政府，各自艰难地经营着自己的生活和人生。他们大部分都受经济因素的影响而过着简单、质量比较差的生活，我很想帮忙却又有种无力感。所以在调研刚开始的时候，我甚至抱怨为什么第一次实习就要让我们看到社会中的太多不公和艰难，这让我们对未来自己步入社会之后的情况感到担忧。但是换个角度想想，这可能就是社会学的独特之处和魅力之处，让我们能够多些机会去感悟这个社会，去体会这个不那么美好的社会，让我们形成一种想要去改变这个社会的责任感，不然，我们社会学的学子怎么会称社会学为“跳脱衣舞的舞娘”呢？社会学真的是一门让人越来越想好好感受的学科！

【徐苏琳 社会学1401班 2016年6月30日】

今天从早上9点左右一直到晚上6点左右，我一个人完成了5份主问卷和1份副问卷。总体来说，完成情况还是不错的。我和佳佳组成的二人小组从8栋2单元的18楼一直挨家挨户敲门到1楼。虽然整整有18层楼，但是由于该小区的特殊性以及白天大部分人都要外出工作，所以我们真正接触到和访问到的只有 18 家左右。

面对我们这种访问，大部分居民还是持比较困惑、略微有些抗拒的态度。就今天而言，有两户我们只能直接站在门口和访问对象进行交谈，可见他们的防备心还是比较重的。

最让我印象深刻的是，今天访问的一家，户主本是一位中年女性，但是现在住在里面的是一对 60 多岁的老夫妻以及他们的孙女。经过谈话了解到，原来小孩的父母离异，小孩本来和母亲住在廉租房内，但是小女孩的母亲去世了，所以看护小女孩的责任落在了老爷爷和老奶奶的肩上。老爷爷和老奶奶退休了，没有工作，只能依靠退休工资过活。两人退休工资加起来一个月有 4000 元左右，除了补贴家用之外，最主要的是孙女的学费。关键是老爷爷的身体不太好，患有肺癌，所以一家人的经济十分紧张。本来我对处于这类家庭状况的刻板形象是，由于有很大的经济压力以及身体疾病的影响，家庭成员之间的关系会很紧张，多多少少会有些矛盾。但是我和他们深入交流、访谈之后发现，爷爷奶奶十分积极乐观，他们在回答我们问题的时候总是很开朗很开心，时常会因为一些小小的玩笑而开怀大笑，并且对于现在的生活困难也并不十分放在心上，对未来的生活还是充满希望的。唯一让他们牵挂的就是孙女的上学问题。目前孙女在上小学，一学期的学费就要好几千块钱，再加上日常生活费，他们的经济压力还是很大的。于是我们向他们建议，可以向社区申请一些补助或者优惠政策，但是他们反馈给我们的是他们也跑过许多地方，找过许多部门，但由于户口等方面的因素，这个问题迟迟未能得到解决。或许是出于无奈，他们希望我们能够帮他们反映一下。当然，我们面对这种状况实在是难以拒绝，于是答应他们尽我们自己所能反映一下他们的状况。在今天做完访问以后，由于时间关系，我们来不及帮他们反映情况，但是出于责任感，我相信我们一定会尽自己所能帮助他们。因为像他们这种乐观积极而且不抱怨的独立的老人家是值得尊重的。

从另一个方面讲，虽然政府在一些方面为社会底层人员提供了保障措施，虽然这些保障性政策具有一般性和普遍性，但对于一些特殊的家庭来说还是难以满足。特别是，当这些居民主动反映或申请政府帮助时，政府的不作为现象以及程序烦琐、办事效率低下的情况还是十分常见的。

这位老爷爷是浏阳的，他说的话不太能听懂，但我还是尽力去聆听，去感受。确实，经过这几天的调查，我接触到了处于社会底层的各类群体，才发现这个社会还是有那么多不美好的地方，还是有那么多需要帮助的群体，和他们的交流一次次触动了我的心。我想，这就是社会学带给我们的魅力，同时，它也赋予了我们更多的社会责任感。

超越课堂：实地调查扩充我们的知识视野

【秦家琳 社会学1602班 2018年7月14日】

今天我们继续前往“联合村”进行入户访问，由于昨天的调查比较顺利，大家对今天的工作也都多了几分信心。

抵达廉桥镇后，我们首先从“分图十”开始。我入户的样本是池塘边的一栋三层小楼，住户是一对退休在家的爷爷奶奶。最开始他们还有一些戒备，在我出示学生证和访员证并表明来意后，他们便很热情地请我进门坐下。在交谈中，我了解到爷爷之前是空军，退休后和奶奶在老家居住，儿子和女儿都在长沙。爷爷十分健谈，对问卷中有关社会问题的内容很感兴趣，遇到关注的话题时便打开了话匣了。虽然时间紧迫，我没能和爷爷聊很多，但在短暂的访问时间里，他所表现出的平和、正直却让人十分难忘。

我接触的第二家调查对象是一位奶奶，她和两个孙女一起住在老家。老人家十分客气，不是很能听懂普通话，便让待在旁边的孙女代为翻译，并欣然接受了我们的采访。她和之前的爷爷不同的是，这位奶奶一直在家务农，儿女外出工作后就在家带孙女。在访问中关注的重点也更多地侧重于与自己生活关联更大的政策扶持，如能源方面的国家补贴等，对于社会问题则不是很关心，觉得和自己没有太大关系，也不重要。

中午，大家在村委会简单碰头后，将各自完成的数据进行了汇总，联合村的调研工作也就正式告一段落了。下午回到邵东时，时间还早，简单的休整后，我们又赶往红土岭社区。红土岭属于城市社区，位于邵东县内相对繁华的商业区，小区大多是老旧的居民楼。有了上次核图的经验，我们对社区区域内的住宅构成已经有了一定的了解。为了保证自身安全，我们和核图时一样，两人分成一组。我和莫莫接触的第一户是一家四口，父母、儿子、孙女一起住。接受访问的儿子因为脑部疾病无法外出工作，在家里的水果摊帮忙。他虽然有些问题理解起来很困难，但还是耐心地听我们解释。

各个小组都顺利完成一份问卷后，我们回到了住处。总的来说，今天的调研工作进行得还算顺利，虽然十分辛苦，但也很充实。今天我接触的三个受访样本都属于很典型的农村与城市家庭的缩影，他们的生活背景、受教育程度、社会地位不同，所关注的问题也明显不同。在访问过程中，我也对之前并不了解或很少接触的事物有了更深刻和全新的理解，比如，从与上午那位爷爷的交谈中了解到当地确实有供奉祖宗神龛的习俗，但当地有宗教信仰的人并不多，这种供奉更多的是一代一代的传承，而这种习俗是我之前从未实际接触过的。我想，实习调研不仅是完成课程中的一部分，这样的发现和探索更是我们宝贵的收获。

【欧阳瑜　社会学1602班　2018年7月11日】

今天是入户访问的第二天，上午计划完成"前见村"剩余样本的入户访问工作。前见村是我们到汝城后首先开始实习的地方，她是我们对CGSS调查项目想象的呈现与依托。找了很久的"见头冲"、风雨中迷雾连绵的山峦、笑着接受我们访问的村民……我想，这会成为我一生都难以忘怀的经历。

就具体访谈内容来说，让我产生最大感触的有两点：

第一点是宗教，在我的旧有印象中，宗教在农村是较普遍且根深蒂固的，但就访问情况来看，近乎全部受访者都表示自己不信仰任何宗教，对世界上的几大主要宗教也不了解，在日常生活中通过线上、线下等媒体对宗教的了解和接触也少。缘何如此，在我看来首要原因是政治因素，新中国成立以来我国确立了共产主义思想，让本地宗教失去了其扎根、发展的土壤。其次，从社会经济方面看，改革开放以来，我国社会经济增长迅速，直接影响、改变了人民的生活方式，体现为谋生手段与机遇大大丰富。而这也使人们对于宗教的祈祷、寄托功能的需求大大下降了。最后，从文化上来看，教育，尤其是扫盲教育和义务教育的普及，对于人民尤其是农村居民的认识水平的提高功不可没。

第二点让我留下深到印象的是受访者对于"您认为自己目前的生活是否幸福"的回答。九成以上受访者都给出了肯定的答案，认为他们目前的生活是幸福的。这让我想起习总书记在2013年新春贺词中所说的要"提高人民的幸福感和获得感"。我想，对于这一问题的回答是检验中国发展水平的一大重要指标。在我看来，幸福感的提升首先得益于物质生活水平的提高。吃饱穿暖住得安全从古至今都是民生的重要组成部分，当基本生存条件有保障且逐渐改善时，便需要逐步保证文化设施、卫生条件、政治权利等，这样人民才能有一个立体的幸福感。

农业，是中国的基础性支撑性产业；农村，是众多中国人梦开始的地方和故乡；农民，是中国最基本国情的直接集中体现。社会学专业的学生深入农村社会，是对所学知识的一次检验，更是观察研究中国社会的一个起点！

将心比心：被人尊重是一种温暖

【杨丽欢　社会学1402班　2017年7月3日】

今天长沙的天空异常的好看，好久没有看过那么蓝的天和那么白的云了。虽然我一直秉持“不以物喜，不以己悲”的理念，但是面对如此美好的天气，我的心情似坐摩天轮达到最高点时那样兴奋。

怀着这样的好心情，我们又开始了新一天的问卷调查。不知是心情还是天气的原因，今天做问卷的过程特别顺，还遇到一位有趣的阿姨。她给我们讲述了自己的一些童年往事，然后开始羡慕起我们这一辈人的生活。我们开导阿姨，虽然我们这一代人的物质生活和他们相比已经有了质的飞跃，但是我们所承担的责任和面临的压力也换了方式，以一种新的重量压迫着我们。或许是我们多想了，阿姨的性格比较乐观，根本不需要开导。除了这位阿姨，还有很多很好的人，他们都给我们带来了感动和温暖。

当你面临了无数的拒绝之后，一个小小的举动所带来的效应都会比平时放大十倍。所以试着信任别人，给陌生人一个微笑便已足矣，其实你拒绝我们，如果是温和的，我们也可以接受。但是话都没说完就狠狠把门关上，这就过分了，人与人之间是需要相互尊重的。

【张怡　社会学1401班　2017年6月29日】

费孝通先生在《社会调查自白》一书中用自己的经历和实践启发我们，实事求是的态度和精神是社会调查的根本出发点；调查者对社会现象的提问，是引领社会调查过程的指南；调查者与被调查者之间的相互信任，是保证社会调查中所得资料真实性的关键因素；对于调查资料的分析，关键要抓住“点与面”“质与量”“因与果”，而类型比较的方法则是从个案调查走向反映总体状况的主要方式。

在实习记录的开篇引入费老先生对于社会调查的思考，对于我这次实习具有重要意义。这次实习是大学的第二次实习，也是最后一次实习，希望可以在这次实习中真正学到平时没有学到的东西。努力使自己的专业知识与实践能力相结合。虽然有第一次在湘潭的实习经历，但仍然有许多新的问题、新的情况、新的考验等待着我去挖掘、去探索，还有许多东西需要我去学习。总之我对这次实习充满期待与信心。

出发的时候天就阴阴的，比较凉爽，上午我们主要去昨天拒访的或者是家中没人的人家再敲一遍门，不放过任何一个可能。今天上午很幸运，我们敲开了一家昨天家中没人的户主。这一家是一对比较年轻的夫妻，看着很年轻，但两个人结婚已经七年了。他们没有要小孩，就两个人生活在一起，看起来很幸福。两个人上午都休息，碰巧都在家，但他们的警惕心很强，稍微有一点涉及隐私的问题，他们就拒绝回答。尽管我们在调查过程中反复解释了很多遍，不会透露隐私，但他们还是不信任我们。其实换种想法，他们不一定是怕危及自己的安全，而是把平时连与自己朋友都不会说的话，与陌生人相互分享，换作谁都会有些不情愿。我也十分理解，所以也没有很难过，反倒因为他们可以配合我的调查而心怀感激。

之后，我们又幸运地访问到了一家，一上午的时间就这样过去了。吃过午饭后，我们根据抽样清单，继续一家一户地敲门、询问。有的人态度非常好，即使拒绝也是礼貌的；有的人直接强硬地拒绝，或冷漠或凶狠；还有的人家始终紧闭大门，不给我们丝毫的回应。就这样兜兜转转了很久，一天下来，身心疲惫。有时候真想发泄一番，对那些对我们冷眼相对的人予以回击，但是却要忍住，保持一个调查者的初心。在调查中，接触了一些生活处于中下水平的家庭，他们反倒对我们的调查比较热心。虽然他们经历了社会上的很多炎凉和坎坷，但他们对陌生人仍然保留一丝温情。接触不同的人，品尝人生百态，人生才会更加有意义，更加缤纷多彩。我只希望这个社会能多些温暖与关怀，尊重每一个人，理解不同的人，这会提升我们的思想境界，使我们变得更为谦逊与友善，我觉得以后我也会朝着这个目标而奋斗。

表达感谢之情：一种情感回馈

【谢然 社会学0901班 2012年6月23日】

今天是中国传统节日——端午节，为了庆祝节日，我们放假一天。本来是要给敬老院的老人表演节目的，但是天公不不作美，今天竟然下起了雨，雨水不大，但也没办法表演了，只能将节目推后了。

放假的我们，由于这突如其来的轻松有点不知所措，由于连续忙碌地做问卷，到现在有些疲惫、劳累，但生活还算充实。今天突然闲下来，大家都不知道做点什么，这几天劳累过度的“孩子们”去补觉了，精神还很亢奋的“孩子们”就去附近的景区玩了，还有一些“孩子们”留在宿舍，四五个扎堆打起了扑克，也算是休闲放松的方式吧，后来连老师也加入了我们的“娱乐活动”。

为了给敬老院的老人们表演节目，表达我们的一番感谢之情，我们小组特地准备了“扭秧歌”，并且还盛情邀请了老师，还有其他小组的美雪、翠、娟明、杰军等人加入，组成了一支庞大的秧歌队，给老爷爷、老奶奶们表演。趁着闲时，我们一行人就加紧排练，几回下来动作也都熟练了。

我们排练的时候，老爷爷、老奶奶们也会在一旁观看，这让我们觉得我们的节目都没什么新意了。不知道其他组准备得怎么样，据说雅琴她们还会表演毕业晚会上的节目。

【凌声萌 社会学1201班 2015年7月13日】

问卷调查已经接近尾声了。经过昨天一天的奋战，今天我们只需要做扫尾工作。最后一天只剩下两个楼栋长了，但是考虑到集体合作、团结一致的精神，我们还是全组集体出动，一起去把剩下的问卷全部做完。还是和昨天一样，我们小组一大早吃过早餐，就来到了社区，在社区居委会的办公室里休息了片刻，便投入工作状态中。问卷调查的最后一天，大家看起来都很有干劲的样子，都主动请缨去做调查，这都是组长领导有方的结果。

只需一上午，我们把剩余的问卷都做完了。大家一起在社区的一家餐馆美美地吃了一顿饭作为犒劳。组长说，“感谢大家这些天来的支持”，我们都响起了热烈的掌声。我们给每个楼栋长买了一个大西瓜，作为一份小礼物表达我们对楼栋长的感激之情。

【袁文倩　社会学1401班　2016年7月6日】

今天除了比较顺利地完成任务之外，我们还做了一件我认为这一天里最有意义的事。为了送还昨天那位爷爷的伞，以及表达我们的谢意，我们晚上完成任务后买了水果，去人防小区拜访了他。

家里只有爷爷和老伴儿，首先感动我们的是爷爷对我们毫无条件的信任。他急忙邀请我们进入家门，为我们准备了各种水果、零食。他几乎将我们每个人的包都塞满了吃的。听说我们每天只有15元补助之后，老人家一直觉得我们吃不饱，恨不得将家里所有吃的都塞给我们。之后，爷爷认真地记下了我们每个人的名字和家乡，说虽然记性不好也要努力记住我们。最后，爷爷和我们留了影，并百般嘱咐明天一定要来家里吃饭。

虽然实习过程中令人沮丧的事情占多数，但是因为有这样温暖的人存在，我们才能真正感受到社会的多样性，才能在失望中找到继续前进的力量，才能身处异乡也能感受到来自家人般的温暖。

【周佳　社会学0902班　2012年6月20日】

今天在访问的过程中，我收到了“礼物”——两根黄瓜。这都是受访的大婶从菜园里弄刚摘的，虽然只是两根黄瓜，但是我们很满足。因为它们代表着石羊塘的人们对我们的热情，这也让我们更加充满了干劲。

【刘慧丽　社会学0902班　2012年6月25日】

农村进步了、发展了，甚至出现了半城市化状态。但实习的过程中，我还是深深感受到了农村人的纯朴与热情。一个奶奶见我边走边吃还没有成熟的李子，便热情地邀请我去她家吃成熟的李子，临走时还给我装了一袋子，我真的被她们的热情感染了。调查中还遇到了一个特别有思想的老军人，他不断拿桃子给我吃，还乐滋滋地回忆当兵时一些有趣的、重大的事情。

【柴季雪　社会学0901班　2012年6月18日】

行动起来——实习伊始

今天是实习的第一天，大家早早地起床，满怀欣喜地拎着行李包下楼了，因为特殊情况我们只能带着水桶出发了，留下寝室中的一片狼藉。晚上忙碌到很晚的大家在车上并没有丝毫睡意，一路欢歌笑语地到达了目的地；中午时分在石羊塘镇政府用过餐，接着开会，时间安排得比较紧。开会时，我们受教很多，镇上的领导干部比较干练，又平易近人。其中，有些需要我们注意，而我们之前并没有仔细思考过的问题——尊重老人、尊重农民，他们是弱势群体，更需要社会力量的帮助。另外还要节约用水，节约用电，这些我们都谨记在心。

太阳很晒，房间需要打扫，床铺需要整理，但是没有水，我傻眼了。但想到院长的辛劳照顾，这点小事又何必抱怨呢？经过一番打扫，房间终于像寝室一样干净了，事情有了一个好的开始。

明天才开始做问卷，今天空闲很多。躺在床上，回想一下今天的经历，珍贵的点滴浮在脑海。我想毕业以后大概还会记得这份感动。在车上，恍惚听到陈老师（陈立新副教授）说送我们过去，后来又听到他与司机的对话，才明白老师下午要赶回长沙。送我们并不在他的任务之内吧，他这样一天来回奔波岂不是比我们还累。到敬老院以后他细心地帮我们找院长，看着我们领生活用品，最后到房间问候我们，等我们安顿好了才离开，一直像父亲一样关心着我们。他是严师是众所周知的，他是好老师更是实至名归。

感动不只一处。敬老院的院长已经不年轻了，头发因操劳也白了不少，这位有爱心又热心的院长是值得尊敬的。我找钥匙时，他正在忙其他的事情，一听我们没有钥匙马上上楼拿钥匙帮我们开门，然后发放日常用品，不嫌麻烦与疲惫，周到而耐心。吃饭时他又关心我们吃不吃得惯，要不要热水，告诉我们汤在哪里……我感觉自己像到了家一样温暖而欢喜。据说他是十几年的老院长，这些年肯定也操了不少心吧，虽然不了解他的生平，但他已经是大家心目中的“好人”了。

做饭的师傅也很热心，笑着问我们饭够不够，好不好吃，把饭盒塞得满满的。这沉甸甸的都是关爱。我们坐在院子里端着饭盒，拼命扒饭，轻松的一天马上就要过完了，还是在辛苦前好好享受一下吧。

石羊塘是我们的调查目标，它有一个传说。相传古时候，有人在一口塘中挖出一石，形似山羊，于是就把这口塘叫作石羊塘，这里地势平坦，土质肥沃，人们渐渐聚居，它的名字就一直流传下来了。明天我们就要进入石羊塘的村镇——这块传说中的地方了。据说它是攸县最富裕的乡镇，它的最大特点就是卫生状况良好，每家每户都对垃圾进行分类处理。

以后，大概每个人都会变成小“黑人”，不过我们已经做好了充分准备，任务第一，安全也不可忽视。突发情况会出现，而我们要做的就是保质保量与随机应变，困难总是有限的。明天就要开始工作了，我们准备好了。

【赵盼　社会学0902班　2012年6月22日】

虽然我的日记写了这么多，娓娓道来，但还没结束。这是石羊塘第一次让我有了家的感觉，有了拥有家人的骄傲，一切的一切都源于离开界市村时的那一个拥抱。没有任何动机，一切跟随内心，我只想在临走时上前抱抱这位像妈妈一样的妇联主任。人的感情确实很奇怪，两天的功夫，我便舍不得这个村子了，便不愿意离开这里的人了。前生有缘，今生再续，或许，说的就是我跟石羊塘吧。

【卫青鸾　社会学1602班　2018年7月16日】

所有的工作在昨天告一段落，今天就要踏上返校的旅程。对我而言，这是一次学业实习，也是人生第一次社会实践。

做入户访问最大的感受就是农村社区与城市社区的不同。农家人热情好客，没什么戒心，很乐于聊天。访问的第一户奶奶给我的印象尤为深刻，她丧偶三年，儿女在外，独自一人，但精神非常好，十分乐观开朗，思想也都是正能量，丝毫没有她所遭受的不幸际遇的痕迹。在提及问卷中某些问题时，她把我当孙女儿一样，教育我女孩子要自珍自爱、独立自强。访问结束后，奶奶不怕麻烦地专门为我切了西瓜，听说我要找的另一户人家时，还主动亲自带我去。遗憾的是，我在忙于劝说第二户人家接受访问时漏掉了奶奶的身影，没有好好道别。在这个村子的另一户访问对象也是一位丧偶独居的奶奶，但她的精神显然不太好，身体也不太健康，第一位奶奶虽然独居却能感染别人一起快乐，而这位奶奶孤独地坐在门前扇扇子的样子却显得萧条冷瑟，访问结束后我甚至不忍心离开，虽心有戚戚焉却没有办法。

另外一个农村社区是水源村，地如其名，村里人用的水就是山上流下的泉水。做完最后一户访问后，作为受访者的叔叔坚持要带我去泉眼体验一下打山泉、饮山泉的感觉。山泉水天然清凉，可直接饮用，灌入杯中，杯身上甚至覆上了白霜，却又没有冰箱的异味，有着自然的甘甜凉爽。一位阿姨还留我吃饭，甚至邀请我们住在她家。然而对于她的好意，我却感到十分愧疚——我能感觉到那位阿姨是真的希望我们能为这个村子做些实事，她拉着我谈了很多村子里官官相护、克扣钱财的情况，迫切地希望这些能够得到解决，而我只能倾听，无能为力。

在城市社区的访问虽然没有在农村社区那样顺利，但也有美好的记忆。在河西社区访问时，连续遭遇数次无人在家或拒访的情况后，我已经十分灰心丧气，在这时遇到了一户十分和蔼可亲的叔叔阿姨。接连不断的失败以及爬楼走路而气喘吁吁让我有一瞬间大脑空白，说不出连贯的句子，而叔叔就直接让我进门，说他也有个跟我差不多年纪的女儿在外地上学，安慰我不要紧张慢慢说。我满头大汗火急火燎地打开电脑，叔叔则很悠闲、亲切地让我喝水洗脸。访问结束后，叔叔阿姨留我吃饭，在我急着去下一户拒绝后塞了桃子给我，还说了句“祝你成功”。叔叔阿姨实在是给了当时遭受接连失败的我莫大的安慰和鼓励。

在安江的最后半天，我上了文峰山远瞰，安江大桥跨水而立，气势恢宏。背后文峰寺庄严肃穆，香火绵绵，佛像正坐其中，旁边供奉着抗日英雄的灵位。文峰寺后是文峰塔，塔不高，但与文峰寺一样安静祥和，缭绕的烟火后是受供奉的菩萨佛祖。这里和兼做旅游景点的寺庙不同，没有络绎不绝图新鲜的游客，整座寺庙显得肃穆神圣，即使不是佛教徒也忍不住行礼，致敬此处的安宁与虔诚。

这是十九岁的夏天，这一天安江大桥无烟无雾，清晰宁静，风景正好。

“我们”的惭愧：我们不是来解决问题的

【张晗　社会学1001班　2012年7月11日】

感谢村民的信任，我们的工作开展得异乎寻常的顺利，上午全组就完成了十多份问卷，而给我印象最深的是在旱塘村时遇到的一户访谈对象。他们以为我们是上级派下来解决问题的，一个劲儿地向我们讲述他们的一些问题。我觉得很惭愧，因为以自己的能力还并不能够帮到他们，只能表示非常理解，会设身处地地替他们想办法。

【封新娜　社会学1301班　2015年7月9日】

夜晚静谧，一个人写写东西，总爱多想。今天出师不利，不过也成功进入了一户做访问。在访问过程中，当问及爷爷关于政府的一些工作表现时，爷爷说了这样一句话：“你们不是中央记者，如果你们是中央的记者，事情我一定带你们好好走走汝城县。”这之后，爷爷讲述了一件关于当地政府的事情。当地政府于今年上半年在城区某路段栽种花卉以装饰县城。本来这也无可厚非，可是爷爷说种植的花卉还未完全开花，政府就派人将其损毁，再种植一批新的花卉，两个月更换了三次。听说当地领导的亲戚是种植花卉的，而多次种植花卉要花费几百万。

当然，我并不知道此事的真假，但是在这几天的访问过程中，每当问及居民政府的工作表现时，他们大都冷笑一下，听到最多的一句话便是“上有政策，下有对策”或者“中央政策是好的，但落实到地方就变质了”。我并不想对此做出过多评价，只能说这种情况确实存在。而我也深感我做的访问真正接触到了最底层的人群，可是我们做的这些真的能有益于当地百姓吗，能解决他们反映的问题吗？我也有些怀疑。然而无论怎样，我现在能做的也只是访问他们，收集一些意见，反映在问卷中，心中了然便好。

【周佳　社会学0902班　2012年6月20日】

早晨，透过窗户进来的阳光预示着今天注定是一个炎热的天气，果然35℃的高温让大家有了很强的倦意。今天，潘老师（潘泽泉教授）加入了我们的队伍。的确，潘老师一个人在敬老院吃得不好，也没什么人可以说话，甚是无聊，出去走访还可以活动一下筋骨。可是，没想到今天我们的午餐还没着落，着实委屈了潘老师，最后还是潘老师请我们在镇上吃了一顿。

【冯莎莎　社会学1602班　2018年7月15日】

今天是实习的最后一天，我们的任务仍然非常艰巨。为了提高效率，节省大家的时间，小组分成了两队分头出发：四个人去攻克“花桥镇”剩下的几个入户访问，其余六人则一大早赶往“马家溪村”进行入户。由于路途较远，我们早上七点便出发，驱车前往马家溪村，将近一个半小时以后才到达目的地。在车上简单划分一下任务之后，便立即开始入户了。由于之前我对分图四进行过核图，对其较为熟悉，所以我负责这一块居民的入户访问。

平时的入户访问也需要向受访者解释问卷调查的目的和意义，但是这一次，我第一次开始深入思考自己此行的目的和意义，除了完成任务获得学分、收集数据以外，我参与这次问卷调查到底有什么价值，这对受访者来说是一个什么样的存在呢？而让我产生这样思考的，是今天受访的第一户人家。爷爷奶奶的家真的非常难找，隐藏在丛林密布的山上，不仔细看很难发现。确定位置以后如何前往也是一个问题，尝试过几条可能的小路之后都失败了。后来在田地里隐约看到一条可行的小路，便从这里上山，一路上全是锋利的草和碎石，非常难走，也非常危险。等我到了这户人家，看到门口辛勤劳作的老年夫妻，心里突然一惊，年轻人尚且不容易上下山，更何况老人家呢。他们的反应更是出乎我的意料。我自报身份以后，出于对大学生的极度信任，他们毫无保留地开始和我交流，十分热情地招待我。一坐下来，老奶奶就开始和我哭诉，向我介绍家里的情况，这的确是令我意想不到的，一般人哪怕没有戒备之心，也会稍微克制一下自己的情感。详谈之后，才了解到老人家中的艰难，便理解了之前的夸张反应。他们实在是生活与家庭的压力太大，又无人倾诉，只能暗自隐忍承受，非常不易。临走时，我和两个老人家告别，他们不断表达感激之情，令我十分羞愧。

羞愧是因为我实在承受不起老人家的期待与感恩，我所能做的，仅仅是如实记录、传达，而对他们所迫切希望改变的窘境完全无能为力。如果可以，我也希望我能对他们产生即时的、有效的帮助，但我无能为力。在农村，有无数急切需要救援的家庭，各家都有各自的难处，这对老夫妻仅仅是一个代表。

如此说来，即使是最基层的入户访问、数据收集，所承担的任务也是十分艰巨的，在我们手下流淌的，是一个个鲜活的生命，是切身的生活体验。假如有一天，我所做的这部分小小调查能够对某个群体产生切实的效益，能够帮助一些像这对老夫妻一样需要帮助又无处倾诉的人，我会非常自豪，即使条件艰难些也都是值得的。当然，无论怎样，我都衷心地希望勤恳劳作、踏实生活的善良的人能越过越好。

腹有诗书气自华

【周惟唯　社会学1002班　2012年7月14日】

久旱的三湘大地今日终于迎来了一场淋漓的大雨。下午三点雨小之后，我们才有机会出门继续调查。过程十分顺利，在天黑之前我们就走完了集义的第二批样本，完成了本村的全部所需问卷。有感而发，赋诗一首：

久旱逢霖苍山远，
残云羞涩日暮迟。
环巢戚戚叽喳雀，
似笑归程未了时。

【石先武　社会学1001班　2013年7月3日】

举头望，
无尽灰云，
那季节叫寂寞。
日不见太阳的暖，
夜不见月亮的蓝，
就这样开始走。
——献给实习的一首小诗

【张贵生　社会学1001班　2013年7月3日】

南朝时期萧纲曾作《苦热行》：
六龙骛不息，三伏起炎阳。
寝兴烦几案，俯仰倦帏床。
滂沱汗似铄，微靡风如汤。

一时兴起，小生亦作一首《苦热行》：

赤焰中天灼，湘水沸如汤。

莫言生与死，笼里蒸羔羊。

且为调研故，升华又何妨。

今日的调研地点为黄兴商业步行街，步行商业街共分为南北两段。由于北段正在进行地铁建设施工，不便调研，于是只能选取在步行街南段进行采访。来往购物人员众多，很多消费者在逛街比较累时，会选择在步行街中间的行人椅上休息片刻。由此，他们便成了我们的采访对象。在我的众多采访对象中，一位年近40的大叔给我的印象最深，在简短的寒暄之后，他很配合地完成了问卷访谈工作。除此之外，大叔还对我们的调研提出建议，他认为我们的调研很辛苦，只能寻找那些没什么事情正在休息的人。因此大叔建议我们到附近的医院、车站以及电影院的等候室等地点，在那里有许多有空之人，方便我们采访调研。

鉴于此，我和敖放去附近电影院一探究竟，果然收获不少。真感谢那位大叔的建议，祝好人一生平安。

生命的“沉”：实习磨砺了我们

【马小婕　社会学1202班　2014年7月6日】

或许是由于实习时神经的长期紧绷，昨夜一夜好眠，今早起时已到9：30，严重不符合我正常的生物钟。

坐在桌前，有了些许安定感，这小小的空间有着丝丝安宁，不再需要奔走，不再需要顶着烈日、汗流满面地绘图，也不再需要气喘吁吁地爬上高楼做调查问卷。大脑中少了很多计算，有了可以静静思量的空间，眨眼工夫就到了中午。

下午我们隆回小队再聚首，将问卷、清单进行了最后的清理、审核。厚厚一沓问卷凝聚着我们的汗水和心血，其中包含着种种不易。在审核期间，过来了一个看似大一的学妹，问我们有没有时间帮忙做一份问卷。我们都相视一笑，拍拍我们手中的问卷，说：“我们也在做呢！”此时我们心里有着对学妹的理解，也有对调查问卷实践活动的思考。

忙完之后，我在校园里散步，有种“不是归人，是个过客”的感觉。想起前一段时间，穿梭在陌生的城市和农村之中，每一幕都承载着我们的记忆，不禁问自己“时间都去哪儿了？”此时的我，与刚入学时的我相比，当初的新奇和适应已经变成现在的熟练、随性。成长在起作用，是岁月在磨砺着我们。一次深入社会的实践，磨砺了我们，让我们更倾向于去学习水的品质，随环境而改变自己，适应环境。又看到路边摆摊，办跳蚤市场的学长学姐们，想到以后要走出校园，面对新的世界，不知那时我们将以何种姿态面对呢？

现在，我感受到的不是生命的“鲜”，而是“沉”——沉着、沉淀。

在调查访谈中，有一个问题：“您同不同意智慧随年龄的增长而增长？”若是问我，现在的回答肯定是“是”。随着认知的不断增多，也经受了不同的历练，人会越来越沉着冷静，处事泰然。那些老人的头上不是白发，是常年积累的智慧焕发出的圣洁的白色光华。很多时候，我特别羡慕那些满头白发、精神抖擞的老人，他们在向岁月宣示着坚韧和刚强。这些经受过岁月磨砺的老人，懂得了生命的真，也懂得了生命的“沉”。思及至此，我竟然萌生出一种“老了”的感觉。不是年龄大了，不是躯体乏了，也不是心累了，而是感受到生命的“沉”了。

实习是宝贵的一课：从专业知识到情感体验

【生舒　社会学0902班　2012年6月29日】

经过了为期十余天的暑假农村社会实习，从准备物资、设计问卷，到去石羊塘镇做实地调查、返校整理数据、输录问卷，我们在这短短的时间里得到了极深刻的历练，对我们来说是宝贵的一课。

首先，从专业知识技能上总结，可以说我们的水平并没有自己想得那样高，可能还没有达到专业问卷设计的要求。我们只承担了一部分问卷内容，而部分与部分之间的不和谐，使问卷整体看起来有些突兀。比较严重的问题：一是多选题、单选题矛盾。对于一些主观性强的题目，被访者会有多种回答，常常以“多是这样”“都可以”回复，很多单选题都做成了多选题，且选项单调，无法满足被访者的选择要求，这表现出我们在问卷设计的不谨慎，以及思考片面。二是，某些问题复杂，被访者经常不理解问题或选项的含义；听不懂普通话，胡乱作答的影响也比较大。这很可能使调查结果无法真实地反映客观实在。这种情况我遇到的比较多，被访者多为农妇、老人，很多人不识字，也听不懂普通话，对于问题的实质并不了解。加之部分的选项较为晦涩难懂，使得被访者的理解难度加大，访问员解释后仍不是很明白。这种情形在很多调查的过程中都会出现。这就要求我们合理设计问卷，根据拟定被访者样本的实际情况确定调查问卷的难易程度。三是，试调查环节十分重要，不可略过，问卷设计好之后要做小范围的试调查，可以以此修改、完善问卷。但由于我们设计问卷的时间紧迫，没有充足的时间修改，致使有些可以避免的问题还是存在。

此次实习给我很深感触的还有同学与老师之间的师生情以及同学间的团结友爱。去年的实习，是每组去不同的地区，所以还没有这么强烈的感受。今年大家住在一起，吃在一起，一起迎接挑战，共同完成任务，使我们同学之间更加团结，更懂得珍惜了。

还有一年的时间就要毕业了，不得不说在学校的学习生活中，我成长了很多。而参加社会实践也使我清楚地认识到了自己的不足，了解到了同学们的长处，这真是学习生活中难忘的经历。这种成长和老师们的关怀和尽职尽责是分不开的。在今后的日子里，我要继续向同学学习，学好理论知识。

我发现我越来越喜欢社会学了

【梁辰　社会学1202班　2015年7月19日】

今天，所有的数据终于整合完毕，我们可以开始数据分析了。

其实，每次做社会调查，一到分析数据的时候，我就感觉我化身成了一个理科生，具有敏捷的思维、理性的眼光和对数据的敏感的捕捉能力。毕竟，数据分析是一个极其具有技术含量的活动。

面对如此庞大的数据，按照惯例，我们还是分工行动。我仍然负责经济就业这一方面的分析。由于这次调查我们同时在两个不同的安置点进行，就有了略有差异的数据。于是，我创造性地将两个地区的数据进行了比较，可结果却发现，在巨大的数据量之下，两个地区的经济收入及支出情况是没有差别的，也就是说两个地方的就地安置市民在经济上有许多共通的地方。

我想，这也许就是社会学有趣的地方吧，找出事物的共通性，并从共性中发现个性，再用共性来解释个性。我发现我越来越喜欢社会学了呢。

“关心他人”：社会学给予我们的人生财富

【李晨阳 社会学1201班 2015年7月16日】

经过两天的努力，实习报告基本完成了。感谢老师的指导、同学们的建议和帮助。终于还是要说再见，大三的暑假实习，再见了。梅溪湖，再见。家和苑，再见。大三，再见。

从一开始的走访、问卷设计、修改、实地调查，到后期数据处理分析、实习报告的完成，我们参与了实习的整个过程，这让我在大三的最后阶段，对社会学的认识提到了一个新的高度，也发现了它更多的魅力。

很多人对这个专业不了解，可是我觉得社会学最大的魅力就是让我看到了很多平常看不到的现象，接触了从未触碰的，让我认识了很多人，听到了很多发自肺腑的声音，让我对这个社会的冷暖亲疏有了更深的认识，对社会的问题有了亲身的体验，而不是只限于书本。我知道了种种人群最看重的是什么，也发现了被媒体过度符号化的“刁民”原来有这么可爱善良的一面，我觉得这都是需要思考的。

这种悯人的情怀是社会学给我最大的财富，关心他人才是一个成熟的人成功的第一步。

最后感谢潘泽泉、黄娟、雍昕老师对我们的悉心照顾和指导，家和苑社区居委会、至善社会工作站的领导对我们的支持，还有我们同组小伙伴的齐心协力！实习日志，再见了！

暑期实习：不可替代的青春记忆

【杜婷婷　社会学1202班　2015年7月25日】

经过昨天一整天的努力，今天的压力就没有那么大了，把需要补充的内容写好，把需要修改的地方完善一下，再把格式调整一下就基本完成了。特别需要注意的是报告中表格的格式，之前老师特意在群里上传了一个标准的表格格式，即三线表，我的报告中现有的表格，还不符合要求，需要认真进行修改。

直到整篇的格式调整完毕，调查报告的撰写才真正算是完成。虽然自己的报告中还存在很多的不足，自己的研究还不够深入，但平心而论，我觉得自己已经尽了自己的努力，这篇调查报告还是比较让自己满意的。

随着报告的完成，本次的城市实习也算是圆满结束了。回想城市实习中的点点滴滴，从前期的问卷设计，到中期的问卷调查，到后期的数据分析，还有最后的报告撰写，这一切的一切无不是在潘泽泉、黄娟和雍昕三位老师的悉心指导之下，和全体12级社会学同学的共同努力下完成的，特别感谢这次实习给了我一个做小组长的机会，感谢所在小组组员的全力配合，让我们的实习生活能够顺利进行、圆满结束。

同时，这次实习也是大学生涯中的最后一个集体实习机会，它不但带给了我们专业知识、专业技能上的收获，而且为我们的大学生活增添了一份美好的回忆。无论是去年暑期的农村实习，还是今年暑假的城市实习，都是我们美好的大学生活中不可替代的一部分，都将是我们记忆中最重要的一部分。

五

调查报告篇

前言

毋庸置疑，学术报告或论文的写作与本书前几个篇章所展示的入户调查过程一样，也是一门考验学生各方面综合能力的艺术。相对于将来有志于从事学术科研工作的硕士研究生或博士研究生而言，我们对本科生的学术写作能力没有提出太高的专业性要求，但这并不意味着本科生的学术训练就可以完全止步于实地调查和经验材料的获取。事实上，近年来在毕业论文写作方面已经出现了一个较为明显的趋势，那就是本科生的学术写作能力正在全面赶超硕士研究生，而且部分本科生的论文水平甚至已经超越了绝大多数硕士研究生。当然，有太多的理由可以解释这一现象的出现，但有一点值得肯定的是，有越来越多的本科生在追求卓越的道路上对自我的要求越来越严格，也愿意付出更多努力。他们的思辨能力、实践能力、阅读能力、调查能力、写作能力以及对学术问题的好奇心和研究志趣正在快速提升。作为一种结果，自然使有了越来越大比例的本科生在毕业后选择继续出国深造，或者选择去国内一流的高等学府接受研究生教育，而且越来越多的学生开始愿意接受博士教育，去勇敢地追寻自己的学术梦想。

作为志在“传道、授业、解惑”的老师，我们当然非常乐见这一局面的出现，更重要的是，我们也越来越感受到让本科生接受足够的学术训练是一件非常重要的事。在这个竞争日益激烈的全球化时代，学生们对大学教育本身也提出了更高要求，如何培养学生的批判性独立思考的能力，尤其是面向任何难题都能保有的自我学习能力和自主探究能力，而不仅仅停留于某一职业“饭碗”的获得，已经成为当代大学教育所需要思考的根本问题。而学术训练的过程便是获取这些能力的元过程，从提出一个明确的问题，到设计研究方案，再到经验材料的搜集，最后到观点论证和文本的形成，其中的每一个环节都考验着学生的学术批判精神和自我反思能力。从这个意义上说，学术训练应该是大学教育的最佳途径。本篇章着重展示的就是部分学生从这一学术训练之中所得到的最终成果——学术报告。虽然这些报告的文本仍然略显生嫩，行文的逻辑也没有那么严谨，甚至可能还存在语句不通、措辞不当等问题，但它们都代表了初学者的那种发自内心深处的意志力和学术潜力。它们更是一次伟大的充满朝气的尝试。当然，我们也非常期待读者对此提出批评，而且越尖锐的批判越有利于学生们在学术道路上的精进，只要言之成理，我们都能虚心接受。

本篇主要选择了五位学生的学术报告。因为存在这样或那样的原因，我们无法对所有本科生的学术报告进行一次全面的筛选，只是根据因利乘便的原则选择了其中的五篇。实际上当我们在征求学生的意见以确定其是否愿意将论文展示出来时，大部分学生是极不情愿的。他们担心因为自己的学术能力有限而给母校和老师“丢脸”，因而总会以这样或那样的理由委婉地拒绝我们的邀请。我们也没有理由去强制性地要求学生必须答应这一邀请，在尊重他们自己意愿的基础上，我们最终选了以下五篇学术报告，进行集体展示。当然，这五篇学术报告并不是本科生群体中最优秀的，甚至也谈不上优秀，它们的学术水平参差不齐，剖析问题的深度也深浅不一，有的写得比较系统和深入，有的则略显浅薄和单一；有的写得比较专业，更富有社会学的意蕴；有的不那么专业，或者普通平常……也就是说，现在呈现在读者面前的，是一个类似于偶遇抽样而随机抽选出来的报告样本，我们的目的不在于炫耀最优秀的学生在学术研究层面有多么精到，而是要展示本科生在学术训练和论文撰写层面最真实的状态。在这一状态下，即便仍然存在很多方面的问题，但他们仍然勇于暴露出这些问题，并勇于通过接受批评而促使自己继续前进，以此作为学术道路上的垫脚石，这才是最重要的。

综合来看，这五篇学术报告涵盖的主题比较广泛，既包括了环境社会学、性别社会学、教育社会学、政治社会学以及社会阶层研究等多个面向的应用性研究，还包括了对社会调查方法层面的反思和探究；在研究方法上，既包括了以国内大型社会调查数据库为实证分析基础的量化研究，也包括了以自主性参与观察和访谈为基础的质性研究；在研究对象上，既涉及一般意义上的中国公众，也涉及因典型性群体特征而成为历来学术研究焦点的女性群体、大学生群体等。暂且不论这些报告孰优孰劣，仅由此便可见，社会学的学术田野是如此广阔。由于这些论文的作者都是本科生，限于生命成长的周期，我们无法过于苛求他们达到论文写作的某一种境界，因此，我们也不打算在此详细评述每一篇学术报告的具体内容、写作手法、研究结论，抑或是其他精彩和独到之处。我们决定将所有的品评和批判的空间都留给读者，让读者们自己去品味，如果读者们还能够对其发出些微赞许，我们便不胜感激了。

中国公众环境素养的测评体系构建及影响机制研究
——基于 CGSS2010 的实证分析

张贵生①

摘　要：普遍提升中国公众的环境素养水平是国家生态文明建设的行动根基，但学界有关环境素养构成要素的认知仍然比较模糊。以 CGSS2010 为实证基础，本研究利用结构方程模型科学构建了中国公众环境素养指标测评体系，进一步厘清了该体系中各二级指标（环境知识、环境态度、环境价值观、环境行为）的内在影响路径，并以此为基础详细探究了不同社会群体的属性因素对环境素养的分化效应。研究发现：中国公众环境素养测评体系的各个二级指标在影响路径上服从"知信行"模式的传递机制，但这一机制是通过"知识、信仰、行为"三者内部更为复杂的具体维度来实现的。其中，环境行为主要受环境责任感、环境保护行为倾向和环境价值观的直接影响，且环境责任感的影响效应最为显著；环境知识对环境行为没有显著的直接影响，但其通过环境责任感、环境保护行为倾向和环境价值观对环境行为具有重要的间接影响效应；环境责任感对环境行为有显著的直接影响，但其通过环境价值观对环境行为的间接影响更为显著；环境知识对环境价值观有显著的直接影响，但其通过环境责任感对环境价值观的间接影响更为显著。此外，社会人口统计变量中对环境素养影响最大的是受教育程度，其次为个人年收入水平；政治面貌和年龄对环境素养有一定影响，但性别、民族、婚姻状况、工作单位类型对环境素养没有显著影响。宏观变量中，城乡空间分布和经济地区类型对公众环境素养的影响非常显著，这凸显出中国公众的环境素养水平存在显著的城乡差异和东中西地区差异。

关键词：环境素养；四级指标测量体系；结构方程模型；影响机制

① 张贵生，时为中南大学社会学系 1001 班本科生。

一、问题的提出

(一)研究背景

早在2007年，中国就已经正式提出建设生态文明的要求；2012年10月，中共十八大报告中提出“把生态文明建设放在突出地位，融入经济建设、政治建设、文化建设、社会建设各方面和全过程，努力建设美丽中国，实现中华民族永续发展”。2013年7月，习近平主席在发给生态文明贵阳国际论坛2013年年会的贺信中又强调，“走向生态文明新时代，建设美丽中国，是实现中华民族伟大复兴的中国梦的重要内容”。面对日益严峻的资源衰竭与环境污染形势，要增强经济社会的可持续发展能力，既需要国家顶层的宏观制度设计，也需要微观层面公民个体环境素养的提升。公众环境素养研究对当前的生态文明建设具有重要的理论和现实意义。

西方国家于20世纪60年代提出了“环境素养”的概念，经过50多年的发展完善，环境素养的指标测评和理论研究已经日臻完善，大量环境素养的实证研究为促进西方环境教育的发展和公民环境意识的提升做出了重要贡献。环境素养的理念虽然于20世纪90年代末传入中国，但由于缺乏成熟的量表设计和完备的调研技术，我国环境素养研究基本上仍然处于起步阶段，尤其是理论研究不足，大部分实证研究缺乏对数据的信效度检验，研究结论的可信度不高。本研究的主要内容是：通过建立一个科学合理的环境素养四级测量指标体系，探讨环境素养的组成部分及其内部影响机制，结合社会人口特征变量的影响，综合分析环境素养的外部影响机制，完善公众环境素养理论。

(二)研究目的和意义

生态文明建设作为新世纪中国国家发展的五大核心战略之一，其对“中国梦”的实现和中华民族的伟大复兴意义非凡。本研究目的在于试图通过建立中国公众环境素养四级指标体系，科学全面地探讨公众环境素养的测评体系及其影响机制，具体来说分为三部分：首先，初步确定公众环境素养的测评体系，并通过信效度检验和探索性因子分析，最终准确建立公众素养的测评指标体系；其次，通过结构方程模型的运用，对公众环境素养各组成部分的内部影响机制进行分析，探讨出环境素养内部具体的影响路径，建立公众环境素养理论模型；最后，通过多元回归方程模型的运用，对公众环境素养的外部影响机制进行分析，探讨公众自身个人层面变量和社会宏观层面变量对公众自身环境素养水平的影响，达到丰富完善公众环境素养理论的目的。

公众环境素养的研究具有理论与实践的多重意义。首先，通过更加全面地探讨环境素养的内外影响机制，可以丰富环境社会学关于公众环境素养的理论研究，为今后中国在环境素养理论研究方面做一个实证研究的例子；其次，通过模型指标体系的建立和检验，可以为今后的环境素养测评提供技术支撑，而对环境素养影响机制的研究，则可以为指导中国今后的环境教育提供理论支撑，因而有利于进一步推动中国公众环境素养的改善；最后，对环境素养的外部影响机制的分析，有助于更加科学地看待当前公众环境素养的差异化分布，从而有利于从宏观上把握公众环境素养的整体状况和阶段特征，为今后的研究奠定基础。

二、研究综述

（一）国内外关于环境素养的理论研究

1. 环境素养概念的提出以及在中国的传播

环境素养（environmental literacy）的概念兴起于20世纪60年代后期，最初由美国学者Roth于1968年提出，而且他提出通过环境教育来培育有环境素养的公民。[①] 1970年，美国总统尼克松以“环境素养”为题，在美国环境质量委员会的年度报告中阐述了发展公民环境素养的重要性。1978年联合国教科文组织在苏联召开了政府间环境教育会议，并对人的环境素养特定属性进行了归纳，并将1990年确定为“环境素养年”，在其出版的环境教育通讯《联结》中以全人类的环境素养为题，对环境素养曾有过如下描述：全人类的环境素养为全人类提供基本的功能性教育，它提供基础的知识、技能和动机，以适应环境保护的需要，并有助于可持续的发展。

中文“环境素养”一词和英文中的“environmental literacy”相对应，目前所能见到的最早的是由台湾学者杨冠政翻译过来的[②]。可能由于理解视角不一样，也有可能由于翻译的原因，我国学者对“environmental literacy”的中文译名存在较大争议。比如有的学者将其理解或翻译为“环境/生态意识”“环境/生态素

---

① ROTH C E. Environmental Literacy: Its Roots, Evolution and Directions in the 1990s[C]// Clearinghouse for Science, Mathematics, and Environmental Education. 1992: 51.

② 王民. 环境意识及测评方法研究[M]. 北京：中国环境科学出版社，1999.

质”“新环境范式”“环境/生态行为”“环境/ 生态态度”和“环境/ 生态关心”等。[①] 其中，关于环境意识的提法最多，而关于环境素养的提法则比较少。无论做何种翻译，其内涵基本一致，都反映人们对个人与自然之间关系的看法以及参与生态环境问题的主动性。[②] 国内在 20 世纪 90 年代以来实施的公众环境知识、环境态度等调查，也都冠以“环境意识调查”之名。环境意识的概念在我国应用广泛，王民(1999)认为，环境意识和环境素养可看作同义词[③]，在一般的大众宣传、报道、传播中，可以认为并无较大差别，但学术研究中的概念使用应该是严谨明晰的。“环境意识”与英文中的“environmental awareness”一词相对应，而且在国外环境素养测评的指标体系中，环境意识常常作为环境素养的一个因子，因此二者还是存在较大区别的。

环境素养在我国大陆正式出现是在 1999 年，中央教育科学研究所和北京教育学院对北京市中学教师进行的环境素养调查中使用了“环境素养”一词[④]。2001 年，国家环保总局宣教中心在绿色学校通讯及其网站上使用“环境素养”一词来定义中国的绿色学校，因而引起中国环境教育界的高度关注，[⑤]由此，这个概念才受到中国学者的普遍使用。

2. 环境素养的内涵与结构

虽然环境素养的概念自提出之后在科研中被广泛使用，但和大多数社会科学专有概念一样，对其内涵的理解一直存有争议。1976 年，Hungerford 等人采用层次分析模型的方法研究了环境素养的构成，此后他和 Tomera 于 1985 年建立了环境素养模式；1985 年，学者 Sia 对 Hungerford 和 Tomera 建立的环境素养模式进行了更加全面的分析；而后，Hines 和 Marcinkowski 等人分别在 1985 年和 1988 年对前人的环境素养研究模型做了进一步的修改和分析。[⑥] Hungerford 等人认为环境素养由三部分组成，即认知的知识、认知的过程和情意。Hungerford 和 Tomera 则认为环境素养由生态学概念、环境知识、信仰、价值观念、环境行为等八部分内容组成。[⑦] Marcinkowski 在前人的基础上进行融合，认

① 王辉. 环境素养与生态素养[J]. 科学时代, 2007(1): 015.

② 王耀先, 李炜, 等. 建立环境素质评估指标体系提高公众环境素质[J]. 环境保护, 2011(6).

③ 王民. 环境意识及测评方法研究[M]. 北京: 中国环境科学出版社, 1999.

④ 王素, 余新. 教师环境素养水平鱼待提高[J]. 中小学管理, 2001(4): 2-3.

⑤ 黄东蛟, 艾娃. 环境素养: 一种优秀世界观的放映[J]. 环境教育, 2002(6): 32-34.

⑥ Sia A P, Hungerford H R, Tomera A N. Selected predictors of responsible environmental behavior: An analysis[J]. Journal of Environmental Education, 1986, 17(2): 31-40.

⑦ Hines J M, Hungerford H R, Tomera A N. Analysis and synthesis of research on responsible environmental behavior: A meta-analysis[J]. Journal of Environmental Education, 1987, 18(2): 1-8.

为环境素养所涵盖的范围应该更广泛，包含对待环境及其问题的感知、价值评价、知识了解与技能掌握等九个方面。

国内也有学者对环境素养的内涵进行研究。首先，陈德权、娄成武(2003)最先提出环境素养应由环境知识、环境行为和环境意识等三部分组成[①]，之后，曾昭鹏(2004)则认为环境素养是人通过后天的学习而获得和形成的关于人与自然环境关系的知识、意识、行为的总和，并提出了环境素养的层次说，他认为环境知识是环境素养最基础的层次，处于结构的最外围，中间层次是环境意识，最核心层次是环境行为，因此环境素养应以环境知识、环境行为与环境态度等三点为基础[②]，但和前一种观点相比差别并不大；另一方面，白洁(2007)则主张环境素养应以环境知识、环境行为、环境技能、环境情感和环境伦理观等五点为基础[③]；最后一种观点主张环境素养应以环境知识、环境行为、环境态度和环境技能等四点为考察基本点[④]。总的来看，三种不同的观点既有共性也有差异，都重视环境知识、环境行为和环境态度(或意识)对环境素养测评体系建立的基础性作用，不同之处在于后来者将测评指标变得更加丰富多样，加入了比如环境技能、环境情感或环境伦理观等新型指标。

(二)国内外关于环境素养测评的理论与方法研究

1. 环境素养测评的起因

环境素养测评是在环境保护运动兴起之后，为了解公众环境素养的状况和特点，了解公众对环境保护运动的支持程度和效果而产生的。[⑤] 西方在科学研究方面有实证主义的传统，对于人们的环境素养的评价，他们从一开始就非常注重实证研究，非常重视定量研究，主要方式是对研究对象进行调查，然后进行数据分析，并试图对结果的真实性进行检验，并对结果进行评价，其结果与结论可以为进一步开展环境保护和环境教育工作提供依据。因此环境素养测评是环境保护工作发展到一定阶段的产物。

环境素养的测评主要有两个领域：一是环境素养的民意调查，旨在了解公

---

① 陈德权，娄成武. 环境素养评价体系与模型的建构及实证分析[J]. 东北大学学报，2003.

② 曾昭鹏. 环境素养的理论与测评研究——以高师学生环境素养测评为例[D]. 南京：南京师范大学，2004.

③ 白洁. 高师院校毕业班学生环境素养调查与环境教育对策研究[D]. 济南：山东大学，2007.

④ 孟静. 工科大学生环境素养现状调查及建议[D]. 长春：东北师范大学，2011.

⑤ 王敏达，张新宁，刘超. 国内外环境素养测评发展的比较研究[J]. 生态经济(学术版)，2010(2)：408－411.

众的环境素养水平和特点，为制定相关的政策、加强管理以及增强社会在环境保护上的宣传和教育的效果提供依据。此类调查多由社会团体、研究机构和新闻媒体组织，调查题目较为关注人们对环境问题及环境保护的意见、看法及态度。其调查范围小到一个工厂、一个街道，大到一个城市、一个国家。20 世纪 90 年代开始又出现了国际性的环境素养调查。总体而言，环境素养调查开始于 20 世纪 60 年代，它是伴随着环境保护运动的兴起、公众环境意识的觉醒而出现的。二是对学生的环境素养测评，对被教育者的环境素养的调查结果常作为评价环境教育效果的一个指标，较多地用于各级各类学校。由于培养与提高学生的环境素养是学校的教育目的之一，因此对学生的调查常常关注环境教育的目的是否达到，调查往往比较关注学生的环境知识、环境态度和环境行为，以及环境知识、态度及行为三者之间的关系。

2. 测评要素及经典量表的变化

环境素养测评大体上开始于 20 世纪 60 年代，目前所见到的国外有关环境素养测评的资料基本上始于 20 世纪 70 年代。Roth 于 1968 年提出“环境素养”这一概念，到了 1976 年，美国南卡罗来纳州教育厅根据该州环境教育咨询委员会的建议，制定了环境素养的评价指标体系，该体系涵盖了知识、技能和态度三个部分。知识是由三大主题和九大概念所组成的；技能是指个人解决和阻止环境恶化所需的能力；态度是主动维持和改进环境质量所需的行为倾向。

从诸多环境素养测评的有关材料发现，几乎每一次测评都有针对测评的具体情况而设计的环境知识调查问卷，即使有采用相同问卷的调查，也是为了比较研究的需要。至于能在世界范围内得到广泛认可和应用，并持续一段时间的环境知识测评问卷，则从来没出现过。由于人的行为的可测性等问题，环境行为的测评也没有出现比较经典的调查量表。相比之下，环境态度的测评发展的最为成熟。在众多的环境素养测评量表中，最著名的也是影响最大的是美国学者 Riley Dulap 和 Kent Van Liere 于 1978 年开发的环境态度量表——“新环境典范”量表(The new environmental paradigm)。Riley Dulap 和 Kent Van Liere 还创造了“新环境典范”这一专有名词，它主要描述了当时出现的一种生态友好文化。[①] 而与此相对应的是“主流社会典范”(The dominant paradigm)，“主流社会典范”则强调经济增长，认为地球所蕴藏的资源丰富而没有限制，相信技术进步能解决一切环境问题等。“新环境典范”量表自问世以来，已经在世界各地不

① Riley E. Dunlap. The New Environmental Paradigm Scale: From Marginality to Worldwide Use[J]. Journal of Environmental Education, 2008, 40(1): 3-18.

同地区、不同类别的人群中得到了应用，很多研究都证实了这个量表具有较高的信度及效度。然而，20 多年以来，环境伦理和生态哲学都得到了很大的发展，一些观念如自然内在的价值、人对其他物种的道义上的责任等，在最初的“新环境典范”量表中并没有体现出来，这可能降低该量表的效度。而且有关研究认为“新环境典范”量表从形式到表述在测试人们非常细腻的环境观念方面都显得太粗略。对此，Helen L. La Trobe 和 Tim G. Acott 在 2000 年开发了一个包含 21 个叙述的“新环境典范”量表，这个量表更能区分不同人群之间更为细腻的环境态度和价值观。①

由上可以发现学者们所界定的内容渐渐由生态环境的保护扩充至整个社会及社会制度的改变；对科技及经济的发展，已从绝对信赖改变为有条件的接受；就时空而言，则从环境保护延伸到关心下一代的生活环境，进而追求永续发展；对于自然的价值观则由以人类为中心，转化为欣赏自然，接受万物存在本身的价值。总之国外环境素养测评中调查研究的规范性、调查方式的多样性以及调查群体的多样性都值得我们借鉴。

(三)国内外关于环境素养测评的实证研究

1. 国外环境素养测评的实证研究

在实证主义传统的影响下，西方国家特别是美国在环境素养的定量化研究方面做了很多工作，非常值得我们学习和借鉴。早在 1973 年，为了了解公众有关生态及污染问题的认知、想法及感受，Maloney 和 Ward 设计了一份包含了 128 道题目的问卷来研究被访者的环境知识、环境态度、环境口头承诺及环境实际承诺。② 1984 年 Borden 利用由 Maloney 和 Ward 开发出来的问卷，先将大学生区分成高、中、低三个环境承诺组。随后再测试受试者对于污染、科学、技术、环境及自然的态度。③ 1987 年 Arcury 和 Johnson 对美国肯塔基州的居民进行了有关该州环境及能源方面的知识调查，发现该州居民的环境知识水平很低，而且对本州有关的环境问题，甚至比不上对全国性问题的了解，对特定的环境问题如水污染的知识也低于一般性的环境知识。调查结果同时显示：环境

① Helen L. La Trobe, Tim G. Acott. A Modified NEP/DSP Environmental Attitudes Scale[J]. Journal of Environmental Education, 2000, 32(1): 12 -20.

② Maloney M P, Ward M P. Ecology: Let's hear from the people: An objective scale for the measurement of ecological attitudes and knowledge[J]. American Psychologist, 1973, 28(7): 583 -586.

③ Borden R J. Psychology and Ecology: Beliefs in Technology and the Diffusion of Ecological Responsibility [J]. Journal of Environmental Education, 1984, 16(2): 14 -19.

知识的高低与受教育程度呈显著的正相关，而女性的环境知识低于男性，居住于城市里的居民具有较多的环境知识，年龄与环境知识水准成反比。1990 年 Arcury 利用“新环境典范”量表测量了肯塔基州的公众对自然界的平衡、增长的限制、人类主宰自然等三方面的态度，同时进行环境知识和能源知识的调查，研究结果显示公众的一般环境知识、能源知识及对该州的环境知识均与由“新环境典范”量表所测得的环境态度显著相关，发现了彼此之间的正相关关系。[①]

1994 年，芬兰学者 PiviM. Tikka、Markku T. Kuitunen 和 Salla M · Tynys 组织了芬兰大学生环境素养调查，结果表明：生物专业和林业学院的学生在环境知识、环境行为和环境态度上得分明显比其他专业高，这可能与他们的专业学习有很大关系。得分最低的专业是工程技术专业和统计专业的学生，这可能与他们的技术主义倾向有一定关系。[②] 此外，Gambro、John S. 和 Switzky、Haryey N. 组织了一次全美高中生环境知识调查，调查结果显示出大多数高中学生只具备较低水平的环境知识，尤其不能正确应用环境知识，这种状况可能使他们将来不能很好地应对所面临的环境问题及环境问题带来的危害。[③] 除此以外，还有 2001 年，澳大利亚 Murdoch 大学一年级大学生环境态度调查；1995 年土耳其大学生环境态度调查；1990 年美国不同文化背景居民环境素养调查；1992 年荷兰中学生环境素养调查等。

从国外的环境素养调查中我们可以发现，首先他们很强调调查的规范性，既注重测量工具的开发，又注重调查过程的规范性；其次他们很讲求调查方式的多样性，既有问卷调查，也有电话调查、网上调查和入户调查等等。最后，他们很在意调查群体的多样性，既有一般的公众和学生，也有环保组织成员、少数民族、不同文化背景、不同行业等等。

2. 国内的环境素养测评的实证研究

我国实施的规模较大的环境素养调查主要是在 20 世纪 90 年代进行的，大多数是关于大学生和中学生的环境素养调查，以一般公众为对象的环境素养调查进行得比较少。从调查者来看，有政府部门的环保机构、大专院校、民间社会团体、新闻媒体以及商业机构等。比如 1994 年 11 月，由国家科委研究中心、

---

① Arcury T. Environmental Attitude and Environmental Knowledge[J]. Human Organization, 1990, 49(4): 300 – 304.

② Kuitunen M, Törmälä T. Willingness of Student to Favour the Protection of Endangered Species in a Trade – off Conflict in Finland[J]. Journal of Environmental Management, 1994, 42(2): 111 – 118.

③ Gambro J S, Switzky H N. Locus of Control as a Motivational Determinant of Environmental Knowledge in High School[J]. Causal Models, 1992: 13.

日本亚洲经济研究所合作对我国两个最大的城市——北京、上海居民的环境意识实施了问卷调查，调查结果认为：从总体上看两市居民已具备一定的环境认识水平；居民的环境素养特征呈明显的二元结构，表现在居民对与日常生活密切联系的环境问题具有较高的关注程度与意识水平，而对远离日常生活的生态环境，则关注程度与意识水平明显不高；居民对环境状况的改善比较有信心，但在环保参与意识方面，表现为对政府的高度依赖，对民间力量及个人努力信心不足；居民已具备了一定的环境保护代价意识，但对环境保护所引起的对日常生活的影响，其心理承受能力不足等。

1995 年由中华环保基金会主办、中国人民大学社会调查中心共同协作开展了我国“全民环境意识调查”，调查结果发现：大多数公众对环境保护了解的层次较低；一般公众对我国环境状况不断恶化的趋势感知不明显，但知识分子对此比较敏感；公众比较关心和了解与日常生活相关的环境问题，而对全球性环境问题知之甚少；从总体上看，公众的环境意识水平偏低。1997 年进行的“中国城市公众的环境意识调查”发现，大部分市民对环境问题很关心；高收入的居民对环境问题的关心程度最低；学历越高的人对环境的关心程度也越高；文化程度比较高和年龄比较低的人群思想比较活跃，他们对环境状况表现出不满的倾向。高学历的人群更愿意献出自己的部分收入，用于环境治理；而高收入的人群则相反，他们不太愿意为保护环境而牺牲自己的利益；人们已经认识到经济的发展与环境保护并不矛盾，而是相互促进。[①] 当然，国内的相关调查还有很多，比如 1993 年进行的中国中小学生环境意识调查；2005 年中国人民大学进行的北京市公众环境意识调查；2007 年白洁进行的关于高师院校毕业生的环境素养的调查；2011 年孟静主导的工科大学生环境素养现状调查等，不再赘述。

从以上分析可以发现，国外对于环境素养的测评在量表的开发上是比较先进的，量表的开发、测评理论、测评方法也比较成熟，且测评对象的范围也比较宽泛，从一般公众到各类人群，在西方环境教育的研究中至今环境素养的测评仍占有重要的地位。而我国的环境素养测评在问卷量表的开发上仍处于弱势。不仅如此，我国在环境素养的调查中还存在许多其他的问题，比如对环境素养的内涵和构成内容的理解上存在较大分歧；调查的抽样及代表性问题；各种调查方式的运用与综合的问题；调查问卷的效度与信度分析问题；大群体的调查比例较小等，这些都有待于我们去继续改进和完善。

---

① “中国公众环境素质评估指标体质研究”项目课题组. 中国公众环境素质评估指标体系研究[M]. 北京：中国环境科学出版社，2010：55.

三、研究设计

(一) 理论基础

1. 概念界定：环境素养

从20世纪60年代末西方国家首次提出环境素养的概念，到20世纪90年代末传入中国，环境素养的理论研究和实证研究已经走过近半个世纪。同自然科学研究不同，社会科学研究很难就某种专业概念达成既定共识，在环境素养的研究上也保持了这种学术传统，但是经过近半个世纪的探讨，学术界对环境素养的核心内涵正逐步取得共识，即都反映了个人与自然环境之间关系的看法以及参与到环境保护中的行为的主动性，[①]这种逐步凝聚的共识为本研究奠定了重要的理论基础。

由于存在诸多对环境素养的具体定义，本研究只列举其中比较有代表性的两种界定。王耀先等(2011)认为环境素质是指人们所具有的环境知识、价值理念和态度行为的整合系统。[②] 中国环境意识项目课题组(2010)则认为，所谓环境素养，是指人们通过日常生活、学习和媒介传播所提供的信息而逐步形成的，有关环境以及人类与环境的关系等方面问题的知识、价值理念和行动系统。[③] 从这两种具有代表性的界定中可以发现，学者对环境素养的具体定义其实大同小异，大部分的概念界定都是为了满足其自身学术研究的需要，但也不会脱离概念本身的核心内涵。

在综合诸多文献中各学者对环境素养的研究后，本研究定义的公众环境素养为：公众通过后天学习逐步习得并积累起来形成的关于环境知识、人类社会与环境关系以及表现于实际生活中的环境行为的一种整合系统，主要包括对环境知识的掌握程度、环境态度的积极程度、环境价值观的内化程度和环境行为能力的大小等四方面。具体来说，环境知识由环境问题知识和环境保护知识两部分组成；环境态度由环境情感、环境责任感、环境保护行为倾向三部分组成；环境价值观由科学主义价值倾向、人类中心主义价值倾向、人类社会与环境关系、经济增长与环境关系四部分构成；环境行为由日常性环境行为和参与性环

---

① 黄东蛟，艾娃. 环境素养：一种优秀世界观的放映[J]. 环境教育，2002(6)：32－34.

② 王耀先，李炜，等. 建立环境素质评估指标体系提高公众环境素质[J]. 环境保护，2011(6).

③ 中国环境意识项目办公室. 中国公众环境素质评价指标体系研究方法探讨[J]. 世界环境，2009(5).

境行为两部分构成。

2. 基础理论：知信行理论

知信行理论模式最初被用于健康教育中解释和干预个体的健康管理行为，后来也被引申用于解释和干预个体的一般行为。所谓知、信、行其实是知识、态度、信念和行为(knowledge - attitude - belief - practice, KABP)的简称。该理论认为，个体行为的改变需要一个连续作用的过程，即知识、态度、信念和行为改变的过程，其主要影响机制如下图所示：

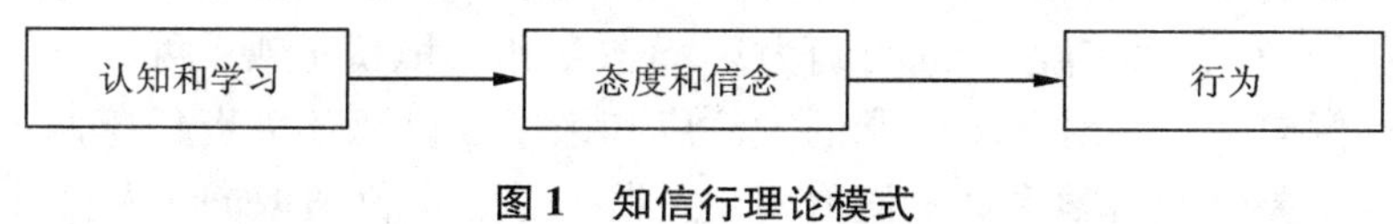

图1　知信行理论模式

在知信行理论模型中，“知”代表认知和学习，“信”代表态度和信念，“行为”则代表个体行为或群体行为。其中行为是最终的影响目标，主要表现在产生好的行为或者减少坏的行为上，个体的行为改变是建立在前两者的基础上的，知识的具备是前提条件，同时对知识的积极思考，逐渐上升为信念，并形成一定的态度，最终影响行为表现。

知信行理论认为，个体行为不仅与其知识有关，还与其信念有关。知识和行为之间有重要联系，但不是简单的因果关系，它还受到一定外界条件的影响，其中教育(如环境教育、健康教育等)便是最重要的外界条件之一。使人们从接受转化到行为转变是一个非常复杂的过程，由信息传播到觉察信息到引起兴趣到感到需要到认真思考到相信信息到产生动机到尝试行为到态度坚决到动力定型到行为确立，其中最为关键的是信念的确定和态度的改变。根据知信行理论，通常能有效促成信念形成和态度改变的因素主要有增加信息的权威性、增强传播效能、扩展信息的传播面和影响的深度等。知信行理论已经是一个被学术界反复论证和普遍认同的行为理论模型，在教育学、心理学、社会学等领域得到普遍推崇和应用。①②③ 知信行理论为本研究的环境素养理论的提出以及

① 祁静，茅倬彦．健康干预对农村中老年人健康知识、态度和行为的影响[J]．人口学刊，2018(2)：34 - 47.

② 徐莉，刘爽．对青少年性知识、态度、行为模式和性教育状况的调查分析[J]．中国人口科学，2000(6)：49 - 57.

③ 许欣，姚家新，杨剑，等．基于知信行理论的父母 - 儿童运动参与的关系[J]．北京体育大学学报，2014，37(10)：89 - 95.

检验奠定了理论基础，公众环境素养理论是知信行理论在环境素养研究上的具体应用和理论扩展，因而其对本研究具有重要的理论指导意义和应用价值。

（二）理论模型建构

笔者认为，现有的知信行模型无法用来准确测量公众环境素养以及对此进行解释和预测等，由此我们必须在相关理论的基础之上，构建针对公众环境素养的新模型。根据前面的分析可以发现，构建公众环境素养的影响机制模型必须考虑到认知、知识、信念、态度、行为等关键影响变量。根据研究目的，笔者将对这些影响变量重新进行梳理，具体来说，将认知变量明确为环境问题知识和环境保护知识；将信念变量明确为环境态度和环境价值观①两部分，而环境问题心理倾向细分为对环境问题的关注度和敏感度以及环境责任感两方面；环境价值观主要分为科学主义价值取向、人类中心主义价值取向、人类社会与环境关系和经济增长与环境关系四个方面；环境行为则分为日常性环保行为和参与性环保行为两部分。笔者在融合多种行为理论的基础上构建了一个新的符合中国国情和社会文化特征的公众环境素养假设模型，如图 2 所示。

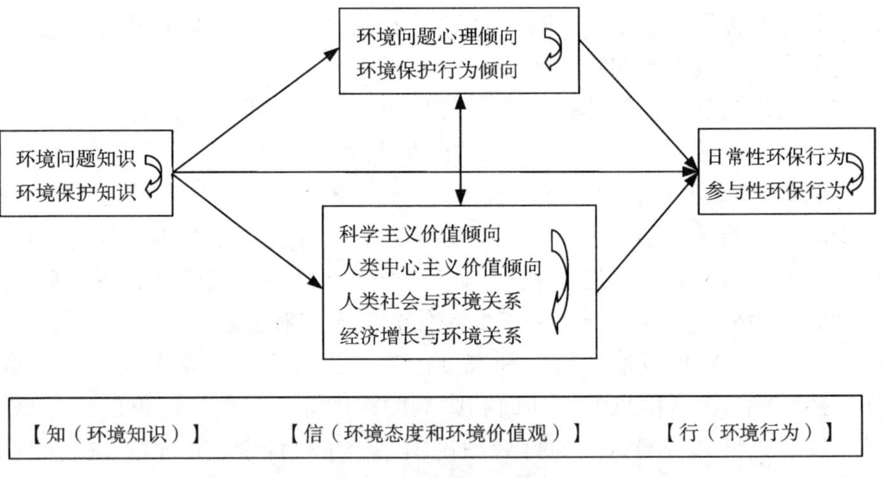

图 2　公众环境素养理论的假设机制

本研究的因变量为环境素养。结合现有文献对环境素养的衡量指标和《中国综合社会调查 2010 年度调查问卷》的问题设置，本研究将设置如表 1 所示的

① 也可以称为环境伦理观。

四级指标体系。

1. 因变量界定及其操作化

表 1 环境素养测评指标体系

<table>
<tr><th>一级指标</th><th>二级指标</th><th>三级指标</th><th>四级指标</th></tr>
<tr><td rowspan="14">环境素养</td><td rowspan="2">环境知识</td><td rowspan="2">环境问题知识</td><td>L8[a－b]整体环境问题知识</td></tr>
<tr><td>L14[a—g]具体环境问题知识</td></tr>
<tr><td></td><td>环境保护知识</td><td>L24[1－10]</td></tr>
<tr><td rowspan="2">环境态度</td><td rowspan="2">环境问题的心理倾向</td><td>L6[a－b] 环境情感</td></tr>
<tr><td>L13[1－7]环境责任感</td></tr>
<tr><td rowspan="4">环境价值观</td><td>环境保护的行为倾向</td><td>L12[a－c]</td></tr>
<tr><td>科学主义价值取向</td><td>L9[a－c]</td></tr>
<tr><td>人类中心主义价值取向</td><td>L10[a－c]</td></tr>
<tr><td>人类社会与环境关系</td><td>L25[1－15]</td></tr>
<tr><td rowspan="4">环境行为</td><td>经济增长与环境关系</td><td>L11[a－c]</td></tr>
<tr><td>日常性环境行为</td><td>L20[a—f]</td></tr>
<tr><td rowspan="2">参与性环境行为</td><td>L21 组织参与</td></tr>
<tr><td>L22 [1－3] 个体参与</td></tr>
</table>

表 2 公众环境知识测量量表

<table>
<tr><th>题项内容</th><th>归类Ⅱ</th></tr>
<tr><td>L8a. 您对造成各种环境问题的原因了解程度</td><td rowspan="2">整体环境问题知识</td></tr>
<tr><td>L8b. 您对解决各种环境问题的办法了解程度</td></tr>
<tr><td>L14a. 汽车尾气造成的空气污染对环境的危害程度</td><td rowspan="7">具体环境问题知识</td></tr>
<tr><td>L14b. 工业排放废气造成的空气污染对环境的危害程度</td></tr>
<tr><td>L14c. 农业生产中使用的农药和化肥对环境的危害程度</td></tr>
<tr><td>L14d. 中国的江、河、湖泊的污染对环境的危害程度</td></tr>
<tr><td>L14e. 由气候变化变化引起的全球气温升高对环境的危害程度</td></tr>
<tr><td>L14f. 转基因作物对环境的危害程度</td></tr>
<tr><td>L14g. 核电站对环境的危害程度</td></tr>
</table>

续表 2

题项内容	归类Ⅱ
L2401. 汽车尾气对人体健康不会造成威胁	环境保护知识
L2402. 过量使用化肥农药会破坏环境	
L2403. 含磷洗衣粉的使用不会造成水污染	
L2404. 含氟冰箱的氟排放会破坏大气臭氧层	
L2405. 酸雨的产生与烧煤没有关系	
L2406. 物种之间相互依存，一个物种的消失会产生连锁反应	
L2407. 空气质量报告中，三级空气质量比一级空气质量好	
L2408. 单一品种的树林更容易导致病虫害	
L2409. 国内水体污染报告中，Ⅴ(5)类水质要比Ⅰ(1)类水质好	
L2410. 大气中二氧化碳成分的增加会成为气候变暖的因素	

表 3　公众环境态度测量量表

题项内容	归类Ⅱ
L16a. 总体上说，您对环境问题的关注程度	环境情感
L16b. 整体上看，您觉得中国面临环境问题的严重程度	
L131. 像我这样的人很难为环境保护做什么	环境责任感
L132. 即使花费更多钱和时间，我也要做有利于环境的事	
L133. 生活中还有比环境保护更重要的事情要做	
L134. 除非大家都做，则我保护环境的努力就没有意义	
L135. 许多关于环境威胁的说法都是夸大其词	
L136. 我难以弄清楚我的生活方式对环境有害还是有利	
L137. 环境问题直接影响我的日常生活	
L12a. 为了保护环境，您在多大程度上愿意支付更高的价格	环境保护行为倾向
L12b. 为了保护环境，您在多大程度上愿意缴纳更高的税	
L12c. 为了保护环境，您在多大程度上愿意降低生活水平	

表4　公众环境价值观测量量表

题项内容	归类Ⅱ
L9a. 我们常常太相信科学而不够相信情感和宗教信仰	科学主义价值取向
L9b. 总体上，科学带来的坏处比好处多	
L9c. 科学将会在几乎不改变我们生活方式的同时解决环境问题	
L10a. 对未来环境状况担忧太多而对当前物价和就业关注不够	人类中心主义价值取向
L10b. 在现代生活中，几乎我们做的所有事都对环境有害	
L10c. 对于人类进步给环境带来的损害，人们的担忧有点过分	
L2501. 目前的人口总量正在接近地球能够承受的极限	人类社会与环境关系
L2502. 人是最重要的，可以为满足自身的需要而改变自然环境	
L2503. 人类对于自然的破坏常常导致灾难性后果	
L2504. 由于人类的智慧，地球环境状况的改善是完全可能的	
L2505. 目前人类正在滥用和破坏环境	
L2506. 只要我们知道如何开发，地球上的自然资源是很充足的	
L2507. 动植物与人类有着一样的生存权	
L2508. 自然界的自我平衡能力足够强，能应付工业社会的冲击	
L2509. 尽管人类有着特殊能力，但是仍然受自然规律的支配	
L2510. 所谓人类正在面临“环境危机”，是一种过分夸大的说法	
L2511. 地球就像宇宙飞船，只有很有限的空间和资源	人类社会与环境关系
L2512. 人类生来就是主人，是要统治自然界的其他部分的	
L2513. 自然界的平衡是很脆弱的，容易被打乱	
L2514. 人类终将知道更多的自然规律，从而有能力控制自然	
L2515. 按照目前的样子继续，我们很快将遭受严重的环境灾难	
L11a. 为了保护环境，国家需要经济增长	经济增长与环境关系
L11b. 经济增长总是对环境有害	
L11c. 地球无法支撑按目前速度增长的人	

表 5　公众环境行为测量量表

题项内容	归类Ⅱ
L20a. 您经常会特意将玻璃、铝罐、塑料或报纸等分类以方便回收吗	日常性环境行为
L20b. 您经常会特意购买没有施用过化肥和农药的水果和蔬菜吗	
L20c. 您经常会特意为了环境保护而减少开车吗	
L20d. 您经常会特意为保护环境而减少居家的油、气、电等消耗量吗	
L20e. 您经常会特意为了环境保护而节约用水或对水进行再利用吗	
L20f. 您经常会特意为了环境保护而不去购买某些产品吗	
L21. 您是否加入了以保护环境为目的的社团	参与性环保行为
L22a. 您是否就某个环境问题签署过请愿书	
L22b. 您是否给环保组织捐过钱	
L22c. 您是否为某个环境问题参加过抗议或游行示威	

表 2、表 3、表 4 以及表 5 分别陈列了各个测量量表的具体构成。环境知识量表由 19 个题项组成，具体分为整体环境问题知识、具体环境问题知识、环境保护知识三部分。值得注意的是，整体环境问题知识和具体环境问题知识考察的均是公众对于环境问题的认知水平，只不过后者更加能够凸显公众对于环境问题的了解细致度，相比于前者而言，更能测量出公众的环境问题敏感度以及知晓度；环境态度量表由 10 个题项构成，具体由环境情感、环境责任感、环境保护行为倾向三部分组成；环境价值观量表由 24 个题项构成，具体由科学主义价值倾向、人类中心主义价值倾向、人类社会与环境关系、经济增长与环境关系四部分构成；环境行为量表由 10 个题项构成，具体由日常性环境行为和参与性环境行为两部分构成。

2. 自变量界定及其操作化

以往的环境素养实证研究都过于注重个体层面的社会人口统计因素的分析，而忽视了宏观变量对环境素养的影响。基于此，本研究将自变量分为个体层面和宏观层面两类，并将综合分析两类变量对环境素养产生的影响。

在个体层面，本研究将被访公众的性别、民族、政治面貌、婚姻状况、年龄、教育水平、家庭年收入、个人年收入、工作单位等 9 项作为分析指标。在这 9 个可能的影响因素中，教育程度和收入水平是现有关于公众环境素养研究中的两个关键变量，一般认为受过高等教育的人群拥有更高的环境素养，而收入水平越低的人群，其环保意识或行为可能越差，甚至完全不关注环境问题。

之所以要加上性别和年龄这两个变量，主要因为考虑到公众环境素养水平可能存在的性别差异和年龄差异。尽管有很多学者已经研究过这方面的问题，但本研究还是决定再一次进行分析，以便得到更准确的结论。加上家庭年收入这个变量，主要是为了将其与个人年收入进行对比以便进行差异性比较。一般来说，家庭年收入对环境素养的相关性影响应该与个人年收入对环境素养的相关性影响具有相似性，因此加入这个变量可以进一步分析问卷的信度。加上政治面貌、婚姻状况和工作单位这3个变量是本研究的创新点，在以往的研究中均没有相关体现，考虑到公众的政治参与、婚姻状况和特定工作岗位对人们心理和行为存在的巨大影响，本研究觉得很有必要探讨一下这可能对公众环境素养所将会产生的相关性影响。具体的变量的定义、赋值以及描述性统计的相关数据如表6所示。

在宏观层面，本研究主要将经济地区和城乡分布作为影响因素进行分析。在城乡二元分布的体制下，城市和乡村对环境问题的关注度存在很大的区别，城市环境问题更加严重，相比之下农村的环境问题正在恶化，在环境素养研究中的城乡对比研究暂时还没有。在经济地区上分为东、中、西部三部分，考察地理分布的不同对环境素养的影响程度。

表6 分析变量的定义、赋值及描述性统计

变量	性质	赋值	均值	标准差
性别	定类	1 = 男；2 = 女	1.53	0.499
民族	定类	1 = 汉族；2 = 少数民族	1.10	0.294
政治面貌	定类	1 = 共产党员；2 = 民主党派；3 = 共青团员；4 = 群众	3.54	1.029
婚姻状况	定类	1 = 未婚；2 = 同居；3 = 已婚；4 = 分居未离婚；5 = 离婚；6 = 丧偶	3.07	1.044
教育程度	定序	1 = 没有受过任何教育；2 = 小学（包括私塾）；3 = 初中；4 = 高中（包括技校、中专、职高）；5 = 大专（包括成人教育）；6 = 本科及以上（包括成人教育）	3.15	1.403

续表 6

变量	性质	赋值	均值	标准差
受教育年限	连续	极小值为 0；极大值为 19	7.97	5.127
年龄	连续	极小值为 17；极大值为 91	47.39	15.737
工作单位	定类	1 = 党政机关；2 = 企业；3 = 事业单位；4 = 社会团体；5 = 无单位/自雇/自办（合伙）企业；6 = 军队；7 = 其他	3.43	1.641
个人年收入	连续	极小值为 0；极大值为 2800000	19254.5	60723.5
个人年收入对数	连续	极小值为 2.0；极大值为 6.45	4.05	0.5013
家庭年收入	连续	极小值为 0；极大值为 3000000	41733.12	99106.5
家庭年收入对数	连续	极小值为 2.7；极大值为 6.48	4.37	0.45
经济地区	定类	1 = 东部地区；2 = 中部地区；3 = 西部地区	1.79	0.77
城乡分布	定类	1 = 城市；2 = 农村	1.35	0.478

（三）研究假设

本研究主要运用现代统计分析方法分析各影响变量对公众环境素养的直接效应和间接效应，并进一步分析对这些影响变量的交互作用、路径分析和层次结构进行理论模拟和实证检验，以全面探索各影响变量影响公众环境素养的路径和机理。实证研究假设如下：

1. 公众环境素养的内部影响机制分析

先探讨公众自身心理意识因素，即环境知识、环境态度、环境价值观对环境行为的影响关系，再探讨各心理意识因素之间的影响关系，公众的“信念和意识”（即环境态度和环境价值观）受其“认知和观念”（即环境知识）的直接影响。根据前面的分析可知，公众的“认知和观念”是其“信念和意识”的基础，“认知和观念”会直接影响其“信念和意识”，进而影响公众“环境行为”，即“信念和意识”是“认知和观念”和“环保行为”的中介变量。具体来说：

H11：公众环境知识对其环境行为存在显著的直接影响；

H12：公众环境态度对其环境行为存在显著的直接影响；

H13：公众环境价值观对其环境行为存在显著的直接影响；
H14：公众环境知识对其环境态度存在显著的直接影响；
H15：公众环境知识对其环境价值观存在显著的直接影响；
H16：公众环境态度对其环境价值观存在显著的直接影响。

2. 公众环境素养的外部影响机制分析

主要探讨公众自身人口统计因素对环境素养(包括环境知识、环境态度、环境价值观和环境行为)的影响，这些人口统计因素主要包括个体层面的性别、民族、政治面貌、婚姻状况、年龄、教育水平、家庭年收入、个人年收入、工作单位和宏观层面的经济地区和城乡分布等，具体来说：

H21：公众性别对其环境素养[①]存在显著影响；
H22：公众民族身份对其环境素养存在显著影响；
H23：公众政治面貌对其环境素养存在显著影响；
H24：公众婚姻状况对其环境素养存在显著影响；
H25：公众年龄对其环境素养存在显著影响；
H26：公众受教育程度对其环境素养存在显著影响；
H27：公众收入水平(包括个人年收入和家庭年收入)对其环境素养存在显著影响；
H28：公众工作单位对其环境素养存在显著影响；
H29：公众所在城乡分布对其环境素养存在显著影响；
H210：公众所在经济地区对其环境素养存在显著影响。

(四)实证方法与分析模型

1. 因子分析法

因子分析法是一种从变量群体提取共性因子的统计技术。最早由英国心理学家 C. E. 斯皮尔曼提出，其主要作用是从若干变量中找出隐藏的代表性因子。因子分析可以将若干密切关联的变量归入到同一因子，从而可以减少变量数目，用较少的几个因子反映数据的大部分信息。因子分析常用于下列情况[②]：(1)识别解释一组变量之间相关关系的潜在维度或因子；(2)用一组数目较少、相互独立的因子替代原始变量，用于进一步的多元分析；(3)从一大组变量中

---

① 对环境素养的影响分别包括对环境知识、环境态度、环境价值观和环境行为的影响，以下同。

② 参见那雷希·K. 马尔霍拉特. 市场营销研究：应用导向[M]. 北京：电子工业出版社，2002：401.

找出数量较少的一组主要变量，用于进一步的多元分析。本研究主要运用Spss19.0做探索性因子分析，主要用于对公众环境素养测量量表的信效度检验、降维技术处理、同因子提取和检验等等。

2. 多元回归分析法

回归分析是一种用来研究变量之间的非确定性数量关系的统计分析方法。回归分析主要用于下列情况①：(1)确定自变量是否能够解释因变量的重要变异，即确定自变量与因变量之间是否存在关系；(2)确定因变量中有多大比例的变差可以由自变量来解释，即两者关系的强度有多大；(3)确定自变量与因变量之间的数学方程式；(4)预测因变量的值；(5)在评估特定变量贡献时，控制其他自变量的作用。本研究使用Spss19.0统计软件对CGSS2010相关数据进行多元回归统计分析。主要通过建立多元线性回归模型，使用普通最小二乘法(OLS)进行模型估计，首先确定因变量与若干个自变量之间联系的定量表达式；其次通过控制可控变量的数值，借助于求出的数学模型来预测或控制因变量的取值与精度；最后进行因素分析，从影响因变量变化的因素之中找出哪些因素对因变量的影响最为显著，哪些因素影响不那么显著，以区别重要因素和次要因素。本研究中多元回归模型分析主要被用来分析公众环境素养的外部影响机制。

3. 结构方程模型分析法

结构方程模型是一种多元数据实证分析模型，通过寻找变量间内在的结构关系，验证某种结构关系或模型的假设是否合理，模型是否正确，如果模型存在问题，可以指出如何修改。它是反映隐变量和显变量的一组方程，其目的是通过变量的测量推断隐变量，并对假设模型的正确性进行检验。

本研究进行结构方程模型分析时，首先进行验证性因子分析，其次进行结构方程模型分析。验证性因子分析主要用来检验观测变量的因子个数和因子载荷是否与基于预先建立的理论预期相一致，还可以为项目筛选提供借鉴，从而在整体上对所测变量结构进行量化分析和评估。结构方程模型则主要用来分析单项指标对总体的作用和单项指标间的理论模型，一般包括模型建构、模型拟合、模型评价以及模型修正四大步骤。结构方程模型分析的各个拟合指数以及评价标准如表7所示。本研究运用AMOS17.0进行结构方程模型的分析，主要用来分析公众环境素养的内部影响机制。

---

① 参见那雷希·K.马尔霍拉特.市场营销研究：应用导向[M].北京：电子工业出版社，2002：401.

表 7　结构方程模型的拟合指数①

指数名称	具体指标	评价标准
绝对拟合指数	x^2	越小越好
	x^2/df	小于 3
	GFI	大于 0.9
	RMR	小于 0.05，越小越好
	SRMR	小于 0.05，越小越好
	RMSEA	小于 0.05，越小越好
相对拟合指数	NFI	大于 0.9，越大越好
	TLI	大于 0.9，越大越好
	CFI	大于 0.9，越大越好
信息指数	AIC	越小越好
	CAIC	越小越好

注：表格中列出的是各拟合指数的最优标准。以 RMSEA 为例，其值小于 0.05 表示模型拟合较好，在 0.05 ~0.08 之间也是可以接受的。因此，在实际研究中可根据具体情况具体分析各个拟合指数。

（五）样本分析与信效度检验

1. 数据来源

本研究所使用的数据来自 2010 年由中国人民大学“中国调查与数据中心”主持实施的“中国综合社会调查”（CGSS2010）②。此次调查采用多阶分层概念抽样，对中国大陆地区的 31 个省（自治区/直辖市）中的 142 个县（县级市/区）、12000 户家庭中的个人进行问卷调查，经过数据查错与清理后的总样本量为 11785。根据研究需要，由于问卷在环境素养调查部分存在部分取值为“不适用”或“拒绝回答”的变量，都被定义为“缺失值”并删除，最终城市居民部分有效个案数为 3723③。

① 易丹辉. 结构方程模型：方法与应用[M]. 北京：中国人民大学出版社，2008：185.

② 中国综合社会调查（CGSS）于 2003 年由中国人民大学发起，是我国第一项大型连续性、综合性、全国性学术调查项目。2003 到 2008 年是项目调查的第一期。2010 年到 2019 年是“中国综合社会调查”项目的第二期，本数据即为第二期的第一年（2010 年）调查所得数据。

③ 为了节省调查成本，中国人民大学项目组当时只要求了部分符合特定条件的公众参与了环境部分的调查，实际参与环境部分调查的样本数为 3800 份。

2. 样本分析

有效样本的构成情况如表8所示。从性别分布来看，男性占47.2%，女性占52.8%；从年龄来看，16～35周岁占总体的24.7%，36～60周岁则占54.7%，61岁以上的比例有20.6%；从民族来看，汉族占90.5%，少数民族占9.5%；从政治面貌来看，中共党员占13.4%，民主党派占0.1%，共青团员占5.2%，群众占81.1%；从受教育程度来看，没受过任何教育的占12.5%，小学占21.9%，初中占29.0%，高中占19.9%，大专占8.6%，本科及以上占8.1%；从个人年收入和家庭年收入来看，2000以下分别占到21.1%和3.1%，2000至5000分别占到13.1%和6.0%，5000至1万分别占到18.1%和12.5%，1万至5万分别占到41.6%和59.1%，5万至10万分别占到4.7%和14.2%，10万至15万分别占到0.7%和2.1%，15万以上分别占到0.7%和3.0%；从经济地带分布来看，东部地区的样本占42.0%，中部地区的样本占36.5%，西部地区的样本占21.5%；从城乡分布来看，城市的样本占总体的64.6%，农村的样本占35.4%。总的来说，性别、年龄、民族、政治面貌、教育程度、收入水平、经济地区和城乡分布来看大致与中国的总体状况接近，这从一个侧面反映出调查抽样是科学可信的。

3. 信效度检验

下面对样本进行信效度检验以对各测量量表进行评估。信效度检验包括两部分，分别为信度检验和效度检验。

3.1 **信度检验**

量表的信度即为量表的可靠性，是采用同一种方法对同一对象进行调查时，调查结果的稳定性和一致性，其反映的是问卷量表能否稳定地测量所测变量。信度的测量指标有三类，分别为稳定系数指标、等值系数指标和内在一致性系数指标。本研究主要采用内在一致性系数指标（克龙巴赫 α 系数）对各量表进行信度检验。

本研究所使用的环境素养量表由64个题项组成，为了检测环境素养量表的可靠性与有效性，需要对量表做信度检验。本研究主要采用内在一致性系数指标即克龙巴赫 α 系数对量表进行信度检验。如果各分量表的克龙巴赫 α 系数在0.5以下，该分量表的信度应该被拒绝；如果为0.6～0.7，则勉强可以被接受适用；如果在0.7以上，则完全可以被接受。同样对于总量表而言，其克龙巴赫 α 系数如果为0.7～0.8，其量表信度可以被接受；如果在0.8以上，则说明总量表具有较高的信度。

表 8 被调查公众的基本情况

变量	取值	频率	有效百分比	变量	取值	频率	有效百分比
性别	男	1759	47.2	教育程度	没受教育	465	12.5
	女	1964	52.8		小学	814	21.9
年龄	16～35 岁	904	24.7		初中	1079	29.0
	36～60 岁	2002	54.7		高中	742	19.9
	61 岁以上	754	20.6		大专	320	8.6
民族	汉族	3364	90.5		本科及以上	301	8.1
	少数民族	355	9.5	个人年收入水平	2 千以下	671	21.1
家庭年收入水平	2 千以下	101	3.1		2 千～5 千	418	13.1
	2 千～5 千	195	6.0		5 千～1 万	577	18.1
	5 千～1 万	405	12.5		1 万～5 万	1323	41.6
	1 万～5 万	1922	59.1		5 万～10 万	149	4.7
	5 万～10 万	462	14.2		10 万～15 万	23	0.7
	10 万～15 万	69	2.1		15 万以上	22	0.7
	15 万以上	96	3.0	经济地区	东部地区	1514	42.0
政治面貌	党员	500	13.4		中部地区	1313	36.5
	民主党派	5	0.1		西部地区	774	21.5
	共青团员	194	5.2	城乡分布	城市	2406	64.6
	群众	3019	81.1		农村	1317	35.4

表 9 公众环境素养初始量表的信度分析

一级指标	二级指标	三级指标	初始 CITC	最终 CITC	删除该项后的 α 系数	分量表 α 系数	总量表 α 系数
环境知识（A）	整体环境问题知识（A1）	L8a	0.642	0.642	——	0.779	0.643
		L8b	0.642	0.642	——		

续表 9

一级指标	二级指标	三级指标	初始 CITC	最终 CITC	删除该项后的α系数	分量表α系数	总量表α系数
环境知识（A）	具体环境问题危害程度知识（A2）	L14a	0.609	0.609	0.765	0.804	0.643
		L14b	0.582	0.582	0.770		
		L14c	0.572	0.572	0.772		
		L14d	0.568	0.568	0.773		
		L14e	0.580	0.580	0.770		
		L14f	0.440	0.440	0.794		
		L14g	0.408	0.408	0.801		
	环境保护知识（A3）	L2401	0.306	0.320	0.612	初始α＝0.634 最终α＝0.634	
		L2402	0.150	删除	——		
		L2403	0.344	0.442	0.557		
		L2404	0.326	删除	——		
		L2405	0.360	0.386	0.582		
		L2406	0.355	删除	——		
		L2407	0.315	0.439	0.554		
		L2408	0.232	删除	——		
		L2409	0.319	0.367	0.596		
		L2410	0.302	删除	——		
环境态度（B）	环境情感（B1）	L6a	0.327	删除	——	——	
		L6b	0.327	删除			
	环境责任感（B2）	L131	0.441	0.421	0.484	初始α＝0.577 最终α＝0.586	
		L132	0.304	删除	——		
		L133	0.299	0.316	0.545		
		L134	0.295	0.351	0.527		
		L135	0.326	0.310	0.548		
		L136	0.317	0.318	0.544		
		L137	0.112	删除	——		

续表 9

一级指标	二级指标	三级指标	初始CITC	最终CITC	删除该项后的α系数	分量表α系数	总量表α系数
环境态度（B）	环境保护行为倾向（B3）	L12a	0.743	0.743	0.762	0.848	0.643
		L12b	0.772	0.743	0.734		
		L12c	0.638	0.743	0.842		
环境价值观（C）	科学主义价值倾向（C1）	L9a	0.116	删除	—	—	
		L9b	0.099	删除	—		
		L9c	0.028	删除	—		
	人类中心主义价值倾向（C2）	L10a	0.289	删除	—	—	
		L10b	0.146	删除	—		
		L10c	0.198	删除	—		
	经济增长与环境关系（C3）	L11a	-0.019	删除	—	—	
		L11b	0.064	删除	—		
		L11c	0.121	删除	—		
	人类社会与环境关系（C4）	L2501	0.233	删除	—	初始α=0.715 最终α=0.715	
		L2502	0.387	0.354	0.692		
		L2503	0.331	0.357	0.690		
		L2504	0.021	删除	—		
		L2505	0.349	0.359	0.689		
		L2506	0.314	删除	—		
		L2507	0.293	删除	—		
		L2508	0.462	0.453	0.670		
		L2509	0.273	删除	—		
	人类社会与环境关系（C4）	L2510	0.403	0.431	0.675	初始α=0.577 最终α=0.586	
		L2511	0.363	0.328	0.694		
		L2512	0.446	0.405	0.681		
		L2513	0.333	0.360	0.689		
		L2514	0.207	删除	—		
		L2515	0.382	0.409	0.680		

续表 9

一级指标	二级指标	三级指标	初始 CITC	最终 CITC	删除该项后的 α 系数	分量表 α 系数	总量表 α 系数
环境行为（D）	日常性环境行为（D1）	L20a	0.303	删除	—	初始 α＝0.612 最终 α＝0.797	0.643
		L20b	0.258	删除	—		
		L20c	0.095	删除	—		
		L20d	0.519	0.660	0.702		
		L20e	0.487	0.655	0.707		
		L20f	0.452	0.607	0.758		
	参与性环境行为（D2）	L21	0.232	删除	—		
		L22a	0.305	删除	—		
		L22b	0.232	删除	—		
		L22c	0.164	删除	—		

如表 9 所示，公众环境素养总量表的克龙巴赫 α 系数达到了 0.643，同时各分项对总体的相关系数最低为 0.316，大于 0.3 的接受水平，这说明总量表已经达到了较高的信度。最终有效的环境素养总量表由 34 个题项构成。

表 9 中 A3 环境保护知识指标的删除过程：第一次对该分量表进行进度检验时发现，L2402 与 L2408 的单项与整体的相关系数即 CITC 指标分别为 0.150 和 0.232，均低于 0.3 的接受水平，故删除这两项。再对环境保护知识的剩余指标进行第二次信度分析，发现 L2402、L2406、L2410 的 CITC 指标均降到 0.3 以下，分别为 0.278、0.281 和 0.229，其余各项的 CITC 指标均达到接受水平，故删除 L2402、L2406、L2410 这三项。最终环境保护知识的克龙巴赫系数为 0.634，处于基本可以接受的水平。

对于环境情感 B1 来说，虽然各项的 CITC 指标已经达到了 0.3 的接受水平以上，但是由于其整体的克龙巴赫系数只有 0.489，低于 0.5 的接受水平，没有通过有效性检验，故直接删除该分量表。对于环境责任感 B2 而言，在第一次的信度检验中，L133、L134 和 L137 的 CITC 指标分别为 0.299、0.295 和 0.112，均低于 0.3 的接受水平，应该被删除，但由于前两项与 0.3 的接受水平已经十分接近，故暂时保留，先直接删除 L137，在进行第二次信度检验时发现 L133 和 L134 的 CITC 指标均已经高于 0.3 的接受水平，说明之前采取的暂时保留的方法是有效的。由于 L132 在第二次信度检验时其 CITC 指标低于 0.3 的接受水平，故直接删除该项。最终环境责任感 B2 的克龙巴赫系数为 0.586，处于勉强可以被接受适用的水平。

对于科学主义价值倾向 C1、人类中心主义价值倾向 C2 和经济增长与环境关系 C3 而言，其各单项的 CITC 指标都明显低于 0.3 的接受水平，直接进行删除。对于人类社会与环境关系 C3 而言，在第一次信度检验过程中，其单项 L2501、L2504、L2507、L2509 和 L2514 的 CITC 指标分别为 0.233、0.021、0.293、0.273 和 0.207，均低于 0.3 的可接受水平，直接删除该 5 项。在对剩下的题项进行第二次信度检验时，发现 L2506 的 CITC 指标为 0.283，低于 0.3 的可接受水平，直接删除。最终人类社会与环境关系 C3 的整体克龙巴赫系数为 0.715，处于完全可以接受的水平。

对于日常性环境行为 D1 而言，其单项 L20b 和 L20c 的 CITC 指标分别为 0.258、0.095，均低于 0.3 的可接受水平，直接删除。在对剩余指标进行第二次信度分析时，单项 L20a 的 CITC 指标却降到 0.187，也低于了 0.3 的接受水平，故应该删除。最终日常环境行为 D1 的克龙巴赫系数为 0.797，处于完全可接受的水平。对于参与性环境行为而言，其单项 L21、L22b 和 L22c 均低于 0.3 的可接受水平，最后只剩下 L22a 一个指标，无法作为量表来衡量分析，故将其直接删除。

3.2 效度检验

效度，即量表的有效性，反映测量工具在多大程度上体现了研究者想要测量概念的真实含义，换言之，效度就是测量量表的真实性程度。效度测量包括内容效度、建构效度和准则效度等类型，本研究主要从内容效度和建构效度来对量表进行检验。此次采用的数据来源于中国人民大学中国综合社会调查中心，在问卷的内容设置上已经经过了众多专家学者的详细论证，总的来说，本问卷内容有一定的广度，在调查环境素养部分已经有比较成熟的量表，且基本上符合调查目标，内容效度较为理想。

下面将用因子分析法检验建构效度。由表 9 的信度分析之后保留了 34 个题项，将保留的 34 个题项做相关因子分析。判断是否适合做因子分析，通常学术界常用的判定指标有两个，即 KMO 值和巴特利特球形检验卡方值。从表 10 可以看出，环境保护行为倾向、环境责任感、具体环境问题认知、日常性环境行为、环境保护知识、人类社会与环境关系这 6 项的 KMO 检验统计量均超过了 0.7，整体环境问题认知的 KMO 检验统计量略低，为 0.5，这与其只有 2 个题项有关。所有分项的巴特利特球形检验的显著性水平均小于 0.001，因此可以拒绝巴特利特球形检验原假设，即本问卷各组成部分的建构效度良好。

表 10 KMO 检验和巴特利球形检验

题项	L8	L12	L13	L14
KMO 检验	0.500	0.716	0.842	0.833
卡方统计量	2822.41	5388.39	5601.36	10775.40
自由度	1	3	21	21
显著性水平	0.000	0.000	0.000	0.000
题项	L20	L24	L25	
KMO 检验	0.852	0.880	0.851	
卡方统计量	1327.56	15379.71	5531.297	
自由度	15	45	105	
显著性水平	0.000	0.000	0.000	

注：L8、L12、L13、L14、L20、L24、L25 代表的含义分别为：L8 对整体环境问题的认知、L12 环保保护行为倾向、L13 环境责任感、L14 对具体环境问题的认知、L20 日常性环境行为、L24 环境保护知识、L25 人类社会与环境关系。

四、数据分析与研究发现

（一）结构方程模型分析与研究发现

结构方程模型分析是本研究的一大创新点，也是本研究最重要的内容。根据结构方程模型分析的要求先运用探索性因子分析来找出多元观测变量的本质结构，并进行降维技术处理；再运用验证性因子分析来验证测量模型，以检验各个潜变量与观测变量之间的关系，与此同时这也将为后面的结构模型分析奠定基础；接着将对总体样本进行结构方程模型分析，以考察公众为各个环境心理意识变量对环境行为变量的影响路径和最终的影响机制。

1. 探索性因子分析

探索性因子分析采用主成分分析法，因子分析的主要作用可在若干变量中找出隐藏的代表性因子，即将关系比较密切的若干变量归入同一个因子，以达到减少变量数目的作用，从而用较少的几个因子①来反映数据的大部分信息。

① 之所以称为因子，是因为其本身是不能直接观测的，属于潜变量。

数据发现，环境素养量表34个要素KMO值为0.824（大于0.5），且其巴特利特球形检验显著性水平为0.000，拒绝巴特利特球形检验零假设，可见各个题项之间相关程度无太大差异，适合做因子分析。通过最大方差正交旋转法的运用，绝大多数题项的因子负荷值都大于0.5，这说明该量表具有良好的收敛效度和单维度性。最终提取出7个公因子，且累计方差贡献率达到57.21%，结果如表11所示。

表11　公众环境素养探索性因子分析表

公因子	题项	因子载荷	特征值	贡献率(%)
整体环境问题知识A1	L8a	0.435	2.843	9.362
	L8b	0.419		
具体环境问题知识A2	L14a	0.657	2.695	8.926
	L14b	0.622		
	L14c	0.640		
	L14d	0.634		
	L14e	0.632		
	L14f	0.627		
	L14g	0.545		
环境保护知识A3	L2401	0.494	2.406	8.676
	L2403	0.524		
	L2405	0.458		
	L2407	0.573		
	L2409	0.549		
环境责任感B1	L1301	0.515	2.356	7.930
	L1303	0.439		
	L1304	0.520		
	L1305	0.527		
	L1306	0.455		
环境保护行为倾向B2	L12a	0.849	2.352	7.916
	L12b	0.876		
	L12c	0.776		

续表 11

公因子	题项	因子载荷	特征值	贡献率(%)
环境价值观 C	L2502	0.535	1.878	7.524
	L2503	0.610		
	L2505	0.589		
	L2508	0.465		
	L2510	0.494		
	L2511	0.554		
	L2512	0.571		
	L2513	0.649		
	L2515	0.697		
环境行为 D	L20d	0.805	1.770	6.880
	L20e	0.806		
	L20f	0.703		
总体统计	KMO 统计量 0.824；累计方差贡献率：57.214%			

2. 验证性因子分析

本研究通过采用确认性因子分析法，对已经通过探索性因子分析后所建立的维度，进行拟合程度的考察。本调查的样本总共为 3723 份，由于在进行结构方程分析时，卡方值对样本量的大小十分敏感，样本量太大会导致模型的卡方值太大，模型被拒绝的可能性会大大增加。因此在分析时笔者没有直接选用全部的样本数据，而是利用 Spss 软件从样本数据中随机抽取 20% 的数据，最终的样本量为 751 份。模型拟合程度从绝对拟合指数、简约拟合指数和相对拟合指数三方面来分析，如表 12 所示，除了 P 值没有达到评价标准以外，绝对拟合指数和简约拟合指数均达到了评价标准，在相对拟合指数中 NFI 值没有达到评价标准，其余指数也没有完全达到评价标准，这可能是数据本身的原因，也有可能是模型的原因造成的，下面将对此进行逐步修正。

表 12 公众环境素养量表的验证性因子分析拟合指数

指标	绝对拟合指数				简约拟合指数		相对拟合指数		
	P 值	χ^2/df	GFI	RMSEA	PNFI	PGFI	NFI	NNFI	CFI
指标值	0.00	2.769	0.91	0.049	0.663	0.718	0.779	0.817	0.844
标准	>0.05	<3	>0.9	<0.08	>0.5	>0.50	>0.9	>0.9	>0.9
结果	不好	满足	满足	满足	满足	满足	不好	尚可	尚可

下面将进一步验证潜变量对观测变量载荷系数的显著性。如表 13 所示，大部分观测变量与各潜变量的标准化载荷系数(因子负荷)均在 0.4 以上，且各估计值均通过显著性检验。这表明各观测变量能够较好地测度所属潜变量。此外，相关系数和协方差分析表明，绝大部分的潜变量之间都两两相关，只有 A3 与 B2 之间几乎不相关。详见表 14。

表 13 潜变量对观测变量的载荷系数估计结果

			标准化估计值	非标准化估计值	标准误 (S.E.)	临界比 (C.R.)	P 值
L8a	<---	A1	0.846	1.000			
L8b	<---	A1	0.768	0.818	0.030	27.158	***
L14a	<---	A2	0.699	1.000			
L14b	<---	A2	0.662	0.874	0.027	32.208	***
L14c	<---	A2	0.639	1.071	0.034	31.360	***
L14d	<---	A2	0.620	1.007	0.033	30.072	***
L14e	<---	A2	0.623	0.939	0.032	29.397	***
L14f	<---	A2	0.530	0.927	0.043	21.448	***
L14g	<---	A2	0.398	0.754	0.044	17.097	***
L2401	<---	A3	0.460	1.000			
L2403	<---	A3	0.602	1.459	0.100	14.544	***
L2405	<---	A3	0.479	1.227	0.095	12.965	***
L2407	<---	A3	0.478	1.399	0.120	11.659	***
L2409	<---	A3	0.394	1.176	0.136	8.678	***

续表 13

			标准化估计值	非标准化估计值	标准误(S. E.)	临界比(C. R.)	P 值
L136	<---	B1	0.441	1.000			
L135	<---	B1	0.470	0.995	0.061	16.232	* * *
L134	<---	B1	0.408	0.980	0.064	15.266	* * *
L133	<---	B1	0.393	0.819	0.055	14.869	* * *
L131	<---	B1	0.630	1.617	0.088	18.460	* * *
L12c	<---	B2	0.690	1.000			
L12b	<---	B2	0.878	1.249	0.030	41.989	* * *
L12a	<---	B2	0.854	1.232	0.029	41.875	* * *
L2502	<---	C	0.460	1.000			
L2503	<---	C	0.398	0.623	0.036	17.220	* * *
L2505	<---	C	0.398	0.697	0.040	17.221	* * *
L2508	<---	C	0.583	1.183	0.055	21.384	* * *
L2510	<---	C	0.571	1.125	0.053	21.171	* * *
L2511	<---	C	0.365	0.614	0.038	16.229	* * *
L2512	<---	C	0.520	1.121	0.055	20.206	* * *
L2513	<---	C	0.386	0.628	0.037	16.887	* * *
L2515	<---	C	0.439	0.784	0.043	18.334	* * *
L20f	<---	D	0.719	1.000			
L20e	<---	D	0.764	1.104	0.029	38.301	* * *
L20d	<---	D	0.777	1.106	0.029	38.526	* * *

注：* * * 表示 P 值 <0.01。

表 14 潜变量之间的相关系数和协方差

			相关系数	协方差	标准误(S. E.)	临界比(C. R.)	P 值
A1	<--->	A2	-0.261	-0.133	0.011	-11.593	* * *
A1	<--->	A3	0.244	0.177	0.022	8.202	* * *
A1	<--->	B1	-0.472	-0.214	0.015	-14.275	* * *

续表 14

			相关系数	协方差	标准误(S. E.)	临界比(C. R.)	P 值
A1	< - - - >	B2	-0.304	-0.223	0.016	-13.601	* * *
A1	< - - - >	C	0.359	0.178	0.013	13.509	* * *
D	< - - - >	A1	-0.335	-0.418	0.028	-14.708	* * *
A2	< - - - >	A3	-0.306	-0.130	0.013	-9.799	* * *
A2	< - - - >	B1	0.299	0.080	0.008	10.504	* * *
A2	< - - - >	B2	0.129	0.056	0.009	6.152	* * *
A2	< - - - >	C	-0.406	-0.118	0.008	-14.393	* * *
D	< - - - >	A2	0.346	0.253	0.017	14.809	* * *
A3	< - - - >	B1	-0.363	-0.138	0.015	-9.370	* * *
A3	< - - - >	B2	-0.020	-0.012	0.016	-0.761	.447
A3	< - - - >	C	0.445	0.185	0.016	11.548	* * *
D	< - - - >	A3	-0.155	-0.162	0.029	-5.521	* * *
B1	< - - - >	B2	0.374	0.144	0.011	12.507	* * *
B1	< - - - >	C	-0.547	-0.142	0.010	-13.545	* * *
D	< - - - >	B1	0.413	0.270	0.020	13.240	* * *
B2	< - - - >	C	-0.162	-0.068	0.009	-7.183	* * *
D	< - - - >	B2	0.353	0.372	0.024	15.390	* * *
D	< - - - >	C	-0.310	-0.222	0.018	-12.260	* * *

注：* * * 表示 P 值 < 0.01。

3. 结构方程模型分析

为了得到最优的模型，我们在初始假设模型基础上采用逐步释放或删除特定路径参数，并根据拟合效果的变化对各模型进行比较和反复修正。根据各个模型的拟合情况，并结合有关理论，最终确认模型 14 为最优模型，如表 15 和表 16 所示，其各项拟合指数如下：卡方值为 1446.498，自由度为 514，显著性水平为 0.000，χ^2/df 为 2.814，RMSEA 为 0.049，NFI 值为 0.772，RFI、IFI、TLI、CFI 值均接近 0.9，AIC 值为 1676.498，已为最低，这显示整个模型拟合效果较好。

表 15　结构方程模型的拟合优度检验

	χ^2	Df	P	χ^2/df	RMSEA	NFI
模型 1	1401.192	506	0.000	2.769	0.049	0.779
模型 2	1623.288	516	0.000	3.146	0.053	0.744
模型 3	1693.418	517	0.000	3.275	0.055	0.733
模型 4	1712.101	518	0.000	3.305	0.055	0.730
模型 5	1624.057	516	0.000	3.147	0.054	0.744
模型 6	1763.234	518	0.000	3.404	0.057	0.722
模型 7	1815.639	520	0.000	3.492	0.058	0.714
模型 8	1598.539	515	0.000	3.104	0.053	0.748
模型 9	1598.492	514	0.000	3.110	0.053	0.748
模型 10	1598.539	514	0.000	3.110	0.053	0.748
模型 11	1501.296	516	0.000	2.909	0.050	0.764
模型 12	1453.882	515	0.000	2.823	0.049	0.771
模型 13	1450.823	514	0.000	2.821	0.049	0.772
模型 14	1446.498	514	0.000	2.814	0.049	0.772

表 16　结构方程模型的拟合优度检验

	RFI	IFI	TLI	CFI	AIC
模型 1	0.741	0.847	0.817	0.844	1647.192
模型 2	0.705	0.810	0.778	0.808	1849.288
模型 3	0.693	0.798	0.765	0.796	1917.418
模型 4	0.690	0.795	0.762	0.793	1934.101
模型 5	0.705	0.810	0.778	0.808	1850.057
模型 6	0.681	0.787	0.752	0.784	1985.234
模型 7	0.673	0.778	0.742	0.775	2033.639
模型 8	0.709	0.814	0.783	0.812	1826.539
模型 9	0.709	0.814	0.782	0.812	1828.492
模型 10	0.709	0.814	0.782	0.812	1828.539
模型 11	0.727	0.831	0.803	0.829	1727.296
模型 12	0.736	0.839	0.812	0.837	1681.882
模型 13	0.756	0.839	0.812	0.837	1678.334
模型 14	0.786	0.840	0.812	0.838	1676.498

模型 1：为初始模型。其中，所有解释变量之间存在相关关系（但不存在路径关系），所有解释变量对结果变量均存在路径关系；

模型 2：删去所有解释变量之间的相关关系，同时增加 A1 至其他解释变量的路径关系；

模型 3：A1、A2 为外生解释变量[①]，A1 至其他 4 个解释变量之间存在路径关系，A2 至其他 4 个解释变量之间不存在路径关系；

模型 4：A1、A2、A3 为外生解释变量，A1 至其他 3 个解释变量之间存在路径关系，A2 和 A3 至其他 3 个解释变量之间不存在路径关系；

模型 5：在模型 4 的基础上，增加 B1→B2、B1→C 两条路径关系；

模型 6：A1、A2、A3、C 为外生解释变量，A1→B1、A1→B2、B1→B2 之间存在路径关系；

模型 7：A1、A2、A3、C、B2 为外生解释变量，A1→B1 之间存在路径关系；

模型 8：在模型 5 的基础上，将 A3 作为内生变量，同时增加 A2 →A3 之间的路径关系；

模型 9：在模型 8 的基础上，增加 C →B2 之间的路径关系；

模型 10：在模型 8 的基础上，增加 A2→B2 之间的路径关系；

模型 11：A1、A2、C 为外生解释变量，（B1、B2 调整为中介变量），其余同模型 10；

模型 12：在模型 11 的基础上增加 A2→A3、A2→B2 之间的路径关系；

模型 13：A1、B2 为外生解释变量，A2 调整为中介变量，其余模型同模型 12；

模型 14：在模型 14 的基础上增加 B2→D、A2→A3 之间的路径关系。

表 17 为最终路径系数检验结果。由表 17 可知以下路径关系显著（即显著性水平几乎都在 0.01 以下）：整体环境问题知识→具体环境问题知识、具体环境知识→环境保护知识、具体环境知识→环境责任感、整体环境知识→环境责任感、环境责任感→环境伦理观、环境保护知识→环境伦理观、具体环境问题知识→环境伦理观、环境责任感→环境保护行为倾向、环境保护行为倾向→环境行为、环境责任感→环境行为、环境伦理观→环境行为。根据最终修正模型的数据，得出研究变量之间的直接和间接关系以及影响程度，如图 3 所示。

---

① 外生解释变量是指在模型中影响其他变量而不受其他变量影响的变量。在路径图中，只有指向其他变量的箭头，没有箭头指向它的变量均为外生变量。

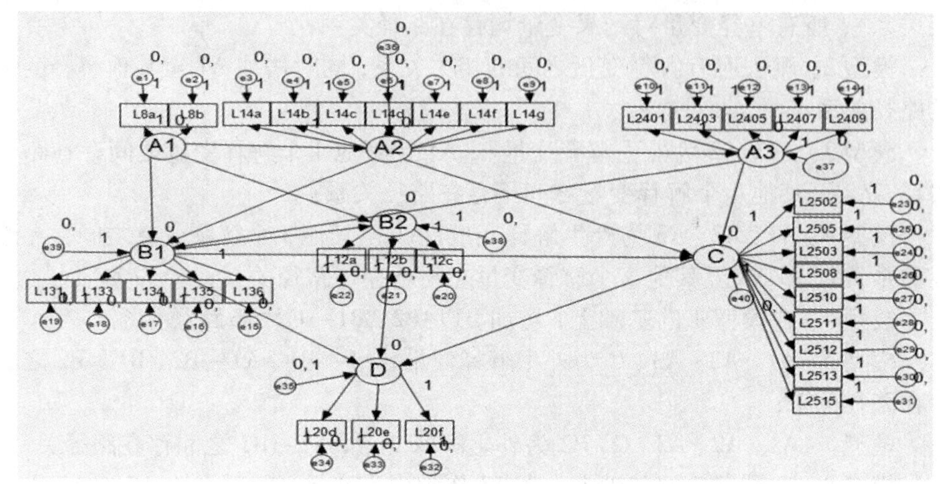

图 3 结构方程模型 14 的具体示意图

表 17 路径系数的估计结果

	标准化估计值	非标准化估计值	标准误	临界值	P 值
具体环境问题知识 < – – – 整体环境问题知识	0.312	0.498	0.030	6.524	* * *
环境保护知识 < – – – 具体环境问题知识	0.295	0.385	0.082	4.671	* * *
环境责任感 < – – – 具体环境问题知识	0.255	0.368	0.040	4.209	* * *
环境责任感 < – – – 环境保护知识	–0.174	–0.088	0.035	–2.524	0.012
环境责任感 < – – – 整体环境问题知识	0.350	0.447	0.027	5.459	* * *
环境伦理观 < – – – 环境责任感	0.441	0.512	0.095	5.404	* * *

续表 17

	标准化估计值	非标准化估计值	标准误	临界值	P 值
环境伦理观 < - - - 环境保护知识	0.255	0.349	0.040	3.694	* * *
环境伦理观 < - - - 具体环境问题知识	0.264	0.282	0.044	4.617	* * *
环保行为倾向 < - - - 环境责任感	0.235	0.409	0.106	3.855	* * *
环保行为倾向 < - - - 整体环境问题知识	-0.140	-0.142	0.038	-2.717	0.007
环境行为 < - - - 环保行为倾向	0.203	0.399	0.090	4.413	* * *
环境行为 < - - - 环境责任感	0.232	0.791	0.272	2.913	* * *
环境行为 < - - - 环境伦理观	0.258	0.466	0.210	2.222	* * *

* * * 表示显著性水平 <0.001

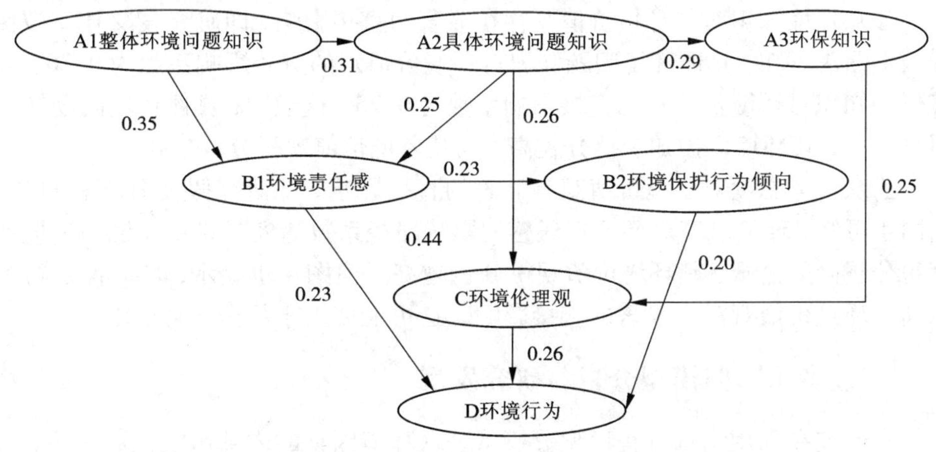

图 4 最终模型的路径系数估计

由图 4 可知(不显著的路径已经略去),公众环境知识对其环境行为不存在显著的直接影响,即研究假设 H11 被拒绝。本研究中环境知识被分为三部分,即整体环境问题知识、具体环境问题知识以及环境保护知识,在实际分析中发现，此三部分都对公众环境行为没有直接影响，公众环境知识对其环境行为是间接性的影响。除此之外，由图4可知，在环境知识内部，整体环境问题知识对具体环境问题知识有显著的直接影响，且具体的环境问题知识对环境保护知识有显著的直接影响。

公众环境态度对其环境行为存在显著的直接影响，即研究假设H12被接受。本研究中环境态度被分为三部分，即环境关注度和敏感度、环境责任感以及环境保护行为倾向，由于环境关注度在实际的信效度检验中没有通过检验被删掉，但由图4可知，公众环境责任感、环境保护行为倾向均对环境行为存在显著的直接影响，其影响的路径系数分别达到0.23和0.20。在环境态度内部，环境责任感越高的公众，其环境保护的行为倾向越积极。

公众环境价值观对其环境行为存在显著的直接影响，即研究假设H13被接受。本研究中由于量表信效度检验的关系，公众的环境价值观主要由公众对人类社会与环境关系的评价来测量，由图4可知，环境价值观得分越高的公众，其环境行为得分也越高。

公众环境知识对其环境态度存在显著的直接影响，即研究假设H14被接受。由图4可知，整体环境问题知识对环境责任感的影响路径系数为0.35，说明，整体环境问题知识越高的公众，其环境责任感越强。且具体环境问题知识对环境责任感也存在显著的直接影响。

公众环境知识对其环境价值观存在显著的直接影响，即研究假设H15被接受。由图4可知，具体环境问题知识对环境价值观的直接影响系数为0.26，环境保护知识对环境价值观的直接影响系数为0.25，这说明，具体环境问题知识得分越高，其环境保护知识得分越高，则其环境价值观得分也越高。

公众环境态度对环境价值观有显著的直接影响，即研究假设H16被接受。由图4可知，环境态度对环境责任感的影响路径系数达到了0.44，说明环境态度得分越高的公众，其环境价值观得分也越高。但图4也显示，环境保护行为倾向对环境价值观没有显著的直接影响。这可能使由于数据本身造成的。

（二）多元回归模型分析与研究发现

本研究在利用结构方程模型分析了公众环境因素的内部影响机制之后，将利用多元回归模型的分析方法来探讨公众环境素养的外部影响机制。即公众自身社会统计因素[①]对环境素养水平的影响。其中由于环境素养主要由四部分即

---

① 公众社会统计因素包括个体层面的性别、民族、政治面貌、婚姻状况、年龄、教育水平、家庭年收入、个人年收入以及工作单位等；宏观层面的经济地区和城乡分布等。

环境知识、环境态度、环境价值观和环境行为构成，因而将分别建立社会人口统计因素对这四个组成部分的多元回归分析。

根据设定的环境素养测评指标体系，在将部分负向题项统一调正之后，依据各测评单项得分汇总分别得到了环境知识、环境态度、环境价值观和环境行为的得分，四部分得分均为连续性变量，其得分的具体分布情况如表 18 所示。由表 18 可知，公众环境态度、环境价值观、环境知识、环境行为的得分区间分别为[22，58]、[48，111]、[26，93]、[6，56]；而公众环境素养得分则采用公众在环境态度、环境价值观、环境知识和环境行为四部分得分总和来表示，公众环境素养的总得分区间为[143，259]。

表 18　公众环境素养得分统计表

	全距	极小值	极大值	均值	均值标准误	标准差
环境态度得分	36	22	58	37.75	0.081	4.913
环境价值观得分	63	48	111	79.89	0.130	7.928
环境知识得分	67	26	93	72.01	0.149	9.116
环境行为得分	50	6	56	15.97	0.046	2.805
环境素养总得分	116	143	259	205.62	0.273	16.639

本研究中多元线性回归模型的数学表达式是：

$$Y_i = \beta_0 + \beta_1 X_{i1} + \cdots\cdots + \beta_p X_{ip} + \varepsilon_i ,\ (i = 1,\ 2,\ \cdots\cdots,\ 3723)$$

其中，X_{i1}，X_{i2}…… X_{i11}分别为第 i 次观测时自变量 X_1，X_2，……，X_{11}的取值，Y_i为因变量的观测值，假定 ε_i（i = 1，2，……，3723）相互独立，且均服从于同一正态分布 $N(0,\ \sigma^2)$，σ^2是未知参数。通过对模型中的未知参数 β_0，β_1，……，β_{11}以及 σ^2做出估计，并且对建立的回归方程的参数检验和设定检验，来解释现象并对未来进行预测。

在具体研究中，自变量 X_1，X_2，X_3……X_{11}分别代表性别、民族、政治面貌、婚姻状况、受教育程度、年龄、工作单位、个人年收入、家庭年收入、经济地区和城乡分布。本研究将分别对公众社会人口统计变量、公众环境素养及其各组成部分进行多元回归分析，将产生环境知识模型、环境态度模型、环境价值模型、环境行为模型以及环境素养总模型，并综合考量各自变量对各结果变量的影响程度。本研究采用逐步回归的方法进行多元回归分析，即在进行具体回归分析时，各自变量会逐个被纳入模型中，如果自变量与因变量之间的相关性较弱，则该自变量会被直接去除，然后纳入接下来的自变量，直到所有对因变量有相关性的自变量全部纳入回归模型中为止。多元回归分析的具体结果如表 19 所示。

表 19　公众环境知识、环境态度、环境价值的主要外部影响因素

	环境知识模型	环境态度模型	环境价值模型
	标准化系数(T 值)	标准化系数(T 值)	标准化系数(T 值)
性别	/	/	/
民族	/	0.040(2.432＊)	/
政治面貌	-0.048(-3.075＊＊)	-0.064(-3.656＊＊＊)	/
婚姻状况	-0.033(-2.146＊)	/	/
受教育程度	0.218(11.563＊＊＊)	0.136(6.149＊＊＊)	0.222(10.989＊＊＊)
年龄	/	-0.038(-2.066＊)	-0.046(-2.708＊＊)
工作单位	/	/	-0.060(-3.862＊＊＊)
个人年收入	0.103(5.955＊＊＊)	0.071(3.766＊＊＊)	0.058(3.203＊＊)
家庭年收入	/	/	/
经济地区	-0.156(-10.23＊＊＊)	-0.059(-3.396＊＊)	-0.092(-5.581＊＊＊)
城乡分布	-0.148(-8.970＊＊＊)	-0.064(-3.512＊＊＊)	-0.083(-4.765＊＊＊)
常数	68.39(36.399＊＊＊)	34.55(28.789＊＊＊)	77.91(45.882＊＊＊)
相关系数 R	0.474	0.253	0.374
判定系数 R2	0.225	0.064	0.140

续表 19

	环境知识模型	环境态度模型	环境价值模型
	标准化系数(T 值)	标准化系数(T 值)	标准化系数(T 值)
调整的 R2	0.224	0.062	0.139
标准估计误差	8.033	4.758	7.358
德滨－－沃森值	1.522	1.746	1.857
F 值	179.565	36.156	100.856
显著性水平	0.000	0.000	0.000

注：＊＊＊代表显著性水平小于0.001，＊＊代表显著性水平小于0.01，＊代表显著性水平小于0.05。/代表没有通过显著性检验。

表 20　公众环境行为、环境素养的主要外部影响因素

	环境行为模型	环境素养总模型
	标准化系数(T 值)	标准化系数(T 值)
性　别	/	/
民　族	/	/
政治面貌	－0.080(－4.892＊＊＊)	－0.061(－4.011＊＊＊)
婚姻状况	/	－0.045(－3.055＊＊)
受教育程度	/	0.272(14.629＊＊＊)
年　龄	/	/
工作单位	/	－0.034(－2.379＊)
个人年收入	/	0.107(6.355＊＊＊)

续表 20

	环境行为模型	环境素养总模型
	标准化系数(T 值)	标准化系数(T 值)
家庭年收入	/	/
经济地区	/	-0.103(-6.900 * * *)
城乡分布	-0.061(-3.680 * * *)	-0.148(-9.179 * * *)
常　　数	17.13(87.889 * * *)	197.5(57.394 * * *)
相关系数 R	0.100	0.511
判定系数 R2	0.010	0.262
调整的 R2	0.009	0.260
标准估计误差	2.792	14.311
德滨--沃森值	1.941	1.699
F 值	18.778	188.003
显著性水平	0.000	0.000

注：* * *代表显著性水平小于 0.001，* *代表显著性水平小于 0.01，*代表显著性水平小于 0.05。/代表没有通过显著性检验。

由表 19 和表 20 可知，对公众环境知识影响最大的因素是受教育程度，其次是个人年收入，接下来是经济地区和城乡分布，最后是政治面貌和婚姻状况；对公众环境态度影响最大的因素是受教育程度，其次是个人年收入，接下来是政治面貌和城乡分布，最后是经济地区和民族；对公众环境价值观影响最大的因素是受教育程度，其次是经济地区和城乡分布，接下来是个人年收入、工作单位，最后是年龄；对公众环境行为影响最大的因素是政治面貌，其次是城乡分布。相对于前三者，对环境行为有显著影响的外部因素明显减少至两项，这从一个侧面说明，公众环境行为相对于其环境知识、环境态度和环境价值观而言具有滞后性，公众的环境心理意识与其实际行为存在脱节现象，这再一次印证了学者们类似的研究结果。

对于环境素养总模型而言，对公众环境素养影响最大的因素是受教育程度，其次是个人年收入，接下来是经济地区和城乡分布，最后是政治面貌、婚姻状况和工作单位。其具体的研究假设验证情况如表 21 所示：

表 21　多元回归模型的假设检验结果

层次	研究假设		标准化系数	Sig.	影响方向	检验结果
个体层次	H21a	性别——环境知识	0.014	0.927	/	拒绝
	H21b	性别——环境态度	0.000	0.922	/	拒绝
	H21c	性别——环境价值观	0.002	0.937	/	拒绝
	H21d	性别——环境行为	-0.001	0.955	/	拒绝
	H22a	民族——环境知识	0.004	0.953	/	拒绝
	H22b	民族——环境态度	0.040	*	正向	接受
	H22c	民族——环境价值观	0.010	0.951	/	拒绝
	H22d	民族——环境行为	0.001	0.997	/	拒绝
	H23a	政治面貌——环境知识	-0.048	* *	反向	接受
	H23b	政治面貌——环境态度	-0.064	* * *	反向	接受
	H23c	政治面貌——环境价值观	-0.029	0.814	/	拒绝
	H23d	政治面貌——环境行为	-0.080	* * *	反向	接受
	H24a	婚姻状况——环境知识	-0.003	0.892	/	拒绝
	H24b	婚姻状况——环境态度	-0.011	0.749	/	拒绝
	H24c	婚姻状况——环境价值观	-0.022	0.751	/	拒绝
	H24d	婚姻状况——环境行为	-0.015	0.995	/	拒绝
	H25a	年龄——环境知识	0.020	0.639	/	拒绝
	H25b	年龄——环境态度	-0.038	*	反向	接受
	H25c	年龄——环境价值观	-0.046	* *	反向	接受
	H25d	年龄——环境行为	-0.016	0.991	/	拒绝
	H26a	受教育程度——环境知识	0.218	* * *	正向	接受
	H26b	受教育程度——环境态度	0.136	* * *	正向	接受
	H26c	受教育程度——环境价值观	0.222	* * *	正向	接受
	H26d	受教育程度——环境行为	0.036	0.756	/	拒绝
	H27a	个人年收入水平——环境知识	0.103	* * *	正向	接受
	H27b	个人年收入水平——环境态度	0.071	* * *	正向	接受
	H27c	个人年收入水平——环境价值观	0.058	* * *	正向	接受
	H27d	个人年收入水平——环境行为	0.013	0.806	/	拒绝

续表 21

层次	研究假设		标准化系数	Sig.	影响方向	检验结果
个体层次	H27e	家庭年收入水平——环境知识	0.008	0.517	/	拒绝
	H27f	家庭年收入水平——环境态度	0.028	0.521	/	拒绝
	H27g	家庭年收入水平——环境价值观	0.023	0.520	/	拒绝
	H27h	家庭年收入水平——环境行为	0.026	0.866	/	拒绝
	H28a	工作单位——环境知识	-0.018	0.952	/	拒绝
	H28b	工作单位——环境态度	-0.002	0.952	/	拒绝
	H28c	工作单位——环境价值观	-0.060	* * *	反向	接受
	H28d	工作单位——环境行为	0.009	0.974	/	拒绝
宏观层次	H29a	城乡分布——环境知识	-0.148	* * *	反向	接受
	H29b	城乡分布——环境态度	-0.064	* * *	反向	接受
	H29c	城乡分布——环境价值观	-0.083	* * *	反向	接受
	H29d	城乡分布——环境行为	-0.061	* * *	反向	接受
	H210a	经济地区——环境知识	-0.156	* * *	反向	接受
	H210b	经济地区——环境态度	-0.059	* * *	反向	接受
	H210c	经济地区——环境价值观	-0.092	* * *	反向	接受
	H210d	经济地区——环境行为	0.017	0.949	/	拒绝

五、结论与讨论

（一）主要结论

本研究试图通过 CGSS2010 数据来全面探讨公众环境素养的指标测量和影响机制，利用结构方程模型的方法详细探讨了公众环境素养的内部影响机制，利用多组多元回归模型的方法详细探讨了公众环境素养的外部影响机制。主要研究结论如下：

1. 结构方程模型分析的研究结论

根据探索性因子分析结果，公众环境素养总量表经过一系列降维技术处理和信效度检验，最终删减为七个公因子(维度)：整体环境问题知识、具体环境问题知识、环境保护知识、环境责任感、环境保护行为倾向、环境伦理观和环境行为。前三个因子反映的是公众对环境知识的了解程度，这是环境素养分析的基础。环境责任感和环境保护行为倾向这两个因子反映的是公众环境态度的积极程度，这是环境素养分析的重要组成部分。对心理意识变量与行为变量之间具有传导作用的还有环境价值观，它是在环境知识和环境态度基础上的进一步升华。最后是环境行为因子，它是环境素养水平的终极目标体现，在环境素养的内部影响机制分析中，环境行为构成了最终的结果变量。

验证性因子分析结果表明各个公因子变量的确为有显著差异的变量，由各潜变量对观测变量载荷系数的显著性分析可知，大部分观测变量与各潜变量的标准化载荷系数(因子负荷)均在0.4以上，且各估计值均通过显著性检验。这表明各观测变量能够较好地测度所属潜变量。此外，相关系数和协方差分析表明，绝大部分的潜变量之间都两两相关，这表明本研究设计的公众环境素养理论假设模型具有较好的拟合程度。

根据具有最优拟合度的结构方程模型分析结果表明，公众环境素养的内部影响机制整体上服从知—信—行模式的传递机制，但这种影响是通过“知”“信”“行”三者内部的具体维度来实现的。具体来说：整体环境知识和具体环境知识都直接影响环境责任感；具体环境问题知识和环境保护知识都直接影响环境伦理观，环境责任感直接影响环境伦理观，环境保护行为倾向、环境责任感和环境伦理观都直接影响环境行为。而在“环境知识”和“环境态度”的内部各维度之间也存在相互影响，即整体环境问题知识直接影响具体环境问题知识，具体环境知识直接影响环境保护知识；环境责任感直接影响环境保护行为倾向。由公众环境素养的内部影响机制可以得出的具体结论如下：

公众环境行为受其环境责任感、环境保护行为倾向和环境价值观的直接影响，其中环境责任感对环境行为的影响效应最大。公众的环境责任感越强烈，越倾向于注重环保行为，因此环境责任感对公众环境素养的培养具有十分重要的意义。除此之外，环境保护行为倾向越积极的公众，其对环保行为也越重视；环境价值观越大的公众，其环保行为也越积极。

环境知识对环境行为没有显著的直接影响。环境知识虽然是环境素养的基础，但其对环境行为的影响却是间接性的，这说明环境知识的学习不会直接转化为环境行为的实现，从而不会直接促成公众环境素养的提升。

环境责任感、环境保护行为倾向和环境价值观是环境知识对环境行为影响的传递机制。这说明“信念”是“知识”与“行为”产生影响效应的重要中介，只有在影响公众环境知识基础上进一步提高公众对环境问题的责任感，树立积极的环保行为倾向，进一步提升其环境价值观，才能更有效地转变公众的环境行为模式，从而才能全方位提升其环境素养。

环境责任感对其环境行为有显著的直接影响，但是两者之间的间接影响更为显著，环境价值观对两者之间的间接影响具有十分重要的中介作用。这表明，环境责任感的提升，要是能转化为公众环境价值观的升华和内涵，其对环境行为的影响更加显著。因而环境价值观的培育对环境素养的提升也具有十分重要的意义。

环境知识对环境价值观有显著的直接影响，但是两者之间的间接影响更为显著，环境责任感对两者之间的间接影响具有很重要的传递作用。这表明，环境知识的提升，要是能转化为环境责任感的提升，将有利于其环境价值观的形成。

2. 多元回归模型分析的研究结论

环境知识、环境态度、环境价值观和环境行为四大回归模型综合分析结果表明，公众的社会人口特征各变量对其环境素养具有显著的直接影响，但影响的效度存在较大差异，通过运用多元回归分析模型，可以分解出个人层次和宏观层次对公众环境素养产生的影响。具体研究结论如下：

对公众环境素养影响最大的外在变量是受教育程度。除环境行为模型以外，受教育程度对环境知识、环境态度和环境价值观的影响，都达到外在因素的首位。这表明提升公众环境素养的最重要方法是素质教育，受教育程度越高的公众，其环境知识越丰富，环境态度越积极，环境价值观越升华，从而其综合环境素养水平也越高。

个人年收入水平对公众环境素养有较大的直接影响，而家庭年收入水平对公众环境素养没有显著影响。这表明家庭经济地位对个人环境素养的影响远不及个人经济地位对其自身环境素养的影响，家庭的经济实力对个人环境素养的影响度十分有限。这是因为社会发展过程中，个人社会流动加快，越加趋向于原子化的个人生活，家庭的教化功能不断分散和弱化，个人的自主性增加，经济条件越好的个人，其对环境生活质量的要求也越高，因而其可能越加注重环境保护。

个人政治面貌对公众环境素养有较大的直接影响，但却是反向的影响。这表明政治面貌越高的人，其环境素养可能越低。这可能是因为现阶段党员群体随着规模的不断扩大，其整体素质逐渐下降，而民主党派的精英团体性质，以及共青团员普遍高学历背景，导致其环境素养水平明显高于党员群体。这表示当前加强党员的环境素养教育具有十分重要的意义。

年龄对公众环境素养有一定的影响，主要体现在对环境态度和环境价值观的影响上面，但是其对环境知识和环境行为没有直接的显著影响，这表明年龄对环境素养的影响是有限的。民族、婚姻状况、工作单位对公众环境素养只有微弱的影响，性别对公众环境素养没有显著性的直接影响。

在宏观层面，城乡分布和经济地区两个宏观变量对公众环境素养具有显著的直接影响，这表明城市和农村的公众，东部地区、中部地区和西部地区的公众，其环境素养均存在较大差别，即城市居民的环境素养水平整体上高于农村居民，东部地区公众的环境素养水平高于中部地区，中部地区的环境素养水平高于西部地区。这表明当前我国公众的环境素养水平存在城乡二元差别和东中西的地域差别。

(二)讨论

本研究的上述结果在以下两个方面具有重要的意义，给了我们一些新的启示：

首先，环境素养与环境教育。研究环境素养的体系构成和内部机制的根本目的在于服务于环境教育，从而壮大环境保护的社会基础。生态环境的消费和环境风险的承担不分种族、国家和区域，生活在这个星球上的所有人都有责任保护好生态环境。从提出节约资源、保护环境的基本国策，到提出建设资源节约型、环境友好型社会，再到构建经济建设、政治建设、文化建设、社会建设和生态文明建设"五位一体"的发展战略，国家从长远角度和战略高度重视生态环境的保护，但是现阶段环境保护还缺乏深厚的社会根基。当前环境教育的种类单一，主要依靠九年义务教育、高中教育和大学教育中的部分相关课程来提升公众环境认知，这种插叙式的教育方式是零散的、不成系统的，这既无法满足基层大众的教育需求，也不能全面提升公众环境素养。今后的学校环境教育、环境社团或组织中的环保宣传以及环境舆论的形成和发布等，都应该有独立的公众环境素养提升体系，按照环境素养的内部影响机制，成系统地引导、组织和培育公众全面的环境知识、积极的环境态度、负责任的环境价值观和切实的环境行为，这将是今后中国环境教育界主要的努力方向。

其次，环境素养与社会结构变迁。环境问题因社会结构的骤变而产生，也必须通过社会结构的改良而得到有效解决。工业革命时代，社会生产力的突飞猛进和社会组织形式的深刻变革，城市的迅速扩张与农村的急剧萎缩，以及全球贸易体系分工确立与人口指数式增长等，必然引发对生态环境的低度关注和高能破坏，这是社会变革中不可避免而出现的社会图景。对于中国来说，工业化建设过程中，由于城乡二元体制固化和东中西部地区的战略分工差异，与经济发展水平和对外开放程度相关联，公众环境素养水平呈现出相应的地区差异和城乡差异，但是对公众环境素养影响最大的外部因素是公众自身受教育程度和个人经济收入水平。这说明随着现代化转型过程中地区差异的逐渐缩小和城乡一体化的逐步实现，以及现代教育事业普及和居民收入水平的普遍提高，公众环境素养的整体结构必然会朝着有利的方向转变。

（三）不足之处

由于受学识水平和时间、精力等诸多因素的限制，本研究还存在许多的不足之处：

1. 研究内容受到问卷题目和结构的限制。由于采用了中国人民大学中国综合社会调查 CGSS2010 的数据，本研究在具体量表的设计上处于被动状况，幸运的是，当初进行问卷设计的研究人员在问卷的环境调查部分，进行了比较完备的设计，从而给了笔者较大的选择空间。

2. 虽然有效样本有 3723 份，但是有很多量表的数据都没有通过信效度检验，比如环境情感、科学主义价值取向、人类中心主义价值取向、经济增长与环境关系以及参与性环境行为等，最后不得不在结构方程模型分析中舍去，这些都严重影响到了环境素养影响机制的全面分析。

3. 笔者现阶段理论分析和数据统计分析能力有限，在实证分析过程中还有很多知识点不能熟练掌握，在思维的严谨性和科学性上还有很多有欠考虑的地方，在理论的延伸和综合等方面不够全面，均有待继续完善。

电话调查成功率的影响因素研究
——基于10个电话调查项目的数据分析

彭圣钦①

摘 要：电话调查是社会调查的重要形式之一，电话调查比入户调查拥有更多工具性优势，如何提升电话调查的成功率，一直是学界在实证调查方法层面所思考的基础性问题。本文运用10个电话调查项目中的30000多份电话访谈录音数据，从访问过程、访员因素和受访者因素三个维度分析了影响电话调查成功率的主要因素，研究发现：(1)政治类调查项目的电访成功率相对于其他类型项目而言最低；(2)受访者对于公共责任伦理的缺失是导致拒访最为重要的主观根源，而时间冲突则是导致拒访的重要客观因素；(3)电话访问的时间长短不会显著影响问卷的成功率；(4)高素质的访员更能够有效提高电话调查的成功率，这些素质包括访员在介绍问题时语言的流畅程度、询问问题时的语速、普通话水平、咬字清晰度、热情程度、话语的礼貌程度、预先告知调查目的及其清晰度等，访员性别和是否有方言口音则不影响电访成功率；(5)电访成功率同样与受访者的综合素质有紧密联系，受访者的咬字越清晰，少使用方言，能够听懂访员的话语，对调查机构本身越了解，对调查活动的态度越主动，情绪越温和，越少碰触到主观评价性问题，电访的成功率会越高。

关键词：电话调查；影响因素；成功率；社会调查

一、前言与文献回顾

电话访问是以随机数字拨号技术为基础，对电话所覆盖的全体人群进行的一个随机样本的抽样调查，②现在被广泛应用于社会学、人口学、传播学等学科领域。从1927年柯乐利调查公司在44个城市访问了3万个电话样本进行广播

① 彭圣钦，时为中南大学社会学系1402班本科生。

② 曾庆，吴晓云. 电话访问的可信度分析[J]. 中国卫生统计，2004(06)：7－9.

收听率的研究开始算起，电话调查已有了90年的历史。① 这种突破了传统面访和自填问卷的调查方式，随着技术的发展逐渐完善，成了计算机辅助电访(CATI)。这种技术是否应该在调查研究中使用已经不再是人们争论的问题，许多国家半数以上的访问均通过计算机辅助电话访问完成。② 与传统的调查方法相比，电话访问具有以下特点③：

1. 调查员身体缺场，无法捕捉被访者的表情、姿势等信息，但也避免了试验者效应和社会称许效应，一定程度上保证了访谈的客观性；

2. 被访者的匿名性，可以获得传统面访难以获得的群体样本，同时，对于一些隐私性问题，可以提高回答的真实性；

3. 时效性强，电话访问可以第一时间了解到大众的态度和意见，特别是对于一些突发的、重大的社会事件的看法，是及时掌握社会舆情的好方法；

4. 费用低，电话访问的成本比传统面访低很多；

5. 成功率低，由于调查员身体的缺场，受访者直接挂断电话或在电话里拒访的心理成本比调查员身体在场的面访要小很多，电话调查的成功率为10% ~ 20%是可以被接受的。

风笑天(2006)指出，对同一群体和同一问题采用不同的资料收集方式，所得出的结果有着显著差异。④ 因此，电话访问的有效性就是以往对电话访问研究的重点。曾庆、吴晓云(2004)对重庆市居民腹泻病发病情况先后展开两次电话访问，发现电话访问的可信度较高，但对隐私性较强的问题还持保留态度。⑤ 董海军等(2013)就同一群体、同一问卷先后进行了面访和电话访问，对比两次收集到的数据发现，大体结果没有显著差异，但由于问题内容特征和中国人“心理二重区域”现象的共同作用，有些变量之间存在显著差异，因此得出结论，面访、电访本身并无优劣之分，⑥在实际研究中，研究者应注意针对研究项目的特点选择合适的调查方式。

对电话访问研究的另一个重点是电访成功率的影响因素。有学者专门研究了访问时长和访问时间与电访成功率的关系，提出电访成功率为访问时长的递

---

① 史铮. 电话调查：一项新兴的社会调查方法[J]. 统计与预测, 2003(06): 71 - 73 + 55.

② 董海军, 梁乃文, 周强. 调查方式与回答差异——基于湖南G县农村调查数据的分析[J]. 广西民族大学学报(哲学社会科学版), 2013, 35(01): 122 - 127.

③ 史铮. 电话调查：一项新兴的社会调查方法[J]. 统计与预测, 2003(06): 71 - 73 + 55.

④ 风笑天. 社会调查中不同收入测量方法的特点及其应用[J]. 社会科学研究, 2006(03): 107 - 114.

⑤ 曾庆, 吴晓云. 电话访问的可信度分析[J]. 中国卫生统计, 2004(06): 7 - 9.

⑥ 董海军, 梁乃文, 周强. 调查方式与回答差异——基于湖南G县农村调查数据的分析[J]. 广西民族大学学报(哲学社会科学版), 2013, 35(01): 122 - 127.

减函数，而为访问时间的一个二次抛物线函数。[①] 但对电访成功率因素的全面分析还太少。本文收集并利用 10 多个以电访为资料收集方式的社会调查项目、30000 多份电话录音样本，试图对电访成功率的影响因素进行分析。

二、数据来源

本文所用的数据是来自 10 个不同的电访社会调查项目的 30000 多份录音材料，问卷大体分为三部分：一是电访的总体情况，二是访员的情况，三是受访者的情况。由于本文的核心目标是分析电访成功率的影响因素，所以我将电访是否成功视为因变量，将电访的时长、访员的情况和受访者的情况视为影响电访成功率的三个维度，每个维度下用若干指标进行描述。

具体而言，访员的情况包括访员的语言是否流畅、访员的普通话是否标准、访员表述时的情感等；受访者的情况包括受访者的性别、年龄、受教育程度等人口学变量，以及受访者咬字的清晰程度、对调查机构的了解程度等。

三、分析结果

（一）政治类调查项目的电访成功率最低

从表 1 的数据可以看出，各个调查项目的总体电访成功率为 31.7%，拒访率为 68.3%。如果分别从各个调查项目来看，除去样本量过少的几个项目（“居民当地社会治安看法调查”“刘晓波被评和平奖意见调查”），其余调查项目中成功率最高的是“企业产品顾客满意度调查”（47.8%），最低的是“省直单位绩效及党风廉政建设工作满意度调查”（19.4%），二者差距极其巨大。如果假设其他因素不变，仅考虑调查项目内容的话，比较两个调查项目可以发现，涉及政治问题（尤其是党政相关问题）的问卷更容易被拒访。另一个可以支持这一假设的证据是“十八届三中全会调查”只有 22.2% 的成功率，仅略高于成功率最低的“省直单位绩效及党风廉政建设工作满意度调查”。

① 铁铮. 谈电话访问的短长[J]. 新闻与写作，1989(05)：34－35＋31.

表 1 各项目电访成功率情况

问卷调查项目名称	问卷完成情况		总计
	是	否	
工商行政管理服务公众满意度调查	4771 39.5%	7314 60.5%	12085 100%
湖南公安消防工作群众满意度调查	677 27.6%	1774 72.4%	2451 100%
省直单位绩效及党风廉政建设工作满意度调查	1495 19.4%	6195 80.6%	7690 100%
雨花区社区卫生服务工作的看法和建议调查	1613 30.1%	3747 69.9%	5360 100%
岳麓区各街道及区直单位领导班子公众满意度调查	86 31.7%	185 68.3%	271 100%
雨花区街道办事处工作的看法和建议	447 44.3%	563 55.7%	1010 100%
企业产品顾客满意度调查	458 47.8%	501 52.2%	959 100%
居民对当地社会治安看法调查	1 50.0%	1 50.0%	2 100%
十八届三中全会调查	220 22.2%	772 77.8%	992 100%
刘晓波被评和平奖意见调查	5 23.8%	16 76.2%	21 100%
总计	9773 31.7%	21068 68.3%	30841 100%

（二）公共责任伦理的缺失和受访时间冲突是导致拒访的重要原因

表 2 的数据展示了未成功完成的问卷是因何种原因而未能完成的，分析这些原因的最重要意义就是要吸取经验教训，以此来帮助我们审视和指导今后的电访设计和工作中应该注意的问题。

结果非常明显，除了“其他原因”以外，以“没有时间”和“觉得问卷与自己无关”而拒绝访问的占大多数，两者相加占到了所有拒访情况的65%，而其他各种原因占比都在4%以下。所以，受访者没有时间回答问卷，以及认为问卷与自己无关，不想在这种事情上浪费时间是电访失败的主要原因。出乎我的意料的是，在社会信任遭遇危机的当今社会，我以为受访者对调查的真实性的质疑应该是访问失败的主要原因，但结果却显示“对调查表示质疑”而未完成问卷的仅占所有拒访情况的1.2%。

当然，我们也不能因此而过于乐观地消除对中国社会信任危机的担忧，因为很多受访者在接到访问电话的时候，虽然内心是怀疑的、处于高戒备状态的，但表面上说的却是其他原因，尤其喜欢以自己没时间为借口来拒访。这给我们的启示在于，对电访问卷进行设计和调查时，不仅要凸显调查的真实性和权威性，消除受访者的担忧，更重要的是尽量精简问卷，缩短访问时间，尽可能地不给受访者的正常生活工作带来影响。

表2 受访者拒访的原因

受访者拒访的原因	次数	有效的百分比	累积百分比
没有时间(开会、做家务等)	6365	30.4	30.4
语言不通(方言)	486	2.3	32.7
对调查表示厌恶(讨厌、别烦我)	336	1.6	34.3
对调查表示质疑(你们别骗我)	242	1.2	35.5
政治敏感(会不会有人找我麻烦)	29	0.1	35.6
问卷过长，没有耐心完成	756	3.6	39.2
觉得问卷和自己无关，不想回答	7177	34.3	73.5
其他	5544	26.5	100.0
总计	20935	100.0	

表 3　拒访的类型

拒访的类型	次数	有效的百分比	累积百分比
在导入语期间直接拒访(一个问题都还没有问)(已设置跳到结束)	11574	55.0	55.0
访员与被访者存在互动,但没开始提问就挂掉了	1661	7.9	62.9
中断拒访(回答部分题目)	2456	11.7	74.6
其他(不属于访问对象范围或配额已满,已设置跳到结束)	5355	25.4	100.0
总计	21046	100.0	

表 3 和图 1 更详细地呈现了拒访的类型,有助于我们进一步分析电访失败的原因。我们可以直观地看到,大部分的拒访属于在导入语期间直接拒访,占到了所有拒访类型的 54.99%。第二个占比较大的类型是受访者不属于调查对象或不符合配额要求的情况,占到了所有拒访类型的 25.44%。由于这种访问失败的原因不在于受访者,而是外部要求所限,所以我不对此做过多分析。值得关注的是,因各种原因中断拒访的只占到 11.67%,也就是说,如果受访者一开始答应完成问卷,那么大部分人还是会坚持履行自己的承诺,中途拒访的可能性不大。在这些中途拒访的情况中,我们又对拒访的具体问题进行了进一步的分析,分别考察了拒访的题干中是否有专业名词或专业术语、拒访问题的类型是什么以及是否与拒访问题的性质有关。

结果显示,题干中的专业名词或术语并不会成为人们接受访谈的障碍,73.1% 的拒访问题中都没有专业名词或术语。就拒访问题的类型来看,选择题占据到多数(89.6%),但我们不能贸然得出选择题更容易遭到拒访的结论,因此大多数电访问卷都是以选择题作为其题目的,恰当的方法应该是对选择题和填空题进行加权后再比较,但我们无法获得所有问卷的选择题和填空题的数量,因此无法加权。就拒访问题的性质来看,大部分拒访问题集中在评价型问题上(57%)。

结合我自己听电访录音的经验来看,评价型问题确实更易遭到受访者的拒访,因为评价型问题牵涉的是受访者的主观评价,而本次研究收集的大多数电访材料都涉及公众对政府和政党的态度和意见,所以需要受访者对政府和政党的工作做出自己主观的评价,而中国人十分反感这种具有政治敏感性的问题,生怕给自己惹麻烦。

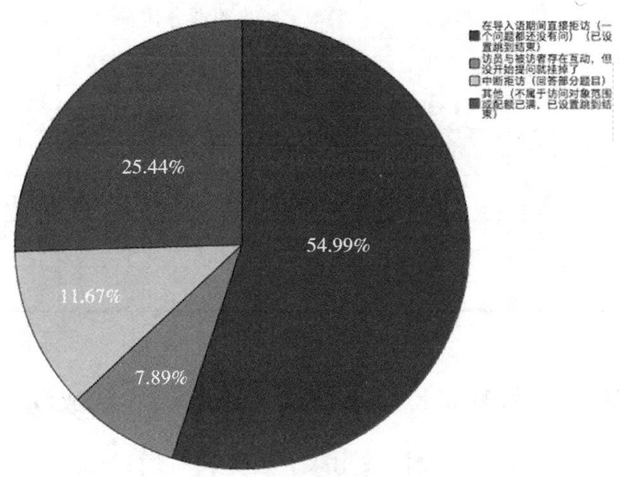

图1　拒访的类型

表4　拒访的题干中是否有专业名词/术语

		次数	有效的百分比	累积百分比
专业名词/术语	是	646	26.9	26.9
	否	1757	73.1	100.0
总计		2403	100.0	

表5　拒访问题的类型

问题的类型	次数	有效的百分比	累积百分比
选择题	2106	89.6	89.6
填空题	244	10.4	100.0
总计	2350	100.0	

表 6　拒访的问题性质

问题的性质	次数	有效的百分比	累积百分比
意向型问题	98	4.2	4.2
评价型问题	1339	57.0	61.2
经验型问题	478	20.3	81.5
认知型问题	347	14.8	96.3
其他	87	3.7	100.0
总计	2349	100.0	

(三)电话访问的时间长短不会显著影响问卷的成功率

我首先把访问成功的问卷提取出来，因为只有通过访问成功的问卷才能看出完成每一份问卷的真实时长，然后计算出每一项调查的平均时长。如表 7 所示，除去观测量极小的几项调查(居民对当地社会治安看法调查、刘晓波被评和平奖意见调查、岳麓区各街道及区直单位领导班子公众满意度调查)，这些调查的时长都在 4 分钟到 6 分钟之间。要考察访问时长与访问成功率的关系，只需把表 1 加入进来即可。

表 7　访问成功的各项目平均时长

A4 问卷的调查项目名称:	平均数	N	标准偏差
工商行政管理服务公众满意度调查	5.66	4771	2.537
湖南公安消防工作群众满意度调查	5.22	677	1.823
省直单位绩效及党风廉政建设工作满意度调查	5.54	1495	2.797
雨花区社区卫生服务工作的看法和建议调查	4.25	1610	1.511
岳麓区各街道及区直单位领导班子公众满意度调查	2.07	86	.943
雨花区街道办事处工作的看法和建议	4.50	447	2.557
企业产品顾客满意度调查	5.24	458	1.661
居民对当地社会治安看法调查	5.00	1	.
十八届三中全会调查	5.42	220	2.427
刘晓波被评和平奖意见调查	1.60	5	.894
平均数	5.27	9770	2.428

从表8可以看到，成功率最高的两项调查“雨花区街道办事处工作的看法和建议”和“企业产品顾客满意度调查”所用平均时长分别为4.5分和5.24分；而成功率最低的“省直单位绩效及党风廉政建设工作满意度调查”和“十八届三中全会调查”所用的平均时长为5.54分和5.42分。所以，从表面上看，完成一份问卷所需时长越短，成功率越高。为了证实这一假设，我进一步对时长和电访成功率做相关性分析（表9），发现两者呈负相关，Pearson相关系数为-0.245，但在显著性水平为0.05的情况下未通过双尾检验(0.596)。

表8　各项目电访成功率和平均时长

问卷调查项目名称	问卷完成情况		总计
	是(平均时长)	否	
工商行政管理服务公众满意度调查	4771 39.5% 5.66	7314 60.5%	12085 100%
湖南公安消防工作群众满意度调查	677 27.6% 5.22	1774 72.4%	2451 100%
省直单位绩效及党风廉政建设工作满意度调查	1495 19.4% 5.54	6195 80.6%	7690 100%
雨花区社区卫生服务工作的看法和建议调查	1613 30.1% 4.25	3747 69.9%	5360 100%
岳麓区各街道及区直单位领导班子公众满意度调查	86 31.7% 2.07	185 68.3%	271 100%
雨花区街道办事处工作的看法和建议	447 44.3% 4.50	563 55.7%	1010 100%

续表 8

问卷调查项目名称	问卷完成情况		总计
	是(平均时长)	否	
企业产品顾客满意度调查	458 47.8% 5.24	501 52.2%	959 100%
居民当地社会治安看法调查	1 50.0% 5.00	1 50.0%	2 100%
十八届三中全会调查	220 22.2% 5.42	772 77.8%	992 100%
刘晓波被评和平奖意见调查	5 23.8% 1.60	16 76.2%	21 100%
总计	9773 31.7%	21068 68.3%	30841 100%

表 9　平均时长与电访成功率相关性分析

		平均时长	问卷成功率
平均时长	皮尔森(Pearson) 相关	1	-.245
	显著性（双尾）		0.596
	N	7	7
问卷成功率	皮尔森(Pearson) 相关	-.245	1
	显著性（双尾）	0.596	
	N	7	7

(四) 访员对电访成功率的影响

在我们的问卷中，对访员的属性因素进行分析的相关变量有 10 个，包括访员的性别、语音、语速、介绍调查项目时的流畅程度、使用礼貌用语的频率等等，我把这些变量与电访是否成功做交互分析，能够较为全面地评价访员因素对电访成功率的影响。

1. 访员性别不影响电访成功率

表10展示了访员性别与电访成功率的关系，男性访员的成功率为69%，女性访员的成功率为70.7%，几乎没有差异，所以访员性别在本研究中不是影响电访成功率的因素。

表10　访员性别与成功率

			A5 该份问卷调查是否成功完成?		总计
			是	否	
B1 访员性别:	男	计数	3311	1488	4799
			69.0%	31.0%	100.0%
	女	计数	6443	2673	9116
			70.7%	29.3%	100.0%
	无法判断	计数	5	6	11
			45.5%	54.5%	100.0%
总计		计数	9759	4167	13926
			70.1%	29.9%	100.0%

2. 访员在介绍问题时语言越流畅，电访成功率越高

从表11可以看出，从“非常流畅”到“非常不流畅”，访问的成功率大致呈现出下降趋势（从73.1%下降到47.7%）。进一步进行统计检验（卡方检验）发现，其结果在0.05的可信度下，通过了检验（.000），所以可以认为访员在介绍调查项目时语言的流畅程度会影响电访的成功与否，且语言越流畅访问最终成功的可能性就越大。

表 11 访员在介绍时语言的流畅程度与成功率

			A5 该份问卷调查是否成功完成?		总计
			是	否	
B2 访员在介绍调查时语言是否流畅?	非常流畅	计数	2688	988	3676
		比例	73.1%	26.9%	100.0%
	比较流畅	计数	5165	2072	7237
		比例	71.4%	28.6%	100.0%
	一般	计数	1682	962	2644
		比例	63.6%	36.4%	100.0%
	比较不流畅	计数	206	105	311
		比例	66.2%	33.8%	100.0%
	非常不流畅	计数	21	23	44
		比例	47.7%	52.3%	100.0%
总计		计数	9762	4150	13912
		比例	70.2%	29.8%	100.0%

3. 访员的语速越快，电访成功率越高

从表 12 可以看出，随着访员语速由“很快”到“很慢”，电访的成功率就从 75.1% 下降到 66.7%。吊诡的是，我们一直认为适中的访问语速可能让人更加舒服，因此访问成功率应该更高，但结果显示语速适中的访员成功率仅为 68.6%，明显低于语速很快和较快的访员。该结果同样通过了卡方检验(.000)。

表 12　访员语速与成功率

		A5 该份问卷调查是否成功完成？		总计
		是	否	
B3 访员语速（三个类别快中慢）：	很快	289	96	385
		75.1%	24.9%	100.0%
	较快	3358	1245	4603
		73.0%	27.0%	100.0%
	适中	5810	2655	8465
		68.6%	31.4%	100.0%
	较慢	289	150	439
		65.8%	34.2%	100.0%
	很慢	16	8	24
		66.7%	33.3%	100.0%
总计		9762	4154	13916
		70.1%	29.9%	100.0%

4. 访员的普通话水平越高，电访成功率越高

从表 13 看出，访员的普通话越标准，访问成功的概率就越高。当访员普通话水平从“非常标准”排列到“非常不标准”时，访问成功率从 71.7% 下降到 56.3%，下降了 15 个百分点，并通过了可信度为 95% 的卡方检验（.000）。所以，访员的普通话是否标准将显著影响访问的成功率。

表 13　访员的普通话水平与成功率

			A5 该份问卷调查是否成功完成?		总计
			是	否	
B4 访员普通话水平:	非常标准	计数	2382	941	3323
		比例	71.7%	28.3%	100.0%
	比较标准	计数	5377	2200	7577
		比例	71.0%	29.0%	100.0%
	一般	计数	1513	730	2243
		比例	67.5%	32.5%	100.0%
	比较不标准	计数	450	251	701
		比例	64.2%	35.8%	100.0%
	非常不标准	计数	40	31	71
		比例	56.3%	43.7%	100.0%
总计		计数	9762	4153	13915
		比例	70.2%	29.8%	100.0%

5. 访员的方言口音不会显著影响电访成功率

从表 14 可以看出，有口音的访员电访成功率比没有口音的访员电访成功率高 2%，但在可信度为 0.05 的情况下，没有通过卡方检验(0.140)，说明访员是否有方言口音不会显著地影响电访的成功率。总体来说，夹带方言口音的访问员占少数，即便是有带有一点方言口音，也不会对访问过程造成很大的影响，毕竟这些访问员在普通话能力上已经具备了一定条件。

表 14　访员话语是否夹带口音与成功率

<table>
<tr><th colspan="3" rowspan="2"></th><th colspan="2">A5 该份问卷调查是否成功完成?</th><th rowspan="2">总计</th></tr>
<tr><th>是</th><th>否</th></tr>
<tr><td rowspan="4">B5 访员话语是否夹带方言口音?</td><td rowspan="2">有</td><td>计数</td><td>1287</td><td>595</td><td>1882</td></tr>
<tr><td>比例</td><td>68.4%</td><td>31.6%</td><td>100.0%</td></tr>
<tr><td rowspan="2">否</td><td>计数</td><td>8474</td><td>3558</td><td>12032</td></tr>
<tr><td>比例</td><td>70.4%</td><td>29.6%</td><td>100.0%</td></tr>
<tr><td colspan="2" rowspan="2">总计</td><td>计数</td><td>9762</td><td>4153</td><td>13915</td></tr>
<tr><td>比例</td><td>70.2%</td><td>29.8%</td><td>100.0%</td></tr>
</table>

6. 访员的咬字越清晰，电访成功率越高

表 15 显示，访员话语从“非常清晰”到“非常不清晰”，电访的成功率从 70.9% 下降到 41.7%，并且在可信度为 0.05 的情况下通过了卡方检验(.000)。所以，访员话语咬字的清晰程度能够显著地影响电访的成功率。

表 15　访员话语咬字的清晰程度与成功率

<table>
<tr><th colspan="3" rowspan="2"></th><th colspan="2">A5 该份问卷调查是否成功完成?</th><th rowspan="2">总计</th></tr>
<tr><th>是</th><th>否</th></tr>
<tr><td rowspan="10">B6 访员话语咬字清晰程度为:</td><td rowspan="2">非常清晰</td><td>计数</td><td>2719</td><td>1115</td><td>3834</td></tr>
<tr><td>比例</td><td>70.9%</td><td>29.1%</td><td>100.0%</td></tr>
<tr><td rowspan="2">较为清晰</td><td>计数</td><td>5522</td><td>2162</td><td>7684</td></tr>
<tr><td>比例</td><td>71.9%</td><td>28.1%</td><td>100.0%</td></tr>
<tr><td rowspan="2">一般</td><td>计数</td><td>1215</td><td>650</td><td>1865</td></tr>
<tr><td>比例</td><td>65.1%</td><td>34.9%</td><td>100.0%</td></tr>
<tr><td rowspan="2">不太清晰</td><td>计数</td><td>300</td><td>218</td><td>518</td></tr>
<tr><td>比例</td><td>57.9%</td><td>42.1%</td><td>100.0%</td></tr>
<tr><td rowspan="2">非常不清晰</td><td>计数</td><td>5</td><td>7</td><td>12</td></tr>
<tr><td>比例</td><td>41.7%</td><td>58.3%</td><td>100.0%</td></tr>
<tr><td colspan="2" rowspan="2">总计</td><td>计数</td><td>9761</td><td>4152</td><td>13913</td></tr>
<tr><td>比例</td><td>70.2%</td><td>29.8%</td><td>100.0%</td></tr>
</table>

7. 访员在电话访问时越热情，电访成功率越高

从表16看，访员在表述时的情感从“热情亲切”到“厌烦不耐烦”，问卷的成功率从71.1%降到了53.3%，而且在可信度为0.05的情况下，该结果通过了卡方检验(.000)。所以，随着访员表述时热情程度的降低，电访成功率也显著降低。

表16　访员表述时的情感与成功率

			A5 该份问卷调查是否成功完成？		总计
			是	否	
B7 访员表述时的情感：	热情亲切	计数	2442	993	3435
		比例	71.1%	28.9%	100.0%
	温和平淡	计数	7107	3010	10117
		比例	70.2%	29.8%	100.0%
	冷漠无所谓	计数	200	142	342
		比例	58.5%	41.5%	100.0%
	厌烦不耐烦	计数	8	7	15
		比例	53.3%	46.7%	100.0%
总计		计数	9757	4152	13909
		比例	70.1%	29.9%	100.0%

8. 访员使用的礼貌用语越多，电访成功率越高

表17显示，随着访员使用礼貌用语的频率由高到低，从“频率非常高”到“频率非常低”，电访的成功率就从70.8%下降到50.0%，并在可信度为0.05的情况下通过了卡方检验。所以，访员使用礼貌用语的频率与电访的成功率有显著关系，而且频率越高，电访成功率就越高。

9. 访员预先告知受访者调查目的有利于提高电访成功率

从表18可以看到，如果访员在调查开始前向受访者告知了调查目的，那么访问成功率为70.4%，如果没有告知调查目的，那么访问成功率为65.7%，下降了将近5%。进一步进行卡方检验发现，在95%的置信区间下，该结果通过了卡方检验(.005)。所以，访员在调查开始前是否向受访者告知调查目的将会显著地影响访问的成功率。

表 17　访员使用礼貌用语的频率与成功率

		A5 该份问卷调查是否成功完成？		总计
		是	否	
B8 访员使用礼貌用语的频率为：	频率非常高	3515	1449	4964
		70.8%	29.2%	100.0%
	频率较高	5212	2043	7255
		71.8%	28.2%	100.0%
	一般	1020	646	1666
		61.2%	38.8%	100.0%
	频率较低	13	11	24
		54.2%	45.8%	100.0%
	频率非常低	1	1	2
		50.0%	50.0%	100.0%
总计		9761	4150	13911
		70.2%	29.8%	100.0%

表 18　访员在调查开始前是否告知调查目的与成功率

		A5 该份问卷调查是否成功完成？		总计
		是	否	
B9 访员在调查开始前是否告知调查目的？	是	9220	3871	13091
		70.4%	29.6%	100.0%
	否	538	281	819
		65.7%	34.3%	100.0%
总计		9758	4152	13910
		70.2%	29.8%	100.0%

10. 访员在告知受访者调查目的时越清楚，电访成功率越高

通过表 19 发现，访问成功率最高的情况不是访员“非常清楚”地告知调查目的的时候，而是访员“比较清楚”地告知调查目的的时候。不过，当访员告知调查目的时的清楚程度为“一般”“不太清楚”和“非常不清楚”时，访问的成功

率则远低于前两种情况。而且，在可信度为 0.05 的情况下，通过了卡方检验(.000)。所以访员在调查开始前如果能非常清楚或比较清楚地向受访者告知访问目的，则有利于提高访问的成功率。

表 19 访员告知调查目的的清楚程度与成功率

		A5 该份问卷调查是否成功完成?		总计
		是	否	
B10 访员在调查开始前清楚地告知调查目的吗?	非常清楚	5319	2390	7709
		69.0%	31.0%	100.0%
	比较清楚	3513	1195	4708
		74.6%	25.4%	100.0%
	一般	313	224	537
		58.3%	41.7%	100.0%
	不太清楚	74	61	135
		54.8%	45.2%	100.0%
	非常不清楚	1	1	2
		50.0%	50.0%	100.0%
总计		9220	3871	13091
		70.4%	29.6%	100.0%

(五)受访者对访问成功率的影响

在我们的问卷中，还涉及一些关于受访者信息的问题，如受访者的年龄、性别、教育程度等基本的人口学因素，理论上可以通过这些变量与电访成功率进行交互分析从而发现受访者的人口学因素是否会影响电访的成功率。但在实际操作中我们发现，这些关于受访者个人基本信息的问题都是在每个调查项目临近结束的时候问的，也就是说，能收集到受访者的这些个人基本信息的问卷大多是已经完成的，这样我们就无法比较具有不同个人特征的受访者完成问卷、接受访问的成功率的差异。

但好在我们的问卷除了涉及受访者的基本个人信息外，还有在访问过程中受访者与访员的互动过程。所以我接下来主要分析受访者与访员的互动是否会影响以及如何影响电访的成功率。

1. 受访者咬字越清晰，电访成功率越大

从表20可以看到，随着受访者咬字的清晰程度从“非常清晰”到“非常不清晰”，电访的成功率从76.7%下降到45%，并在显著性水平为0.05的情况下，通过了卡方检验(.000)。说明受访者咬字的清晰程度越好，访问成功的可能性也就越大。

表20 受访者咬字的清晰程度与成功率

<table>
<tr><td colspan="2" rowspan="2"></td><td colspan="2">A5 该份问卷调查是否成功完成?</td><td rowspan="2">总计</td></tr>
<tr><td>是</td><td>否</td></tr>
<tr><td rowspan="10">C5 受访者话语的清晰程度为:(咬字清晰程度)</td><td rowspan="2">非常清晰</td><td>924</td><td>281</td><td>1205</td></tr>
<tr><td>76.7%</td><td>23.3%</td><td>100.0%</td></tr>
<tr><td rowspan="2">较为清晰</td><td>4363</td><td>1307</td><td>5670</td></tr>
<tr><td>76.9%</td><td>23.1%</td><td>100.0%</td></tr>
<tr><td rowspan="2">一般</td><td>3341</td><td>1668</td><td>5009</td></tr>
<tr><td>66.7%</td><td>33.3%</td><td>100.0%</td></tr>
<tr><td rowspan="2">不太清晰</td><td>949</td><td>584</td><td>1533</td></tr>
<tr><td>61.9%</td><td>38.1%</td><td>100.0%</td></tr>
<tr><td rowspan="2">非常不清晰</td><td>135</td><td>165</td><td>300</td></tr>
<tr><td>45.0%</td><td>55.0%</td><td>100.0%</td></tr>
<tr><td colspan="2" rowspan="2">总计</td><td>9712</td><td>4005</td><td>13717</td></tr>
<tr><td>70.8%</td><td>29.2%</td><td>100.0%</td></tr>
</table>

2. 受访者使用方言沟通会降低电访成功率

通过表21可以看出，当受访者一直使用方言沟通时，电访成功率为58.2%，先使用方言后转普通话时，电访成功率上升到70.5%，而直接使用普通话沟通时，电访成功率为73.7%，所以受访者越少使用方言进行沟通则越有助于提高访问成功的概率，并在显著性水平为0.05的情况下通过了卡方检验(.000)。

表 21 受访者是否使用方言与成功率

		A5 该份问卷调查是否成功完成？		总计
		是	否	
C6 受访者是否使用方言？	一直使用方言沟通	1349	968	2317
		58.2%	41.8%	100.0%
	先使用方言后转普通话沟通	638	267	905
		70.5%	29.5%	100.0%
	直接使用普通话沟通	7759	2775	10534
		73.7%	26.3%	100.0%
总计		9746	4010	13756
		70.8%	29.2%	100.0%

3. 受访者能听懂访员的话语，有利于提升电访成功率

表 22 显示了受访者能否听懂访员话语与访问成功率之间的关系，结果显示，能听懂访员话语的受访者访问成功率为 72.5%，不能听懂访员话语的受访者访问成功率下降为 54.9%，在显著性水平为 0.05 的情况下，该结果通过了卡方检验(.000)。所以，受访者能否听懂访员话语能够显著影响电访的成功率。

表 22 受访者能否听懂访员话语与成功率

		A5 该份问卷调查是否成功完成？		总计
		是	否	
C7 受访者能否听懂访员话语？	能	9228	3508	12736
		72.5%	27.5%	100.0%
	不能	510	419	929
		54.9%	45.1%	100.0%
总计		9739	3927	13666
		71.3%	28.7%	100.0%

4. 受访者对调查机构越了解，电访成功率越高

表23展示了受访者对调查机构的了解程度与电访成功率之间的关系，受访者对调查机构的了解程度从“非常了解”到“完全不了解”，电访的成功率从96.8%下降到54.1%，且在显著性水平为0.05的情况下，通过了卡方检验(.000)。所以，受访者对调查机构越了解，则访问的成功率就越高。

表23 受访者对调查机构的了解程度与成功率

		A5 该份问卷调查是否成功完成？		总计
		是	否	
C8 受访者对调查机构了解吗？	非常了解	397	13	410
		96.8%	3.2%	100.0%
	比较了解	1496	234	1730
		86.5%	13.5%	100.0%
	一般	3831	1254	5085
		75.3%	24.7%	100.0%
	不太了解	2351	943	3294
		71.4%	28.6%	100.0%
	完全不了解	440	373	813
		54.1%	45.9%	100.0%
总计		8515	2817	11332
		75.1%	24.9%	100.0%

5. 受访者对调查活动越主动，约有利于提升电访成功率

从表24可以看出，有1251人询问了调查相关问题，其中最后成功访问的有67.9%，有8490人没有询问调查相关问题，其中最后访问的有74.4%，略高于主动询问了调查相关问题的受访者。在显著性水平为0.05的情况下，该结果通过了卡方检验(.000)，所以，受访者是否主动询问调查相关问题将显著影响调查的成功率。进一步分析发现(表25)，受访者主动询问本次调查的情况后，访问顺利继续的有984人，占总人数的53%，再次或多次解释后能继续访问的占31.4%，不能继续访问的占15.5%。所以在受访者主动询问调查相关问题后，依然有85%的受访者能够坚持完成问卷。

表 24　受访者是否主动询问调查有关情况与成功率

		A5 该份问卷调查是否成功完成?		总计
		是	否	
C9 受访者是否有主动询问关于本次调查的情况?	有	1251	592	1843
		67.9%	32.1%	100.0%
	没有	8490	2926	11416
		74.4%	25.6%	100.0%
总计		9741	3518	13259
		73.5%	26.5%	100.0%

表 25　受访者主动询问本次调查的情况后，调查进展情况

		次数	百分比	有效的百分比	累积百分比
有效	顺利继续	984	3.2	53.0	53.0
	再次/多次解释后继续	583	1.9	31.4	84.5
	不能继续	288	0.9	15.5	100.0
	总计	1855	6.0	100.0	
遗漏	9	629	2.0		
	系统	28484	92.0		
	总计	29113	94.0		
总计		30968	100.0		

6. 受访者在接受电访时的情绪会显著影响电访成功率

从表26看出，当受访者在调查过程中表现出不耐烦情绪的时候，访问的成功率只有37.9%，而当受访者没有表现出不耐烦情绪的时候，访问成功率能够高达81.9%，且在显著性水平为0.05的情况下，该结果通过了卡方检验(.000)。所以受访者在调查过程中是否有不耐烦情绪将显著地影响最后访问的成功率。进一步分析发现(表27)，受访者出现不耐烦情绪的原因主要集中于受访者表示“不想继续受访”(63%)，而受访者因为质疑调查公信力而出现不耐烦情绪的只占7.3%。说明大部分受访者产生不耐烦的情绪是因为访问时

间过长而不想继续进行下去，而不是调查的公信力问题。在面对受访者的不耐烦情绪时，有 56.2% 的访员极力安抚受访者的情绪，并尽力挽回，说明大部分访员都能态度积极地回应受访者。事实也证明，选择“安抚受访者情绪、极力挽回”的访问员最后成功率为 50.1%，而“未安抚受访者，继续访问”的成功率仅为 38.1%，表现出语气不耐烦的访问员成功率仅为 40.7%（表 28）。在 0.05 的显著性水平下，访员应对受访者不耐烦情绪的态度显著地影响了最后问卷的成功率。

表 26　受访者在调查过程中有无不耐烦情绪与成功率

		A5 该份问卷调查是否成功完成？		总计
		是	否	
C11 受访者在调查过程中有无不耐烦情绪？	有	929	1525	2454
		37.9%	62.1%	100.0%
	没有	8804	1948	10752
		81.9%	18.1%	100.0%
总计		9733	3473	13206
		73.7%	26.3%	100.0%

表 27　受访者出现不耐烦情绪的原因

		次数	百分比	有效的百分比	累计百分比
有效	不满意电话信息被知晓	105	0.3	4.3	4.3
	表示不想继续受访	1550	5.0	63.0	67.3
	质疑调查公信力	179	0.6	7.3	74.6
	转移话题	105	0.3	4.3	78.9
	了解调查时长	268	0.9	10.9	89.8
	访员听不懂受访者讲的话	252	0.8	10.2	100.0
	总计	2459	7.9	100.0	
遗漏	9	684	2.2		
	系统	27825	89.9		
	总计	28509	92.1		
统计		30968	100.0		

表 28　面对受访者的不耐烦，访员是如何应对的？

		次数	百分比	有效的百分比	累计百分比
有效	不满意电话信息被知晓	105	0.3	4.3	4.3
	表示不想继续受访	1550	5.0	63.0	67.3
	质疑调查公信力	179	0.6	7.3	74.6
	转移话题	105	0.3	4.3	78.9
	了解调查时长	268	0.9	10.9	89.8
	访员听不懂受访者讲的话	252	0.8	10.2	100.0
	总计	2459	7.9	100.0	
遗漏	9	684	2.2		
	系统	27825	89.9		
	总计	28509	92.1		
统计		30968	100.0		

7. 受访者愿意回答模糊的问题，会提升电访成功率

表 29 显示，当受访者有回答模糊的问题时，访问成功率 80.3%，然而当受访者没有回答模糊的问题时，访问成功率反而更低(71.7%)，而且此结果在 0.05 的显著性水平下通过了卡方检验(.000)。

表 29　受访者有无回答模糊的问题与成功率

		次数	百分比	有效的百分比	累计百分比
有效	不满意电话信息被知晓	105	0.3	4.3	4.3
	表示不想继续受访	1550	5.0	63.0	67.3
	质疑调查公信力	179	0.6	7.3	74.6
	转移话题	105	0.3	4.3	78.9
	了解调查时长	268	0.9	10.9	89.8
	访员听不懂受访者讲的话	252	0.8	10.2	100.0
	总计	2459	7.9	100.0	

续表 29

		次数	百分比	有效的百分比	累计百分比
遗漏	9	684	2.2		
	系统	27825	89.9		
	总计	28509	92.1		
统计		30968	100.0		

8. 评价性问题越多，电访成功率越低

通过表 30 和图 2 可以看出，受访者回答模糊的问题主要集中在评价型问题上，意向型、经验型和认知型问题较少。所以为了降低受访者回答问题的模糊性，提高电访的效率和质量，应该少采用评价型问题。

表 30 受访者回答模糊的问题性质

		次数	百分比	有效的百分比	累积百分比
有效	意向型问题	156	0.5	2.7	2.7
	评价型问题	4011	13.0	69.3	72.0
	经验型问题	906	2.9	15.7	87.6
	认知型问题	640	2.1	11.1	98.7
	其他	75	0.2	1.3	100.0
	总计	5788	18.7	100.0	
遗漏	9	974	3.1		
	系统	24206	78.2		
	总计	25180	81.3		
总计		30968	100.0		

四、结论与启示

本文运用 10 个电话社会调查项目、30000 多份电访录音材料，从访问时长、访员素质及其与受访者的互动过程等多个维度分析了影响电访成功率的因素。

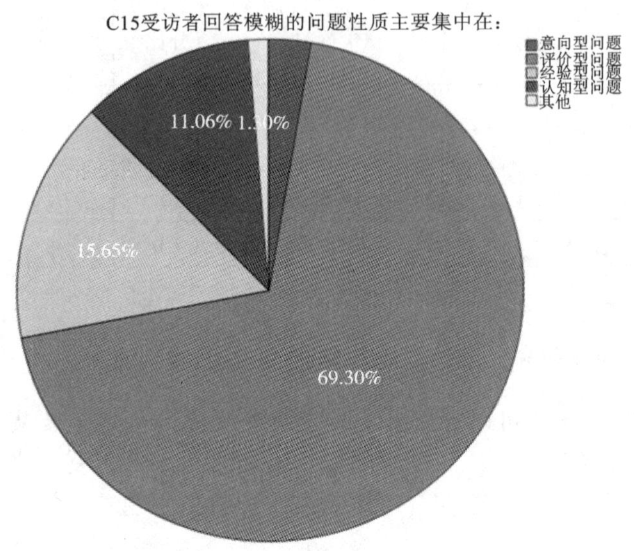

图 2 受访者回答模糊的问题性质占比

(一) 电访成功率

从总体上看，整体电访成功率为31.7%，拒访率为68.3%。根据各调查项目的类别来看，涉及政治问题的调查成功率普遍较低，这与中国社会具有很强的政治传统有关。在威权主义国家，政治往往比经济、文化具有更高的地位和优先性，而犯政治错误则比其他错误更为严重。所以人们在面对政治问题时，往往持躲避和防备的态度，会在一种高度戒备状态中，尽量使自己不介入政治问题的讨论，以免“引火烧身”。所以我们的建议是，与党政有关的社会调查项目不宜通过电话访谈来收集数据。

(二) 拒访的类型和原因

通过分析受访者拒访的原因发现，大多数拒访者给出的理由都是没有时间或觉得与自己无关。因此这给我们的启示是：首先，电访时间的选择上要尽量避免上班时间和午休时间，以免打扰和影响受访者的正常工作和生活；其次，在问卷设计上尽量精简问题，压缩访问时间，并在访问开始前告知受访者所需占用的时间；最后，在调查主题和项目的选择上，最好能与受访者的切身利益挂钩。

从拒访的类型看，大多数拒访者都是在访员说导语期间拒访的，也就是说，访员和受访者还没形成互动，受访者就把电话挂断了。这一现象从侧面反映了我国目前的社会信任危机，尤其是近两年电信诈骗猖獗和个人隐私信息遭窃严重，人们对陌生人（尤其是机构）的电话产生了高度的戒备心理。所以当受访者接到诸如“湖南省民意调查中心”这样的机构的电话时，很可能就在第一时间挂断电话，避免不必要的麻烦。

（三）访问时长

从表面上看，访问时间越长的调查，成功率越低，但这个假设没能在显著性水平为0.05的情况下通过检验。可能的原因在于，纳入分析的调查项目数量较小（只有10项），另外，这些项目所用的平均时长差距较小，所以统计结果不具有显著性。

（四）访员因素

经过交互分析发现，访员的性别、表达的流畅程度、咬字的清晰程度、语速、情感态度等都与访问成功率有显著关系，所以在选择访员的时候，一定要对访员的基本素质严格把关。但值得一提的是，访员适中的语速可能给人带来更舒适的听觉体验，但却没办法带来更高的访问成功率，相反，语速较快和非常快的访员成功率更高。可能的原因是，语速更快的访员能够在别人听懂其问题的前提下，压缩访问时间，避免受访者产生不耐烦情绪而中断访问。

（五）受访者因素

虽然本文无法研究受访者的基本人口学特征对访问成功率的影响，但分析了受访者与访员在调查过程中的互动与访问成功率的关系。其中给我们比较有用的启示是，受访者对调查机构的了解程度会显著影响调查成功率，因为受访者对熟悉的调查机构有更强的信任感；另外，访问过程中受访者是否产生不耐烦情绪将显著影响访问的成功率，而受访者出现不耐烦情绪的主要原因是嫌访问时间过长，耽误自己的正常生活，而非调查公信力的问题。所以，如果从一开始受访者答应接受访问，那也就表明他对调查即调查机构的信任感已经很强了，导致他们中断拒访的主要原因就是访问时间过长。因此，在设计电访问卷时一定要精简问题数量，简化问题形式，缩短访问时长。根据我听录音的经验，最好能把电访时间控制在三分半以内，这样受访者不容易产生不耐烦和抵触情绪，从而可以提高电访的成功率。

性别意识与中国女性的主观阶层认同研究
——基于 CGSS2015 数据分析

徐 威①

摘 要：女性主观阶层认同与客观阶层归属的一致性是保证社会和谐的重要因素。性别意识是基于女性主体性地位与反思传统的性别秩序并强调男性、女性具有相似的社会地位而形成的一种性别平等意识，性别意识是建构平等的性别秩序的重要基础。基于中国综合社会调查（CGSS）2015 年的数据，运用多元线性模型对性别意识视角下的中国女性主观阶层认同及其影响因素进行研究，研究结果表明：性别意识对女性阶层主观认同有显著影响，对男性主观阶层认同无显著影响；性别意识越强的女性，其阶层自我认同越高。反之，性别意识越弱，其阶层自我认同越低；年龄、婚姻状况、受教育年限、户籍状况产生不同程度的影响，政治面貌对女性的主观阶层认同无显著影响。

关键词：性别意识；主观阶层认同；影响因素

一、问题的提出

自二十世纪六七十年代以来，西方女权主义者逐渐发现，造成男女不平等的原因并不在于生理性别而是社会性别。西方女权主义者 Ann Oakley 最早明确地指出性别有生物以及社会文化意义上的区分②。此后，“社会性别”“性别意识”等相关概念相继出现，并发展为国际女权运动的重要概念。西方女权主义者主张从性别结构和社会文化角度破除父权制思想对女性的压迫③。女性所处的社会结构是可以通过社会化过程而重新建构的④。因此，研究女性问题的必要前提就是承认两性生理及社会性别差异。

---

① 徐威，时为中南大学社会学系 1602 班本科生。

② Oakley A. Sex, gender and society[J]. Feminist Frontiers Rethinking Sex Gender & Society, 1985, 4.

③ Thornton A, Alwin D F, Camburn D. Cause and Consequences of Sex Role Attitudes and Attitude Change [J]. American Sociological Review, 1983, 48(2): 211 - 27.

④ Kane E W. Education and Beliefs about Gender Inequality[J]. Social Problems, 1995, 42(1): 74 - 90.

性别意识概念的提出得益于对主体性地位的争论。随着现代化民主社会的不断发展，社会个体开始反思传统的性别秩序并强调男性女性具有相似的社会地位，在这种争论中逐渐形成了性别意识①。所谓性别意识，指用性别概念研究社会生活的各个方面，是建构平等的性别秩序的重要基础②。从定义中不难发现，性别意识视角其实就是在承认两性生理差异的前提下，用一种强烈的性别平等发展的倾向去研究社会生活的各类问题。总而言之，研究性别意识的主要目的就是努力消除社会生活中所存在的性别不平等现象③。因此，纳入性别意识有利于更好地分析女性的主观阶层认同。

主观阶层认同较具权威性的定义是由 Jackman 夫妇给出的，即“个人对自己在社会阶层结构中所占据位置的感知”④。作为阶层意识的一个组成部分，它一方面反映社会分层这一社会事实，另一方面反映相对独立的心理存在。学界以往关注的是制度、政策及阶层结构、关系、秩序、利益等问题，如郑晨认为，社会分层不仅是一种社会事实，还是一种心理事实。社会分层不但可以通过客观社会指标，还可以通过人们的自我认定和主观评价，即“阶层归属意识”来加以分析，阶层归属意识本质上仍是一种社会存在，是现实社会分层结构的反射物⑤；刘欣将阶层意识视为居于一定地位的个人对社会不平等状况及其自身所处的社会地位的主观意识、评价和感受⑥；胡荣、张义祯将社会阶层看作是人们主观建构的、想象的共同体和产物⑦。此外，还需探讨主观阶层认同的内隐认知基础。在对主观阶层认同的影响因素的研究中，以往从客观与主观两个方面进行探讨。客观因素方面：李春玲发现个体收入较高的人更可能拥有较高的主观阶层认同⑧；刘欣发现权力资源对个人主观阶层认同有显著正向影响⑨；

① Glennerster H. Harold L. Wilensky, Rich Democracies: Political Economy, Public Policy and Performance, University of California Press, Berkeley, 2002, xxx + 891 pp. £ 29.95 pbk, £ 59.00 hbk[J]. Journal of Social Policy, 2003, 32(2): 289 – 311.

② 李慧英. 将性别意识纳入决策主流的讨论[J]. 妇女研究论丛, 1996(3): 5 – 7.

③ 张莹. 社会性别视角应用研究[M]. 北京: 知识产权出版社, 2007.

④ Jackman M R, Jackman R W. An Interpretation of the Relation Between Objective and Subjective Social Status[J]. American Sociological Review, 1973, 38(5): 569 – 82.

⑤ 郑晨. 阶层归属意识及其成因分析——中国广州市居民的一项调查[J]. 浙江学刊, 2001(3): 115 – 117.

⑥ 刘欣. 转型期中国大陆城市居民的阶层意识[J]. 社会学研究, 2001(3): 8 – 17.

⑦ 胡荣, 张义祯. 阶层归属与地位认定问题研究[J]. 东南学术, 2005(6): 85 – 92.

⑧ 中国社会科学院“当代中国人民内部矛盾研究”课题组. 城市人口的阶层认同现状及影响因素[J]. 中国人口科学, 2004(5): 19 – 25.

⑨ 刘祖云, 胡蓉. 权力资源与社会分层: 一项对中国中部城市的社会分层研究[J]. 江苏社会科学, 2006(6): 166 – 173.

赵延东指出，“住房面积”和“生活中最大支出项目”都对主观阶层认同产生一定的影响①。学界还在职业、教育和性别等方面对主观阶层认同进行了探讨，但通过引入性别意识研究主观阶层认同或许是一个重要的突破点。

关于主观因素对主观阶层认同的研究主要有两种理论倾向：第一种是“相对剥夺感”，指人们通过与参照群体的比较而产生的一种自身利益被其他群体剥夺的内心感受②。个人生活境遇的恶化会影响到人们对社会公平的判断，使人产生“相对剥夺”感，而这些都可能对人们的阶层意识带来直接影响。第二种是观念固着，指长期以来社会上存在的客观社会阶层划分造成的一种身份固着观念，属于身份壁垒遗留问题，尽管该因素在某种程度上受父辈社会地位影响，但它更多强调的是个体自身感受，体现了个体的心理感知。性别意识可以分为三种情况：第一种情况，男性和女性的差异导致男性比女性在各方面都更具有优势，简单地说即男强女弱；第二种情况，男性和女性的差异虽然存在，但男性和女性的行为并未体现出不同，即男女相同；第三种情况，男性和女性的差异使得女性更具有优势，即女强男弱。这三种情况的性别意识可合并为两种类型：第一种类型是传统的性别意识，其观点认为男性比女性强，即男强女弱；第二种类型是现代的性别意识，其观点认为男性并没有比女性强，即男女一样或女强男弱。传统的性别意识，将会对女性的主观阶层认同产生影响。

以性别意识视角分析女性主观阶层认同，需要对性别因素进行探讨。据此提出假设1。

假设1：性别意识对女性阶层主观认同有显著影响，对男性主观阶层认同无显著影响。

根据观念固着理论，传统性别意识与现代性别意识在自我认同方面具有差异。据此提出假设2。

假设2：性别意识越强的女性，其阶层自我认同越高。反之，性别意识越弱，其阶层自我认同越低。

---

① 赵延东. 决定公众主观阶层意识的个人和社会因素[OL]. http://www.takj.gov.cn/show.phpid=1017.

② 郭星华. 城市居民相对剥夺感的实证研究[J]. 中国人民大学学报，2001，15(3)：71-78.

二、研究设计

（一）数据来源

研究数据采用来自中国人民大学社会学系所主持的中国综合社会调查。该调查主要定期收集国内居民的基本信息及其对于特殊研究主题的基本态度；采用多阶段分层概率抽样设计，样本经过严格的随机抽取，具有良好的代表性，也具有较高的抽样精度。CGSS2015 数据最终有效样本量为 10968 个，男性样本 5134 个，女性样本 5834 个。

（二）变量测量

本研究的因变量是女性的主观阶层认同，利用调查问卷中 A 部分第 43 题中的第一问（“您认为您目前在哪个等级上?”）来分析女性的主观阶层认同。得分越高，表示主观阶层认同越高；得分越低则表示主观阶层认同越低。

最重要的自变量是社会性别意识。利用调查问卷中的 5 个问题对性别意识进行测量：（1）男人以事业为重，女人以家庭为重；（2）男性能力天生比女性强；（3）干得好不如嫁得好；（4）在经济不景气时，应该先解雇女性员工；（5）夫妻应该均等分摊家务。按照调查对象所选择的同意程度进行测量。各项问题的得分总和即可作为衡量性别意识强弱的标准：得分越高，说明更倾向认同传统的性别角色安排和性别分工，性别平等意识较弱，即性别意识较弱；得分越低，则说明性别平等意识较强，即性别意识较强。通过对测量表进行信度分析，发现第五项会影响量表的整体信度，故剔除。

控制变量主要包括年龄层次、婚姻状态、受教育年限、户籍状况、政治面貌等。年龄转化为虚拟变量分为非中年人及中年人两类；婚姻状况划分为两类：已婚和未婚。其中，初婚有配偶和再婚有配偶属于已婚，未婚、同居、分居未离婚、离婚和丧偶属于未婚；教育程度转化为受教育年限，为连续变量；户籍状况为虚拟变量，分为两类分别是农业户口与非农户口（包括非农户口、蓝印户口、居民户口、没有户口），以非农户口作为参照；政治面貌转化为非中共党员和中共党员。变量赋值情况见表 1。

表1 变量及赋值情况

变量类型	变量名称	性质	变量赋值
因变量	主观阶层认同	连续	最小值为1，最大值为10
自变量	性别意识	连续	最小值为4，最大值为20
控制变量	年龄层次	虚拟	0 = 非中年，1 = 中年
	婚姻状况	虚拟	0 = 未婚，1 = 已婚
	受教育年限	连续	最小值为0，最大值为16
	户籍状况	虚拟	0 = 农业户口，1 = 非农业户口
	政治面貌	虚拟	0 = 非中共党员，1 = 中共党员

三、结果与分析

根据研究目的，首先对研究数据进行处理与分析；随后报告数据分析结果；最后对所提出的研究假设进行逐一验证。虽然研究的核心是性别意识对女性主观阶层认同的影响，但对于其他影响变量也做相应的讨论。

（一）主观阶层认同性别意识差异检验分析

通过对调查数据的方差分析并运用相关双变量统计分析方法，分析居民的主观阶层认同是否存在显著的性别意识差异。

通过表2可以看出，在对男性进行F检验时，得出的F值为1.189，sig大于0.05，这说明男性的性别意识差异对主观阶层认同不具有显著性影响，而女性进行F检验时，F = 3.076，sig小于0.05，这说明女性的性别意识差异对主观基层认同具有显著性影响。故研究假设1成立。

表2 主观阶层认同方差分析

			平方和	自由度	均方	F	显著性
主观阶层认同	男	组间	65.978	20	3.299	1.189	.252
		组内	13538.927	4881	2.774		
		总计	13604.905	4901			
	女	组间	156.974	20	7.849	3.076	.000
		组内	13960.131	5472	2.551		
		总计	14117.106	5492			

(二)主观阶层认同影响因素的多元回归分析

在进行回归分析之前，首先采用 Durbin - Watson 检验，考察模型的拟合度对各个模型的自变量进行多重共线性检验，分别考察容忍度和方差膨胀因子。研究的回归分析均采用全部进入法。经检验三模型的残差独立，符合正态分布规律。自变量的容差与方差膨胀因子值均在合理范围内，自变量不存在多重共线性问题。通过方差检验，模型通过显著性检验，拟合度较差。该模型调整后的 R^2 分别为0.044、0.046、0.048。多元回归分析模型见表3。

表3　女性主观阶层认同影响因素多元回归模型

	模型 A1（女性）	模型 A2（女性）	模型 A3（整体）
性别意识		-0.007 (0.007)	-0.025 (0.005)
年龄层次（中年=1）	-0.039 (0.046)	-0.039 (0.047)	-0.056 (0.035)
婚姻状况（已婚=1）	0.07 (0.051)	0.076 (0.052)	0.093 (0.038)
受教育年限	0.155 (0.004)	0.163 (0.005)	0.163 (0.004)
户籍状况（非农业户口=1）	0.084 (0.043)	0.081 (0.043)	0.083 (0.032)
政治面貌（中共党员=1）	0.002 (0.039)	0.001 (0.04)	0.002 (0.032)
常数项	3.691	3.703	3.361
$AdjR^2$	0.044	0.046	0.048
样本量	5760	5760	10411

注：* $P<0.05$；** $P<0.01$；*** $P<0.001$ 括号外为标准回归系数，括号内为标准误.

模型 A1 是在未纳入自变量性别意识的情况下，对影响女性主观阶层认同因素的多元回归分析，该模型的解释力有4.4%，五个控制变量中有四个有显著影响。接下来将自变量性别意识与控制变量一同纳入回归模型中分析，性别意识通过显著性检验，模型的解释力为 4.6%，解释力无明显提升，也就是说对于女性的主观阶层认同来说，性别意识并不具有较强的解释力。通过模型 A2 可以看出自变量性别意识与女性主观阶层认同呈现负相关关系，即女性的性别意识越强（得分越低），其主观阶层认同感越高；性别意识越弱（得分越高），则其主观阶层认同也越低，故假设 2 成立。

四、结论与讨论

本文通过利用 2015 年中国综合社会调查的数据，在性别视角下探讨了女性主观阶层认同的现实状况，通过建立逐步回归模型，分析了性别意识对女性主观阶层认同的多因素影响机制。所构造的模型拟合度较差，基于对影响主观阶层认同的客观阶层因素的欠缺，解释力不足。

国内外在性别视角下对社会阶层的研究，大多基于客观性指标。如陈煜婷根据“2012 年全国社会发展与社会建设调查”数据的研究表明，客观阶层地位较高的女性，性别意识相对传统；客观阶层地位中等的女性，性别意识较为现代；客观阶层地位较低的女性，性别意识最为传统。此外，主观阶层地位认同较高的女性，性别意识反而更现代化。[①] 而对于主观社会分层问题的研究，多数研究者较少纳入性别维度。

在我国，以男尊女卑、带有男权色彩的传统性别文化对男女两性的地位、属性、价值等进行了有等级差异性的规范和界定，形成了男强女弱、男主外女主内等将女性置于从属地位的性别角色观念，构造了诸如男性属于工作等公共领域，而女性则属于家庭生活等私人领域的角色期待。

虽然社会变迁在很大程度上改变了传统社会中男女迥异的性别观念，但“重男轻女”的社会性别文化还未从根本上消除。借助性别意识的视角，通过两性对主观阶层认同的判断，我们可以观察到不同性别主题对社会阶层体系的主观建构和阶层地位等级的自我评价。但传统性别文化依旧对不同性别价值取向和阶层意识产生影响，男权主义的性别文化及其相应的性别制度仍然阻碍着女性的发展。因此，提高女性地位、推进性别平等还需增强女性的性别意识，提高女性的客观阶层地位，从根本上推进两性平等的社会分工，改变传统的性别分工和角色期待。

---

① 陈煜婷. 女性阶层地位与性别意识的实证研究[J]. 晋阳学刊，2017(6)：102－108.

中国居民的阶层认同感与政府信任感研究
——基于CGSS2010的实证分析

张 怡①

摘 要：在我国现代化进程中，居民之间的贫富差距逐步凸显，由不同群体主观建构的阶层认同感的差异愈加明显。我国居民的主观阶层认同感与政府信任感有着紧密的关系，处于不同阶层认同的群体对于政府信任的表现亦呈现出异质性。比较、分析不同阶层认同感的居民的政府信任状况已成为当前政府工作关键的公共课题。本文使用Stata15.0对CGSS2010的数据进行分析，主要运用了主成分因子分析方法、因子分析方法、OLS多元线性回归方法以及SUR检验法。结果发现，不论是对政府的普遍信任的评价还是对政府的特殊信任的评价，处于不同阶层认同感的居民都有较高的政府信任感，居民对政府的普遍信任感高于对政府的特殊信任感。居民对政府的普遍信任感随着阶层认同的增加而增加。而居民的阶层认同感与政府的特殊信任感之间呈出倒U型结构关系。底层与上层对政府的普遍信任与政府的特殊信任评价差距较中层群体更大，对于政府信任亦更加不稳定。人口统计学变量、静态模型变量和动态模型变量对政府信任均具有很强的解释力，然而，各个预测变量对于政府的普遍信任感和政府的特殊信任感的影响具有明显差异。在影响不同阶层群体的政府信任的因素中，人口统计学变量对于三个层级的阶层认同影响不相一致。在静态模型变量中，人们对政府的普遍信任感随着主观阶层层级的提升而增加，随着客观阶层层级的降低而下降；人们对政府的特殊信任感随着主观阶层层级的提升而增加，而客观阶层认同对政府的特殊信任影响消失。在动态模型变量中，过去十年地位提升或未来地位提升对政府信任感均具有显著正相关，而过去十年地位下降或未来十年地位下降对政府信任均具有显著负相关。

关键词：阶层认同感；政府信任感；社会分层理论；社会流动理论

---

① 张怡，时为中南大学社会学系1401班本科生。

一、问题的提出

随着我国现代化程度的不断加深，传统社会的阶层架构及人们的价值观念正在被不断地撕裂与解构，社会矛盾亦随之加剧、突显。“信任”作为诱发社会焦点问题的因素正在影响着我们生活的方方面面。在这个过程中，人际信任所带来的特有意义及作用正在逐渐被系统信任所取代，而政府在系统信任中的功能也变得日益重要。改革开放以来，中国社会的阶层化随着市场经济变革与社会分工的再调整产生了重大变化，并由此产生了不同的阶层认同特点与群体心理。不同阶层的社会力量构建起中国的政治生活①。我国居民对政府的信任感呈现“央强地弱”的差序格局②，尽管中国基层政府的信任状况正趋于恶化③，但我国居民对于基层政府的不信任感，并没有导致对高层政府的不信任④。在研究对政府信任的影响因素中，国内外学术界普遍根据客观指标从制度主义和文化主义两个流派来分析不同社会阶层的居民对政府信任感的影响，然而高学德(2013)在研究中指出被学界广泛用来衡量社会阶层的客观指标与政府信任的关系和主观阶层认同与政府信任的关系并不一致，鲜有学者从阶层认同角度来分析其对居民政府信任感的影响。⑤

基于上述分析，本文试图回答以下几个问题：当前我国不同阶层认同感的居民与政府信任感之间具有怎样的关系？哪些阶层对政府信任感较高，又有哪些阶层对政府信任感较低？以往研究中的差序性政府信任现象在不同阶层认同感的居民中是否仍具有普遍性和同一性？居民主观阶层认同感的衡量指标对于政府信任感究竟有何影响？在控制人口统计学变量等客观指标后，阶层认同的主观指标是否仍具有显著性？何种因素影响了不同阶层认同感对政府信任感的不同？

---

① 刘欣. 新政治社会学：范式转型还是理论补充[J]. 社会学研究，2009(1)：217-229.

② 胡荣. 农民上访与政治信任的流失[J]. 社会学研究，2007(3)：39-55.

③ 肖唐镖，王欣. 中国农民政治信任的变迁——对五省份60个村的跟踪研究(1999—2008)[J]. 管理世界，2010(9)：88-94.

④ Shi T. Cultural Values and Political Trust：A Comparison of the People's Republic of China and Taiwan[J]. Comparative Politics，2001，33(4)：401-419.

⑤ 高学德，翟学伟. 政府信任的城乡比较[J]. 社会学研究，2013(2)：1-27.

二、文献综述

（一）阶层认同

有关阶层认同的研究由来已久，早在马克思、恩格斯之前就有多位历史学家、哲学家以及空想社会主义学家对这一概念进行了深入思索与研究，但马克思是提出阶层认同研究的先驱者。马克思的阶级分层理论重点探讨的是生产资料的占有关系，即个体自我意识到自己所拥有的阶层利益，并以自身阶层利益为标准采取相应的集体行动。韦伯所提出的“阶层意识”与马克思的一元分层的划分标准不同，韦伯认为“阶层意识”是指处在社会环境中的个体对自身主观心理的把握，其中包含了个体所体悟到的社会对自身不平等感受，以及自身对于社会环境的评价与反馈，因此，韦伯认为阶层划分不仅仅以经济为唯一衡量指标，还包括相应的文化、权力等各个方面。[①] 之后，学者们从不同的角度对前人的观点进行了补充与扩展，有的学者认为阶层认同是一种群体阶层意识，是个体在群体中不断寻找身份归属与身份认同，这是一种结构性的群体性认知[②]；有的学者侧重关注个体的自我认知感，认为阶层认同是对他们所处社会阶层的自我评价。[③] 大多数国内学者倾向于将阶层认同归纳为一种自我感知，是社会成员根据一定的主观标准，对自身地位把握的评价与认定，并会将自己自动归类于所认同的某一社会层级中。[④]

有关阶层认同的产生机制和影响因素的研究，学界已经有较为丰富的研究成果。从客观层面来看，结构主义理论更倾向于研究客观因素对阶层认知的影响，例如个人年收入、受教育程度以及职业声望[⑤]、身份地位、生活方式及花销行为[⑥]；与此同时，社会成员所处的结构性位置，例如是否拥有权利与资源对阶

---

① 韦伯. 经济与社会：上卷[M]. 北京：商务印书馆，1997. 333－337.

② Marshall G, Newby H, Vogler C M. Social Class in Modern Britain[J]. American Journal of Sociology, 1988(6).

③ Jackman M R, Jackman R W. An interpretation of the relation between objective and subjective social status [J]. American Sociological Review, 1973, 38(5): 569.

④ 周玉. 社会性别：阶层意识性别差异的一个阐释视角[J]. 中共福建省委党校学报，2006(11)：64－68. 刘欣. 转型期中国大陆城市居民的阶层意识[J]. 社会学研究，2001(3)：8－17. 郑晨. 阶层归属意识及其成因分析——中国广州市居民的一项调查[J]. 浙江学刊，2001(3)：115－117.

⑤ 刘欣，朱妍. 中国城市的社会阶层与基层人大选举[J]. 社会学研究，2011，26(06)：34－58＋242－243.

⑥ Beck U, et al. Risk society: towards a new moderniy[J]. Social Forces, 1992, 73(1): 432－436.

层认同同样具有解释效力。以上观点均强调了社会成员的客观经济地位以及个人特征的功能对于个体阶层认同的决定性作用，具有“结构决定论”的色彩，因此也被称为“静态模型”。

与“动态模型”相对应的是“静态模型”，即“相对地位变动论”，该理论主要研究社会成员在社会流动过程中以及生活遭遇对个体阶层认知所造成的改变与影响。马克思早在关于阶层意识与阶层行为的论断中就已经暗含了阶级之间的相对流动对于工人阶级主观心理感受的改变。韦伯的论述中亦蕴含着该理论倾向，韦伯认为人们之间所形成的鲜明的阶层差距将会加剧个体的主观感受，从而能产生一定的阶级意识[①]。约翰·汤普森认为英格兰工人阶级的形成是由于工人阶级的相对地位下降，这导致他们的阶级剥夺感日益增强，从而产生了工人阶级意识。[②] 受此言论的启发，我国学者刘欣提出了“阶层认知的相对剥夺论命题”，他认为当人们陷入相对剥夺感的主观感受时，不论个体当时所拥有的客观资源是高还是低，个体都会认为当下的自己处于社会的不平等地位，自己是社会大环境下的被剥夺者。

此外，我国学者还从多个角度探讨了影响阶层认同的因素。例如“住房品质”与“符号区隔 ”[③]、新媒体的使用[④]、性别视角下的不同婚姻状况[⑤]、生活所在地[⑥]、民族、社区类型等[⑦]对于个体的主观阶层认同都具有显著性影响。

（二）政府信任

纵观西方政治思想史，政府信任研究的最早阐明源于启蒙时期洛克对于政府信任的最初定义。洛克提出，社会成员将权力交给统治者是由于成员们对统治者的信任，认为统治者可以最大化他们的利益。[⑧] 洛克之后，学术界对于政府信任的探讨陷入了一段时间的沉寂，直到 20 世纪 60 年代，学者们才开始关

---

① 韦伯. 经济与社会：上卷[M]. 北京：商务印书馆，1997：333 - 337.

② E. P. 汤普森，英国工人阶级的形成[M]. 南京：译林出版社，2013.

③ 张海东，杨城晨. 住房与城市居民的阶层认同——基于北京、上海、广州的研究[J]. 社会学研究，2017(5)：39 - 63.

④ 周葆华. 新媒体使用与主观阶层认同：理论阐释与实证检验[J]. 新闻大学，2010(2)：29 - 40.

⑤ 郭秋菊. 性别视角下已婚者的阶层认同[J]. 青年研究，2016(4)：66 - 75.

⑥ 何小红. 我国城乡居民的阶层自我认同及其影响因素研究——基于 CGSS2013 的数据回归分析[J]. 社会主义研究，2017(5)：145 - 153.

⑦ 谢舜，张韵. “公民参与质量”与“基层政府信任”——基于 2010 年中国综合社会调查(CGSS)数据的研究[J]. 学术论坛，2016，39(07)：21 - 27. 池上新. 市场化、政治价值观与中国居民的政府信任[J]. 社会，2015，35(02)：166 - 191.

⑧ 洛克. 政府论两篇[M]. 西安：陕西人民出版社，2004.

注对政府信任的研究，并将政府信任发展成为一个独立的理论范畴。然而在学术界，政府信任的概念一直比较模糊，他们在本质上都同意政府信任是公民对政府、政府机构机制和政府官员的判定、认可或信心，这种判定基于公民对政府行为的主观性预期与期望；如果政府没有达到公民理想中对政府的主观期待与期望，公民就会对政府产生失望感，对政府的评价大打折扣。

与西方学者研究政府信任的历史底蕴与内容广度相比，我国对政府信任的研究才刚刚开始。笔者梳理了全国范围内社会调查的实证性研究，发现其中有关我国公民对政府信任现状的结论有较大的不一致性，总体可归纳为两种情况：一是有的学者认为我国公民对政府的信任度随着政府级别的下降而下降，即“央强地弱”势态较为明显①，大多数研究倾向于该观点。二是认为政府信任状况并不是呈线性上升或下降的趋势，而是呈现出更加复杂的状态。当前我国民众对于政府的信任状况呈“U”型趋势，民众对于抽象层面的国家、政府以及绩效考核的信任度是最高的，而对具体的政策运行、官员的办事态度却极不信任②。农民对于中央政府有着很高的评价与充分信任，但其信任评判标准有着显著的分化③；还有研究将城市居民与农村居民做对比，指出城市居民较农村，对基层政府的信任度更低④；有学者认为人们对于政府的政治信任度正在上升⑤。

政府信任研究主要有两大理论流派：一类是基于理性选择理论的制度主义流派；一类是基于社会学和社会心理学的文化主义流派。从制度主义角度看，政府信任是指公民对于政府业绩的理性判断。它以是否满足个人利益要求为衡量标准，同时对政府处理各种事件的结果的心理预期做出判读与评价；也可以解释为公民在关注政府行为时，会以政府提供给自己的公共服务能力及结果作为衡量标准，政府的绩效决定了人们对于政府的满意程度，这是公民信任政府的前提之一⑥。人们对政府评价有明显的下降，同时对于政府所抱有的幻想破

---

① Shi T. Cultural Values and Political Trust: A Comparison of the People's Republic of China and Taiwan[J]. Comparative Politics, 2001, 33(4): 401 - 419. Li L. Reassessing Trust in the Central Government: Evidence from Five National Surveys* [J]. China Quarterly, 2016, 225: 100 - 121. 胡荣，胡康，温莹莹. 社会资本、政府绩效与城市居民对政府的信任[J]. 社会学研究, 2011, 25(01): 96 - 117 + 244.

② 王向民. “U”型分布：当前中国政治信任的结构性分布[J]. 中国浦东干部学院学报, 2009(4): 69 - 72.

③ 李连江. 重建信访制度关键在民意表达[J]. 理论学习, 2013(10).

④ 高学德. 当代城乡青年政治信任及影响因素研究[J]. 中国研究, 2013(02): 224 - 238 + 263 - 264.

⑤ 肖唐镖，王欣. 中国农民政治信任的变迁——对五省份60个村的跟踪研究(1999—2008)[J]. 管理世界, 2010(09): 88 - 94.

⑥ Shi T. Cultural Values and Political Trust: A Comparison of the Peopl's Republic of China and Taiwan[J]. Comparative Politics, 2001, 33(4): 401 - 419.

灭，是使人们不信任政府的主要因素。[①] 而文化主义流派则以恢宏的历史背景和博大的文化底蕴为基础来解释政府形成的机制，该流派已经成为当前国外政府信任研究的主流。从文化主义角度来看，政府信任是人际信任的延伸，是由个人早期生活经验中自然形成的某种特殊的文化价值观和行为标准。政府绩效、政府服务水平等并非解释政府信任的独立指标，而是具有差异性的文化观念和社会道德规范所催生的产物。[②]

近年来，有学者将上述两种流派结合起来，如陈捷等人在探讨我国政府信任的形成机制时，将政府信任概括为情感信任和工具信任，并认为我国公民的政府信任中的情感信任高于工具信任。

（三）研究评述

通过对已有文献进行总结和回顾，笔者发现学者的研究主要集中在客观指标的社会阶层群体与政府信任感的关系上，而对于主观阶层认同与政府信任感关系的研究少之又少，主观阶层认同感大都被作为控制变量放在以往的研究中，没有进行深层次的探讨，也几乎没有从主观阶层认同感这个微观层面来切入，探讨其与人们对政府信任感的关系的研究。同时，以往研究的理论探索和分析的切入点缺乏创新性。从以往学者分析的切入点来看，大多数文献以制度主义和文化主义等客观方面为切入点，这很大程度上忽视了人们自身的主观能动性对于其政府信任感的影响，同时对于提升政府信任感方面，也缺少从居民阶层认同的角度出发进行的研究。

三、理论框架和研究假设

（一）理论框架

1. 社会分层静态理论

“场域 + 惯习/资本 = 日常生活实践”是布迪厄提出的具有创新性的理论范式。[③] 该理论认为，社会是一个复杂的空间，由纵横交错的不同的场域所构成，

---

① Volcker P A. Perspective on financial crises[J]. Molecular & Cellular Biology, 1999, 33(5): 904 -917.

② Putnam R D. Tuning In, Tuning Out: The Strange Disappearance of Social Capital in America[J]. Ps Political Science & Politics, 1995, 28(4): 664 -683.

③ 刘欣. 相对剥夺地位与阶层认知[J]. 社会学研究, 2002(1): 81 -90.

而在其中流动和竞争的资源，即个体在社会中所拥有的资本，例如经济、社会、文化等资本要素。一方面，场域会结构性地制约个体的日常实践；另一方面，个体也会受到惯习的影响而具有能动性。“惯习”是一种心智的内化，受个体的社会化和外在结构的影响而内卷地形成，具体表现为具有特色的“观念、认知与行为模型”，它会影响人们的日常行为方式。在此基础上，布迪厄提出了阶级的概念，他认为阶级是在社会场域中拥有类似的位置、受相似社会环境的影响，并受到共同行为规范约束的社会成员的集合体。而阶级在社会中所处的位置由成员们拥有的资本总量、不同形态的资本比例以及变动方向所决定。布迪厄认为由上述三个要素构建的社会阶级结构可内卷为社会个体特有的阶级惯习，并表现出不同的行为习惯和品味，例如思维模式、艺术审美等。本文所研究的政府信任，则是人们在阶层惯习作用下，对政府工作所做出的评价方面的思维认知。由此，可以知道，阶层认同对政府信任具有显著性的影响。

2. 社会阶层流动理论

社会流动理论最早由索罗金于 1927 年提出，该理论对现代社会层化理论的研究做出了开拓性的贡献。随后，戴维·波普诺提出，“社会流动是指个体或群体从一种社会地位或社会阶级向另一种社会地位或社会阶级的变化”。如果社会阶层是开放的，社会下层便可能上升为社会中层，甚至是社会上层；同样，社会上层的群体可能下降为社会中层，甚至是社会底层。[①] 这种地位的变更既展现了个人社会地位的变动，也展现出个人社会关系角色的变动。[②] 目前学术界认为，社会流动主要有以下几个影响因素：环境因素、人口本身特质、父母与子女能力的不同、工业化水平、城市化上水平、社会阶层、职业变动、受教育程度、人力资本和社会资本。[③]

本研究的重点是个体主观阶层的认同，而个体主观层面的阶层流动感可以从个体社会流动方向、生活经历对个体的影响程度等方面来解释。美国学者斯托弗于 1949 年在《美国士兵》一书中首先提出了相对剥夺感的概念，经过默顿的发展、补充，形成了参照群体理论。相对剥夺感的核心是个体对其参照群体的选择，这种比较有横向的也有纵向的。但是在我国的转型期，社会的分层和流动削弱了人们的横向比较，使人们更倾向于从自身感受上进行“纵向”阶层的

---

① 钱民辉，陈旭峰. 社会阶层流动受阻的表现与危害[J]. 人民论坛，2014(02)：12－14.

② 刘祖云. 论社会流动的基本类型及其社会意义[J]. 社会科学研究，1991(02)：48－53.

③ 赵延东，风笑天. 社会资本、人力资本与下岗职工的再就业[J]. 上海社会科学院学术季刊，2000(2)：138－146.

定位。[①] 阶层认知的“相对剥夺”命题从实证研究方面证实了当个体认为自身相对于其他社会成员处于“相对剥夺地位”时，会放大社会不平等的主观感受，认为自己是被剥夺者。[②] 基于这种动态模型，生活机遇的相对变化会导致个体阶层认同的变化，而政府信任又产生于个体在其社会化过程中形塑而成的不同的文化价值观，因此笔者认为阶层认同的相对变化会直接影响个体的政府信任。所以，本研究将个体 10 年前的阶层认同等级与现在的阶层认同等级进行比较，将 10 年后的阶层认同等级与现在的阶层认同等级进行比较，进而观察个体阶层认同的动态变化对政府信任的影响。

3. 政府信任理论

本文从政府信任的类型出发，根据戴维·伊斯顿所提出的“政府信任二分法”，对政府信任进行实践操作。他认为公众对政府的信任至少应分为两种，即政府的普遍信任和政府的特殊信任，该定义对政府信任的测量产生了深远影响。政府的普遍信任指向政府共同体和政府所奉行的基本价值和原则，是公众对政权层次的“政治标的”和“政治符号”持有的态度，它与政府的绩效如何没有关系。政府的特殊信任指向政府推行的具体政策及政府的主要机构和政府官员，是公众对政府“公共产品”和“执政绩效”的满意程度。伊斯顿对政府信任的二元区分，为解释我国特有的政府信任的“央强地弱”关系提供了可能。在我国，中央层面的政府往往发挥着“政治符号”的象征性作用，而地方层面的政府因日常与人们联系密切，从而使人们更多地关注地方政府的绩效及其公共服务水平。因此，本研究试图通过因子分析方法，寻找两种类型的政府信任边界，并进一步研究不同的阶层认同与其他变量对政府信任的不同影响。

（二）研究假设

一些学者认为，中国的不同阶层间在阶层意识、社会态度、政治参与和政治信任上都表现出显著的差异性。[③] 其中，处于社会阶层底层的群体往往因为经济、权力、声望三维框架上的错位[④]，与主流群体居住隔离，产生结构性的

---

① 吕鹏，范晓光. 中国精英地位代际再生产的双轨路径（1978—2010）[J]. 社会学研究，2016，31（05）：114 - 138 + 243 - 244.

② 刘欣. 相对剥夺地位与阶层认知[J]. 社会学研究，2002（1）：81 - 90.

③ 刘欣. 相对剥夺地位与阶层认知[J]. 社会学研究，2002（1）：81 - 90. 李春玲. 中国中产阶级的发展状况[J]. 黑龙江社会科学，2011（01）：75 - 87.

④ 李斌. 市场推进下的中国城市弱势群体及其利益受损分析[J]. 求实，2002（5）：50 - 53.

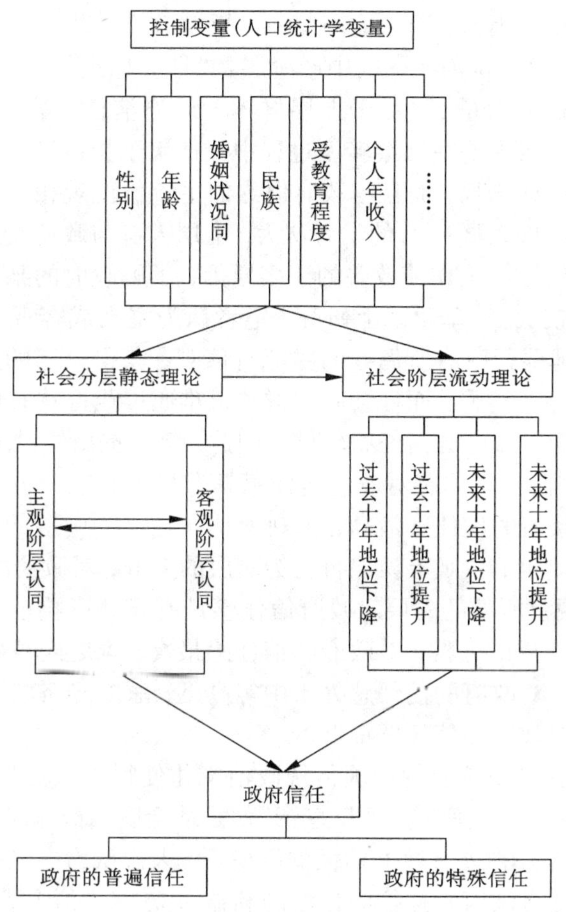

图1 研究框架图

"隔离文化"和"贫困文化"①，与政府所倡导的主流价值观产生矛盾，从而对政府表现出不信任感。对于中产阶层的政府信任，国外学术界有两种观点：以亚里士多德和托克维尔为代表的经典理论家从财富的占有和社会结构出发，认为中产阶层拥有的财富不多也不少，意识和行为都趋于保守，是社会稳定的主要力量②;而亨廷顿在对发展中国家现代化过程的研究中却发现，中产阶层只有在

---

① Musterd S, Ostendorf R W. Urban segregation and the Welfare State. [M]//Urban segregation and the welfare state: Routledge, 1998.

② 托克维尔. 论美国的民主：上卷[M]. 北京：商务印书馆，2011.

社会中占据主体地位之后才会对社会稳定发生作用，但在其发展过程中，却会是后发国家的不稳定因素，因为他们往往是反对政府、进行抗议活动和革命的主要力量。[①] 也有研究认为我国的中产阶层是“社会稳定的中坚”，是维系社会稳定的最重要的社会力量。[②] 对于上层群体的政府信任，学术界有两种看法：有的学者认为中上层人群在社会转型过程中往往属于受益者，占有较多的社会资源并具备较强的话语权，而且与政府倡导的主流价值观相一致，他们对政府的信任度会高于底层人群；[③]有的学者认为，上层人群与政府交往密切，能更深入地了解导致政府部门工作绩效差的诸多原因，了解政府的某些腐败行为，故对政府的信任感较低。[④] 基于以上研究，笔者认为主观或客观上处于社会上层的群体，能更好地践行政府所倡导的主流价值观，获得一定的成功，对政府的信任感从而也会随之增强；而社会底层群体很难通过践行政府倡导的主流价值观获得好处，因而对政府的信任感较低。因此，笔者提出假设 1 和假设 2。

假设 1：主观阶层认同感对政府信任感具有显著影响。主观上认同自己为上层的人群，对政府的信任感最高；主观上认同自己为中层的人群，对政府的信任感处于中等高度；主观上认同自己为底层的人群，对政府的信任感最低。

假设 2：客观上所处的阶层对政府信任感具有显著影响。家庭经济状况在可广商处于社会上层的人群，对政府的信任感最高；家庭经济状况客观上处于社会中层的人群，对政府的信任感处于中等高度；家庭经济状况客观上处于社会底层的人群，对政府的信任感最低。

具有中央集权历史背景的中国传统政治文化使得国人更加偏信中央政府，例如，《水浒传》中的“反贪官，不反皇帝”便是社会底层群体对待不同层级政府的不同的信任态度。在差序政府信任的语境下，人们认为中央政府与自己的利益是一致的，而地方政府则往往与自己的利益对立。[⑤] “信上不信下”的差序格局已经破坏了地方政府的形象，不利于地方政府的社会治理。[⑥] 因此，笔者提出假设 3。

假设 3：处于不同阶层认同的人群对政府的普遍信任感更高，而对政府的

---

① 亨廷顿. 变化社会中的政治秩序[M]. 北京：三联书店，1989.

② 李强. 关于中产阶级和中间阶层[J]. 中国人民大学学报，2001(02)：17 – 20.

③ 马丹. 社会经济地位、民主观念与政治信任——以上海为例[J]. 江苏行政学院学报，2015(1)：52 – 62.

④ 许伟. 政府信任的社会层级水平比较分析——基于 2006 年全国社会状况综合调查数据的实证研究[J]. 江汉论坛，2015(11)：134 – 139.

⑤ 李连江. 重建信访制度关键在民意表达[J]. 理论学习，2013(10).

⑥ 叶敏. 从运动式治理方式到合力式治理方式：城市基层行政执法体制变革与机制创新[J]. 行政论坛，2017，24(05)：24 – 29.

特殊信任感低于普遍信任感。

关于政府信任的产生机制，文化主义者认为政府信任是人际信任的扩展，产生于个体在其早期社会化过程中形塑而成的不同的文化价值观。[①] 生活机遇的相对变化会导致个体的阶层认同变化，从而也会影响人群的政府信任感。阶层地位上升的群体，会认为自己的利益得到了满足，幸福感更高，从而对政府做出正向的评价；而阶层地位下降的群体会认为自己的利益受到损害，从而生气、郁闷，倾向于把社会归认定不公平的社会，对政府的信任感也随之降低。因此，笔者做出假设 4。

假设 4：变动的阶层认同感对政府信任有显著影响。主观上认为自己现在的阶层比 10 年前下降的或者预计 10 年后自己的阶层比现在下降的人群，对政府的信任感也会降低；相反，主观上认为自己现在的阶层比 10 年前提升的或 10 年后的阶层比现在提升的，对政府的信任感上升。

西方的很多实证研究发现，人口统计学变量是影响政府信任的重要变量。因此，本研究也将人口统计学变量纳入研究，研究其对不同阶层认同的人群的政府信任感的影响。

假设 5：人口统计学变量对不同阶层认同的人群的政府信任感的影响具有显著的差别。

四、数据来源、变量及分析

（一）数据来源

本研究的数据样本选自中国综合社会调查 2010（CGSS2010）。中国综合社会调查（CGSS）始于 2003 年，是中国最早的全国性、综合性和连续性的学术调查项目。自 2010 年起，CGSS 开始了项目的第二期；从 2010 年开始，以 18 岁以上的中国大陆居民为覆盖范围，总体调查对象为全国 31 个省、自治区、直辖市（不含港、澳、台）的所有城市、农村家庭，采用多层次、分层抽样方法对 140 个街道、区、县级市、县中的 480 个居委会和村委会进行抽样调查，目标样本量为 12000 个，实际完成 11783 份调查问卷。研究排除了问题漏答、拒答、不知道、不适用或其他原因造成数据缺失的样本，在 CGSS2010 的 11783 个样本中，实际使用了 9681 个样本进行分析。

---

① 高学德，翟学伟. 政府信任的城乡比较[J]. 社会学研究，2013(2)：1－27.

(二)变量的操作化及分析

1. 因变量

在本研究中，因变量为政府信任，采用信效度较高、层次丰富且具有跨国可比性的机构信任测量法，直接询问受访者对于各层行政、立法、司法机构的信任程度。目前，在学术界的实际测量中，纳入信任测量的主要机构有中央政府、地方政府(包括省级政府、地市政府、县市政府、乡镇政府及街道办事处)、全国人民代表大会、中央和地市法院、中央和地市检察院、党中央及地市党委、公安系统、军队、警察、公务员。① 本文结合 CGSS2010 问卷实际测量的原始问题，选择了以下的 6 个问题作为定义政府信任的维度变量，具体情况参考表 1。

表 1　因变量“政府信任”对应的 6 个维度变量的原始问题及测量方法

变量	对应问题	测量方法
政府信任	D3. 您对于下面这些机构的信任程度怎么样?	
	中央政府	完全不可信记为 1
	地方政府	比较不可信记为 2
	法院及司法系统	居于可信与不可信之间记为 3
	公安部门	比较可信记为 4
	全国人民代表大会	完全可信记为 5
	军队	

表 2　因变量“政府信任”对应的 6 个维度变量的基本描述统计

	均值	标准差
“中央政府”信任度	4.400	0.789
“地方政府”信任度	3.686	1.105

① 李锋，孟天广. 政治信任的结构与政治文化起源——基于潜在类别分[J]. 北京行政学院学报，2014(06)：40－46.

续表 2

	均值	标准差
“法院及司法系统”信任度	3.924	1.027
“公安部门”信任度	3.946	1.016
“全国人民代表大会”信任度	4.365	0.816
“军队”信任度	4.394	0.777

根据表 2 可知，人们对中央政府的信任感最高，信任度相对稳定；对军队的信任度次之，而对军队的信任最为稳定。信任度排名前三位的分别是“中央政府”“军队”及“全国人民代表大会”，而排名后三位的分别是“法院及司法系统”“地方政府”以及“公安部门”。由此可见，与以往研究所得出的结论较为一致，“央强地弱”势态较为明显。①

在同时测量人们对于多种机构的信任程度时，采用主成分因子分析的方法来检验各维度变量的一致性，已经是晚近的政府信任研究中的常规方法。②因此，首先对因变量的 6 个维度变量的数据进行标准化处理，接着进行主成分因子分析，结果如表 3 所示。

表 3　因变量“政府信任”对应的 6 个维度变量的主成分因子分析结果

主成分	主成分贡献率	特征值	累计贡献率
因子 1	0.6051	3.6305	0.6051
因子 2	0.1471	0.8825	0.7522
因子 3	0.0722	0.4331	0.8244
因子 4	0.0692	0.4152	0.8936
因子 5	0.0581	0.3483	0.9516
因子 6	0.0484	0.2903	1.0000

根据表 3，前四个特征值累计贡献率为 89.36%，接近 90%，说明指标所具有的信息可以由前四个主成分来代表。通过对载荷矩阵进行旋转，可得到对应

① 高学德，翟学伟. 政府信任的城乡比较[J]. 社会学研究，2013(2)：1－27.

② 池上新. 市场化、政治价值观与中国居民的政府信任[J]. 社会，2015，35(02)：166－191.

的特征向量，见表4。

表4 因变量“政府信任”对应的6个维度变量的主成分特征向量(取前4)

	因子1	因子2	因子3	因子4
“中央政府”信任度	0.4232	-0.3705	0.1163	-0.1670
“地方政府”信任度	0.3730	0.5257	0.7550	-0.0119
“法院及司法系统”信任度	0.4159	0.3683	-0.5452	-0.1184
“公安部门”信任度	0.4292	0.3286	-0.3376	0.1651
“全国人民代表大会”信任度	0.4058	-0.4086	0.0416	-0.6071
“军队”信任度	0.3999	-0.4193	0.0598	0.7497

由此可得出四个主成分分别为：

pc1 = 0.4159d301 + 0.4232d302 + 0.3730d303 + 0.3999d304 + 0.4292d305 + 0.4058d310

pc2 = 0.3683d301 - 0.3705d302 + 0.5257d303 - 0.4193d304 + 0.3286d305 - 0.4086d310

pc3 = - 0.5452d301 + 0.1163d302 + 0.7550d303 + 0.0598d304 - 0.3376d305 + 0.0416d310

pc4 = - 0.1184d301 - 0.1670d302 - 0.0119d303 + 0.7497d304 + 0.1651d305 - 0.6071d310

根据表3，把政府信任六个指标的标准化数据代入四个主成分的表达式，就可以得到政府信任感的四个主成分值，分别以四个主成分值的贡献率为权重，构建主成分综合评价模型(即综合政府信任指标，GT)：

GT = 0.6051pc1 + 0.1471pc2 + 0.0722pc3 + 0.0692pc4

为验证此次主成分分析的效果，笔者进行了KMO检验和SMC检验，得到了下面的检验值，见表5。

表5　因变量"政府信任"对应的6个维度变量的主成分因子KMO值、SMC值

	KMO值	SMC值
"中央政府"信任度	0.8386	0.9595
"地方政府"信任度	0.8782	0.8178
"法院及司法系统"信任度	0.8490	0.9363
"公安部门"信任度	0.8365	0.9742
"全国人民代表大会"信任度	0.8638	0.9026
"军队"信任度	0.8668	0.7841
合计	0.8537	

由表5可知，政府信任对应的6个维度变量的主成分因子的KMO值集中在0.85左右，SMC值则集中在0.9左右。根据Kaiser(1974)的一般判断标准①以及SMC的线性关系系数判断标准②，在该主成分分析中，各变量符合较高的条件。

上文所得综合政府信任指标主要用于回归分析，而对于变量的基本描述分析，笔者根据伊斯顿提出的政府的普遍信任与政府的特殊信任为基础，对"政府信任"的6个维度变量进行因子分析，见表6。

表6　因变量"政府信任"对应的6个维度变量的因子分析结果

	特征值	因子贡献率	累计贡献率
因子1	3.1484	1.0240	1.0240
因子2	0.3851	0.1253	1.1493
因子3	-0.0820	-0.0267	1.1226
因子4	-0.0984	-0.0320	1.0906
因子5	-0.1139	-0.0370	1.0536
因子6	-0.1648	-0.0536	1.0000

① KMO值用于测量变量之间相关关系的强弱。一般情况下，KMO的判断标准为：0.9以上代表很好；0.8以上代表好；0.7以上代表一般；0.6以上代表差；0.5以上代表很差；0.5以下代表不能接受。

② SMC值是一个变量与其他所有变量的负相关系数的平方，也就是复回归方程的可决定系数。SMC越高表明变量的线性关系越强，共性越强，主成分分析就越合适。

表 7 因变量“政府信任”对应的 6 个维度变量的因子分析结果(最大方差旋转后)

	因子 1 载荷	因子 2 载荷
	政府的普遍信任	政府的特殊信任
对“中央政府”的信任度	0.7206	0.3525
对“地方政府”的信任度	0.2639	0.6458
对“法院及司法系统”的信任度	0.3525	0.6994
对“公安部门”的信任度	0.3825	0.7153
对“全国人民代表大会”的信任度	0.6871	0.3246
对“军队”的信任度	0.6736	0.3177
特征值	1.7852	1.7482
累计贡献率	58.07%	98.93%

根据表 6 可以看出，仅第一个因子的差异解释水平达到 1.0240，说明六个维度的一致性很好。从表 7 中能够发现，经过方差最大正交旋转后，在因子 1 上载荷超过 0.5 的包括中央政府、军队及全国人民代表大会的信任度，且这三个变量的因子载荷度很高，集中在 0.7 左右。我国居民平日对上述三个机构的接触有限，主要通过媒体的宣传而获得相关了解，往往对其具有强烈的符号化色彩。① 可见，这三个机构符合伊斯顿对“政治标的”和“政治符号”的定义。因此，因子 1 很好地代表了“政府的普遍信任”这一变量指标。

而在因子 2 上载荷超过 0.5 的包括法院及司法系统、地方政府及公安部门的信任度，这三个变量的因子载荷度同样很高，集中在 0.7 左右。我国居民平日对这三个机构的接触较多，而且上述机构的基层组织在很多情况下也是“公共产品”的提供者，我国居民对其“执政绩效”有较为直观的体验。② 可见，这三个机构也较为符合伊斯顿对“政府的特殊信任”的定义。由此可得出因子 2 非常满足“政府的特殊信任”这一变量指标。同时，两个因子的累计贡献率达到了 98.93%，且全部变量值都适用，说明不需要再考虑其他因子的影响。

通过因子分析，笔者将因变量“政府信任”所对应的 6 个维度变量又分为 2 个部分，即“政府的普遍信任”(GGT)和“政府的特殊信任”(SGT)，并进行具体

① 万其刚，蔡春红，苏东. 全国人民代表大会会议制度研究[J]. 当代法学，2004(06)：17-28.

② 陈光，谢星全. 公平感知、支出压力和政治信任与社会冲突的逻辑关系研究——基于 CGSS2010 数据的结构方程建模[J]. 黑龙江社会科学，2015(02)：35-41.

建构，将两个变量1～5的取值转化1～100的取值，公式如下：

GGT = [(D302 + D304 + D310)/3 - 1] * 25

SGT = [(D301 + D303 + 305)/3 - 1] * 25

表8　因变量“政府的普遍信任”和“政府的特殊信任”的基本描述性统计

	均值	标准差	最大值	最小值	中位数
政府的普遍信任	84.659	17.231	100	0	91.667
政府的特殊信任	71.303	22.645	100	0	75.000

通过表8可以得出，政府的普遍信任的均值、中位数均大幅高于政府的特殊信任度，且政府的普遍信任的样本间差异小于政府的特殊信任的样本差异，更加稳定，这与上文所述“央强地弱”的势态相一致。

2. 自变量

如上文所述，本研究的自变量分为三大类，分别是静态模型中的阶层认同变量，包括主观阶层认同及客观阶层认同；动态模型中的变动的阶层认同感变量，包括被访问者认为自己在过去十年中地位下降、在过去十年中地位提升、预计未来十年中地位下降及未来十年中地位提升。

表9　自变量“主观阶层认同”对应的3个维度变量的原始问题及测量方法

变量	对应问题	测量方法
目前所在等级（主观阶层认同）	A43a. 您认为您自己目前在哪个等级上？	等级处于下层记为1(1～2分) 等级处于中下层记为2(3～4分) 等级处于中层记为3(5～6分) 等级处于中上层记为4(7～8分) 等级处于上层记为5(9～10分)
10年前所在等级	A43b. 您认为您10年前在哪个等级上？	
10年后所在等级	A43c. 您认为您10年后将在哪个等级上？	

动态模型中的变动的阶层认同感指标在问卷中没有明确规定，因此笔者对于变量的测量做了如下规定：

过去十年地位下降 = 目前被访者所在等级 - 10年前被访者所在等级(取小于0的部分)；过去十年地位提升 = 目前被访者所在等级 - 10年前被访者所在

等级(取大于0的部分)；未来十年地位下降 = 目前被访者所在等级 - 10 年前被访者所在等级(取大于0的部分)；未来十年地位提升 = 目前被访者所在等级 - 10 年前被访者所在等级(取小于0的部分)

表10　动态模型变量的基本描述性统计

变量	取值	平均值	标准差
在过去十年中地位下降	[-9, -1]	-2.002	0.034
在过去十年中地位提升	[1, 9]	1.856	0.015
预计未来十年地位下降	[1, 6]	1.443	0.033
预计未来十年地位提升	[-9, -1]	-1.881	0.015
主观阶层认同	[1, 10]	4.058	1.730

表11　阶层认同与主观阶层地位变动的交互情况统计

	主观阶层认同				
	下层(%)	中下层(%)	中层(%)	中上层(%)	上层(%)
样本量	1927	3278	3925	463	88
在过去十年中地位下降	439(22.78)	565(17.24)	374(9.53)	32(6.91)	2(2.27)
在过去十年中地位提升	406(21.07)	1893(57.75)	2361(60.15)	333(71.92)	61(69.32)
预计未来十年地位下降	39(2.02)	217(6.62)	239(6.09)	58(12.53)	14(15.91)

续表 11

	主观阶层认同				
	下层(%)	中下层(%)	中层(%)	中上层(%)	上层(%)
预计未来十年地位提升	1065(55.27)	2204(67.24)	2452(62.52)	254(54.86)	11(12.5)

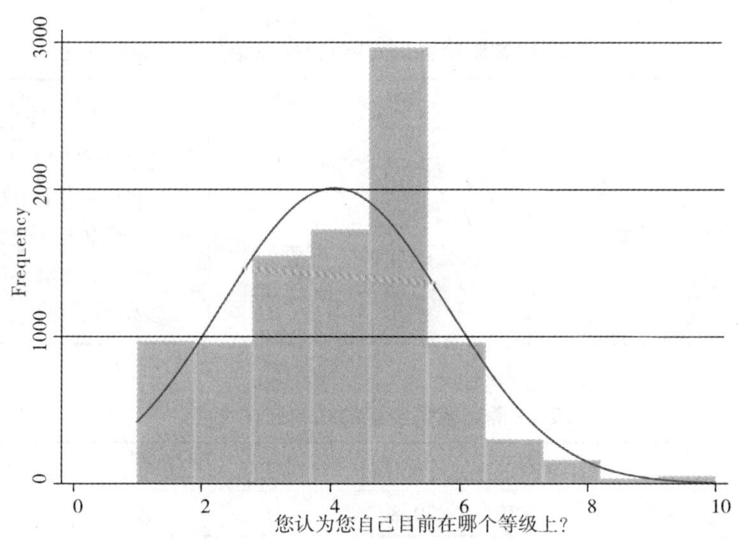

图 2 主观阶层认同直方图

表 10 和表 11 基本描述了过去十年和未来十年我国居民主观阶层地位的变动情况，从总体上看，人们对自己目前的主观阶层认同评价平均为 4.058 分，属于中等偏下的水平。而图 2 显示，在各个阶层认同评分上，人数最多的为 5 分，占总人数的 30.63%，而给自己评分 5 分及以下的人占总人数的 84.39%，这说明我国居民自我阶层认同度普遍较低。由表 11 可以得出，处于社会下层及中下层的居民，认为自己过去十年地位下降的所占比较大；从过去十年地位提升变化来看，除了处于社会底层的居民认为自己提升的人数比较少，其余四个阶层的人数比均超过 50%。由此，可以看出，在过去十年时间里，底层群体

在地位下降的人群中占多数，在地位提升的人群中占少数。个体的生活水平不如过去，使个体的幸福感降低，同时，该类群体更倾向于认为自己的阶层地位很低。① 在认为自己未来十年地位下降的人群中，处于社会上层及中层的人们所占比例较高。职业地位、个人年收入和个人行政级别对主观阶层认同产生了一定的影响。② 根据统计，在此次的样本中，社会上层和中层居民的年龄普遍集中在50岁左右，因此，十年后将要退休等现实情况可能导致了其主观阶层认同的下降。而从认为自己未来十年地位将要提升的人群来看，除社会上层人群的地位变化不明显外，其余四个阶层的居民对自己未来十年的生活预期较为乐观、积极。该结论与《社会心态蓝皮书：中国社会心态研究报告(2017)》③中人们普遍对于未来生活积极乐观的结论相一致。

表12　自变量“客观阶层认同”对应的原始分析及测量方法

变量	对应问题	测量方法
客观阶层认同	A64. 您家的家庭经济状况在当地属于哪一档?	远低于平均水平记为1 低于平均水平记为2 平均水平记为3 高于平均水平记为4 远高于平均水平记为5

表13 静态模型变量的基本描述性统计

	平均值	标准差	最小值	最大值	P值
主观阶层认同	2.329	0.877	1	5	0.000
客观阶层认同	2.608	0.759	1	5	

由表12及图3可以得出，主观阶层认同与客观阶层认同在均值和标准差上差别不大，且二者具有显著性相关，人们对其主观地位的评估主要基于他们

① 胡荣，叶丽玉. 主观社会经济地位与城市居民的阶层认同[J]. 黑龙江社会科学，2014(05)：90－96＋2.

② 李飞，钟涨宝. 人力资本、阶层地位、身份认同与农民工永久迁移意愿[J]. 人口研究，2017，41(06)：58－70.

③ 《社会心态蓝皮书：中国社会心态研究报告(2017)》由中国社会科学院社会学研究所社会心理学研究中心与社会科学文献出版社出版。该书的主题是“社会阶层与获得感”，关注不同阶层民众的基本获得感状况。

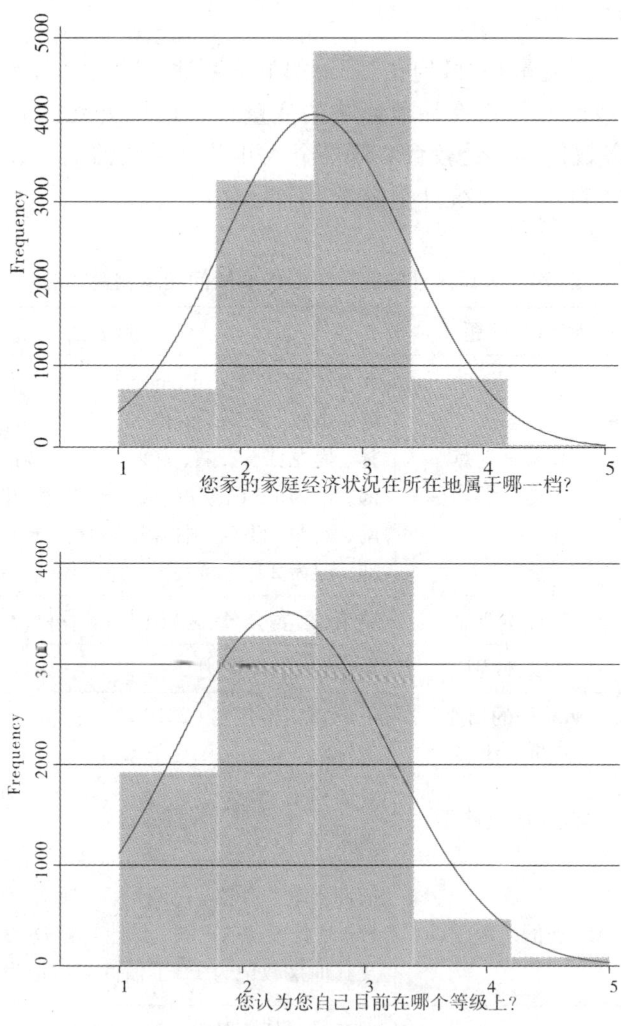

图 3 客观阶层认同与主观阶层认同的分布

对客观经济状况的评定。该结论与以往学者认为的阶层认同由客观经济社会地位所决定①相一致。

---

① 李培林. 中国新时期阶级阶层报告[M]. 沈阳：辽宁人民出版社，1995. 冯仕政. 国家政治文化变迁与农村社区制度选择——南街村案例研究[J]. 西北师范大学学报(社会科学版)，2009，46(05)：44 - 50.

3. 控制变量

本研究中的因变量是“政府信任”，如上文所述，目前学术界对政府信任常见的控制变量或已经发现有显著影响的变量包括地域类型、社区类型、性别、年龄、民族、宗教信仰、受教育年限、个人年收入、政治面貌、互联网使用频率、婚姻状况这11个人口统计学变量，详见表14。

表14　人口统计学变量对应的原始问题及测量方法

变量	对应问题	测量方法
地域类型	4. 调查地点（记录地点的名称）	北京、天津、河北、辽宁、上海、江苏、浙江、福建、山东、广东、海南归为东部，记为0；山西、吉林、黑龙江、安徽、江西、河南、湖北、湖南归为中部，记为1；内蒙古、重庆、广西、四川、贵州、云南、西藏、陕西、甘肃、青海、宁夏、新疆归为西部，记为2①
社区类型	5. 样本类型	城市（居委会/社区）记为1，农村（村委会）记为0
性别	A2. 性别	男记为1，女记为0
年龄	A3. 您的出生日期是什么?	用调查实施年份（2010）减去受访者出生年份，记为年龄
民族	A4. 您的民族是:	汉族记为1，蒙、满、回、藏、壮、维及其他民族记为0
宗教信仰	A5. 您的宗教信仰:	信仰佛教、道教、民间信仰、回教/伊斯兰教、天主教、基督教、东正教、其他基督教、犹太教、印度教及其他宗教记为1，不信仰宗教记为0
受教育年限	A7. 您目前最高的教育程度是:	没有受过任何教育、私塾及小学定义为“小学及以下”，记为0，初中记为1，职业高中、普通高中、中专、技校定义为“高中专”记为2，大学专科（成人高等教育）、大学专科（正规高等教育）、大学本科（成人高等教育）、大学本科（正规高等教育）定义为“本科（大专）”记为3，研究生及以上记为4

① 此处采用的地域所属再分类方法，主要借鉴了《2016中国卫生和计划生育统计年鉴》中关于“东、中、西部地区”的划分标准，关于制定这一标准的具体理由，参考《2016中国卫生和计划生育统计年鉴》编者说明。

续表 14

变量	对应问题	测量方法
个人年收入对数	A8a. 您个人去年全年的总收入是多少	取以 2 为底数的个人年收入对数①
政治面貌	A10. 您目前的政治面貌	共产党员记为 1，民主党派、共青团员、群众记为 0
互联网使用频率	A28.5 过去一年，您对以下媒体的使用情况是：互联网（包括手机上网）	从不记为 1，很少记为 2，有时记为 3，经常记为 4，总是记为 5
婚姻状况	A69. 您目前的婚姻状况是：	已婚记为 1，未婚、同居、分居未离婚、离婚、丧偶记为 0

表 15　变量的基本描述性统计

	下层	中下层	中层	中上层	上层
人口统计学变量					
男性(%)	50.49	51.25	49.04	47.73	45.45
年龄(均值)	49.41	47.42	46.99	48.03	54.17
已婚(%)	77.79	81.57	83.59	82.94	87.50
汉族(%)	92.58	90.85	91.31	91.14	85.23
受教育水平(%)					
小学及以下	47.48	37.34	30.06	27.00	38.64
初中	30.57	31.73	29.43	22.68	32.95
高中专	15.52	19.25	20.56	23.76	22.73
本科(大专)	6.28	11.26	19.01	23.33	5.68
研究生及以上	0.16	0.43	0.94	3.24	0.00
个人年收入对数(均值)	7.42	8.14	8.56	9.18	8.42
地域类型(%)					

① 本研究对个人收入年收入为“0 元”的样本重新赋值为“1 元”，以防当收入取对数时，“0 元”的样本被记为缺失值。

续表 15

	下层	中下层	中层	中上层	上层
东部	31.86	37.03	44.71	47.52	28.41
中部	39.80	36.42	30.57	26.78	31.82
西部	28.33	26.54	24.71	25.70	39.77
城市(%)	51.89	57.02	65.04	69.55	61.36
不信仰宗教(%)	88.89	88.04	87.31	84.67	84.09
共产党员(%)	7.01	11.62	16.10	23.33	19.32
互联网使用频率(均值)	1.49	1.79	2.10	2.28	1.63
静态模型变量(均值)					
客观阶层认同	2.05	2.49	2.90	3.20	3.05
动态模型变量(均值)					
过去十年地位下降	-2.49	-1.82	-1.76	-1.47	-1.00
过去十年地位提升	1.00	1.53	2.09	2.68	4.23
未来十年地位下降	1.00	1.25	1.54	1.91	1.93
未来十年地位提升	-2.32	-1.88	-1.75	-1.37	-1.00

由表15可见，样本中的男女比例分布较为均衡，中层以上的女性比例稍高于男性。各个阶层认同的年龄均值较为集中，但上层人群的年龄明显高于其他层次，达到54岁，这一现象也恰恰可以用“三十而立，四十不惑，五十知天命”来形容。被访问者的已婚率及汉族率极高，分别为80%左右和90%左右。而在受教育水平上，一般认为受教育水平越高，主观阶层认同感越高，而从表中可以看出，受教育水平最高的人普遍将自己归为中上层。这一现象在个人年收入对数上亦是如此，年收入最多的人普遍将自己归于中上层而不是上层。这也可以反映出我国公民的自我阶层认同度较低。① 在城乡区域划分中，居于下层的城乡居民比例相差不大；而随着阶层认同的提升，城市居民的比例明显提升。在宗教信仰方面，不信仰宗教的比例较高且较为均衡。而在政治面貌上，共产党员的比例极低。阶层认同处于中层及中上层人群的互联网使用频率明显

① 李培林. 中国新时期阶级阶层报告[M]. 沈阳：辽宁人民出版社，1995.
李春玲. 断裂与碎片[M]. 北京：社会科学文献出版社，2005.

高于其他等级。在客观阶层认同度上，如上文所述，客观阶层认同与主观阶层认同的一致性较高。位于社会底层的群体认为自己在过去十年的地位下降幅度最多；社会上层群体认为自己在过去十年的地位上升幅度最大；社会上层和中上层群体认为在未来十年自己的阶层地位会下降。人们对自己在未来十年的地位预期都较为积极，其中社会底层居民的意愿更为强烈；但是与社会上层在过去十年提高四个等级的速度相比，社会下层的人群对自己地位提升的程度较为保守与谨慎。

五、研究结果

（一）不同阶层认同群体的政府信任感现状

如前文所述，笔者将因变量分别进行了主成分因子分析及因子分析，对六个维度的因变量进行了转化，转化为综合政府信任变量、政府的普遍信任变量及政府的特殊信任变量。为使所研究变量关系更简洁直观，笔者对原始的5个问卷选项进行了重新归类，将“完全不可信”及“比较不可信”归为低信任度，将“居于可信与不可信之间”“比较可信”及“完全可信”归为高信任度，然后统计不同阶层认同人群中的不同政府信任程度所占本阶层人数的比例。同时，对不同阶层认同与两个维度的政府信任之间的关联进行了卡方检验，详见表16。

表16　不同阶层认同对政府信任感评价

信任度(%)						
	社会阶层	低信任度	高信任度	均值	标准差	Person x2 值
政府的普遍信任	下层	8.72	91.28	83.92	18.80	84.744***
	中下层	6.55	93.45	84.33	16.80	
	中层	6.27	93.73	84.69	16.84	
	中上层	6.48	93.52	85.69	16.45	
	上层	5.68	94.32	87.88	17.59	
政府的特殊信任	下层	26.31	73.69	69.11	24.34	101.070****
	中下层	19.89	80.11	71.40	22.14	
	中层	20.38	79.62	72.11	22.01	
	中上层	20.09	79.91	72.88	23.14	
	上层	21.59	78.41	70.88	25.18	

由表 16 可以得到以下结论：

第一，从整体而言，无论是普遍信任度还是特殊信任度，不同阶层对政府都有较高的信任感。首先，从各项信任度的比例来看，对政府的普遍信任具有高信任度的人数比极高，集中在 90% 以上；对政府的特殊信任具有高信任度的人数比集中在 80% 左右。同时，在高信任度中，数值最低的下层人群对政府的特殊信任人数比也远远高于低信任度中数值最高的下层人群对政府的特殊信任人数比。而且，对政府的特殊信任持有低信任度的人数，比对政府的普遍信任持有低信任度的人数普遍高出 15 个百分点。其次，从各个阶层认同的政府信任均值来看，普遍信任的均值均高于特殊信任的均值，且无论是普遍信任还是特殊信任，均值都在 70 分以上，偏向于高信任度取值。因此，这可以支持以往学者的结论，我国的政府信任感呈现出典型的“央强地弱”的差序型政治信任。在人们心中，我国政府并不是一个统一化的单一个体，而是由多个系统构建的复合体。政府对于形象的建构要量体裁衣、实事求是，以不同的标准尺度来要求、衡量。但是总体而言，人们对政府的信任感很高，且信任度“央强地弱”的差距并没有很大，该结论验证了假设 3。

第二，比较各阶层认同人群对政府的信任感，在政府的普遍信任中，随着社会层级认同的升高，人们对政府的普遍信任度逐级增加，处于阶层认同上层的人群对政府的信任感达到最高；而在政府的特殊信任中，形成了拱形结构的数据比例，这一研究结果验证了学者所提出的我国阶层政府信任呈现倒 U 型分布。①

第三，通过纵向对比可以发现，在五个阶层认同中，下层与上层这两个阶层对于政府的普遍信任与特殊信任的人数比之差最大，分别为 17.59% 及 15.91%（中下层为 13.34%，中层为 14.11%，中上层为 13.61%）。同时，这两个阶层在两个维度的政府信任下的标准差也是最大的，由此可以推出我国的中产阶层是社会的稳定器。② 而下层与上层对于政府的评价是最为不稳定的，这两个阶层对于政府信任的敏感度也是较为强烈的，因此，政府在服务工作中要更加关注这两个阶层的人群。

（二）分阶层回归模型：影响不同阶层政府信任感的因素分析

笔者在这一阶段想探究影响不同阶层认同人群的政府信任感的因素，因变

---

① 许伟. 我国当代政府信任的比较研究[D]. 武汉：武汉大学，2014.

② 李强. 转型时期的中国社会分层结构[M]. 哈尔滨：黑龙江人民出版社，2002.
陆学艺. 当代中国社会阶层研究报告[M]. 北京：社会科学文献出版社，2002.
李升. “殊途异类”：当代中国城镇中产阶级的类型化分析[J]. 社会学研究，2007(6)：15－37.

量设定为主成分分析方法下的综合政府信任指标，控制变量为人口统计学变量，自变量为动态模型变量中过去十年的地位变化及未来十年的地位变化。考虑到此次阶层认同的划分中，位于阶层认同上层及中上层的人数较少，也为了分析更直观清晰，笔者将人们主观阶层认同的选项进一步进行了整合：阶层认同下层（包括下层及中下层，1～2 分），阶层认同中层不变（3 分），阶层认同上层（中上层和上层，4～5 分）。其中，模型 7、模型 9 及模型 10 分别分析人口统计学变量对主观阶层认同的下层、中层、上层的影响；模型 8、模型 10 及模型 12 分别在控制人口学的基础上增加了动态模型变量。

表 17　影响不同阶层认同人群的政府信任感因素的多元回归分析（标准回归系数）

变量	下层阶层认同		中层阶层认同		上层阶层认同	
	模型 7	模型 8	模型 9	模型 10	模型 11	模型 12
控制变量（人口统计学变量）						
性别[a]	-.051	-.057*	.019	.015	-.165*	-.173*
年龄	.005****	.006****	.009****	.011****	.008**	.009**
婚姻状况[b]	-.048	-.068*	-.080*	-.070	-.142	-.145
民族[c]	-.197***	-.188***	-.107	-.097	.448**	-.458**
受教育程度[d]	-.114****	-.101****	-.071***	-.065***	-.108*	-.111**
个人年收入对数	-.057****	-.045****	-.061	-.076	.033	-.030
地域类型[e]	.152****	.138****	.159****	.150****	.028	.018
社区类型[f]	-.254****	-.227****	.143***	.144***	-.183	-.177
宗教信仰[g]	-.031	-.032	-.173***	-.179***	.193	.188
政治面貌[h]	.144**	.146**	.065	.069	.299**	.318**
互联网使用频率	-.054***	-.060****	-.060****	-.062****	-.089**	-.090**
动态模型变量						
过去十年地位变化		.075****		.005		.011
未来十年地位变化		-.010		-.064****		-.058

续表 17

变量	下层阶层认同		中层阶层认同		上层阶层认同	
	模型 7	模型 8	模型 9	模型 10	模型 11	模型 12
常数	0.157	0.086	-0.036	-0.200	7.240**	0.600*
N	5205	5205	3925	3925	551	551
R^2	0.090	0.109	0.087	0.091	0.141	0.155
调整后的 R^2	0.089	0.107	0.084	0.090	0.123	0.124
F 值	46.89	43.92	33.77	30.27	8.04	7.00

注：(1) *p<0.1，**p<0.05，***p<0.01，****p<0.001。(2) a 参考类别为“女性”，b 参考类别为“(已婚外的)其他情况”，c 参考类别为“(汉族外的)其他民族”，d 参考类别为“小学及以下教育水平”，e 参考类别为“东部”，f 参考类别为“农村”，g 参考类别为“无宗教信仰”，h 参考类别为“(共产党外的)其他情况”。

1. 影响下层居民政府信任感的因素分析

由模型 7 可知，在人口统计学变量中，年龄、民族、受教育程度、个人年收入对数、地域类型、社区类型、政治面貌及互联网使用频率对阶层认同下层人群的政府信任具有显著性影响。其中，年龄每增加 1 岁，政府信任感就会增加 0.005 分。相对于其他民族，民族为汉族对于处于阶层认同下层的人群的政府信任存在显著的负相关影响，从而导致对政府的信任感更低。受教育程度、个人年收入对数及互联网使用频率对处于阶层认同下层的人群的政府信任感都具有显著性负相关影响。其中，受教育年限每增加一个等级，政府信任感就会降低 0.114 分；个人年收入每增长一倍，政府信任感就会降低 0.057 分；互联网使用频率每提升一个等级，政府信任感就会降低 0.054 分。地域类型对于处于下层阶层认同的人群的政府信任感有显著性正相关影响，自东向西，处于下层阶层认同的人群的政府信任逐渐增强。社区类型对政府信任具有显著性负相关影响，城市居民相对于农村居民，对政府的信任感更低。政治面貌对政府信任感具有显著性正相关影响，共产党员较其他政治面貌的人群对于政府具有更高的信任感。当加入动态模型变量时，模型 8 对政府信任的解释力增强，调整后的 R^2 由 8.9% 变为 10.7%。其中，过去十年的地位变化对于处于阶层认同下层的人群具有显著性正向影响，即过去十年地位提升的底层认同群体对于政府的信任感显著提升，而过去十年地位下降的底层认同群体对于政府的信任感显著下降。未来十年的地位变化对于底层认同群体的政府信任感的影响并不显著。

2. 影响中层居民政府信任感的因素分析

由模型 9 可知，在人口统计学变量中，年龄、受教育程度、地域类型、社区类型、宗教信仰及互联网使用频率对处于阶层认同中层的人群的政府信任感具有显著性影响。其中，年龄每增加 1 岁，政府信任感就会增加 0.009 分。受教育程度及互联网使用频率对处于阶层认同中层的人群的政府信任感具有显著性负相关影响。其中，受教育年限每增加一个等级，政府信任感就会降低 0.071 分；互联网使用频率每提升一个等级，政府信任感就会降低 0.060 分。地域类型对于处于中层阶层认同的人群的政府信任感有显著性的正相关影响，同样是自东向西，中层阶层认同的人群对政府的信任感逐渐增强。社区类型对政府信任感具有显著性的正相关影响，城市居民比农村居民对政府的信任感更高。当加入动态模型变量时，模型 10 对政府信任感的解释力增强，调整后的 R^2 由 8.4% 变为 9.0%。其中，过去十年的地位变化对于处于阶层认同中层的人群的显著性影响消失。而处于阶层认同中层的人群的未来十年的地位变化对政府信任感具有显著性的负相关影响：未来十年地位下降的中层认同群体对政府的信任感会显著下降；而未来十年地位提升的中层认同群体对政府的信任感将显著提升。

3. 影响上层居民政府信任感的因素分析

由模型 11 可知，在人口统计学变量中，年龄、民族、政治面貌以及互联网使用频率对处于阶层认同上层的人群的政府信任感具有显著性影响。年龄对阶层认同上层的人群的政府信任感具有显著性的正相关影响，年龄每增加 1 岁，政府信任感会增加 0.008 分。民族对阶层认同上层的人群的政府信任感具有显著性的负相关影响。民族为汉族的人群对政府的信任感比其他民族更低。政治面貌对政府信任感具有显著性的正相关影响，共产党员相较于其他政治面貌具有更高的政府信任感。互联网使用频率对政府信任感具有显著性的负相关影响，且其对于高层认同人群的影响程度明显高于下层和中层，互联网使用频率每增加一个等级，政府信任感就会降低 0.089 分。当加入动态模型变量后，调整后的 R^2 由 12.3% 变为 12.4%，并没有显著变化，且过去十年的地位变化与未来十年的地位变化对上层认同群体的政府信任感没有显著性的影响。

笔者为了进一步研究政府信任感的决定因素是否存在阶层认同上的差异，采用 SUEST 检验对上文所研究的下、中、上三个认同阶层的政府信任感影响因素的系数进行了横向比较、分析，具体结果见表18。

表18 下层、中层及上层阶层认同的SUR交叉分析检验

变量	下层－中层		下层－上层		上层－中层	
	卡方值	P值	卡方值	P值	卡方值	P值
控制变量(人口统计学变量)						
性别[a]	2.17	0.141	1.33	0.249	3.34	0.047**
年龄	5.62	0.018**	6.62	0.009***	0.22	0.640
婚姻状况[b]	0.00	0.973	0.40	0.528	0.36	0.550
民族[c]	1.15	0.284	2.62	0.105	4.46	0.546
受教育程度[d]	5.24	0.026**	3.03	0.046**	5.97	0.011**
个人年收入对数	0.02	0.876	0.02	0.896	0.04	0.838
地域类型[e]	0.13	0.724	3.51	0.031**	0.00	0.954
社区类型[f]	2.26	0.133	0.17	0.684	0.07	0.786
宗教信仰[g]	3.68	0.050*	2.55	0.110	0.33	0.564
政治面貌[h]	0.99	0.319	4.69	0.022**	3.17	0.047**
互联网使用频率	4.20	0.040**	3.46	0.034	6.99	0.008**
动态模型变量						
过去十年地位变化	17.20	0.000****	5.88	0.015**	0.07	0.795
未来十年地位变化	7.59	0.005***	1.03	0.311	0.01	0.908

注：(1) *p<0.1，**p<0.05，***p<0.01，****p<0.001。(2)a参考类别为“女性”，b参考类别为“(已婚外的)其他情况”，c参考类别为“(汉族外的)其他民族”，d参考类别为“小学及以下教育水平”，e参考类别为“东部”，f参考类别为“农村”，g参考类别为“无宗教信仰”，h参考类别为“(共产党外的)其他情况”。

根据表17和表18可以看出：首先，年龄、受教育程度、地域类型、社区类型、互联网使用频率、相对剥夺感及相对预期感对阶层认同为下层和中层的群体的政府信任感具有显著性的影响。经过SUR检验，阶层认同为下层、中层的人群之间只剩下年龄、受教育程度、过去十年的地位变化及未来十年地位的变化具有显著性的差异。由此可以得出结论，年龄对阶层认同为中层的群体的正向影响更大，受教育程度对阶层认同为下层的群体的政府信任感的负向影响更大，互联网使用频率对于阶层认同为中层的人群的政府信任感的负影响比对于阶层认同为低层的人群的政府信任感的负影响更大。下层认同群体的政府信任感较中层认同群体的政府信任感受过去十年地位变化的影响更大，而中层认同群体的政府信任感较下层认同群体的政府信任感受相对预期感的影响更大。

其次，年龄、受教育程度、政治面貌和互联网使用频率对于阶层认同为下层和上层的群体的政府信任感具有显著影响。经过 SUR 检验，组间系数在年龄、受教育程度以及互联网使用频率上仍具有显著性差异。由此可以推论，年龄对于上层认同阶层的政府信任感较对于下层认同阶层的政府信任感的正向影响更大，受教育程度对于上层认同阶层的政府信任感较对于下层认同阶层的政府信任感的负影响更大，政治面貌对于上层认同阶层的政府信任感较对于下层认同阶层的政府信任感的正向影响更大，互联网使用频率对于上层认同阶层的政府信任感较对于下层认同阶层的政府信任感的负影响更大。

最后，年龄、使用互联网频率对于阶层认同为中层和上层的群体的政府信任感具有显著性的影响。经过 SUR 检验，两组系数只剩互联网使用频率还具有显著性的差异。因此，互联网使用频率对于上层认同阶层的政府信任感较对于下层认同阶层的政府信任感具有更大的负影响。

综上所述，笔者在横向比较中发现，阶层认同为下层的群体的政府信任感较其他两个阶层受民族以及过去十年地位变化的影响最为显著，阶层认同为中层的群体的政府信任感较其他两个阶层受年龄、宗教信仰以及未来十年地位变化的影响最为显著，阶层认同为上层的群体的政府信任感较其他两个阶层受受教育程度以及互联网使用频率的影响最为显著。

（三）一般回归模型：阶层认同感与政府信任感分析

在此次研究中，为更简洁直观地显示每个模型增加后，不同阶层对政府信任评价的具体变化，分别将因变量“政府信任”分为“政府的普遍信任”及“政府的特殊信任”。在回归分析不同阶层认同的群体的政府信任感的影响因素时，自变量包括人口统计学变量、静态模型变量及动态模型变量，采用逐步增加自变量的方式，模型 1 和模型 4 仅探讨人口统计学变量对政府信任感的影响。模型 2 和模型 5 在控制了人口统计学变量的基础上添加了静态模型变量，模型 3 和模型 6 则在控制了人口统计学变量和静态模型变量的基础上添加了动态模型变量，由此可以更加全面、准确地了解不同阶层认同群体对政府信任感的影响，详见表 19 及表 20。

表 19 阶层认同对政府普遍信任感的多元回归分析(标准回归系数)

	模型 1	模型 2	模型 3
控制变量(人口统计学变量)			
性别[a]	-.757**	-.693*	-.833**
年龄	.105****	.100****	.118****
婚姻状况[b]	.800*	.545	.563
民族[c]	.604	.744	.781
受教育程度[d]	-1.359****	-1.491****	-1.410****
个人年收入对数	-.178***	-.050****	-.047***
地域类型[e]	3.511****	3.532****	3.403****
社区类型[f]	-2.387****	-2.416****	-2.323****
宗教信仰[g]	-.126	-.285	-.337
政治面貌[h]	2.627****	2.372****	2.471****
互联网使用频率	-1.323****	-1.431****	-1.441****
静态变量			
主观阶层认同		1.525****	1.389****
客观阶层认同		-.107***	-.124****
动态变量			
过去十年地位变化			.352***
未来十年地位变化			-.448****
常数	80.281****	77.398****	76.394****
N	9681	9681	9681
R^2	0.119	0.155	0.177
调整 R^2	0.118	0.154	0.176
F 值	119.10	106.22	93.95

注：(1) * $p<0.1$，** $p<0.05$，*** $p<0.01$，**** $p<0.001$。(2) a 参考类别为“女性”，b 参考类别为“(已婚外的)其他情况”，c 参考类别为“(汉族外的)其他民族”，d 参考类别为“小学及以下教育水平”，e 参考类别为“东部”，f 参考类别为“农村”，g 参考类别为“无宗教信仰”，h 参考类别为“(共产党外的)其他情况”。

表 20　阶层认同对政府特殊信任感的多元回归分析（标准回归系数）

	模型 4	模型 5	模型 6
控制变量（人口统计学变量）			
性别[a]	–1.687****	–1.493***	–1.574***
年龄	.119****	.112****	.136****
婚姻状况[b]	–2.086****	–.2.508****	–.2.550****
民族[c]	–5.538****	–5.300****	–5.232****
受教育程度[d]	–1.353****	–1.570****	–1.411****
个人年收入对数	–.349****	–.178****	–.095****
地域类型[e]	1.373****	1.409****	1.206****
社区类型[f]	–4.186****	–4.177****	–3.944****
宗教信仰[g]	–.1.631**	–.1.840**	–.1.868***
政治面貌[h]	1.702**	1.266*	1.420*
互联网使用频率	–.399*	–.576**	–.591**
静态变量			
主观阶层认同		1.964****	1.546****
客观阶层认同		.524	.333
动态变量			
过去十年地位变化			.768****
未来十年地位变化			–.500***
常数	77.019****	72.063****	71.215****
N	9681	9681	9681
R^2	.052	.079	.162
调整 R^2	.051	.057	.061
F 值	48.10	46.35	42.80

注：(1) *p<0.1，**p<0.05，***p<0.01，****p<0.001。(2) a 参考类别为“女性”，b 参考类别为“（已婚外的）其他情况”，c 参考类别为“（汉族外的）其他民族”，d 参考类别为“小学及以下教育水平”，e 参考类别为“东部”，f 参考类别为“农村”，g 参考类别为“无宗教信仰”，h 参考类别为“（共产党外的）其他情况”。

1. 人口统计学变量对政府信任感的影响分析

总体而言，人口统计学变量对政府的普遍信任和政府的特殊信任有不同程度的影响，表现出一定的一致性和差异性。其中，性别对政府的普遍信任和政府的特殊信任呈负相关的影响，且性别对政府的特殊信任的影响更为显著，男性较女性对政府的普遍信任在负向影响上更大。年龄对政府的普遍信任和特定政府信任呈正相关的影响。[①] 年龄每增加 1 岁，政府的普遍信任会增加 0. 105 分，而政府的特殊信任会增加 0. 119 分。婚姻状况对政府的普遍信任和政府的特殊信任呈方向相反的影响，对政府的特殊信任影响更显著，而对政府的普遍信任无显著影响。其中，已婚较其他婚姻状况者对政府的特殊信任的负向影响更大。民族对政府的普遍信任和政府的特殊信任呈方向相反的影响，且仅在政府的特殊信任模型中较为显著。汉族较非汉族对于政府的特殊信任度的负向影响更大[②]，而汉族与非汉族受访者对于政府的普遍信任度并无显著差异。受教育程度和个人年收入对数对于政府信任的影响均为负向，且具有很高的显著性。[③] 其中，受教育程度每增加一个级别，对于政府的普遍信任就会相应下降 1. 359 分，对于政府的特殊信任下降 1. 353 分，可以看出受教育程度对于政府的普遍信任和政府的特殊信任的影响差别不大。个人年收入每增加一倍，政府的普遍信任下降 0. 178 分，政府的特殊信任下降 0. 349 分，个人年收入对政府的特殊信任影响更大。地域类型对于政府的普遍信任和政府的特殊信任的影响均为正向，且具有显著性。地域上由东向西，政府的普遍信任和政府的特殊信任的评价等级逐渐增加[④]，其中，地域类型对于政府的普遍信任的正向影响更为突出。社区类型对于政府信任的影响是负向的，且具有显著性。城市居民较农村居民对于政府信任的负影响更大[⑤]，且对政府的特殊信任的负影响更为突出。

---

① 孙伟力. 公众环境危机感知、互联网使用与政府信任——基于 CGSS2010 数据的分析[J]. 福建行政学院学报，2016(03)：34－43.
高学德，翟学伟. 政府信任的城乡比较[J]. 社会学研究，2013(2)：1－27.

② 谢舜，张韵. "公民参与质量"与"基层政府信任"——基于 2010 年中国综合社会调查(CGSS)数据的研究[J]. 学术论坛，2016，39(07)：21－27.

③ 卢春天，权小娟. 媒介使用对政府信任的影响——基于 CGSS2010 数据的实证研究[J]. 国际新闻界，2015，37(05)：66－80.
刘米娜，杜俊荣. 转型期中国城市居民政府信任研究——基于社会资本视角的实证分析[J]. 公共管理学报，2013(2)：64－74.
谢舜，张韵. "公民参与质量"与"基层政府信任"——基于 2010 年中国综合社会调查(CGSS)数据的研究[J]. 学术论坛，2016，39(07)：21－27.

④ 钟慧娟. 中央政府信任水平的差异性格局及其原因探析[J]. 商业经济研究，2015(06)：86－87.

⑤ 高学德，翟学伟. 政府信任的城乡比较[J]. 社会学研究，2013(2)：1－27.

宗教信仰对政府的普遍信任无显著影响，而对政府的特殊信任有负向的影响，有宗教信仰较无宗教信仰对于政府的特殊信任的负向影响更大。政治面貌对于政府的普遍信任和政府的特殊信任的影响均为正向①，且对政府的普遍信任影响更显著，共产党员较其他政治面貌对政府信任的正向影响更大，对政府的普遍信任的影响尤为突出。互联网使用的次数对于政府的普遍信任和政府的特殊信任的影响均为负向，对于政府的普遍信任的影响更为显著。② 互联网次数的使用每提升一个等级，政府的普遍信任的信任度就会随之下降 1.323 分。

2. 阶层认同感对政府信任感的影响分析

通过表 19 和表 20 可以看出，静态模型变量对于政府信任有显著性的影响。总体来看，主观阶层认同对于政府信任具有显著性的影响，既表现在政府的普遍信任感，又表现在政府的特殊信任感中，人们的主观阶层认同度越高，对于政府的信任感越高。而客观阶层认同只对政府的普遍信任具有显著性的影响，且对于政府的普遍信任具有负向影响，即客观阶层认同度越高，对于政府的普遍信任越低。因此，静态模型变量对政府的普遍信任和政府的特殊信任的影响具有差异性。

从政府的普遍信任角度来看，静态模型变量对于政府信任有非常重要的影响。在没有考虑静态模型变量的各项指标前，模型 1 的调整 R^2 为 11.9%，在加入静态模型变量后，R^2 增加至 15.5%。其中，主观阶层认同和客观阶层认同均对政府的普遍信任具有显著性的影响。模型 1 中的性别、婚姻状况在模型 2 中变得不显著或显著性下降；而静态模型变量中的偏主观和客观阶层认同并没有被模型 3 中加入的动态模型变量影响，仍旧保持着高度的显著性。人们的主观阶层认同每提升 1 分，政府的普遍信任就会增加 1.525 分；相反，客观阶层认同每提升一个等级，政府的普遍信任就会下降 0.107 分。笔者认为，主观阶层认同与客观阶层认同之所以对政府的普遍信任会分别有正负影响方向，是因为笔者所选的客观阶层认同指标为家庭经济状况。该变量与客观层面中人们的财富值挂钩，主观评价没有超越客观物质条件，而以客观条件为基础。③ 因此二者才会对政府信任表现出不一致性。

从政府的特殊信任角度来看，静态模型变量对政府的特殊信任有一定的影

① 卢春天，权小娟. 媒介使用对政府信任的影响——基于 CGSS2010 数据的实证研究[J]. 国际新闻界，2015，37(05)：66－80.

② 胡荣，庄思薇. 媒介使用对中国城乡居民政府信任的影响[J]. 东南学术，2017(01)：94－111＋247.

③ 胡荣，叶丽玉. 主观社会经济地位与城市居民的阶层认同[J]. 黑龙江社会科学，2014(05)：90－96＋2.

响。在没有加入静态模型变量的各项指标之前，模型 4 的调整 R^2 为 5.1%，而在加入各静态模型变量之后，模型 5 的调整 R^2 为 7.9%。由此可以得出，主观阶层认同仍是最主要、最稳定的影响因子，且在加入动态模型指标后，显著性仍没有改变；而客观阶层认同对于政府的特殊信任却失去了显著性影响。人们的主观阶层认同每提升 1 分，对政府的特殊信任的评价就会增加 1.964 分。与主观阶层认同对政府的普遍信任的影响来比较，人们的主观阶层认同对政府的特殊信任的影响更大。目前学术界有研究表明，与客观阶层指标比较，主观阶层认同对于政府信任感的影响更强。①

3. 变动的阶层认同感对政府信任感的影响分析

通过对比模型 2、模型 3 以及模型 5、模型 6 可以得出，当考虑进动态模型变量时，模型的调整 R^2 分别变为 17.6% 和 16.2%，因此，动态模型变量对于政府信任仍具有一定的影响。同时，不论对于政府的普遍信任还是政府的特殊信任，人们过去十年阶层地位的变化以及未来十年阶层地位的变化对政府信任都具有非常显著的影响。具体来说，在政府的普遍信任中，过去十年的地位变化对政府的普遍信任的影响是正向的，未来十年地位的变化对其影响是负向的。过去十年地位下降的取值为负，过去十年地位提升的取值为正。因此可以得出，当人们过去十年地位下降时，人们对于政府的信任感会随之降低，当人们过去十年地位上升时，人们对于政府的信任感会随之上升。同理，未来十年地位下降取值为负，未来十年地位提升取值为正。因此，当人们未来十年地位下降时，人们的政府信任感会随之降低，而当人们未来十年地位提升时，人们对政府的信任感会相应提升。在政府的特殊信任方面亦是如此，当人们过去十年地位下降或未来十年地位下降一个等级时，人们对于政府的特殊信任就会减少 0.768 分；而当人们过去十年地位提升或为未来十年地位提升一个等级时，人们对于政府的信任感就会增加 0.5 分。以往学者集中研究了相对剥夺感的横向比较对政府信任感的影响，并发现相对剥夺感对政府信任具有显著影响②。历史文化论的观点也倾向讨论已经发生的生活经历对政府信任感的影响，而本研究侧重纵向相对剥夺感的比较，即个人将现在所处的状况与自己的过去、将

① 李升. 主客观阶层位置与社会政治态度研究——兼论中国中产阶层的“稳定器”功能[J]. 社会发展研究, 2017, 4(02): 73 - 88 + 243 - 244. 高学德, 翟学伟. 政府信任的城乡比较[J]. 社会学研究, 2013(2): 1 - 27.

② 李飞. 客观分层与主观建构: 城镇居民阶层认同的影响因素分析——对既往相关研究的梳理与验证[J]. 青年研究, 2013(4): 69 - 83. 易承志, 刘彩云. 政治信任、相对剥夺感与群体性事件参与——基于 CGSS 2010 数据分析[J]. 广东行政学院学报, 2017, 29(04): 5 - 14.

来相比较，可以发现纵向地位变化对于政府信任感都有显著影响。

基于以上对政府的普遍信任和政府的特殊信任的影响因素的分析，假设1得到了验证；而假设2与研究结果相反，且只在政府的普遍信任中得到了验证，即客观阶层认同对政府的普遍信任有显著性的负向影响。

六、研究发现和讨论

（一）研究发现

本研究通过分析CGSS2010的数据样本，基于社会分层静态理论和社会阶层流动理论，探讨了阶层认同感对政府信任的影响以及影响不同阶层政府信任感的因素。在分析过程中主要运用了主成分因子分析法、因子分析法、OLS多元回归分析以及SUR检验，对笔者所提出的5个假设进行合理、有效的检验。假设3、假设4和假设5都得到了验证；假设1中的主观阶层认同感在政府的普遍信任和政府的特殊信任中表现不一致；假设2不成立，即客观阶层认同感仅对政府的普遍信任有着显著的负向影响，而不是正向影响。

研究发现，我国公民的主观阶层认同和客观阶层认同的分布呈“士”字形结构，即位于阶层认同中层和中下层的公民数量最多，而位于下层及上层的群体数量最少。客观阶层认同对主观阶层认同有显著的正向影响，正如学者所提出的，人们不是客观世界的囚徒，而是通过与社会的比较来建构自己的主观世界。① 在分析过去十年的地位变动这一影响因素时，发现底层群体在地位下降的数据中占大多数的比重，在地位提升的数据中占小部分比重，我们可以感受到底层群体较其他阶层的相对剥夺感更加突出，由此可以证明“相对剥夺理论”水平偏低的社会阶层认同的解释效力较强②。而在分析未来十年的地位变化这一因素时，除了社会上层的变动预期不明显，其余阶层都有较为积极乐观的未来预期。

整体而言，不同阶层都有较高的政府信任感，无论是政府的普遍信任，还是政府的特殊信任。公民对政府的普遍信任感普遍高于对政府的特殊信任感，

---

① 刘欣.发挥中产阶层在城市社会建设中的作用[J].探索与争鸣，2010(01)：23－24.

② 陈光金.不仅有“相对剥夺”，还有“生存焦虑”——中国主观认同阶层分布十年变迁的实证分析(2001—2011)[J].黑龙江社会科学，2013(05)：76－88.

因此可以得出与以往学者一样的研究结果，即我国政府信任差序性格局显著①，同时公民对政府的普遍信任与对政府的特殊信任并没有过大的差距。具体来看，公民对政府的普遍信任感随着阶层认同的提高而提高。而对政府有着特殊信任的人数的分布呈现出倒U型的结构②，即在阶层认同处于中上层的人群中，对政府信任感高的人数最多，在阶层认同处于下层和阶层认同处于上层的居民对政府的信任感低的人数最多。由此可以看出，我国的中产阶层对政府的信任感较为稳定，正如学者所说的，中产阶层是社会的稳定器。③

从阶层认同感与政府信任感的关系来看，人口统计学变量对政府信任有一定的影响，年龄、受教育程度、地域类型及社区类型对政府信任有较大影响。静态模型变量对政府信任具有较强的解释力，其中，在政府的普遍信任中，主观阶层认同和客观阶层认同均对政府信任有较大影响：主观阶层层级越高的人群对政府的信任感越高，而客观阶层层级越高的公民对政府的信任感越低；在政府的特殊信任中，主观阶层认同对政府信任的影响更大，而客观阶层认同对政府信任的影响消失。被学界广泛用来衡量社会阶层高低的收入和教育水平这两个指标对政府信任感均具有显著的负相关影响。④ 笔者认为，人们的客观阶层认同的判断标准仍是基于自己客观现实状态而确定的，更多的是一种客观层面的社会阶层划分。因此也就可以解释主观阶层认同和客观阶层认同对政府信任的影响方向并不一致，客观阶层认同更显著。动态模型变量对政府信任有较强的解释力，且对于政府的普遍信任和政府的特殊信任并未表现出明显的差异。当人们认为自己过去十年的地位提升或未来十年的地位提升时，他们的政府信任感会随之提高；而当人们认为自己过去十年的地位下降或未来十年的地位下降时，他们的政府信任感会随之降低，该研究结果符合文化主义理论流派对政府信任的论点。

各变量对不同阶层的政府信任感的影响存在差异。在人口统计学变量中，性别、婚姻状况、政治面貌对阶层认同处于下层、中层、上层的人群均无显著

---

① 黄信豪. 中国政治精英“栽培”制度的利与弊[J]. 文化纵横，2015(05)：30－34.
叶敏，彭妍. “央强地弱”政治信任结构的解析——关于央地关系一个新的阐释框架[J]. 甘肃行政学院学报，2010(03)：49－57＋126.

② 许伟. 政府信任的社会层级水平比较分析——基于2006年全国社会状况综合调查数据的实证研究[J]. 江汉论坛，2015(11)：134－139.

③ 李升. 主客观阶层位置与社会政治态度研究——兼论中国中产阶层的“稳定器”功能[J]. 社会发展研究，2017，4(02)：73－88＋243－244.

④ 高学德，翟学伟. 政府信任的城乡比较[J]. 社会学研究，2013(2)：1－27. 李升. 主客观阶层位置与社会政治态度研究——兼论中国中产阶层的“稳定器”功能[J]. 社会发展研究，2017，4(02)：73－88＋243－244.

影响。年龄对下层及中层存在显著的正向影响。受教育程度及个人年收入对下层群体有显著的负向影响。在地域类型及社区类型中，城市中的下层和中层群体较农村中的下层和中层群体具有更高的政府信任感，西部的中下层群体较东部的中下层群体有更高的政府信任感。有宗教信仰较无宗教信仰的群体在中层阶层中，对于政府信任具有更高的负相关性。阶层认同处于下层和上层的共产党员较拥有其他政治面貌的人群具有更高的政府信任感。互联网使用频率对政府信任具有显著的负相关性。在动态模型变量中，过去十年的地位变化对底层群体的影响较大，而未来十年的地位变化对中层群体的影响较大。过去十年地位发生变化的对底层群体的政府信任感有显著的影响，过去十年地位发生变化的对中层群体的政府信任感也有显著的影响。因此，政府在未来的制度规划上既要合理、均衡地考虑各个社会阶层的利益诉求，又要重点关注社会中层群体的利益要求。该结论与国内大部分学者的观点相一致，即社会经历对于中层群体的政治态度具有重要影响，要从关注社会经历入手，保障中层群体的经济利益和生活质量的提升，使之发挥社会“稳定器”的功能。

本研究对于阶层认同与政府信任的关系的研究结果与大多数研究的结果较为一致。[①] 但以往大部分的研究只将政府作为一个因变量进行处理，而在本项研究中，笔者利用因子分析法将政府信任划分为居民对政府的普遍信任及对政府的特殊信任，得出了两种不同的结果。通过研究，我们可以清楚地感受到我国公民对于政府的认识绝不是一个单一的主体，而是由复杂的体系、网络建构的系统。

（二）讨论

本文的研究重点是分析我国处于不同阶层认同感的人群与政府信任感之间的关系，那么此次研究中的我国居民的阶层认同感是否具有现实意义呢？库利的“镜中我”理论提出，个体对自我的认识是通过与他人的社会互动形成的。人们的主观阶层认同感就是个体在社会结构中对自己所处位置的感知，其中存在一定的主观能动性，即人们可能美化（提升）或丑化（降低）“镜中我”的阶层地位，因此从理论上来说，主观阶层认同感具有不稳定性。根据马克思主义“客观决定主观”这一基本原理，客观阶层地位在一定程度上决定了人们的主观阶层认同，客观阶层地位与主观认同感之间可以有一定的偏离度，但是差异不能

---

① 高学德，翟学伟. 政府信任的城乡比较［J］. 社会学研究，2013（2）：1－27. 许伟. 政府信任的社会层级水平比较分析——基于2006年全国社会状况综合调查数据的实证研究［J］. 江汉论坛，2015（11）：134－139.

过大。本研究中，客观阶层认同以客观上的家庭经济状况在社会中所处的位置为测量标准，结果表明客观阶层认同对主观阶层认同具有显著影响。虽然人们的主观阶层认同感普遍低于客观阶层认同感，该现象符合已有学者得出的阶层客观存在与主观认同之间会出现偏移的观点。[①] 但是总体看来，客观阶层认同与主观阶层认同仍然具有良好的契合度，我国居民的主观阶层认同感具有一定的客观性，因此具有现实意义。

客观阶层认同与主观阶层认同对于政府信任感的影响有差别，其原因在于主观阶层认同更直接地关联着政治态度。[②] 同时社会经历，即过去或未来的阶层认同变化对于人们的政治态度也有着重要影响[③]，经济利益的获得、向上的社会阶层地位流动会使人产生“意识形态的平局主义”，也会使社会底层群体认为社会较为公平。此次研究中，位于阶层底层的群体的相对剥夺感对于政府信任具有显著的影响，中产阶层未来十年的地位变动对其政府信任具有显著影响。同时，我国主观阶层认同呈“士”字形结构，中产阶层的群体较多，同时人们普遍对于未来有较好的预期。根据国外学者所提出的“社会稳定器”理论[④]，可知当前我国居民的主观阶层认同状态有利于社会的有序、稳定发展，同时利于政府的管理。

针对我国居民当前的阶层认同现状，政府应采取哪些行动来增强我国政府的有效管理？笔者主要从两方面对其进行讨论。

首先，从居民的阶层认同感角度出发，政府应着重关注我国中产阶层群体的经济利益获得，提升其生活质量水平，增强该阶层现在和未来的幸福感与满足感；而对于社会底层群体，政府应重点加强对其剥夺感的补偿，比如我国政府现在大力倡导的精准扶贫、精准脱贫等政策，可以使底层群体对未来充满期待，增强对政府的信任感。同时，我国政府还应该重视“阶层距离”[⑤]，即我国社会底层群体与社会上层群体的差距不能过大，缩小社会的贫富差距。因此，政府要合理分配公共资源，用良善的治理创造一个相对公平的政治环境，增强

---

① 李春玲. 中国中产阶级的增长及其现状[J]. 江苏社会科学，2008(5)：68－77. 李培林. 社会冲突与阶级意识当代中国社会矛盾研究[J]. 社会，2005，25(1)：7－27. 周晓虹. 中产阶级：何以可能与何以可为？[J]. 江苏社会科学，2002(6)：37－45.

② 高学德，翟学伟. 政府信任的城乡比较[J]. 社会学研究，2013(2)：1－27. 李升. 主客观阶层位置与社会政治态度研究——兼论中国中产阶层的“稳定器”功能[J]. 社会发展研究，2017，4(02)：73－88＋243－244.

③ 周晓虹. 中产阶级：何以可能与何以可为？[J]. 江苏社会科学，2002(6)：37－45.

④ 托克维尔. 论美国的民主[M]. 北京：人民日报出版社，2013.

⑤ “阶层距离”是清华大学社会学系孙立平教授于 2018 年 5 月 26 日在“阶层认同和阶层意识的形成”公开课上所提出的概念。

社会底层群体对政府的信任，杜绝上层越来越寡头化、下层越来越民粹化的现象出现。

其次，从制度主义和文化主义理论来看，使我国居民的阶层认同对政府的普遍信任与政府的特殊信任的影响呈现差异性的原因有以下几个：(一)在政府的特殊信任中，人们更加看重政府的绩效及公共产品服务的提供能力，人们与这类机构在平日里接触密切，由此提高了对该类机构的心理预期。这类机构的办事效率如果不能够达到人们的预期，就会使人们降低对政府的特殊信任。因此，地方政府以及政府的服务窗口应该加强服务职能，杜绝“话难听、脸难看、事难办”现象的出现，积极回应民众的诉求，切实解决我国居民最关心、最现实的利益问题。政府的普遍信任更类似于符号化的政府信任，人们很少真正能接触到这层级的政府工作人员。而它是一个国家形象的代表，人们又往往会对其有更美好的愿景与评价，因此具有较高的政府的普遍信任度。随着新媒体的不断发展与创新，人们较以往有更多的机会接触到中央层面的政府。因此，国家在政府形象的宣传上，可以更多地宣传正能量、积极向上的内容。例如，《厉害了，我的国》中对于我国政府形象的有利塑造与宣传可以潜移默化地加深人们对政府的普遍信任。总而言之，塑造中国政府形象，提升政府信任度，应秉持“共同善”的准则，消除政府结构上的不足及分层治理的缺陷，重视不同阶层对政府提出的建议。

权利型性教育实践研究
——以 Z 大学 S 课堂为例

胡景元①

摘　要：党的十九大报告指出，人民健康是民族昌盛和国家富强的重要标志，性健康作为个体健康的重要组成部分，应该得到充分的重视。目前国内性教育多以医学、生物学为核心，没有本土的理论与方法，且缺乏人文关怀。本研究提出"权利型性教育"的概念，以 C 大学全校性教育选修课"社会性别婚姻家庭(简称 S)"为研究对象，研究者亲自参与授课，基于教育社会学中的互动理论，采用质性研究的路径，通过参与观察、半结构式访谈等方法对课堂进行研究。基于此次性教育课程的实践，发现大学生性教育课堂中存在的"急迫""复杂"和"冲突"的问题，但最终走向了"柳暗花明"，原因就在于"信任""同理心""交流互动"以及"权利型性教育模式"。大学生性教育应当包括生理性教育、心理性教育以及社会性教育，同时要注重性权利教育，培养大学生在性方面的可持续发展的而且是自主发展的能力。

关键词：大学生；性教育；性权利；质性研究；同伴教育

一、导论

（一）研究背景

2014 年，习近平在江苏调研时指出："没有全民健康，就没有全面小康。"党的十九大报告顺势而为，在"提高保障和改善民生水平，加强和创新社会治理"部分，明确指出要"实施健康中国战略"。性健康是个体健康的重要方面，而性教育一直以来都是人们谈论的焦点话题。尽管人们已经注意到性教育对于大学生成长的重要性，但我国各阶段的性教育一直都处于落后状态。大学生处于青春后期，是性活跃的群体。可是有相当一部分大学生由于从小缺乏系统

① 胡景元，时为中南大学社会学系 1401 班本科生。

的、科学的性教育，加上通过许多非正规渠道获取了一些不科学的性知识，进而产生了许多社会问题：性病与艾滋病的泛滥、性侵事件频发、意外怀孕愈加普遍、堕胎人数逐年飙升。

近几年来，艾滋病病例报告系统中报告的青年学生例数逐年增多。截止到2014年底，全国有报告显示存活的青年学生感染艾滋病病毒的病例超过7200例，占全国存活总数的1.4%。2010—2015年在全国的部分地区所开展的调查表明，在被调查的312016名学生中，曾有过性行为的学生比例为8.3%，在首次性行为中主动使用安全套的学生比例为48.5%，但是其中与临时性伴侣在发生性行为的时候的安全套使用率仅占20%，而在与商业性伴侣及男性同性性伴侣发生性行为的时候主动使用安全套的学生比例均在5%以下。① “青年学生性观念及性行为的变化是造成学生艾滋病疫情上升的主要原因。”②

导致意外怀孕的原因有很多，错误的避孕方法是直接原因。由于种种原因，很多学生在意外怀孕后选择结束妊娠。纵观中国的人工流产数据，“1300万”这个数字被广泛引用。但是实际上，这个数据是20世纪80年代由卫健委（原卫生部）统计发布的。检索《中国卫生和计划生育统计年鉴2017版》③，自2000年以来，每年我国的人工流产数维持在600万到900万之间。值得一提的是，这个数据是从全国公立与非公立医院的统计数据汇总得来的，还不包括难以计数的药物流产和“黑心诊所”的非法流产手术。

值得注意的是，流产妇女的年龄趋于年轻化，其中25岁以内妇女所占比例占将近一半，为47.5%，未育妇女所占比例亦是如此，高达49.7%。而根据世界卫生组织9月28日发表的最新研究显示，“在2010至2014年期间，全球每年有2500万不安全堕胎案例，占所有堕胎案例的45%。97%的不安全堕胎发生在非洲、亚洲和拉丁美洲的发展中国家”④。

除此之外，高校性侵事件频发。2017年12月19日，南昌大学国学院副院长周某被指长期猥亵性侵女学生⑤；2018年1月1日，北航长江学者陈某被实名举报性侵女学生⑥；2018年1月12日，对外经贸大学一教授被指性侵一女

① 吴尊友. 我国学校艾滋病防控形势及策略[J]. 中国学校卫生，2015，36(11)：1604－1605.

② 王丽艳，秦倩倩，丁正伟，等. 中国艾滋病全国疫情数据分析[J]. 中国艾滋病性病，2017，23(04)：330－333.

③ 国家卫生和计划生育委员会. 中国卫生和计划生育统计年鉴2017[M]. 北京：中国协和医科大学出版社，2017.

④ 详见联合国新闻网：https：//news. un. org/zh/story/2017/09/283152.

⑤ 详见现代快报网：http：//dz. xdkb. net/html/2017－12/21/content_478453. htm.

⑥ 详见成都商报网：http：//e. chengdu. cn/html/2018－01/16/content_615632. htm.

大学生数月[①]；2017 年，陕西一男大学生因强制猥亵同校男生获刑二年[②]……

笔者在高校从事大学生性教育和防艾教育四年，做过上百场的授课、讲座、同伴教育、心理咨询等，对于高校学生的性教育缺失所导致的一系列心理、社会问题深感忧虑。大学生是祖国的未来、民族的希望，性健康作为身体健康的一部分，理应得到重视，对大学生的性教育迫在眉睫！

（二）研究意义

1. 理论意义

目前对于性教育的研究多为教育学、医学、生物学等领域的研究，社会学方面的研究还不够充分。20 世纪的性教育研究推崇实证主义的科学研究，即所谓“性科学”。不可否认，严谨的科学自然是难以超越的，所得出的结论也是有理有据、经得起考验的。但需要注意的是，性教育所教育的对象是人，人们的生活环境很难在实验室中进行模拟，对于性教育的研究不能满足自然科学受控条件下的、可重复的、实验的这三个条件，退一步讲，即便在实验室中做到了这三点，研究结论对复杂的人类的性行为也无太大意义，因为人类的性本身是一种复杂的互动。[③] 基于此，以性社会学以及教育社会学为核心的性教育就显得十分重要。

目前我们国家所开展的大学生性教育，基本都是基于西方实践所产生的大学生性教育的理论与方法，不仅缺乏社会学的理论指导，而且没有形成本土的理论体系。目前关于大学生性教育的实证研究资料丰富，但是其中定量研究多、质性研究少，且这些研究无一例外地都仅在强调我国现在非常急迫地需要对大学生进行性教育，否则就会或者已经出现各种各样的社会问题，但具体应该进行何种实践，这些研究没有深入讨论，并未提出系统性的解决方案。这些研究值得后来人借鉴和参考，但是地区性研究较多，总体性研究较少，而且大多数研究的抽样方法不规范，所研究样本的代表性不够。此外，性教育其实是一个跨学科的研究领域，它涉及社会学、性医学、性心理学、教育学等等，但是目前跨学科视角的研究仍然比较少。

国内的一些学者，如方刚提出要建构赋权型性教育[④]，更加强调对于性权

---

① 详见北京青年报网：http：//epaper. ynet. com/html/2018 - 01/13/content_275910. htm？div = -1.

② 详见凤凰网：http：//news. ifeng. com/a/20170815/51634427_0. shtml.

③ 潘绥铭，黄盈盈.“主体建构”：性社会学研究视角的革命及本土发展空间[J]. 社会学研究，2007(03)：174 - 193 + 245.

④ 方刚. 赋权型性教育：一种高校性教育的新模式[J]. 中国青年研究，2013(10)：92 - 95.

利的尊重；过保录提出青少年享有性教育的知情选择权[①]；在美国，洛杉矶市基于性权利理论提出开展由性教育课堂、同伴教育、家长教育和临床性健康服务四部分组成的综合性中学生性教育，让青少年意识到自己所拥有的卫生保健、教育、尊严和隐私等权利。这些权利导向的性教育模式对于性教育活动的开展具有重要的指导意义，但是目前尚未有相关的实践成果，而且“赋权”的概念过于强调授课者的主体性，为此，笔者提出“权利型性教育的概念”，强调性教育的核心为性权利教育，培养学生在性方面可持续发展且自主发展的能力，具有非常重要的理论意义。

2. 现实意义

到2014年底，全国有报告显示存活的青年学生感染艾滋病病毒的病例超过7200例。樊莉蕊等人在对广州市2002—2012年学生艾滋疫情进行分析的时候发现艾滋病对于青年学生的影响已经逐步显现，应该提高警惕，降低其对青年学生的危害。[②] 我国青年女性人工流产的数量也在逐年增多，2016年就有将近1000万的女性人工流产。习近平总书记在党的十九大报告中提出要实施健康中国战略，他强调，“人民健康是民族昌盛和国家富强的重要标志”[③]。在全国卫生与健康大会上，习近平强调，“要把人民健康放在优先发展战略地位，努力全方位全周期保障人民健康”[④]。性健康是个人健康的重要组成部分，是指性的身体层面、性感层面、理智层面、社会层面四位一体完整结合的状态，从而积极地丰富和健全人格，促进沟通和增进爱。对大学生开展性教育，不仅可以促进大学生的性生理与性心理的发展与完善，而且能培养大学生在发生性行为时做到符合社会规范，遵守性行为的道德要求，履行性行为的社会责任。大学生在接受性教育的同时也能培育平等意识、权利意识与公民意识，这是一种勇于维护自己和他人的自由权利、尊严和价值的意识，包含了大学生对于国家和社会的责任感。

笔者将采用质性研究的方法对大学生性教育的实践活动进行研究，基于教育社会学的理论视角，通过大学生性教育的实践来探究其存在的问题，并基于权利型性教育模式提出可行的解决方案。

---

① 过保录. 试论以权利为导向的青少年性教育[J]. 江苏第二师范学院学报，2005(2)：25－28.

② 樊莉蕊，步犁，秦发举，等. 2002—2012年广州市学生HIV/AIDS流行情况[J]. 中国艾滋病性病，2015，21(03)：194－196＋199.

③ 详见人民网：http：//cpc. people. com. cn/19th/n1/2017/1023/c414305－29602172. html.

④ 详见新华网：http：//www. xinhuanet. com/politics/2016－08/20/c_1119425802. htm.

（三）研究综述

1. 国内性教育研究

（1）性教育的历史

性教育在中国由来已久。考古学家早在秦墓中就发现了画有男女两性房事的“嫁妆画”；东汉班固所著的《白虎通义》曰：“父所以不自教子何？为渫渎也。又授之道当极说明阴阳夫妻变化之事，不可父子相教也。”意思就是说如果男女性事在家中由父亲传授会显得轻浮且不严肃，因此男女之事必须在学宫中学习；明代的上流社会还会制造一种钱币，名曰“秘戏钱”，“秘戏钱”上面铸有不同姿势的裸体男女的图画；明清民间还流行各种描绘男女性交的春宫画册、连环画或木刻。[①] 古人的性教育是一个十分独特而又生动别致的文化现象，还有待人们深入研究。但是目前能看到的古代的所谓性教育都是在教授男女性事，这与当今的“性教育”是有本质区别的。

朱梅认为中国真正能体现现代意义上的性教育应始于 20 世纪初。[②] 她回顾了 20 世纪初到新中国成立前的性教育研究，在当时的社会背景下，能够倡导性教育的学者可谓十分有勇气。但是学者们大都是在报刊上发表文章认为性教育很重要，要大力倡导，但是缺乏实证研究；性教育的核心在当时局限于生理健康教育；对于应当如何给学生讲授性教育课程，在当时也缺乏系统性的、权威性的参考；虽然政府颁布了相关规定，但是实际上真正开设了性知识课程的学校凤毛麟角。

刘文利对 1988 年到 2007 年我国青少年性教育相关的国家政策进行了梳理（刘文利，2008），2012 年 1 月，国务院办公厅印发了《中国遏制与防治艾滋病“十二五”行动计划》[③]；2017 年 1 月，国务院办公厅印发了《中国遏制与防治艾滋病“十三五”行动计划》[④]；2017 年 6 月，教育部印发了《普通高等学校健康教育指导纲要》[⑤]，都对高校开展性教育工作提供了政策支持。

我国政府所颁布的与性教育相关的法律法规以及政策经历了从笼统到具

---

① 翁礼华.“秘戏钱”和古代性教育[J].经济研究参考，2012(4)：54 - 55.

② 朱梅. 20 世纪初中国的性教育[J]. 南京大学学报(哲学·人文科学·社会科学)，2001，38(1)：149 - 154.

③ 国务院办公厅关于印发中国遏制与防治艾滋病“十二五”行动计划的通知[J]. 首都公共卫生，2012(03)：97 - 102.

④ 国办印发《中国遏制与防治艾滋病“十三五”行动计划》[J]. 疾病监测，2017(02)：152 + 161.

⑤ 详见中国政府网：http：//www.gov.cn/xinwen/2017 - 07/10/content_5209366.htm.

体、从隐晦到开放的过程。可以发现早期的相关政策并不谈“性教育”，而是用“青春期教育”“青春教育”或“卫生教育”等来代替，直到近些年出台的相关政策中才开始“大方”谈及“性教育”。而且，这些政策大都是指导性的，至于学生性教育工作具体如何开展、内容要涉及哪些方面、是否需要对授课老师进行培训等并没有一个权威性的参考意见。上述政策对于“青少年”“青年”“学生”等概念没有明确的界定，这就使得相关机构想要开展学生性教育工作时难免无据可依。不过，从早期的生理卫生教育到后来的性心理教育、防艾教育、避孕教育、预防性犯罪教育，可以看出政策的内容愈加丰富，愈加具有时代性。上述政策虽然并非都是与大学生性教育相关的，但是这些政策的出台对于大学生性教育的开展起到了重要的推动与指导作用。

（2）大学生性教育

从性教育理论层面来看，中国性教育缺乏本土的理论指导。上官芳芳认为，中国目前的性教育具有三种理论导向，一是生理、心理导向，二是道德导向，三是社会性别与权力导向。① 性教育理论的缺乏导致了学界对于如何开展青少年性教育分歧比较严重，且性教育不成体系：当艾滋病、性病泛滥的时候就赶紧做性艾方面的宣传；当青年学生意外妊娠和人工流产数量增加的时候就赶紧搞生殖健康教育；当青少年婚恋观出现问题的时候就赶紧进行婚姻家庭方面的教育。

从性教育内涵来看 ，中国学界对于性教育概念的界定各有不同。顾明远在《教育大辞典》中给“性教育”的定义是“学校对青少年进行的性知识和性道德教育，包括关于男女生殖系统的结构和生理、性心理因素的发展及其处理，对恋爱和婚姻的正确态度，怀孕和分娩过程以及防治性病的知识等”②。江汉声等人认为，所谓性教育即“人格教育”，是个体学习如何成为一个合适的男人或女人的教育，目的是培养社会和道德所要求的态度与行为③。白一男认为，性教育即性健康教育，是关于两性关系以及性生活方式的教育，可以使受教育者的性生理、性心理保持健康，性行为符合社会伦理要求，最终在社会上求得两性间的完美生活④。刘珊珊等人认为大学生性教育应该包括性生理知识的教育、性心理知识的教育、性伦理方面的教育以及性法理教育，她认为广义的性教育是一种起于儿童而止于老年的教育；狭义的性教育即学校性教育，是一种

---

① 上官芳芳，李甦. 中美青少年性教育的理论建构比较［J］. 国际生殖健康/计划生育杂志，2012，31（03）：197－202.

② 顾明远. 教育大辞典：第1卷［M］. 上海：上海教育出版社，1990：407.

③ 江汉声，晏涵文. 性教育［M］. 北京：中国青年出版社，2004.

④ 白一男. 当代大学生性教育——一个不容忽视的话题［J］. 中国性科学，2008（6）：39－42.

建立在性科学基础上关于个体性心理发展和性生理发育的教学与研究①。在徐震雷看来，性教育是一种由性解剖等知识教育、对性与爱的认识等观念与技能教育和认识自己等知情选择教育组成的全面的教育②。王进鑫等人认为性教育依靠的是学校教育、家庭教育和社会教育，它既向受众传递生理性的知识，还向受众灌输特定文化背景下的与性有关的道德标准、价值规范和法律准则③。方刚基于性人权理论提出了赋权型性教育，认为落实赋权型性教育目标需要对性教育的内容进行全方位的突破，性教育的教学方法应该是赋权的。④

从性教育存在的问题来看，潘绥铭提出，主流观念把性教育作为"灭火器"来使用，这可能是适得其反的教育理念。⑤ 刘珊珊和马飞认为当代中国大学生性教育存在无师自通论、敏感保守论、淫秽教唆论、需求疑虑论、认知偏差论几种误区。⑥ 方刚认为，中国目前大学生的性教育缺失，开设性教育课程的高校屈指可数，其中很多性教育课程还传达着陈旧甚至是错误的理念和知识。他指出我国的性教育理念属于教学生怎么克制性欲望的性教育，而非全面的、综合的性教育，他认为禁欲型性教育具有虚伪性，大学生性教育要注重全面的、对等的性信息传递，呈现被掩盖了的性信息，解构"性教育"，改为"性信息传递"包括性别教育的性教育，还要重视性的安全教育以及性少数人群声音的传达。⑦

从性教育的方法来看，中国学者对于大学生性教育方法还是提出了很多独到的见解。例如刘珊珊和马飞提出构建"家庭 - 学校 - 社会"三位一体的性教育模式，一方面要普及性知识，另一方面还要加强性道德教育与性心理咨询工作，构建终身性教育的体系⑧。方刚提出要采用"女权主义教学法"，课堂不再以教师为中心，师生关系是民主和平等的，教学过程是师生共同学习的过程，他指出高校性教育应该完成五个方面的更新：性教育内容与方法、性知识、性别观、情爱观、性道德观⑨。陈朝阳等人认为要充分结合社会工作专业理念和

---

① 刘珊珊，马飞. 大学生性教育的现状及对策的综述[J]. 知识经济，2009(1)：154 - 155.

② 徐震雷. 青少年性教育是什么？[J]. 中国性科学，2011(2)：3.

③ 王进鑫，柴继贵，胡珍. 大学生性教育实效性的总体评价[J]. 中国性科学，2004(04)：1 -4 +7.

④ 方刚. 赋权型性教育：一种高校性教育的新模式[J]. 中国青年研究，2013(10)：92 -95.

⑤ 潘绥铭. 性教育，怎么教育？[J]. 百科知识，2005(21)：53 -55.

⑥ 刘珊珊，马飞. 大学生性教育的现状及对策的综述[J]. 知识经济，2009(01)：154 -155.

⑦ 方刚. 大学性教育模式的思考——禁欲型性教育与综合型性教育之辩[J]. 中国青年研究，2008(7)：72 -75.

⑧ 刘珊珊，马飞. 大学生性教育的现状及对策的综述[J]. 知识经济，2009(01)：154 -155.

⑨ 方刚. 大学性教育模式的思考——禁欲型性教育与综合型性教育之辩[J]. 中国青年研究，2008(7)：72 -75.

社会工作的个案工作、小组工作和社区工作方法，以更灵活的方式对大学生进行性教育，如小组座谈法、讨论法、自由列举和排序法，可视技术、分析技术和角色剧等。[①] 李丙龙认为要通过培训、组建专业素质水平高的师资队伍进行专业必修课、选修课、讲座、研讨会、研究小组、案例分析、个案咨询、同伴教育、书面交谈等方法，让大学生参与进来，学会自己做决定[②]。彭晓辉认为中国的性教育不能依靠“传统文化”等作为掩饰，而是要提倡开明的性教育，使得性教育能真正为学生带来好处[③]。林虹的研究则指出，由于代沟的存在，老师与父母都不能很好地承担大学生性教育的任务，这就需要推广同伴教育，以同辈之间的影响力来进行大学生性教育[④]。崔庚寅认为在大学开设性教育相关选修课是一种优良的办法[⑤]。王莉则强调了网络的重要性，她认为网络世界中的各种性信息会对青少年产生强大的冲击波，而其中的不合理性因素也会对现实中的性教育产生负面影响，因而对于青少年的性教育很重要的一方面就是要规范“网上”行为，加强对青少年网民的自律教育。[⑥]

我国学者在大学生性教育领域的实证研究成果颇丰，其中定量研究相对较多，质性研究相对较少。20 世纪 90 年代，刘达临对 3360 名大学生的性问题开展调查，并著有《中国当代性文化》一书，对大学生的性生理、性心理和性行为等方面进行了研究。这本书是改革开放以来第一部研究大学生性问题的著作，被誉为中国的“金西报告”[⑦]（刘达临，1995）。潘绥铭从 1991 年开始持续对我国大学生性状况进行研究，于 2004 年出版了《性爱十年：全国大学生性行为的追踪调查》[⑧]。赵瑞芳采用问卷法，分析了山东某高校 190 名在校大学生的性知识、性观念、性教育状况及需求的调查问卷，发现近六成的大学生没有接受过正规的性教育，其中女生比男生的性教育的缺乏更为严重[⑨]。程化琴等人通过分析全国 126 所不同类型高校不同专业和年级的 1611 人的样本调查数据，发现大学生接受性教育的比例低；在大学生接受性教育的途径方面，学校教育

---

① 陈朝阳，周小燕. 高校大学生性教育机制研究——社会工作视角下的“青春教育同伴行”实践反思[J]. 山东省青年管理干部学院学报，2009(01)：64 - 66.

② 李丙龙. 中外大学生性教育概述及启示[J]. 中国性科学，2010(10)：31 - 33.

③ 彭晓辉. 中国需要开明性教育[J]. 中国性科学，2006，15(10)：26 - 27.

④ 林虹. 青少年性教育的有效抓手：同伴性教育[J]. 当代青年研究，2005(7)：36 - 40.

⑤ 崔庚寅. 性教育与大学生[J]. 中国性科学，2004，13(4)：28 - 29.

⑥ 王莉. 网络与青少年性教育[J]. 青少年研究，2005(1)：31 - 32.

⑦ 刘达临. 中国当代性文化[M]. 上海：上海三联书店，1995.

⑧ 潘绥铭. 杨蕊. 性爱十年：全国大学生性行为的追踪调查[M]. 北京：社会科学文献出版社，2004：285 - 287.

⑨ 赵瑞芳. 大学生性教育状况的调查[J]. 中国健康教育，2007，23(3)：204 - 205.

占比很低，而阅读出版书籍、同伴的讲述以及浏览色情网站是大学生获取性知识的主要途径[①]。张德美等人采用胡珍编写的《大学生性知识与性教育调查问卷》对西南地区 4 所不同类型高校的 866 名大学生接受性教育的现状及对高校性教育的评价进行调查，发现有三成的大学生没有接受过性教育，有将近六成的大学生认为高校性教育内容太保守[②]。张鹏等人对烟台地区的大学本科生和硕士研究生 878 人进行了问卷调查，发现四成以上的学生认为大学生性教育活动开展得一般，还有四成的学生认为当前大学生性教育的活动开展得很差，他们提出性教育的核心应是性安全和性道德，教育方式要多样化，以帮助大学生健康成长[③]。刘华锦等人以“全国大学生性文明调查”数据为基础进行分析，发现由于性教育的缺失，有 35.79% 的男生和 26.57% 的女生不知道遗精或月经是人体正常的生理现象，有近九成的大学生存在着性心理困扰，他们提出要构建“家校社”的立体式性教育体系，充分利用同伴教育这一有效途径[④]。李江滨等人采用问卷调查法对 1075 名在校大学生进行性教育现状调查，结果表明：八成以上的大学生没有接受过系统的性教育，性知识缺乏，对于性教育的需求比较强烈[⑤]。陶际恒对四川省五所边远地区高校 400 名学生进行问卷调查，提出了构建性教育的三大模式：系统模式、内容模式、载体模式。[⑥]

除了上述的定量研究外，对于中国大学生性教育还有一些比较有影响力的质性研究。吴薇所做的中美两国青少年性教育对比研究表明，在传统观念的束缚下，中国青少年性教育工作不成熟，这已经成为基础教育中比较薄弱的环节[⑦]。黎钰林等人指出，当前中国大学生性教育没有得到足够的重视，由于其在地位、观念、内容、途径以及方法上无一例外地都缺乏美的形式的装点和审美精神的统摄，因此中国大学生性教育是缺乏“美”的教育，这也是中国当前大

① 程化琴，丁胜云，庄明科，等. 大学生性教育：怎样才是有效和适宜的？——基于性教育的“市场”理论[J]. 教育学术月刊，2015(11)：44 - 51 + 75.

② 张德美，朱德全. 西南地区大学生性教育现状研究[J]. 中国学校卫生，2008(6)：566 - 567.

③ 张鹏，白雪，倪晓倩，等. 烟台地区大学生性观念及性教育调查分析[J]. 现代教育科学，2010(03)：75 - 76.

④ 刘华锦，叶正茂. 大学生性教育状况的调查与分析[J]. 内蒙古师范大学学报：教育科学版，2013(5)：80 - 83.

⑤ 李江滨，庄佳玲，黄嘉敏，等. 大学生性教育现状调 查及对策研究[J]. 河南科技，2013(12)：262 - 263.

⑥ 陶际恒. 刍议四川边远地区高校学生性教育模式的构建——以五所高校的调查为个案[J]. 西昌学院学报：社会科学版，2013(2)：93 - 94.

⑦ 吴薇. 中美两国青少年性教育比较研究[D]. 长春：东北师范大学，2006.

学生性教育困境的症结所在①。张俊洁的研究表明性教育关系到大学生的健康成长，高校应更新陈旧的性教育观念，开设性教育相关的课程，性教育教学内容以及教学方法都要多元化②。左红梅等人分析了大学生性教育缺失的原因，以及带来的危害，在此基础上她提出要实现大学生性教育在思政教育中的补位，需要政府、高校和家庭三方联动，发挥性教育的合力③。在莫爱新看来，大学生性教育的核心应该是从权利思维出发，培养大学生的责任意识与责任精神④。叶晓丹研究指出，大学生有比较强烈的接受性教育的需要，而高校性教育呈现出“供不应求”的状态⑤。王玉萍使用 SWOT 分析法，提出大学生性教育的四大策略，即 SO 策略、ST 策略、WO 策略和 WT 策略，从而为大学生性教育构建出基本路径⑥。刘红芬采用比较分析法，指出中国大学生性教育应以人格教育为基础，还要做好师资培训、教材建设、教学体系建设，这样才能提高我国大学生性教育的实效性⑦。李海红等基于中外高校性教育的对比分析，提出了建立家庭、学校和社会全员参与的性教育体系，从幼儿期开始分阶段实施性教育，培训和组建一支高水平的性教育专业师资队伍等建议⑧。朱爱胜等人比较分析了中外高校大学生性教育状况，并针对我国高校性教育的现状，从性教育的理念、原则与内容等方面提出我们要借鉴吸收国外高校科学先进的性教育经验，以推进我国高校大学生性教育健康发展⑨。李丙龙通过文献法和比较法，对瑞典、美国和日本等国家在大学生性教育方面的做法进行了分析，认为这些国家在开展性教育实践的时候都十分注重性教育内容体系的建设，注重于家庭、学校和社会的三方联动，是一种全程、终身的教育，我国大学生性教育依然落后于时代需求，应在性教育的观念、制度、师资、形式等方面寻求突破⑩。在李思为看来，我国社会“无师自通论”的性教育观造成了大学生性教育的缺失和滞后，使得大学生的性知识匮乏、性行为失范，但中国正在进行着一场静悄

---

① 黎钰林，沈又红. 当前我国大学生性教育的困境及其症结[J]. 当代教育理论与实践，2009(2)：37－39.

② 张俊洁. 对我国大学生性教育现状的思考[J]. 山西高等学校社会科学学报，2009(8)：86－87.

③ 左红梅，杨华. 大学生性教育在思想政治教育中的缺失与补位[J]. 教育与职业，2010(29)：84－85.

④ 莫爱新. 权利思维下的大学生性教育[J]. 中国性科学，2011(6)：57－60.

⑤ 叶晓丹. 对大学生性教育问题的分析研究[J]. 辽宁行政学院学报，2012(12)：115－116＋120.

⑥ 王玉萍. SWOT 视域下的大学生性教育路径解析[J]. 西安建筑科技大学学报：社会科学版，2013(1)：86－89.

⑦ 刘红芬. 大学生性与人格教育体系比较研究[J]. 教育与职业，2013(24)：171－173.

⑧ 李海红，隋丽丽. 高校性教育的分析与思考——从中外高校性教育的比较谈起[J]. 煤炭高等教育，2005(1)：74－76.

⑨ 朱爱胜，胡维芳. 中外高校大学生性教育比较研究[J]. 青海社会科学，2007(3)：194－197.

⑩ 李丙龙. 中外大学生性教育概述及启示[J]. 中国性科学，2010(10)：31－33.

悄的性革命，可以借鉴西方发达国家相关性教育理念和原则来破解目前性教育中存在的问题。①

2. 国外性教育研究

发达国家的性教育起步早，建构了自己的性教育理论，也有丰富的性教育方法。纵观国外的性教育，尤其是欧美国家的性教育，其理论体系已经比较成熟，像其"禁欲性教育体系"，就是反对婚前性行为、强化性道德教育的理论模式；与之相对应的还有"综合性教育体系"，强调个体自由平等的性权利；"性脚本理论（sexual script）"认为生物学意义上的性只是人类性行为的脚本，其强调的是个体所处的文化环境对其性行为产生的影响②；"社会性别（gender）"理论存在于女权主义的流派之中，强调性教育的核心是社会性教育。除此之外，许多性社会学理论，如"酷儿理论""性的社会网络理论""性权力理论"等，都对欧美国家的性教育具有重要的指导意义。

以瑞典为例，早在1933年，瑞典就成立了全国性教育协会，20世纪50年代，瑞典在制定了性教育指导纲要后，性教育逐渐扩大到所有学校③。直至今天，瑞典的性教育都走在世界的前列。廖艳华认为，瑞典的性教育有五个特点：时间早、实用性强、态度积极、覆盖面广、国际合作。④ 良好的性教育使得瑞典少女意外怀孕数量和妇女的堕胎率都极低，性病与艾滋病在瑞典也是低流行的态势。

美国的性教育模式在学界一直争论较大，"禁欲派"和"自由派"争论不休。尤其是二十世纪六七十年代的时候，性革命席卷西方国家，禁欲不再是性教育的主流思想。这使得美国青少年过早地发生性行为，导致了少女意外怀孕数量激增，性病与艾滋病泛滥成灾。即便政府推广使用安全套、口服避孕药，也收效甚微，美国每年超过100万少女意外怀孕，超过300万青少年患上性病，有一半以上的HIV感染者为25岁以下的青年人。⑤ 再后来，禁欲教育的呼声日益高涨，禁欲性教育重回历史舞台，它与禁欲主义是完全不同的，强调的是性道德的重要性。1991年，《全国性教育综合大纲》出台；1996年，美国国会又通过一项社会福利改革法案，倡导禁欲教育。直至今天，美国在性教育的理论、目标、方式等方面都存在着很多分歧，但是其多元、平等的性教育思想值得我

---

① 李思为. 西方性革命对当代大学生性教育的启示[J]. 长春理工大学学报，2012(10)：119－120.

② Burrill D, Coleman B, Ferguson C, et al. Playing With Ourselves: Chasing Personal Pleasure through Video Games and Modern Porn[J]. Chcgamestudies. wordpress. com.

③ Kajsa. Sundstrom . Sexuality and Social Change [J] . What Do Other People Do, 2000.

④ 廖艳华. 国外青少年性教育现状与启示[J]. 浙江教育学院学报，2004(05)：106－110.

⑤ 朱琪. 美国性教育的历史性转折[J]. 中国性科学，2000(03)：3－5.

们借鉴。[①]

日本是亚洲性教育开展的典范国家。李丙龙认为，日本的性教育经历了纯洁教育、性科学教育和全面性教育三个阶段。[②] 纵观日本的性教育，从小学到初中再到高中层层递进，生理性教育、心理性教育、道德与社会性教育面面俱到，到了大学则开展更加深层次的性教育，以研讨会、讲座等为主要形式，使得大学生能够更加全面地了解性知识。

此外，印度的性教育以提供信息、确立价值观为主要目的，最终要教会学生人际交往的技巧以及责任心[③]；荷兰在为青少年提供性知识教育的同时，更鼓励青少年主动地培养自己正确的性态度与性习惯，强调“人在关系中”[④]；性教育在英国的中小学是必修课程，学校教育是性教育的主体。[⑤]

值得一提的是，发达国家如澳、美、英、德、日、瑞典、新加坡、芬兰等国家都将性教育的时间提前到幼儿阶段[⑥]，儿童很小就可以接触到性知识。[⑦] 而我国儿童的性教育缺失，到了大学，儿童已变成年人，仿佛对其进行性教育就迈入了尴尬的境地。[⑧]

3. 述评

前面对国内外有代表性的大学生性教育研究的成果都做了整理与评述。与发达国家的大学生性教育相比，我国的大学生性教育还存在着很多问题。发达国家的性教育从小就开始，所以虽然美国、荷兰、瑞典等国家的青年首次性行为的时间都比中国早，但是其意外怀孕和少女堕胎的比率却比中国低得多。而我们国家由于儿童缺乏性教育，初高中所开设的所谓“生理保健”课，也大都晦涩地讲讲，甚至直接取消这门课，所以本应该在青春期前或青春前期就要完成的生理性教育严重缺位，所以在大学阶段不得不进行补位。

从性教育的内涵来看，学者们对于性教育的界定主要是从性心理、性生理和性道德三个方面展开的，笔者认为在给性教育下定义之前，需要明确受教育

---

① 杨启光，苏文青. 美国洛杉矶市青少年性教育的创新实践：一种基于权利的综合性性教育方法[J]. 基础教育，2016，13(03)：92 – 97.

② 李丙龙. 中外大学生性教育概述及启示[J]. 中国性科学，2010(10)：31 – 33.

③ 史密特·弗马，维诺德·钱德拉，晓梅. 印度中学生的性教育：来自青少年自身观点的调查[J]. 青年探索，2011(02)：90 – 96.

④ 刘文利. 荷兰学校性教育模式及对我们的启示[J]. 生物学通报，2008(01)：55 – 57.

⑤ 贺军成. 国外中小学生性教育面面观[J]. 教育实践与研究(小学版)，2009(10)：60 + 64.

⑥ 胡佩诚. 瑞典性教育的经验与启迪[J]. 青年研究，2001(08)：43 – 49.

⑦ 郑友富，俞国良. 国外儿童性教育对我国学校教育的启示[J]. 教育科学研究，2002(07)：50 – 53.

⑧ 刘文利. 1988—2007：我国青少年性教育研究综述[J]. 中国青年研究，2008(03)：50 – 57.

的主体，因此，单独给“性教育”下一个准确的定义其实是很难实现的。笔者认为，大学生性教育应当包括三方面的内容：生理性教育、心理性教育、社会性教育，其核心是性权利教育，其目的是培养大学生在性方面的可持续发展的而且是自主发展的能力。

从我国的大学生性教育实践来看，这些关于大学生性教育的实证研究资料丰富，无论是建立在大量数据基础之上的实证研究还是建立在大量文献资料整理分析基础之上的质性研究，都值得后来人借鉴和参考。但是性教育是一个跨学科研究的领域，它涉及社会学、性医学、性心理学、教育学等等，进行多学科视角交叉的研究较少，这就决定了我国目前关于大学生性教育的研究很难找到全面的、系统的研究成果。

从大学生性教育方法上来看，国内关于大学生性教育方法的研究存在着以下几个问题。首先，很多学者提到了家庭教育，家庭教育固然重要，但是考虑到一个在校大学生大部分的时间都是在学校生活的，所以研究大学生性教育的重点应该放在学校教育，其次是社会教育，再次才是家庭教育。其次，大多数的研究都是灌输式的教育，这就决定了以往的讲座或者传统的老师讲授的课程其实并没有考虑到学生的需求以及他们学到了什么，只有少数学者如方刚提出的“赋权型性教育”是从学生的角度出发进行性教育的，但是这远远不够。大学生性教育应该要唤起学生的权利意识。

此外，这些研究还有一个共同的问题就是不管其研究是否涉及西方国家的性教育，到提出对策这一部分无一例外都会强调要学习西方在大学生性教育领域里的方法，而对大学生性教育的本土发展空间进行研究的凤毛麟角。这其实就表明了很多学者在研究大学生性教育的过程中缺乏“主体建构”的思想，这就要求我们避免不假思索地在西方本土的框架下讨论各种中国的问题。实际上，许多本土传统的性教育模式未必不能拿到台面上来，现在大力倡导的同伴教育，其实早在数百上千年前的民间的色情小调、俏皮话里就已可见端倪。因此我们不能盲目地去吸收西方关于大学生性教育的方法、原则，而不去考虑本土的实际情况，但是这方面的研究几乎还是空白。

中国性教育本土化理论的缺失，导致我国目前关于性教育的研究缺乏内在的“灵魂”，系统、全面、科学、符合国情的性教育实践难以实现。

(四)研究设计

1. 概念界定

(1)性教育。前面笔者对性教育的内涵进行了综述，性教育的概念有狭义和广义之分。从狭义上来看，性教育是指传播有关性生理、性心理、性的社会文化内涵等方面的知识；从广义上来看，性教育是全面而系统的人生科学知识。笔者认为性教育应当包括三方面的内容：生理性教育、心理性教育、社会性教育，其核心是性权利教育，其目的是培养个体在性方面的可持续发展的而且是自主发展的能力。

（2）性权利。1999 年世界性学会在第 14 次世界性学会议发表了《性权宣言》（*Declaration of Sexual Rights*）。《性权宣言》提出，性权是基本、普世的人权，并指出每个人都拥有全面的性教育权，该过程始于出生，终于死亡，并要有所有社会组织之介入。何立荣从法律的角度谈性权利，认为性权利是指在不妨害社会秩序和他人性权利正常行使的前提下，自然人为了实现个人的性利益而按照自己的意愿行使的性方面的权利，以及排除他人妨害的资格，其中包括性健康权、肉体安全权、性自治权、性发展权和性平等权。[①]

（3）权利型性教育。方刚认为高校性教育应该以性人权理论为基础，并由此提出“赋权型性教育”。[②] 笔者认为，性权利作为人的基本权利，不是被教育者“赋予”的，而是一种普世人权。因此，笔者提出“权利型性教育”的概念。在此之前，有一些学者对“权利”与“性教育”相结合展开过讨论，如过保录提出青少年享有性教育的知情选择权；[③]美国的洛杉矶市基于性权利理论提出开展由性教育课堂、同伴教育、家长教育和临床性健康服务四部分组成的综合性中学生性教育，让青少年意识到自己所拥有的卫生保健、教育、尊严和隐私等权利。权利型性教育与全面型性教育都体现了对人权的尊重，但权利型性教育概念的提出，更加强调了性教育的核心是权利教育，其目的是培养大学生在性方面的可持续发展的而且是自主发展的能力。笔者认为，权利型性教育除了要教给学生平等、尊重、健康的性观念，还要让学生拥有在性方面的自主选择权，对自己的性行为承担责任。

（4）同伴教育。苏斯曼（1973）认为，同伴教育的实施者是受过专业训练的学生，对象是需要帮助的同辈群体，方式是通过某种交流（语言的或者非语言的），目的是为有需求的对象提供倾听、支持、咨询等服务。[④] 费梅苹认为同伴教育依靠朋辈之间的相似性，通过同龄人之中的能够起到榜样、带头或者示范作用的人来向同伴传递信息、施加影响。她认为同伴教育是一种非常有效的教

---

① 何立荣，王蓓．性权利概念探析［J］．学术论坛，2012，35（09）：103 – 108.

② 方刚．基于性人权与性别平等的高校性教育［J］．中国青年研究，2012（06）：92 – 95 + 62.

③ 过保录．试论以权利为导向的青少年性教育［J］．江苏第二师范学院学报，2005（2）：25 – 28.

④ Sussman MB. The development and effects of a model for training peer group counselors in a multi – ethnic junior high school ［J］. Dissert Abst Int, 1973, 34: 626.

育方式，能够促使同伴行为的改变。[①]

2. 研究思路

本研究在教育社会学中互动论的理论视角下，以Z大学开设的"社会性别与婚姻家庭(简称S)"这门全校性选修课为实践内容，对Z大学的本科生开展性教育。采用质性研究的方法，数据来源主要是教师和学生的自述、半结构式访谈资料，采用参与观察等方法，抽样方法采取关键个案抽样法。通过以上研究方法获得大量的定性资料，在对其进行分类、描述、综合、归纳的基础之上，发现当前大学生性教育中存在的问题并在具体的课堂实践中提出解决方案。

3. 理论框架

本研究所采用的理论基础主要是教育社会学中符号互动论学派的相关理论。互动论始于美国的社会学家米德。自米德之后，特纳的角色理论、戈夫曼的拟剧理论等互动论理论构建了互动论理论学派的完整体系。互动论理论有四个基本内涵，首先，社会结构是通过行动者之间彼此的调适而建构起来的，社会互动体现在个体之间的交互动作或反应的过程；其次，个体得出主观性的情境定义有赖于个体对所处环境(客体)形成反馈性的解释；再次，个体在互动过程中，通过他人对自我的反馈，会形成一个自我概念，这种概念是在互动中形成并发展的；最后，符号是互动的媒介，是被行为者赋予了意义的标识，互动的完成依赖于符号的共识性，一旦符号失去了共识性，就会造成行为的中断或互动的失调。[②]

教育社会学以教育的视角研究课堂中的互动行为，它关注的是微观层次的教育活动。本研究之所以以互动论为理论指导是因为其在研究方法上舍弃以往实证的量化取向，改以"诠释"方法来"了解"行动者所处情境的真正内涵意义，从而解决性教育的定量研究不能满足自然科学受控条件下的、可重复的、实验的这三个条件的问题。此种观点导引出的教育研究方法是深度访谈、参与观察等方式，说明了人类活动是一个社会历史过程。这种强调学习者主观感受的性教育模式需要在不断的实践与探索中评估大学生性教育功能的演变及其与外在环境的互动关系。

---

① 费梅苹. 意义建构：戒毒社会工作服务的实践研究——以上海社区戒毒康复服务中的同伴教育为例[J]. 华东理工大学学报(社会科学版)，2011，26(02)：24－29.

② 梁明月. 互动论教育社会学流派的课程观[J]. 内蒙古师范大学学报(教育科学版)，2007(04)：60－62.

需要说明的是，因为质性研究和传统的实证研究范式不同，具有反思性、参与性和过程动态等特点，所以本研究并未提出具体的研究假设，而是通过观察、访谈等方式得到一手资料，在总结归纳的基础上，再结合互动理论来进行学生性教育的实践。

4. 研究方法

（1）质性研究

采用质性研究的方法，可以更深入地理解大学生性教育的实践。陈向明指出，事物是质与量的统一体，无论是定量研究还是定性研究，都是对事物“质”的研究，只不过研究层面、角度、方法不同。① 所谓质性研究（也称定性研究）是指在自然的环境下，采用实地体验、访谈、参与或非参与式观察、文献分析、个案研究等方法对某一社会问题或社会现象进行深入的研究。质性研究分析方法主要是归纳法，在收集了一手资料后，以当事人的视野来理解其行为以及背后的意义，从而发现问题、建立假设、形成理论，最终对结果进行检验。质性研究的工具即研究者本人，研究者个人的情况以及其与被研究者的关系都会影响研究过程和研究结果，因而必须加以详细的记录。② 常见的质性研究方法无非就是三种形式：hanging around（四处走走看看）、asking questions（开口问问）、reading the papers（查查文献）。③

（2）研究策略

本研究的策略为个案研究。与其他研究策略相比，个案研究限定了时间与空间，关注特定完整外貌的事件单元。个案研究可以以更加具体的方式将证据呈现出来，不仅有助于我们进行抽象思考，而且能让读者透过个案获得全局性的理解，从而归纳出所研究对象的本质特征。本研究认为质性研究是一种研究策略、研究设计，而非具体的研究方法。探究大学生性教育的实践，关注的角色应该是传播者（讲师）与受众（学生），所以个案的选择既要有学生，也要有讲师。

（3）研究者的角色

笔者在 Z 大学学习生活了四年，曾担任 Z 大学红丝带防艾协会的会长，在学校开展了四年的大学生性教育与防艾教育的实践，以主讲人的身份做过大学

---

① 陈向明. 社会科学中的定性研究方法[J]. 中国社会科学，1996(06)：93－102.

② 魏戈，陈向明. 质性研究 · 多重对话——第五届“实践－反思的质性研究”学术研讨会综述[J]. 教育发展研究，2017，37(20)：79－84.

③ Miller G，Dingwall R. Context and Method in Qualitative Research[J]. British Journal of Sociology，1997，49(3)：505.

生性教育讲座、授课、主题班会、同伴教育、心理辅导等一百余场。本研究基于笔者四年以来大学生性教育的实践经历，并结合笔者在Z大学的一门性教育的全校性选修课——S课的授课实践，试图寻找一种适合本土大学生的性教育模式。S课的授课教师是笔者的学术导师。

(4)研究对象和研究场所

调查地点选在Z大学，Z大学直属于教育部，是一所综合性的大学，是国家“211工程”“985工程”和国家“2011计划”牵头高校，也是“双一流”A类建设高校。学校学科门类涵盖哲、经、法、教、文、理、工、医、管、艺等10大学科门类，现有全日制在校学生5.5万余名，其中本科生有3.4万余人。

本研究为质性研究，笔者利用在导师的S选修课上授课的机会，通过同伴教育等方式来进行性教育授课。选课的学生为Z大学在校本科生，之前提到大学生性教育是师生双方互动的实践活动，因此个案既要包含学生，也要包含讲师。针对学生，抽样方法采取关键个案抽样法。此门全校性选修课覆盖Z大学全部本科专业，分为两个班级，共240名同学。在同伴教育授课环节结束后，要求每位同学以“我与性教育”为主题，结合自身的性教育经历，写一篇感受。通过分析历程对生命现象的影响，可以归纳出三类学生群体：一是从小接受过系统性教育的人；二是从未接受过系统性教育的人；三是接受过笼统性教育的人。最终挑选出七位同学作为关键个案。

小慧，女，20岁，异性恋者，苏北某县城长大，父母为中学教师，在家里从来都不讲有关“性”的话题，通过本门课程第一次系统地、集中地学习性知识，从未接收过任何系统的性教育，通过影视作品、网络科普获取性知识。

小金，女，21岁，异性恋者，河北某农村长大，在家排行老二，有一个大3岁的哥哥和一个11岁的妹妹，父母为农民，自己从未受过性教育，本次课是第一次接受性教育。

小影，女，22岁，异性恋者，江苏某城市长大，母亲为护士，对其进行过生理卫生教育，初中上过生理保健课，有一定的性知识储备。

小征，男，20岁，同性恋者，东北某县城长大，在家里排行老二，有一个大12岁的姐姐，父母工作忙。他从小跟爷爷奶奶生活在一起，四五岁时曾遭受表哥多次性侵，认为这是导致自己成为同性恋的原因，目前已跟家里人公开，接受过零散的性教育知识，获取性知识的主要途径是寝室卧谈和色情光盘。

小壮，男，21岁，异性恋者，安徽某县城长大，初中开始住校，每年与父母见面的时间不多，从未接受过任何系统的性教育，但是通过网络自学等方式了解了许多性知识。

小鹏，男，20岁，同性恋者，东北农村长大，在家排行老二，有一个大9岁的姐姐。他从初中开始就经常与同性发生性行为，高中后开始使用同性交友软件约见同性性伴侣，目前还未公开，从未接受过系统的性教育，但是通过网络自学了许多性知识。

小池，男，21岁，异性恋者，湖南长沙人，父亲是工人，母亲无业，他为家里的独生子，只接受过零散的性教育，性知识获取的主要途径是网络。

Z老师，女，49岁，Z大学社会学系副教授，在学校开设S全校性选修课8年，主要从社会层面对学生进行性教育，近几年开始关注大学生生理性教育的缺失问题，所以在自己的性教育课程中开始涉及生理性知识的内容。

(5)数据收集方法

数据来源主要是教师和学生的自述、邮件、半结构式访谈资料、参与观察得到的一手资料。观察法是质性研究中非常重要的收集资料的方法。参与观察是研究者深入到所研究对象的生活背景中，在实际参与研究对象日常社会生活的过程中所进行的观察，是一种非结构性的观察。在本研究中，笔者作为S公选课的讲师之一，参与了授课，对课堂环境有充分的观察机会，因此采用参与观察的方法，直接与学生和老师发生联系，从而收集与研究有关的资料。参与观察使得研究者隐藏了研究的身份，有效地避免了研究对象的"表演"行为，使研究者收集到更加准确、真实的一手资料。抽样方法采取关键个案抽样法，被抽取的样本所产生的研究结果将最大限度地覆盖研究现象中各种不同的状况。由于大学生性教育的实践是双方互动的行为，所以在个案的选取中，既要有听课的学生，也要有授课的老师。个案数为8。

(6)数据分析方法

资料分析就是将未经加工的资料转向基于证据的解释的过程。① 定性资料的收集与分析实际上是同步进行的，资料分析要建立在良好的资料整理基础之上。因为本研究采用的个案研究方法主要是通过半结构式的个别访谈，在征得被访者同意后对访谈进行了录音，所以在整理资料的时候要遵循一字不漏、及时转录和多备份的原则。形成誊本、备忘录和总结后，准备工作就完成了。

编码的方式为开放式编码。先设置一些主题，如性态度(性观念)、性行为、性经历、性取向、课堂感受、课程建议、重大生命事件等，从而将大量零散的资料转变成不同的类别。在对资料进行编码后，接下来的工作就是阐明已经编码的资料的意义，采用比较分析等方法，对不同个案进行比较，关注他们之间的异同以及内在逻辑关系，形成叙述与描述，最终得出结论甚至建构出一套理论。

---

① 鲁滨.质性访谈方法：聆听与提问的艺术[M].卢晖临，译.重庆：重庆大学出版社，2010.

(7)研究效度

社会学家在对社会问题和社会现象进行研究的时候，一般要用“效度”来衡量研究结果是否可靠。但是由于“效度”来源于定量研究，所以很多建构主义的学者对于质性研究的“效度”提出了质疑，陈向明就主张用其他的名词如“可靠性”“真实性”“准确性”等词语来替代“效度”。①

本研究对此不做过多的讨论，仍然使用“效度”来讨论研究结果的可靠程度。使质性研究结果失真的原因有很多，如研究资料是“多手”的、被研究者的表演行为与遗忘情况、研究者本身的价值取向等。在本研究中，笔者认为会影响研究效度的一个主要原因是访谈对象的表演行为以及遗忘情况。首先，我们在以访谈的方式收集资料的时候，为了更加准确地分析访谈对象对于性教育课程的理解与感受，会让访谈对象回溯以往的性教育经历，由于时间长，加之儿童时期的记忆难免会有遗忘，所以笔者所收集的相关资料可能因为访谈对象的记忆模糊而失真；其次，考虑到中国社会的文化语境，“性”经常被看作是一种禁忌话题，是“拿不上台面”的，不能够“自在地”与他人进行交谈，所以在涉及一些性隐私问题的时候，访谈对象有可能会进行“表演”，即不说真话。为了解决这一问题，我们在访谈的过程中就要讲究策略，对某些敏感问题，如“初次性经历是什么时候”等，采用逐步深入的方式，先询问性观念、性态度等相对“温和”的问题，获取被访者的信任，再逐渐过渡到真正要问的问题。此外，对于时间过早的回忆性问题，就要采取逐步引导的方式，争取让被访者回忆起当时真实的情况，从而弥补本研究在效度方面存在的问题。

当然，客观来说，无论采用了哪种研究方法，都会在一定程度上存在局限，作为研究工具的研究者就不可避免地“价值有涉”，其整理的一手资料难免会掺杂研究者的主观感受，所以失真是不可避免的，但是我们要将失真降到最低的程度，确保研究的可靠性和严谨性。

(8)伦理考量

在定性研究中，被调查人的处境和习惯可能被高度曝光，研究者有义务尊重被调查人的权利、需要、价值观和要求，因此研究者一般要提出伦理考量。为了保护被调查者的权利，本研究在实地调研中获得了研究对象的允许，被访者本着自愿参与的原则参与调查访谈；在访谈过程中，对于被访者不愿意回答的问题，笔者不会强制其进行回答，防止对参与者造成伤害；笔者采用速记的方式进行记录，如果出于某种原因(如被访者语速太快来不及记录)需要进行录音，笔者也会事先征得被访者的同意后才会进行录音，并且不会泄露被访者本

① 陈向明. 质的研究方法与社会科学研究[M]. 北京：教育科学出版社，2000：12－13.

人的隐私信息；在整理了访谈资料后，笔者还会发给被访者进行审阅。在具体研究成果呈现时对研究对象进行了匿名处理，避免不良后果的发生。

二、案例描述——我们的实践历程

讲故事也许是困难的，但是更困难而且更重要的任务是重述那些涉及成长和变化的故事。（克兰迪宁，2008）

（一）急迫——一门迟到的性教育课程

1. 我的“入场券”

我2014年考入Z大学，曾是Z大学红丝带防艾协会的会长，在学校做了四年的大学生性教育，主要是做生理性教育。Z老师是我的学术导师，我们有比较多的互动。记得是大三下半学期，有次在聊天时Z老师邀请我去她主讲的人文素质课S课上分享我的性教育内容。Z老师说让我主讲生理性知识部分，她会在我讲的内容基础上进行社会性别与婚姻、家庭、爱情等部分的讲解。我当时心中充满了被老师信任的喜悦，又有些疑惑：为什么要找我来讲课？我能在这门课上讲些什么？我该用何种方法进行授课？对于我的疑惑，Z老师解释道：

社会性别与婚姻家庭一直都是我们社会学系的专业选修课，教学过程中，常常有学生为自己或朋友的各种困惑求助于我，比如说意外怀孕、比如说“处女情结”、比如说因好奇约网友发生了无安全措施的性行为而担心感染艾滋病、比如说因为性取向问题得不到家人和社会的理解……我就觉得我们的学生性教育太缺乏了，感觉自己有责任和义务开设一门性教育选修课，普及一些性知识。一些学生后来跟我说，老师，我要是在大一的时候上了这门课，说不定就不会意外怀孕，说不定就能跟自己的伴侣处理好性关系。所以我感觉到，光讲生理性知识或者光讲社会性知识其实都是不够的，尤其是生理性教育，我们国家在这一方面，小学没教，中学没教，那大学如果再不补的话那就很麻烦了。

作为一个教社会性别与婚姻家庭的老师，在备课的过程中我发现我们国家目前相关的教材比较缺乏，有关社会性别的教材对生理性别只是简单地用那么几行字提及。但是我在与学生接触的过程中发现，学生生理性知识也是非常缺乏的。我认为要解决学生们的困惑，一方面需要向学生补生理性别，特别是生理性教育方面的课，另一方面关于权利、责任、关系、角色等社会性教育也不能缺失。而你在同伴性教育方面有多年的经验，同龄人之间不会害羞，也容易

在平等的氛围中被接纳。(Z 老师，访谈记录)

在接受 Z 老师的邀请之后，我曾多次与 Z 老师一起备课。对于大学生性教育该讲什么的问题，我们经过讨论之后达成了共识：生理性知识、心理性知识、社会性知识。我们不想让课堂内容局限于“我们想讲什么”，我们更希望了解“大家想听什么”。但是我们虽然以学生为主体，要考虑学生的需求，但是有些该讲的东西是必须要有的，所以我们的教学目标也非常的明确：让学生了解男女生理构造、生殖健康相关知识，促进科学避孕、预防意外妊娠、预防性病与艾滋病，促进大学生的性生理与性心理的发展与完善；促使大学生在发生性行为时要符合社会规范，遵守性行为的道德要求，履行性行为的社会责任；培养学生的平等意识、权利意识与公民意识，让学生拥有在性方面的自主选择权。

在第一节课上，Z 老师首先问了大家这样一个问题：在这门课上大家最想学习哪方面的性知识？一开始的时候台下一阵沉默，或面面相觑、或低头不语，还有些人露出了“不怀好意”的笑容。过了一会，沉默被打破，有个男生说到“怎么找对象”，课堂一阵哄笑，渐渐地大家七嘴八舌地开始讨论起自己想要学习的性知识，没过一会，Z 老师就整理了满满一黑板的内容：

怎么找对象、面包与爱情、友情与爱情、爱情与亲情、婚姻制度的演变、婚姻的合理性、结婚的动机与条件、房子与婚姻、逼婚、两情相悦与门当户对、婚姻家庭中的男女责任与义务、婚姻的维护、异地夫妻、丁克家庭、组建家庭后的角色定位、婆媳关系、代际关系、亲密关系的维护、孩子在婚姻中的作用、结婚难、不婚、家暴、七年之痒、丧偶式婚姻、开放式婚姻、出轨、二奶、小三、精神出轨与肉体出轨、离婚、离婚对孩子的影响、单亲对孩子的影响、留守儿童教育、马克思主义的婚姻观、男权与女权、宗教与婚姻、妇女地位的变迁、重男轻女、性别的文化差异、直男鉴定、就业性别歧视、性别比失衡、家庭对性别意识的影响、性的污名化、处女情结、性癖好、婚前性行为、大学生同居(试婚)、网上约交性伴侣、性骚扰、性侵、自慰、避孕、流产、堕胎、性工作者、科普与色情的关系、LGBT 群体的生存现状、女同与闺蜜、同性恋婚姻合法化、“腐女”、恋童癖、无性人、SM、艾滋病、同妻与同夫。(PPT，课件 5)

原来大家对于性问题，有这么多想要了解的东西。Z 老师也不着急回答这些问题，她只是跟大家说，在上完这门课之后，大家自己就可以对这些问题进行解答了。就这样，这门性教育课程开始了。

2. 性教育是洪水猛兽

生理性知识是研究一切性问题的基础，所以在课程的第一部分，由我来进行生理性知识的讲解。我这一部分主要包括两性生殖器、避孕、堕胎、性病与艾滋病以及由此延伸的其他内容。当我作为主讲人上完“生理性教育——性与生殖健康”这部分的内容之后，我让学生们写了一份感想，主题是“我与性教育”。我本以为我只是帮大家进行一次知识的梳理，因为诸如生殖系统之类的知识可能早在小学就应该学习了，令我感到震惊的是，我们大部分的学生竟然几乎没有接受过系统的性教育。

小池是Z大学一名21岁的理工科学生，他在感想里写道：

我必须得承认，“社会性别与家庭婚姻”这门选修课是我人生当中第一次真正意义上的性教育课。（小池，课堂感受）

小池回忆小时候的情景：

不过仔细想想，我以前应该从来没有接受过性教育，也不能说从来没有接受过吧，我觉得其实我自己都不知道那算不算性教育，就是初中高中的生物课本，里面会涉及一些有关性的话题，比如男女生殖器官之类的。但是我感觉那个并不算是性教育，因为老师也没有特别仔细地讲，我们就是为了应付考试，简单地记忆而已，其他的都没有怎么提过了。（小池，访谈记录）

小池告诉我，初高中的生物课虽然会涉及性知识，但是在他眼里，这或许不算是性教育。他还表达了对青少年性教育缺乏的担忧：

我觉得上这门课（社会性别与婚姻家庭），真的是非常有必要的，就像一个科普的课程一样，很多性知识本身就是我们需要了解的，在很早之前就要学习的，但是却因为种种原因拖到了现在。我觉得大学生一定要进行性教育，不能再等了，一定要抓紧时间补课。我其实一直以为我自己的性知识还是比较丰富的，因为虽然我没有接受过系统的性教育，但是，嗯……自己以前会跟同学一起看黄片，说到看黄片这个事情，我觉得很多人看了黄片之后可能他性心理会出现问题，但是好在我觉得我的性心理发展得还是比较正常的，就是我没有沉迷于看黄片。我以前觉得看黄片可能比较刺激，但是后来我想要了解很多性知识时，我都会去网上查找一些科普的文章或者科普的视频，因为我慢慢懂得了，其实看黄片并不是我们真正学习性教育的一个好的方式。（小池，访谈记录）

其实很多人都把“性”看作是洪水猛兽，认为这是不能够拿到台面上去谈的话题，在课堂上，当我在讲生殖器的时候，我观察我的学生，很多人都不知所措，偶尔抬头看看黑板、看看周围的人，然后赶紧把头低下，似乎想要学习却羞于启齿。这或许与我们从小受到的保守性教育有关：

我记得初中的时候有生物课，在生物课上会学一些生理知识，不过老师都不会多讲，他们就会说等我长大了以后就会明白了。（小慧，访谈记录）

在我生长的环境里大家确实都觉得性是一个讳莫如深的话题，是不能够随便就拿出来讨论的。我个人觉得我在性方面是一个比较保守的女性，但是因为我受的教育，我的骨子里又带有一点反叛的感觉，以前大家提到性都是遮遮掩掩的，但是我觉得现在都已经是2018年了，观念确实该更新了，没有必要再藏着掖着，为什么不堂堂正正地进行性教育呢？好像性教育就是洪水猛兽一样。我觉得自己的性知识真的太缺乏了，不然也不会选这门课。（小影，访谈记录）

性教育的缺失，会对个体产生许许多多的影响，如小池所说，出于好奇，自己会通过看黄片来获取性知识，也有人会因为性教育的缺失而受到伤害。

3. 性教育是不能说的秘密

小征是一个腼腆的男孩，上课的时候他总坐在中间的位置，既不跟身边的人说话，也不看书玩手机，老师讲什么，他都认认真真地听。关于性教育，他说：

就是小学的那种，生理课会讲一点点吧，老师其实都遮遮掩掩的，好像完成一项任务似的，讲得也比较浅显，就是说要防范陌生人之类的，之后生物课也会学一点点，但是这些真的跟这门课相比根本算不得性教育吧。（小征，访谈记录）

在作业中，小征坦然称自己的性取向为同性，我之后在访谈中也问过他对于性取向的看法，他给我讲了小时候发生的一件事，他告诉我，性教育的缺失对他造成了巨大的伤害：

其实学长也知道我是一个同性恋吧……我觉得我的性取向的成因跟我小时候的一件事情有关。我曾经被人性侵过。他是我的表哥……我记得我五六岁的时候，应该就是在上幼儿园的时候，我表哥，就是我大姑的儿子，十多岁，正是青春期的时候。他应该是在网上看了那种AV，自己本身也比较好奇，所以就跟我模仿着发生了性关系，不止一次……之后他帮我洗澡的时候，说是要帮我搓澡，实际上是性侵了我。但是说实在的，我当时什么都不懂，我不知道自己在做什么，而且我的表哥也没有暴力行为，他让我做什么我就做什么，那时候还是小孩子嘛，也比较听话……我觉得他应该认为我不记得这件事情了。但是他不知道的是，我对这件事情印象非常深刻，一辈子也不会忘记。后来我有时候想，如果我的家人或者我的老师当时给我进行过性教育，起码是安全教育，让我懂得反抗，或者及时向他人求助，可能一切都会不一样。（小征，访谈记录）

小鹏是一名大一的学生，00后，今年刚满18岁，在访谈中，小鹏告诉我，小时候性教育的缺失也让他做过一些今天看来的“傻事”。

就是三年级、四年级的时候，也记不太清了，我当时跟一个女生总在一起玩，那天她来我家，我们一起看电脑，就看到了一些比较暴露的视频，我们就模仿着发生了性行为，但是什么都不懂，有插入的行为，没有出血。那时候我已经能够勃起了，但是女生肯定还没有来月经。我就不知道这算不算是性行为，因为当时两个人真的不知道怎么就模仿着发生了这种事情。（小鹏，访谈记录）

我的脑海中出现一个词：急迫。Z 大学是一所全国重点大学，这里的学生享受着国内优质的教育资源，但性教育除外，我很难想象全国这么多的青年人，又有多少人从小接受过性教育呢？大多数学生从小缺失性教育，最终导致了悲剧的发生。以小征为例，从更深的层次来思考，小征的悲剧不仅是他本人性教育缺失所导致的，更与他表哥性教育的缺失密不可分。我一直都坚持，个体的性教育必须从小开始，我坚持做大学生性教育的原因就在于，当前大学生的性知识匮乏，急需“补课”，大学生性教育迫在眉睫。

（二）复杂——一份难以统一的教学标准

人是互动的主体，互动是个体角色关系的产物。在教学实践中，课堂互动是双向的，这是一个信息交互的过程。在以往的课堂中，老师是课堂的核心，从课程设计到课堂实践，完全围绕着老师开展，老师负责传播知识，学生负责认真听讲。

1. 互动的课堂——以学生为中心

传统的课堂模式并非没有它的用武之地，在诸如理论授课等环节中自然要以老师为中心，但是不适合以这种教育模式对学生进行性教育，所以我们在备课的过程中，充分考虑了学生的感受，大家想听什么，我们就讲什么，我们所讲的内容是大家所关心的内容，课堂气氛就被调动起来了。

我觉得我们现在的课堂氛围就很好，不是以前那种老师讲课学生听课，感觉八九十年代的课堂就是那种以老师为核心的，现在就应该是以学生为核心的课堂了，你们让我们写自述，回答我们的问题，实际上就是一种互动，我觉这样蛮好的，给我最表面的感受就是这节课真的很有趣。（小壮，访谈记录）

在课堂上，我们运用了许多教学方法来让大家对性知识有更加直观的感受。在避孕这一部分，我亲自为大家显示了如何正确使用安全套。事后有同学在作业里写到，自己其实已经发生过性行为了，但是如何正确使用安全套还是第一次有人教。值得一提的是，我们的安全套是 Z 大学计划生育协会提供的，他们每年都承担着对学生进行计生教育的任务，却苦于不知道如何开展相关的活动。得知我们这门课会讲安全套怎么用的时候，计生协的老师找到了我，提出愿意为班上所有的同学免费提供安全套，并购买香蕉等物资，用于我们的课堂展示。在实际操作中，我在演示完如何正确使用安全套后，把课堂还给了大家，让大家自己学习安全套的戴法。我发现大家在经过我的演示之后，羞涩和难为情已经少了很多，大家都能大方地拿起安全套，三两个人合作进行操作，而我与Z老师也在全场游走，时不时地指点一二，十五分钟的实操环节在不知不觉中就过去了。

除此之外，我们的课上还会结合真实的案例来对同学们进行性教育，这些案例都是发生我们身边的故事，或者是以往课上同学的真实故事，我们将其匿名处理后再结合课堂内容分享给大家，这种案例都是真实发生的事情，所以对于同学们来说十分具有代入感。

2. 课堂的互动——对老师的考验

以学生为中心的教学模式固然有其优点，但是这对于授课教师确实是一个巨大的考验。我们在教学实践中发现，由于受教育的学生个体对于性的理解不同，所以对学生进行性教育的时候，就很难产生一个统一的标准。但是在教学过程中，老师面对的是几十名甚至上百名同学，所以如何解决这种困境，对于我们的实践也是一种挑战。

我们的课堂比较开放，很多学生在性问题上存在着不一样的甚至是对立的观点，这些问题实际上是与我们的学生个人成长息息相关的。我们社会学就强调人的性观念、性态度是后天形成的，而每个人的性观念和性态度都会受到各种生命事件的影响，所以每个人对于性问题的态度不一样是很正常的。但是这对于我们老师来说是一个很大的挑战，因为我们在授课的时候很难有一个统一的性教育标准来告诉大家应该怎么做，这就好比有人认为女人一定要结婚生子而有人一定要做丁克，这些性观点和性态度都是没有对错之分的，关键在于我们如何去引导。(Z老师，访谈记录)

对于这个问题，小壮认为：

其实性的话题说起来也是比较敏感的，你比如生理性知识还好，但是一旦涉及婚姻、家庭的问题，每个人的选择都是不一样的。每个人都有自己的观点和看法，甚至很多人的观点都是对立的，所以老师就一定要客观、公正，不要有偏向。(小壮，访谈记录)

课堂实践是参与者双向互动的过程，学生依赖老师，而老师同样也依赖学生。以学生为主体的课堂当然会调动学生的积极性，培养学生对于性的主体意识与权利意识。但是当前大学生性教育的“复杂”问题会导致新的问题的产生。在课堂上，生理方面的知识很容易判断对错，所以在我进行讲解的时候，大家的“质疑”之声还比较少。有同学提出了“安全套并不能够防艾”等观点，在之后的课上，我也结合国际上的研究对他的问题进行了相应的解答。随着教学进度的加快，我讲完了生理性知识，还涉及了一些心理性知识，在讲到社会性知识的时候，更大的分歧与对立就出现了。

(三)冲突——一场一触即发的“战争”

在“复杂”的基础之上，“冲突”出现了。与性有关的话题，尤其是涉及社会性的问题，很多本身是没有是非对错之分的，更多的是一种价值判断和价值选择。每个个体成长至今所受的教育不同，由此产生的性态度与性观念也是多种多样的，这就导致在同一个问题面前，不同的个体可能会有着完全不同的答案。

1. 一场关于性别气质的讨论

在我们的一次课上，Z 老师讲了“性别角色社会化”的问题，跟大家解释了性别气质的成因，从理论上帮助大家从家庭、学校、同辈群体、大众传媒、社区、国家等层面分析了这些因素对大家性别气质的影响，并根据《贝姆性别基模测量表》做了性别气质的小测试。在课堂巡视的过程中，Z 老师发现了一名坐在课堂后排、男性气质得分接近 6 分、女性气质得分仅 2 分多的一位姓杨的同学。Z 老师请他在下节课在课堂上分享一下他的性别气质成因，杨同学欣然同意。下次课杨同学上台的时候，提到了“男人就该有男人样，不喜欢娘娘腔”“同性恋是不正常的”等言论。而我们的课堂是多元的，一些同学就在班级群里发表了不同的看法，你一言我一语，不一会便演变成一场“骂战”。更为严重的是下课后，杨同学看到班级群里的发言非常恼火，尽管群里是匿名的，他还是很快用自己掌握的技能，找到了那位出言不慎的同学所在的寝室，想大干一场，好在有寝室同学拦着。

其实，每一个上台分享的同学，在正式开讲之前，Z 老师都会要求他把 PPT 发过来，老师要提前看一下，杨同学的 PPT 里并没有什么问题，也没有出现歧视性的话语。但是在他的表述中，就或多或少他涉及了一些针对性少数群体的言论，争论由此展开。打架没打成，但杨同学恼羞成怒，同时因为不被理解，给 Z 老师发了一份邮件。

Z 老师，我现在很迷茫……我当时讲的时候真很明显地表达了我对性少数群体的歧视吗？(虽然我内心确实是歧视的)因为我分析一个社会现象不像老师一样，我专业知识、思想觉悟有限，我分析一个现象主要从产生的原因以及后果来考虑。像这种性少数群体，具体形成原因我说不全，但可能大部分都是单亲家庭，或者生理疾病，以及受了感情上面的伤害。我觉得性少数群体就是一种病，因为自然界动物是没有同性交配的。至于后果方面，同性交配方式是很多疾病传播和产生的原因，可能造成心理扭曲进而犯罪等等。至于那几个在群里跟我意见不一样的，我都知道他们的专业、班级、姓名，以及性取向，全都是同性恋……我理解，我昨天很生气，大学以来第一次这么生气……后面发现我在上面讲的时候，他在群里说我，我觉得这个对我很不尊重……今天我又尝试解释，他们总是扭曲我的意思，总是绕到性取向上面，难道真如我朋友所讲，跟这种人讲道理行不通吗？我不知道这个世界怎么了。根据我的了解，其实同性恋的人挺多(最起码我接触的群体)，但为什么现在是完全不能提这个事了？感觉提到这个就是上纲上线，没完没了了。唉，我果然也太“直男”了，这个事真的让我很烦。(杨同学，来信)

在这种情况之下，Z老师觉得有必要花些时间来解决这场“冲突”。首先，对于杨同学的来信，Z老师先是从客观的角度对于同性恋的成因从生物学、心理性和社会学的角度进行了分析，紧接着就这次的争论对杨同学进行了回复：

杨×：

你好！

第一，非常感谢你愿意上台和大家分享，PPT内容非常丰富、图文并茂，说明你非常用心。第二，你的分享引起了大家的关注，说明你有气场、表达具有感染力！还很帅！(哈哈，至少我是这样认为的！)第三，你在群里非常大度地道歉，表明自己的观点与态度，说明你是个理智、明事理的人！

我们在前面花了较多的时间讲生理性别，一是为了大家更好地理解自己与“他人”，在此基础上学习社会性别，从社会制度与文化的角度来思考社会性别对人的影响。至于同性恋的成因，学术界主要有两种观点：一种是生物决定论，一种是社会建构论。而两种观点已经达到了一种共识，同性恋绝非一种精神疾病。早在1990年，世界卫生组织就正式将同性恋从疾病名册中去除了，目前芬兰、德国、法国、英国、美国等主要发达国家已经将同性恋婚姻合法化，这也是现代公民社会从保障公民权益的角度进行的重大变革。无论是异性恋还是同性恋，我们都是“社会性”的人，我们要抵制和反思的是那些只强调感官、欲望而不顾及健康、伦理与法律的人。我非常喜欢《人民日报》评论的一篇随笔《不一样的烟火，一样可以绽放》，我在性别群里发过两次，希望你有机会阅读到。

目前我们国家没有正规的性教育渠道，大家对性少数人群理解不够，他们自己也非常困惑、无助。我所接触到的几个同性恋者都很渴望爱情，但很自律，和绝大多数异性恋一样强调等待和自己“三观一致”的人出现。

正如你所说，如果是后天形成的，可能在生命事件中有过精神创伤，会比较敏感。我们平时与人沟通，如果与他非常熟悉，就会理解他说话的“语境”，知道他表达的含义。就像一个爱孩子的父亲，他可能会对他儿子说：“你再调皮，我就打断你的腿!”当然，他儿子知道那么爱他的父亲不可能打断他的腿，只是警告他而已。但是，路过的陌生人也许会把那位父亲理解成虐童的暴君，说不定还会报警。你上台，大家和你的互动还是一种陌生人与陌生人的互动，所以大家只能凭你 PPT 上的内容及你的语言逻辑来理解你。另外，每个人的人生阅历及处境不同，对你的表达也会有不同想法，心理学上称之为“投射”。

在初中和高中的学习过程中，老师更多的是让你们记忆、掌握知识要点，会答题。答题只有对和错。在“社会性别与婚姻家庭”的课堂里，我希望大家能在“社会环境”中理解人、理解文化的多元，对他人更具有“同理心”。(同理心又叫作换位思考、共情，即在人际交往过程中，能够体会他人的情绪和想法，理解他人的立场和感受，并站在他人的角度思考和处理问题；主要体现在情绪自控、换位思考、倾听能力以及表达尊重等与情商相关的方面。)我们无论学什么，最终还是服务社会，要与各种人打交道，我们具备了看问题的多元视角以及“同理心”，就意味着我们心智又成长了，我们的魅力又增多了。所以，希望你不要烦闷!

另：动物界同性恋很多，你可参看一下下面的文章《动物界十大同性恋动物盘点，同性可以繁衍后代?》http：//www. 360doc. com/content/16/0513/18/31949263_558857394. shtml.

很期待你下周“自我成长历程的分享”(就不局限于性别气质的分析了，时间最好控制在 15 分钟左右)。

祝好!

Z 老师

如果没有发生这场冲突，按理说 Z 老师就应该开始其他的教学内容了。但冲突没有得到基本解决，Z 老师觉得学生之间还有怨气，同时杨同学也有强烈重返讲台、让其他同学进一步了解自己的愿望，所以在下一次课的时候，又安排杨同学对自己的性别气质进行了详细分析。杨同学结合自身的成长经历对自己的性别气质成因进行了分析。我们才知道，原来他的父亲是包工头，母亲开麻将馆，对他的教育不多，他从小是一个听话的孩子，但是小的时候是校园暴力的受害者，后来跟了一个“老大”，开始“硬气”起来，最终成长为今天的样子，拥有了属于自己的性别气质。

杨同学在分析的过程中，我就在观察之前在群里与他意见相悖而吵架的同学，他们先是表现出“不屑”的样子，随着杨同学分析的深入，他们开始若有所思。大家对杨同学的再次分享报以了热烈掌声。Z老师在杨同学发言后，再次对杨同学肯承认错误的态度予以了肯定，并告诉全班同学，杨同学勤奋努力，之前的作业也非常认真、全面，并开玩笑地对大家说："将来找对象一定要了解自己和对方的成长历程，多沟通，才能多了解；多了解，才能减少矛盾和解决矛盾。如果有人喜欢杨同学，课后可以联系他。"大家被Z老师的总结逗笑了，总之化险为夷。事后我了解到，杨同学与发生冲突的同学还成了好朋友，杨同学课后也常和Z老师互动，说这个课堂给了他这个理科生更多认识自己和他人的机会，也反思说自己追女朋友不能只顾自己的感觉，要学会尊重对方。一场"冲突"就这样化解了。

对于这场争论，小金认为：

因为他(杨同学)就是那种比较"直男"的人，他自己不能接受男生比较"娘"吧，我觉得他自己的观点没有问题，但是他在表达方面可能让人听了很不舒服。所以他在上面讲，下面有人就在群里说他了，反正我觉得两边都有对错，他自己的表达有误，没有做到尊重人，但是在群里说他的同学同样也很过分，也不尊重人，还好后面大家握手言和了。你看吧，一个简简单单，哦不，看似简简单单的性别气质的问题，却能引发一场大战啊，哈哈哈哈哈。我觉得这个时候是最考验老师的时候，老师一定要有一个客观的立场，我觉得Z老师当时就很好，从社会的层面给我们分析性别气质的成因，让大家觉得很舒服，很容易接受。(小金，访谈记录)

2. 一场关于结婚生子的讨论

这门课叫"社会性别与婚姻家庭"，两个人产生了爱与性，就有可能结婚，紧接着就有可能生育。在谈到结婚生子问题的时候，课堂上又出现了不同的声音。有同学在作业中写道："我第一次听到有人结婚后不想生孩子还是挺惊讶的，我当时的思想可能就是我妈妈告诉我的：'不生孩子的女人的一生是不完整的，不当妈妈就不算是个女人。'没有孩子，老了以后没有儿女赡养，要怎么活下去呢？他们不想老了以后儿孙满堂吗？"还有同学就直接表明了自己的态度："我是个丁克。想当丁克的原因有很多，而且我越来越坚定这个想法。""儿孙满堂"与"丁克家庭"，新的冲突又出现了。

"儿孙满堂"代表了中国农村的家庭生育观念，"养儿防老""传宗接代""门当户对""贞操观念"等都是传统社会婚姻观的产物。"儿孙满堂"也好，"丁克家庭"也好，都是一种个人选择，选择本身无对错，不同的观点也没有是非之分。小金认为：

其实我之所以想做丁克，是因为我心里对于养育孩子有一种恐惧，我觉得生孩子还好，养孩子太麻烦了……因为我们村里有好多小孩子，父母也管不了，天天惹父母生气，这种教育就是失败的，我不想让我自己的孩子也变成这样。我觉得既然要为人父母，那就要对自己的孩子负责，你生了孩子却不好好养育，那我觉得还不如不生呢，久而久之我就想做一个丁克了。（小金，访谈记录）

作为授课者，对学生的引导非常重要。所以在课堂上出现这种争论之后，Z老师就讲了婚姻与家庭的问题，讲了婚姻制度的起源、当代婚姻家庭制度的演变、婚姻制度的功能等，从客观的角度对婚姻与家庭问题进行了讲解。而学生在了解了这些知识之后，对于应该如何选择就有了自己的观点和看法，不管个体做出何种选择，一定要为自己的选择承担责任。

（四）柳暗花明——一种全新的性教育实践

“急迫”“复杂”“冲突”是我们大学生性教育课堂的真实写照。我们在性教育过程中遇到了很多问题，但是学生对这门课的评价却很高。

现在这门课我觉得非常好，而且我很赞同把性教育课变成必修课。（小征，访谈记录）

我觉得（这门课）可以打九分，满分十分。老师的教学方法非常新颖……（我）真的完全被课堂内容吸引了，我其实以前上选修课都会背单词。通过这门课，我认识了很多朋友，他们是性少数群体，我学会了用平等、宽容和尊重的态度与他们交往，在以前我从来没有思考过。（小金，访谈记录）

我感受到，老师非常认真和用心地看了我们每个人写的东西，我也有了一个非常强烈的感受，就是我真的跟这门课产生了联系，我们是一个互动的过程。除此之外，我觉得老师的课程设计也非常棒……非常能够激发起我们的兴趣。（小池，访谈记录）

在上了这门课之后，我觉得我的心态更加包容了，待人接物也能够比较尊重他人，遇到跟自己不一样的人，我也会用平常心去对待，我觉得这是我最大的变化。不过我总觉得现在搞性教育都是走过场，很少有像你和Z老师这样负责的老师。（小影，访谈记录）

在性教育的课程实践中，质性研究的理念与方法贯穿始终，而我运用了同伴教育的方法。其中生理性知识主要由我担任主讲，采用多种教学方法，如实操、多媒体展示、课堂讨论等，在互动中师生合作，最终传递了科学的性知识；而在性生理和性社会知识的部分，Z老师采用个案法、小组展示法等，在理论知识讲解的基础之上，把课堂还给了学生，实现了教与学的统一。

我记得学长上课的时候也说了，自己的教学方法实际上是同伴教育，就是年龄相仿的人接受了培训之后把知识传递给我们。Z老师使用的是质性研究的方法和理念。我其实比较希望老师和学长给我们传递性教育知识。因为如果是父母(跟我讲)，感觉有些难为情，老师就可以比较客观地传递知识，学长与我们年龄差不太多，感觉比较没有距离感，更喜欢学长轻松的授课方式……再有就是授课的方式，到目前为止，避孕套的实操、视频播放、个案分析、访谈咨询等形式，我觉得都很好。还有反馈机制，我们的很多疑惑可以通过作业或者其他的方式反馈上去，老师们也可以对我们真实的问题进行答疑，而不是老师讲什么我们就听什么，完全不理我们的需求。(小慧，访谈记录)

同学们对于本次课的评价很高，很多同学呼吁性教育应该成为大学生的必修课，对于授课者来说，看到同学们的肯定无疑是欣慰的。值得一提的是，在这门课的第九周，我们迎来了学校教务处的专家的旁听。当时授课的内容是对之前同学们在作业中提到的问题进行答疑解惑。课后，专家对我们的课堂表示了肯定:“这些话题没有必要藏着掖着，就应该拿到台面上来讲，我觉得这节课讲得非常好。”

三、总结与讨论

(一)总结

通过本次性教育课程的实践，我们用“急迫”“复杂”“冲突”“柳暗花明”这几个词汇对本轮大学生性教育实践进行概括。

首先，所有个案都无一例外地表示，这次的性教育课是他们有生以来第一次接受系统的性教育。本轮性教育课是从“最基础”的男女两性生理知识开始讲起的，这些本应该在小学、初中就习得的知识，很多人到了大学都还模糊不清。由此可见，对于大学生的性教育可谓是迫在眉睫。大学生性教育的“急迫性”是学界的共识，但是笔者认为，目前的大学生性教育只能是一种“临时的补救”，基础的生理知识应该从小学讲起，正如小池所说:“大学生性教育就是在为初中生物课本仅有的两页性知识所欠下的内容补课。”

其次，我们不仅要面对“急迫”的性教育问题，在实践中，我们还发现了各种“复杂”的状况。性教育实践是双方互动的过程，但是学生本身的情况不一样，对于同一性知识的反应也有所不同。有些人从小接受过系统的性教育，有些人从未接受过系统的性教育，还有些人接受过笼统的性教育。因此我们在统一授课的过程中，还要关注个体的互动方式，这就要求授课者能够理解别人的角色，并在此基础之上试图理解别人的思想和情感。这是一个内在阐释的过程，实际上就是我们与我们自己交流。这也是以社会学为主导的大学生性教育的精神所在：行动者是研究的焦点。

此外，“冲突”贯穿于整个性教育实践的始终。例如婚恋观的冲突，有学生表示“女人一定要生孩子，不然就是不完整的女人”；也有同学表示：“我是个丁克，而且我越来越坚定这个想法。”在讨论性取向话题的时候，有同学上台发表看法，言语中有一些“直男癌”言论，即使他本人不觉得自己歧视了性少数群体，但是他所说的“男人就该像个男人样”“不正常”等词句，确实引起了很多人的反感，“大战”一触即发。授课者在当中扮演的角色就非常重要了。

尽管整个大学生性教育的实践非常“急迫”，并且是在“复杂”的情况下开展的，而且实践过程中“冲突”不断，但是随着课程的不断深入，最终走向了“柳暗花明”。这究竟是什么样的原因造成的呢？下面的经验也许可以回答这个问题。

1. 急迫：有信任才能被接纳

大学生性教育的方法是本研究的重点。从授课方法上来看，同伴教育是很重要的一环。

小胡老师上课的时候亲自演示了安全套的使用方法，我至今都印象深刻，这在别的地方我是绝对碰不到的。关键是老师还给我们一人发了一个，让我们自己操作，我觉得太棒了，终生难忘，而且我也学会了，以后可以跟另一半过安全的性生活。此外就是老师上课的案例、讨论、小组展示等，对于一个选修课来说，我觉得真的很好很精彩了。我真的要推荐给身边的人，让他们也来选这门课，不上就一定会后悔的。（小影，访谈记录）

以往大学生性教育的方法无非是教师授课，学生听课。在本次的性教育课程实践中，我们采取了同伴教育的模式。简而言之，同伴教育是让年龄相近的人传递知识，传递知识的人要经过一定的专业培训，其与受众在年龄、背景，甚至性别、地位等应该具有相近的特征，就是“有共同语言”，这样才能一起分享信息、知识或技能。笔者是Z大学的本科生的一员，并与受众具有共同的文化特征，曾接受过中国计生协、中国性艾协会、湖南省各级疾控系统以及多方社会组织关于大学生性教育的培训，具有一定的专业知识，因此笔者所做的同伴教育更能获得同辈群体的信任。

根据同学们的反馈可以发现，大家对于我讲授的生理性知识的接受度是比较高的，尤其是实操的部分，让人印象深刻。我作为受过专业性教育训练的人，对同龄人进行性教育，就避免了老师、家长等群体与学生之间的隔阂，拉近了我们的距离，而且同伴教育更强调一种信息交互，我们是相互学习的，这就活跃了课堂的气氛，让学生可以更轻松地获取知识。

同伴教育的理论基础是社会心理学的相关理论，如班杜拉的社会学习理论、亚文化理论等。朋辈是儿童、青少年社会化的基本过程，由同伴构成的社会网络在青少年成长过程中扮演着重要的角色。通过这门课的实践可以发现，同伴教育有着巨大的优势，其成本低、效果好、内容丰富、形式多样。在这次课堂实践中，笔者展示了男用、女用安全套的使用方法，并积极与同学进行互动。有同学在课程感受中写道："这是我上过的最具体生动、深刻全面的性教育课。性别、性爱、避孕、堕胎、艾滋、性取向方面的知识令我受益颇多。"还有同学十分坦诚地表示："我本来是打算上课时背单词的，结果老师的课太有趣了，注意力完全被深深地吸引了。"

2. 复杂：有同理心才能被理解

我之前提到，性教育实践是双方互动的过程，学生本身的情况不一样，其对于同一性知识的反应可能会有巨大的差异。"授者"与"受者"应该是一种平等的伙伴关系，要站在他人的立场上"同情地理解"。真正的性教育不是老师讲、学生听，恰恰相反，正确的顺序应该是学生提需求，老师来答疑，而且老师与学生之间可以发生角色转换，这是一种更为平等的互动过程。

大学生对于性知识的需求主要集中在以下几个方面：第一是生理性知识，包括两性生理基础、生殖健康与生殖保健（避孕、流产、堕胎、产前产后保健等）、性病与艾滋病的防治、男性疾病与妇科疾病等；第二是心理性知识，包括性别认知、性取向、性心理保健等；第三是社会性知识，包括性别角色社会化、性少数群体、社会性别与婚姻家庭等。

通过课堂实践与反馈可以看出，当前大学生性教育的水平参差不齐，普遍比较缺乏，极少有人接受过系统的性教育。但是大学生对于性教育的渴求却是十分强烈的，性教育的缺失与大学生对其的需求之间的矛盾日益严重，大学生在无法通过正规途径获取性知识的情况下，就会采取网络自学、口口相传（非同伴教育）等方式获取性知识。而网络上的性知识十分驳杂，同伴口口相传又不可避免地存在误传，所以才会有很多人对于性有着恐惧与反叛情绪。授课者应当抓住每一个人的特质，在把握总体教学进度的同时，更有针对性地开展性教育。

3. 冲突：有交流才能避免"战争"

本次性教育实践中有很重要的一环，在结束生理性教育之后，要求同学们对课程进行反馈，写一篇感受，主题是"我与性教育"，让同学们围绕授课的内容写自己的感受，可以结合自身的性教育经历，也可以在作业中提出有关性的困惑。这个作业不仅仅是为了给大家一个平时成绩，更重要的是通过作业看问题。很多人在作业中提出了自己的性困惑，有涉及生理性的问题，如“当我们想自慰时就可以自慰吗？我们要不要压制自己的欲望呢？”“我到现在还有一个疑问，男孩子遗精时一定会做春梦吗？”也有涉及心理性的问题，如“一直以来，我都认为自己是异性恋者，但是我曾经喜欢过一个非常像男孩子的女生，尽管这样我认为自己是异性恋，并不是双性恋。”还有涉及社会性的问题，如“同性恋的成因究竟是什么呢？”如果仅仅把这次作业当作是一份成绩的证明，那么这份作业就会变得毫无价值。

性教育课程是师生双方的互动，有提问就要有反馈，这样才能在发现问题的基础之上解决问题。于是笔者与导师在之后的课程中专门设计了一堂答疑课，将同学们有关性的问题进行汇总、分类，最后在课上与同学们一同讨论。这种课程互动使得双方都能“获利”：学生的困惑得到了解答，也为老师下一步的课程设计提供了思路。值得一提的是，性话题是一个范围极其广泛的话题，生理性的问题很容易得到一个明确的答案。但是对于涉及社会性的问题，如婚姻家庭、性取向、性关系等，很难给出一个绝对的答案，因为这些问题涉及了价值判断与价值选择。这对于授课者的要求是一定要做到客观公正，尽可能地做到价值无涉，引导学生进行独立判断与思考。正如一名同学在作业中写的：“我们可以不接受一些事情，但是我们不能成为‘键盘侠’，我们应该尊重每一个人的选择。”

4. 柳暗花明：权利型性教育何以可能

这门性教育实践课贯穿了权利型性教育的理念：

如果我小的时候就有你和Z老师这样的人做性教育，今天的我一定会更加不一样……在上了这门课之后，我觉得我本人的心态更加包容了，待人接物也能够比较尊重他人，遇到跟自己不一样的人，也会用平常心去对待，我觉得这是我最大的变化。（小影，访谈记录）

在这门课的课堂上，师生互为主体，冲突往往不可避免，老师应该认清自己的角色，引导学生独立解决冲突，形成良性的课堂互动。性权利不是老师赋予的，而是个体生来就有的基本人权。教师的作用是引导学生认识到自身的性权利，主动寻求解决自身性困惑的出路，并最终培养学生在性方面的可持续发展的而且是自主发展的能力。

（二）讨论

1. 具有人文关怀的性教育体系

质性研究是社会学研究的一种方法，纵观本研究中的性教育课程，质性研究贯穿整个课程始终。质性研究的工具是研究者本人，研究者通过与研究对象进行互动，对研究对象的行为和意义进行建构，从而获得解释性理解。正如库恩的“范式转型理论”所展示的，从实证主义到解释主义，研究者也越来越关注现象的意义，这也正是质性研究的价值所在：揭示意义网络所包含的复杂的社会关系以及其本身的动力结构。具体来看，本次性教育课程就好像老师（研究者）在做田野调查；针对某些性教育问题，我们会以学生为个案进行深入讨论，例如让学生以自述的方式来分析个体性别气质的成因，这时候学生就会讲述自己各个年龄段的重大生命事件，进而分析生命历程对生命现象的影响。而且，如果有学生在性方面存在困惑，我们还会提供一对一的咨询，通过深度访谈等方式帮助学生走出困境。除此之外，参与观察法、女权主义理论等贯穿于课程始终。总而言之，一套完整的大学生性教育课程必定是充满人文关怀的。随着大学生性教育实践的深入，我们或许可以建构出本土的性教育的理论体系。

中国大学生性教育本土化的建构意义深远，我们要有基于本土的大学生性教育的问题意识，有选择地借鉴国外的理论，解构大学生性教育的医学化和科学化霸权，强调大学生性教育的跨学科性，多挖掘中国传统性教育的精髓，而不是用西方的理论来解决西方社会中没有的问题。

2. 反思与展望

本研究也存在着不足之处。首先是样本代表性稀少的问题。这其实也是质性研究本身存在的争议：少量的样本是否能够推论整体？笔者在最开始的时候就提到过，对于性教育的研究不能满足自然科学受控条件下的、可重复的、实验的这三个条件，即便在实验室中做到了这三点，对复杂的人类的性行为也无太大意义。实际上，质性研究同样是科学的研究方法，但是它对于研究者自身素质和能力的考验就更大了。其次，本研究发现，同伴教育是大学生性教育行之有效的方法。因为相比于传统的教师与专家的讲授，同伴教育更容易被大学生接受，课堂氛围也更加自由与活跃。但是，同伴教育也是国外性教育的产物，是否能够很好地应用于中国大学生性教育的实践，本研究还只是浅尝辄止，需要后续长期和严谨的课堂实践以及对于反馈资料的分析才能下定论。不过就目前的研究来看，同伴教育对于大学生性教育起着正向的作用，作为个人社会化的主体，同伴的力量在性教育方面不容忽视。但是笔者受过专业的培训，热爱性教育工作，而且具有主持的天赋，当笔者毕业离开Z大学后，这门课程将如何继续？换句话说，同伴教育的主持人的培训也应该是这门课程非常重要的一环，这也是我们要深入思考的问题。此外，由于调查的时间仓促，加之篇幅有限，不可能面面俱到，也不排除被调查的大学生在各种因素的影响下在访谈时存在不完全真实回答的情况。

质性研究重视意义的解释性理解，透过被研究者的眼睛看世界。笔者认为性教育应该是终身教育，在每个年龄阶段，个体所接受的性教育应该有所不同。通过课堂互动，笔者发现当前我国大学生的儿童阶段的性教育严重缺失。生理性知识本应是个体在儿童阶段与青春期前期所接受的，但是现在看来很多生理知识需要在大学阶段补位。生理性教育决不能与社会性教育割裂开来，生理性教育是社会性教育的基础，社会性教育是生理性教育的延伸，而生理性教育更为重要。性教育所教育的是人，是处于历史进程中的人，是处于独特性文化情境中的人。只有搞清楚我们现在在哪里，才能讨论我们要去哪里。